NCS
PSAT
필수교재

기초어림산
+
20가지 빠른 문제풀이법

기본문제
+
심화문제

이론부터 문제까지, 자료해석의 끝을 보다

자료
해석
끝.

박성현 저

박문각

본 교재는 공기업 NCS 직업기초능력평가 및 5급·7급 PSAT 시험에 대비하는 수험생을 위한 최적의 자료해석 교재입니다. 현장에서 많은 학생들을 가르치고, 스터디를 하면서 함께 고민했던 10년간의 노하우를 바탕으로 제작했습니다.

자료해석은 점점 계산량이 많아지는 추세이고, 복잡한 공식의 조합, 해석하기 어려운 표와 그래프 등이 등장하는 문제의 출제 빈도가 높아지고 있습니다. 특히 가중평균을 활용하는 문제의 출제 비중이 높아지고 있어, 이에 대비하여 수험생이 꼭 알아야 할 가중평균 및 상대비, 최소교집합 등을 활용한 문제 풀이법을 많은 예제와 해설을 통해 심도 있게 다루었습니다.
자료해석 문제는 다양한 풀이법이 존재하지만 본 교재에서는 수험생들에게 꼭 필요한 어림산 계산법과 빠른 풀이법을 선별하여 최신 기출문제에서 출제되는 유형에 적용할 수 있도록 구성하였습니다.

본 교재의 특징은 다음과 같습니다.

첫째, 가장 효율적인 어림산 계산법을 제시하였습니다. 나눗셈과 곱셈을 가장 빠르고 정확하게 계산할 수 있는 방법과 실제 합격생들이 가장 많이 활용하고 있는 어림산 계산법을 기술하였습니다.

둘째, 자료해석 문제의 다양한 유형을 분석하여 자료해석 시험에 대비할 수 있도록 구성하였습니다. 문제에 빠르게 접근할 수 있는 20가지 유형의 문제 풀이법을 제시하였습니다. 특히 최근에 자주 등장하고 있는 가중평균법을 중점적으로 다루고, 상대비, 최소교집합, 가평균 등을 이용하여 문제를 빠르게 풀 수 있는 방법을 기술하였습니다. 또한 각종 표와 그래프를 빠르게 해석하고 접근하는 방법을 제시하였습니다.

셋째, 문제를 빠르게 해석할 수 있는 해석법을 제시하였습니다. 다양한 유형의 문제들이 가지고 있는 특징을 분석하여 문제를 빠르게 해석하고 풀이하는 방법을 기술하였습니다.

넷째, 문제 파트에서는 이론 파트에서 학습한 내용을 적용하여 풀이할 수 있는 다양한 문제를 수록하였습니다. 특히 심화문제에서는 기존에 출제되었던 문제 중 고난이도 문제를 선별하여 빠른 접근방법과 풀이법을 제시하였습니다.

문제를 만드는 출제위원은 방패이고 수험생과 강사가 창이라고 가정했을 때, 창이 날카로워지는 만큼 방패도 더 커지고 두꺼워지게 마련입니다. 따라서 수험생의 수준이 올라가는 만큼 시험은 더 어려워집니다. 본 교재는 이러한 문제를 극복하기 위해 어려운 기출문제를 기준으로 타 교재와는 다른 풀이법을 제공하고 있습니다.

시험을 준비하는 학생들이 목표로 하는 점수를 받을 수 있도록 최선을 다하였습니다. 본 교재를 통해 여러분들이 원하는 것을 반드시 이루시길 바랍니다.

저자 박성현

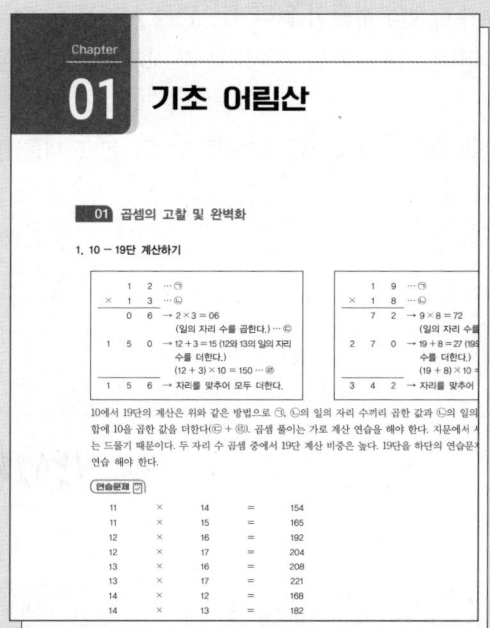

1

이론의 끝과 문제의 끝으로 구성

파트 1은 이론, 파트 2는 문제로 구성하였습니다. 최신 문제 트렌드가 되는 기초 어림산을 비롯해, 자료해석의 대표적인 20가지의 문제 풀이법을 통해 이론을 익힌 뒤 기본·심화문제로 문제 풀이를 할 수 있도록 구성하였습니다.

2

유형에 따른 문제 풀이법

20가지의 빠른 문제 풀이법을 수록하였고, 각 유형별 문제 풀이법에 해당하는 다양한 예제 문제를 수록하였습니다. 다양한 유형의 문제마다 가지고 있는 특징을 분석하여 문제를 빠르게 해석하는 방법을 제시하였습니다.

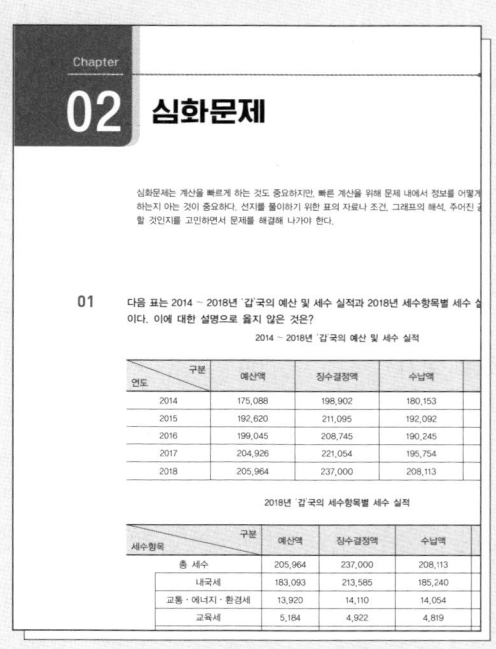

3

기본문제,
심화문제 수록

유형별 문제 풀이법에서 학습한 내용을 적용하여 풀이할 수 있는 다양한 문제를 실었습니다. 특히, 심화문제에는 기존에 출제되었던 문제 중 고난이도 문제를 선별하여 수록하였습니다.

4

상세한
정답 및 해설

각 문제의 유형에 맞는 문제 풀이법을 적용한 해설을 상세하게 기술하였습니다. 빠른 접근방법 및 문제를 빠르게 해석하고 풀이하는 방법을 제시하였습니다.

이 책의 **차례**

CONTENTS

Part 02 자료해석 문제의 끝

NCS
PSAT
필 수 교 재

이론부터 문제까지, 자료해석의 끝을 보다

자료
해석
끝.

자료해석
이론의 끝

01 기초 어림산

01 곱셈의 고찰 및 완벽화

1. 10 − 19단 계산하기

```
        1    2   ··· ㉠
  ×     1    3   ··· ㉡
        0    6   → 2×3 = 06
                   (일의 자리 수를 곱한다.) ··· ㉢
  1     5    0   → 12 + 3 = 15 (12와 13의 일의 자리
                   수를 더한다.)
                   (12 + 3)×10 = 150 ··· ㉣
  1     5    6   → 자리를 맞추어 모두 더한다.
```

```
        1    9   ··· ㉠
  ×     1    8   ··· ㉡
        7    2   → 9×8 = 72
                   (일의 자리 수를 곱한다.) ··· ㉢
  2     7    0   → 19 + 8 = 27 (19와 8의 일의 자리
                   수를 더한다.)
                   (19 + 8)×10 = 270 ··· ㉣
  3     4    2   → 자리를 맞추어 모두 더한다.
```

10에서 19단의 계산은 위와 같은 방법으로 ㉠, ㉡의 일의 자리 수끼리 곱한 값과 ㉡의 일의 자리 수와 ㉠의 합에 10을 곱한 값을 더한다(㉢ + ㉣). 곱셈 풀이는 가로 계산 연습을 해야 한다. 지문에서 세로로 주는 경우는 드물기 때문이다. 두 자리 수 곱셈 중에서 19단 계산 비중은 높다. 19단을 하단의 연습문제를 통해서 반복 연습 해야 한다.

연습문제 ☑

11	×	14	=	154
11	×	15	=	165
12	×	16	=	192
12	×	17	=	204
13	×	16	=	208
13	×	17	=	221
14	×	12	=	168
14	×	13	=	182
15	×	15	=	225
15	×	16	=	240
16	×	13	=	208
16	×	14	=	224
17	×	12	=	204
17	×	13	=	221
18	×	13	=	234
18	×	14	=	252
19	×	15	=	285
19	×	16	=	304

고찰 Tip

아래에 다양한 곱셈법을 기술하고 있다. 이러한 모든 방법들을 모두 이용해야 할까? 결론부터 말하면 "아니다". 아래 방법을 모두 활용할 정도로 시간이 여유롭지도 않고 막상 시험장에서는 "이런 방법을 적용해서 빨리 풀어야지"라는 생각이 안 든다. 2 ~ 6번까지는 이런 곱셈방법도 있다는 정도로만 이해해도 좋다. 이 내용은 인도 베다수학 및 공학수학을 기초로 하고 있다. 베다수학은 활용하면 유용한 것도 있지만, 그렇지 않은 것도 많다. 따라서 유용한 것만 활용하면 된다. "앞에서부터 곱하기"는 우리의 곱셈 습관을 바꿔주는데 좋고, "T자 곱하기 방법"은 두 자리 수 곱셈에서 필히 알아야 할 내용이다.

※ 알아두면 편리한 제곱근

11^2	12^2	13^2	14^2	15^2
121	144	169	196	225
16^2	17^2	18^2	19^2	
256	289	324	361	

2. 십의 자리 수가 같고 일의 자리 수 합이 10인 두 수의 곱셈

```
      4 3
  ×   4 7
      2 1   → 3×7 = 21 (일의 자리 수를 곱한다.)
  2 0 0 0   → 4×(4 + 1) = 20 (십의 자리 수와 십의 자리 수에 1을 더한 값을 곱한다.)
            20×100 = 2,000
  2 0 2 1   → 자리를 맞추어 모두 더한다.
```

```
      5 9
  ×   5 1
      0 9   → 9×1 = 09 (일의 자리 수를 곱한다.)
  3 0 0 0   → 5×(5 + 1) = 30 (십의 자리 수와 십의 자리 수에 1을 더한 값을 곱한다.)
            30×100 = 3,000
  3 0 0 9   → 자리를 맞추어 모두 더한다.
```

연습문제

	25		24		64		98
×	25	×	26	×	66	×	92
	625		624		4,224		9,016

3. 일의 자리 수가 같고 십의 자리 수 합이 10인 두 수의 곱셈

```
      3  1
   ×  7  1
─────────────
      0  1   → 1×1 = 01 (일의 자리 수를 곱한다.)
   2  2  0  0   → (7×3) + 1 = 22 (십의 자리 수끼리 곱한 값에 일의 자리 수를 더한다.)
              22×100 = 2,200
─────────────
   2  2  0  1   → 자리를 맞추어 모두 더한다.
```

```
      4  2
   ×  6  2
─────────────
      0  4   → 2×2 = 04 (일의 자리 수를 곱한다.)
   2  6  0  0   → (4×6) + 2 = 26 (십의 자리 수끼리 곱한 값에 일의 자리 수를 더한다.)
              26×100 = 2,600
─────────────
   2  6  0  4   → 자리를 맞추어 모두 더한다.
```

연습문제

48	59	45	96
× 68	× 59	× 65	× 16
3,264	3,481	2,925	1,536

4. 99단 빨리 하기

```
      9  9
   ×  9  9
─────────────
      0  1   → 100 − 99 = 01 (100에서 곱하는 수를 뺀다.)
   9  8  0  0   → 99 − 1 = 98 (곱하는 수에서 1을 뺀다.)
              98×100 = 9,800
─────────────
   9  8  0  1   → 자리를 맞추어 모두 더한다.
```

99×99를 아래 식으로 변형하여 계산할 수도 있다.
$99 × 99 = 99 × (100 − 1) = 9,900 − 99 = 9,900 − 100 + 1 = 9,801$

```
      9  9
   ×  9  8
─────────────
      0  2   → 100 − 98 = 02 (100에서 곱하는 수를 뺀다.)
   9  7  0  0   → 98 − 1 = 97 (곱하는 수에서 1을 뺀다.)
              97×100 = 9,700
─────────────
   9  7  0  2   → 자리를 맞추어 모두 더한다.
```

99×98을 아래 식으로 변형하여 계산할 수도 있다.
$99 × 98 = 99 × (100 − 2) = 9,900 − 198 = 9,900 − 200 + 2 = 9,702$

연습문제 ☑

99	×	88	=	8,712
99	×	89	=	8,811
99	×	90	=	8,910
99	×	91	=	9,009
99	×	92	=	9,108
99	×	93	=	9,207
99	×	94	=	9,306
99	×	95	=	9,405
99	×	96	=	9,504
99	×	97	=	9,603

5. 편차를 이용한 뺄셈 곱셈법 - 곱하는 숫자가 같을 경우

```
      9  6   ( + 4)   → 100 - 96 = 4 (100과 96의 편차)
  ×   9  6   ( + 4)   → 100 - 96 = 4 (100과 96의 편차)
         1  6          → 4 × 4 = 16 (편차의 곱셈)
   9  2  0  0          → 96과 4를 크로스로 뺄셈을 하고 100을 곱한다.
                          (96 - 4) × 100 = 9,200
   ─────────────
   9  2  1  6          → 자리를 맞추어 모두 더한다.
```

```
      8  8   ( + 12)  → 100 - 88 = 12 (100과 88의 편차)
  ×   8  8   ( + 12)  → 100 - 88 = 12 (100과 88의 편차)
         1  4  4       → 12 × 12 = 144 (편차의 곱셈)
   7  6  0  0          → 88과 12를 크로스로 뺄셈을 하고 100을 곱한다.
                          (88 - 12) × 100 = 7,600
   ─────────────
   7  7  4  4          → 자리를 맞추어 모두 더한다.
```

```
      4  6   ( + 4)   → 50 - 46 = 4 (50과 46의 편차)
  ×   4  6   ( + 4)   → 50 - 46 = 4 (50과 46의 편차)
         1  6          → 4 × 4 = 16 (편차의 곱셈)
   2  1  0  0          → 46과 4를 크로스로 뺄셈을 하고 50을 곱한다.
                          (46 - 4) × 50 = 2,100
   ─────────────
   2  1  1  6          → 자리를 맞추어 모두 더한다.
```

```
      3  4   ( + 6)   → 40 - 34 = 6 (40과 34의 편차)
  ×   3  4   ( + 6)   → 40 - 34 = 6 (40과 34의 편차)
         3  6          → 6 × 6 = 36 (편차의 곱셈)
   1  1  2  0          → 34와 6을 크로스로 뺄셈을 하고 40을 곱한다.
                          (34 - 6) × 40 = 1,120
   ─────────────
   1  1  5  6          → 자리를 맞추어 모두 더한다.
```

6. 편차를 이용한 뺄셈 곱셈법 - 곱하는 숫자가 다를 경우

```
    9   5   ( + 5)    → 100 - 95 = 5 (100과 95의 편차)
×   9   6   ( + 4)    → 100 - 96 = 4 (100과 96의 편차)
        2   0         → 5 × 4 = 20 (편차의 곱셈)
9   1   0   0         → 95와 4 또는 96과 5를 크로스로 뺄셈을 하고 100을 곱한다.
                        91 × 100 = 9,100
9   1   2   0         → 자리를 맞추어 모두 더한다.
```

```
    8   8   ( + 12)   → 100 - 88 = 12 (100과 88의 편차)
×   9   7   ( + 3)    → 100 - 97 = 3 (100과 97의 편차)
        3   6         → 12 × 3 = 36 (편차의 곱셈)
8   5   0   0         → 88과 3 또는 97과 12를 크로스로 뺄셈을 하고 100을 곱한다.
                        85 × 100 = 8,500
8   5   3   6         → 자리를 맞추어 모두 더한다.
```

```
    9   3   ( + 7)    → 100 - 93 = 7 (100과 93의 편차)
×   8   2   ( + 18)   → 100 - 82 = 18 (100과 82의 편차)
    1   2   6         → 7 × 18 = 126 (편차의 곱셈)
7   5   0   0         → 93과 18 또는 82와 7을 크로스로 뺄셈을 하고 100을 곱한다.
                        75 × 100 = 7,500
7   6   2   6         → 자리를 맞추어 모두 더한다.
```

```
    1   0   5   ( - 5)   → 100 - 105 = - 5 (100과 105의 편차)
×       9   8   ( + 2)   → 100 - 98 = 2 (100과 98의 편차)
        -   1   0        → -5 × 2 = - 10
1   0   3   0   0        → 105와 2 또는 98과 -5를 크로스로 뺄셈을 하고 100을 곱한다.
                           103 × 100 = 10,300
1   0   2   9   0        → 자리를 맞추어 모두 더한다.
```

```
    2   7   ( + 3)    → 30 - 27 = 3 (30과 27의 편차)
×   2   2   ( + 8)    → 30 - 22 = 8 (30과 22의 편차)
        2   4         → 3 × 8 = 24 (편차의 곱셈)
    5   7   0         → 27과 8 또는 22와 3을 크로스로 뺄셈을 하고 30을 곱한다.
                        19 × 30 = 570
    5   9   4         → 자리를 맞추어 모두 더한다.
```

```
    5   6   ( + 4)    → 60 - 56 = 4 (60과 56의 편차)
×   6   2   ( - 2)    → 60 - 62 = - 2 (60과 62의 편차)
        -   8         → 4 × -2 = - 8 (편차의 곱셈)
3   4   8   0         → 56과 -2 또는 62와 4를 크로스로 뺄셈을 하고 60을 곱한다.
                        58 × 60 = 3,480
3   4   7   2         → 자리를 맞추어 모두 더한다.
```

7. 앞에서부터 곱하는 계산법

지금까지의 곱셈은 다음과 같이 뒤에서부터 계산했다.

```
    1 4 5 6 8 3
  ×           8
          2 4
        6 4
        4 8
      4 0
    3 2
  0 8
  ─────────────
  1 1 6 5 4 6 4
```

앞에서부터 계산을 하는 훈련을 해보자. 이때 자리를 맞추는 것을 조심해야 한다.

```
    1 4 5 6 8 3
  ×           8
  ─────────────
  0 8
    3 2
      4 0
        4 8
          6 4
            2 4
  ─────────────
  1 1 6 5 4 6 4
```

8. 두 자리 수 곱셈 앞에서부터 계산하기

```
        2   5
  ×     5   4
  ─────────────
  1   0            → 2×5 = 10 (십의 자리 수끼리 곱한다.)
      0   8        → 2×4 = 08 (2와 4를 크로스로 곱한다.)
      2   5        → 5×5 = 25 (5와 5를 크로스로 곱한다.)
          2   0    → 5×4 = 20 (일의 자리 수끼리 곱한다.)
  ─────────────
  1   3   5   0    → 자리를 맞추어 모두 더한다.
```

위와 같은 방법과는 다르게 앞과 뒤를 먼저 계산하고 가운데를 2번째로 처리하는 것이 바로 "T자 곱셈" 방법이다. 같은 문제를 "T자 곱셈"방법으로 다시 풀이해보자.

① 단순 T자 곱셈

```
        2   5
  ×     5   4
  ─────────────
  1   0   2   0    → 십의 자리 수끼리 곱한 값(2×5 = 10)을 앞에, 일의 자리 수끼리 곱한 값(5×4 = 20)을
                      뒤에 쓴다.
      0   8        → 2×4 = 08 (2와 4를 크로스로 곱한다.)
      2   5        → 5×5 = 25 (5와 5를 크로스로 곱한다.)
  ─────────────
  1   3   5   0    → 자리를 맞추어 모두 더한다.
```

		7	1	
×		7	5	
4	9	0	5		→ 십의 자리 수끼리 곱한 값(7×7 = 49)을 앞에, 일의 자리 수끼리 곱한 값(1×5 = 05)을 뒤에 쓴다.
	4	2			→ 7과 5를 크로스로 곱한 값과 1과 7을 크로스로 곱한 값을 더한다. 7×5 + 1×7 = 7(5 + 1) = 42
5	3	2	5		→ 자리를 맞추어 모두 더한다.

		7	7	
×		8	1	
5	6	0	7		→ 십의 자리 수끼리 곱한 값(7×8 = 56)을 앞에, 일의 자리 수끼리 곱한 값(7×1 = 07)을 뒤에 쓴다.
	6	3			→ 7과 1을 크로스로 곱한 값과 7과 8을 크로스로 곱한 값을 더한다. 7×1 + 7×8 = 7(1 + 8) = 63
6	2	3	7		→ 자리를 맞추어 모두 더한다.

고찰 Tip

※ T자를 활용한 가로 곱셈
67×73을 "T자 곱셈" 방법을 활용하여 가로 곱셈하면, 다음과 같은 순서로 계산하면 된다.

② 변경 T자 곱셈 1: 단순 T자 곱셈의 과정을 분리해서 계산하는 방법이다.

		2	5	
×		5	4	
1	0				→ 2×5 = 10 (십의 자리 수끼리 곱한다.)
	3	3			→ 2×4 + 5×5 = 33 (2와 4, 5와 5를 크로스로 곱한 값을 더한다.)
		2	0		→ 5×4 = 20 (일의 자리 수끼리 곱한다.)
1	3	5	0		→ 자리를 맞추어 모두 더한다.

③ 변경 T자 곱셈 2: 변경 T자 곱셈 1의 계산보다 간단한 과정이다.

		2	5	
×		5	4	
1	2	5			→ 25×5 = 125 (25와 54의 십의 자리 수인 5를 곱한다.)
	1	0	0		→ 25×4 = 100 (25와 54의 일의 자리 수인 4를 곱한다.)
1	3	5	0		→ 자리를 맞추어 모두 더한다.

연습문제 ☑

```
       4   8                    7   5
   ×   5   5                ×   8   3
  ─────────────            ─────────────
   2   4   0   0            6   0   0   0
       2   4   0                2   2   5
  ─────────────            ─────────────
   2   6   4   0            6   2   2   5


       4   9                    7   4
   ×   2   8                ×   6   3
  ─────────────            ─────────────
       9   8   0            4   4   4   0
       3   9   2                2   2   2
  ─────────────            ─────────────
   1   3   7   2            4   6   6   2
```

9. 세 자리 수 곱셈

세 자리 수 곱셈은 정교한 계산이 필요한 경우 및 선지의 끝자리나 앞자리 수로 정답을 고를 수 있는 문제에서 유용하다.

```
        ㄱ   ㄴ   ㄷ
        1    3    1
   ×    4    2    1
  ──────────────────
                 0  1      step 1) ㄷ열끼리 곱한다. (1×1 = 01)
             0   5         step 2) ㄴ, ㄷ열을 크로스로 곱한 후 더한다. (3×1 + 1×2 = 05)
         1   1             step 3) ㄱ, ㄷ열을 크로스로 곱한 후 더한 값과, ㄴ열끼리 곱한 값을 더한다.
                                   (1×1 + 1×4 + 3×2 = 11)
         1   4             step 4) ㄱ, ㄴ열을 크로스로 곱한 후 더한다. (1×2 + 3×4 = 14)
     0   4                 step 5) ㄱ열끼리 곱한다. (1×4 = 04)
  ──────────────────
     5   5   1   5   1     step 6) 자리를 맞추어 모두 더한다.
```

위의 방법과 정반대의 순서로 계산해도 상관없다. 이때 자리를 맞춰서 계산하는 것이 중요하다. 세 자리 수 곱셈의 결과값은 최대 6자리라는 것을 염두에 두고 앞에서부터 차례대로 자리를 채워나가면 된다.

```
        ㄱ   ㄴ   ㄷ
        1    3    1
   ×    4    2    1
  ──────────────────
     0   4                 step 1) ㄱ열끼리 곱한다. (1×4 = 04)
         1   4             step 2) ㄱ, ㄴ열을 크로스로 곱한 후 더한다. (1×2 + 3×4 = 14)
         1   1             step 3) ㄱ, ㄷ열을 크로스로 곱한 후 더한 값과, ㄴ열끼리 곱한 값을 더한다.
                                   (1×1 + 1×4 + 3×2 = 11)
             0   5         step 4) ㄴ, ㄷ열을 크로스로 곱한 후 더한다. (3×1 + 1×2 = 05)
                 0   1     step 5) ㄷ열끼리 곱한다. (1×1 = 01)
  ──────────────────
     5   5   1   5   1     step 6) 자리를 맞추어 모두 더한다.
```

고찰Tip

위의 세 자리 수 곱셈은 복잡한 계산이 필요한 계산 문제에서 주어진 선지들의 앞자리나 끝자리 수가 다른 경우 정답을 찾을 때 유용하게 쓰인다. 예를 들어 78,131×87,421의 값을 묻는 문제가 있고, 선지들의 끝자리 수가 모두 다르다면 끝자리 수가 1인 선지가 정답이 된다는 것을 쉽게 알 수 있지만 이런 문제를 기대하기는 어렵다. 만약 주어진 선지들이 끝에서 두 번째 자리까지는 같고 세 번째 자리만 다르다면 세 자리 수 곱셈이 유용하게 쓰일 수 있다. 78,131×87,421의 값은 6,830,290,151인데 여기서 주목할 점은 끝 세 자리 '151'이다. 곱하는 숫자들의 앞자리가 아무리 늘어도 끝자리 151은 변하지 않는다. 좀 더 자세한 내용은 '유효숫자의 고찰'에서 살펴보기로 한다.

연습문제

```
        2 3 4                   7 2 4                   4 8 9
  ×     4 2 1             ×     4 2 5             ×     7 8 3
  0 8                     2 8                     2 8
    1 6                     2 2                     8 8
      2 4                     5 5                   1 3 9
        1 1                     1 8                     9 6
          0 4                     2 0                     2 7
  0 9 8 5 1 4             3 0 7 7 0 0             3 8 2 8 8 7
```

10. 긴 곱셈을 빨리 하는 방법

예시1 758×51

51을 50과 1로 쪼개어서 계산을 한다. $758 \times (50 + 1)$

① $758 \times 50 = 37,900$

② $758 \times 1 = 758$

```
              7   5   8
        ×         5   1
      3   7   9   0   0   → 758×50 = 37,900
              7   5   8   → 758×1 = 758
                             이때 자리를 잘 맞추어야 한다.
      3   8   6   5   8   → 자리를 맞추어 더해준다.
```

예시2 845×62

이 경우에는 50, 10, 2로 쪼개어서 계산을 한다.

$845 \times (50 + 10 + 2)$

① $845 \times 50 = 42,250$

② $845 \times 10 = 8,450$

③ $845 \times 2 = 1,690$

```
            8   4   5
      ×         6   2
  4   2   2   5   0   → 845×50 = 42,250
      8   4   5   0   → 845×10 = 8,450
      1   6   9   0   → 845×2 = 1,690
  5   2   3   9   0   → 자리를 맞추어 더해준다.
```

예시 3 845×85

이 경우에는 100에서 15를 차감한 후 845와 곱셈을 한다. 15의 경우도 10과 5로 쪼개서 계산을 한다.

$845 \times (100 - 10 - 5)$

① $845 \times 100 = 84,500$

② $845 \times -10 = -8,450$

③ $845 \times -5 = -4,225$

```
            8   4   5
    ×               8   5
    ─────────────────────────
    8   4   5   0   0   → 845×100 = 84,500
    −       8   4   5   0   → 845×-10 = -8,450
    −       4   2   2   5   → 845×-5 = -4,225
    ─────────────────────────
    7   1   8   2   5   → 자리를 맞추어 더해준다.
```

11. 뺄셈을 활용한 곱셈법

예시 1 곱하는 숫자가 19인 경우

$$20 \times 19 = 20 \times (20 - 1)$$
$$= 400 - 20$$
$$= 380$$
$$39 \times 19 = 39 \times (20 - 1)$$
$$= 780 - 39$$
$$= 741$$

예시 2 곱하는 숫자가 18인 경우

$$43 \times 18 = 43 \times (20 - 2)$$
$$= 830 - 86$$
$$= 774$$
$$72 \times 18 = 72 \times (20 - 2)$$
$$= 1,440 - 144$$
$$= 1,296$$

고찰 Tip

결론은 "어떤 방법이 빠른가"인데 정답은 없다. 수험생이 본인에게 맞는 풀이를 적절하게 사용하면 된다.

12. 나눗셈을 활용한 곱셈법

예시 1 곱하는 수의 일의 자리가 5인 경우

$72 \times 15 = 1,080$

풀이 1	72×15	$= 1,080$ (T자 곱셈 활용)
풀이 2	$72 \times 30 \div 2$	$= 2,160 \div 2 = 1,080$

예시 2 곱하는 수가 25인 경우

$72 \times 25 = 1,800$

풀이 1	72×25	$= 72 \times 50 \div 2 = 1,800$
풀이 2	$72 \times 100 \div 4$	$= 1,800$ (100을 곱한 후 4로 나눈다.)
풀이 3	$72 \times 100 \div 2 \div 2$	$= 1,800$ (100을 곱한 후 2로 두 번 나눈다.)

연습문제

39×25

풀이 1	39×25	$= 975$
풀이 2	$39 \times 50 \div 2$	$= 1,950 \div 2 = 975$
풀이 3	$39 \times 100 \div 4$	$= 39 \times 100 \div 2 \div 2 = 975$ (100을 곱한 후 2로 두 번 나눈다.)

67×35

풀이 1	67×35	$= 2,345$
풀이 2	$67 \times 70 \div 2$	$= 4,690 \div 2 = 2,345$

13. 곱셈 어림산(오차범위 검증)

$147.2 \times 19.2 = 2,826.24$

위와 같은 문제가 있다고 가정해 보자. 그대로 계산한다면 시간이 많이 소요되므로 소수점 아래를 생략하고 어림산을 해보면 $147 \times 19 = 2,793$이 된다. 이것은 정확한 어림산일까? 어림산의 오차범위는 선지에 따라 결정된다. 선지에 주어진 값들의 편차가 크다면 대략적으로 어림산을 해도 되지만 편차가 작다면 정확하게 계산을 해야 한다. 따라서 곱셈 어림산을 할 때에는 정답과의 오차범위 ±5% 내에서 값이 나오도록 연습해야 한다. 정확한 계산을 요하는 문제는 오차범위 ±2.5% 내로 값이 나와야 한다.

$147.2 \times 19.2 = 150 \times 20 = 3,000$ (정답 2,826과의 오차범위 +6.15%)

빠르게 계산하기 위해 147.2를 150으로 높이고, 19.2를 20으로 높였다. 이렇게 어림산을 하는 경우 오차범위는 +6.15%가 되므로 ±5%를 벗어난다. 따라서 잘못된 계산이다. 오류가 발생한 원인은 147.2와 19.2 둘 다 값을 높여서 어림산을 했기 때문이다. 곱셈 어림산을 할 때 한 쪽을 높이면 한 쪽을 낮춰야 한다.

$\underset{\downarrow -5\%}{\underline{140}} \times \underset{\uparrow +4\%}{\underline{20}} = 2,800$ (정답 2,826과의 오차범위 −0.9%)

이와 같이 140×20으로 어림산을 하면 오차범위가 −0.9%이므로 ±5% 범위 내로 들어온 것을 알 수 있다. 어림산을 하기 위해 값을 높이고 낮출 때에는 10% 범위 내에서 맞추는 것이 좋다. 왜냐하면 어림산 곱셈에서 증가율과 감소율이 곱해지는 만큼의 오차가 추가적으로 발생하기 때문이다. 147.2와 19.2를 20% 범위 내에서 낮춰도 정확하게 계산이 될 것 같지만 오차범위는 −4%가 되는 것을 알 수 있다. 이에 대해서는 p. 52 '증가율 빨리 계산하기'에서 더 자세히 설명하기로 한다.

아래와 같은 계산을 할 때에는 반드시 어림산할 숫자의 증감율을 10% 범위 내에서 고려해야 한다.

예시 1

	157.8	×	48.3	=	7,622	정답과의 오차범위
어림산	150	×	50	=	7,500	−1.62%
증감율	−4.94%		+3.51%		오차: −1.43%	

예시 2

	1,891.0	×	519.0	=	981,429	정답과의 오차범위
어림산	1,900	×	500	=	950,000	−3.2%
증감율	+0.5%		−3.8%		오차: −3.3%	

예시 3

	1,742.0	×	452.0	=	787,384	정답과의 오차범위
어림산	1,500	×	500	=	750,000	−4.75%
증감율	−13.89%		+10.6%		오차: −3.29%	

14. 곱셈 비교하기

곱셈 비교는 활용도가 높다. 연습을 통해서 빠르게 계산하도록 해야 한다.

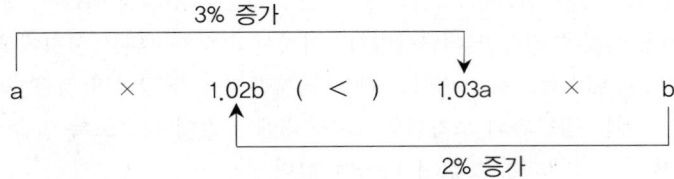

이렇게 비교를 한다면 1.02ab < 1.03ab인 오른쪽이 크게 된다. 이 방법을 활용해서 다음 예시 문제를 풀어 보자.

예시 1

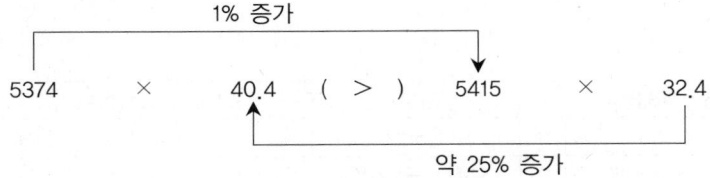

300에서 309로 3% 증가했고, 50에서 51로 2% 증가했으므로 3% 증가한 쪽이 더 크다. 이 방법은 증가율을 어떻게 빠르게 구하느냐가 관건이다. 아래 증가율 계산을 통해서 한 번 더 연습해 보도록 하자.

예시 2

예시 3

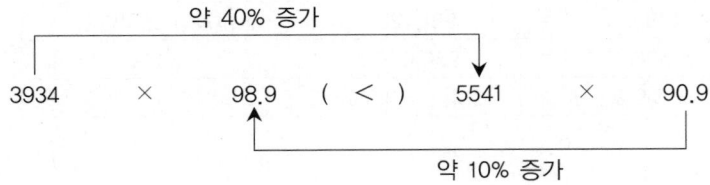

(예제) 다음 표는 A ~ E 회사별 P자재의 단가 및 할인율을 나타낸 것이다. 단가와 할인율을 고려하여 P자재의 가격 경쟁률이 가장 낮은 회사부터 가장 높은 회사 순으로 바르게 나열한 것은? (단, 단가는 소수점 셋째 자리에서 반올림한다.)

구분	개당 단가(만 원)	할인율(%)
A사	325	9.8
B사	332	2.8
C사	321.5	13.3
D사	322	12.8
E사	340	7.4

① A - E - D - B - C
② B - E - A - D - C
③ C - D - A - E - B
④ D - A - E - C - B
⑤ E - B - C - D - A

|정답| ②

|해설| 회사별 P자재의 최종 가격을 계산하면 다음과 같다.
A사 : $325 \times 0.902 = 293.15$
B사 : $332 \times 0.972 = 322.70$
C사 : $321.5 \times 0.867 = 278.74$
D사 : $322 \times 0.872 = 280.74$
E사 : $340 \times 0.926 = 314.84$
가격이 높을수록 가격 경쟁률이 낮으므로 B - E - A - D - C 순이다.
그런데 본 문제는 곱셈 비교로도 답을 빠르게 구할 수 있다.

구분	개당 단가(만 원)	할인율(%)	판매가
A사	325	9.8	325×91.2
B사	332	2.8	332×97.2
C사	321.5	13.3	321.5×86.7
D사	322	12.8	322×87.2
E사	340	7.4	340×92.6

A ~ E사의 판매가를 비교했을 때 C사의 가격이 가장 낮음을 쉽게 파악할 수 있다. 따라서 답은 ①, ② 중에 있다.
A사와 B사의 판매가를 비교했을 때 B사가 A사보다 가격이 높으므로($332 > 325$, $97.2 > 91.2$)
정답은 ②가 된다.

02 덧셈·뺄셈 빨리 하기 - 보수법

1. 덧셈

$46 + 39 = 85$

쉬운 덧셈 문제이지만 $46 + (40 - 1)$이라는 식으로 바꾸어서 풀이를 한다면 암산하는 데 도움이 된다. 이것을 보수법이라고 하고 덧셈, 뺄셈에 많이 활용된다. 보수법을 이용하여 주어진 식을 계산하기 편한 형식으로 바꿀 수 있다. 자료 값이 가로인 경우 덧셈, 뺄셈에 많이 활용된다.

예시 1 $\begin{aligned} 946 + 257 &= (1{,}000 - 54) + 257 \\ &= 1{,}000 + (-54 + 257) \\ &= 1{,}000 + 203 \\ &= 1{,}203 \end{aligned}$

예시 2 $\begin{aligned} 987 + 656 &= (1{,}000 - 13) + 656 \\ &= 1{,}000 + (-13 + 656) \\ &= 1{,}000 + 643 \\ &= 1{,}643 \end{aligned}$

그렇다면 어떻게 보수에서 차감하는 값을 빠르게 찾을 수 있을까? 일의 자리 수는 10에서 뺀 값이고, 나머지 자리 수는 9에서 뺀 값이라고 생각하면 쉽다.

예를 들어 946의 보수는 1,000이고, 차감하는 값을 구하면 일의 자리 수는 10에서 6을 뺀 4, 십의 자리 수는 9에서 4를 뺀 5이므로 54가 된다. 또 다른 예로 39,276의 보수는 100,000이고, 차감하는 값을 구하면 일의 자리 수는 10에서 6을 뺀 4이고, 나머지 자리 수는 9에서 뺀 값이므로 60,724가 된다.

$\begin{aligned} 97{,}452 + 45{,}234 &= (100{,}000 - 2{,}548) + 45{,}234 \\ &= (100{,}000 + 45{,}234) - 2{,}548 \\ &= (100{,}000 + 40{,}000 + 5{,}234) - 2{,}548 \\ &= 140{,}000 + (5{,}234 - 2{,}548) \\ &= 142{,}686 \end{aligned}$

단순 덧셈하는 것이 더 빠르다고 생각할 수 있지만 자료해석 문제에서 복잡한 계산이 필요할 때, 어림산을 적용하면 더 빠르게 계산할 수 있다. 위의 식을 974 + 452로 계산해보면,

$\begin{aligned} 974 + 452 &= (1{,}000 - 26) + 452 \\ &= 1{,}000 + (-26 + 452) \\ &= 1{,}426 \end{aligned}$

이렇게 하면 주어진 선지의 앞 네 자리만 비교하여 정답을 쉽게 선택할 수 있다.

연습문제 ☑

암산으로 계산해보자.

932	+	417	=	$900 + 32 + 400 + 17 = 900 + 400 + 32 + 17 = 1{,}349$
982	+	717	=	1,699
983	+	727	=	1,710
984	+	737	=	1,721
985	+	747	=	1,732
986	+	757	=	1,743
987	+	767	=	1,754

2. 뺄셈

$54 - 38 = 16$

덧셈과 마찬가지로 50에서 40을 빼고 4와 2를 더해주거나 54에서 40을 빼고 2를 더해주는 보수법을 활용하여 계산할 수 있다.

예시 1
$$533 - 196 = 533 - (200 - 4)$$
$$= (533 - 200) + 4$$
$$= 337$$

예시 2
$$1{,}005 - 993 = (1{,}000 + 5) - (1{,}000 - 7)$$
$$= 5 + 7$$
$$= 12$$

예시 3
$$97{,}452 - 45{,}234 = 974 - 452 \rightarrow \text{각 숫자의 앞 세 자리로 어림산}$$
$$= 974 - (500 - 48)$$
$$= (974 - 500) + 48$$
$$= 522$$

연습문제 ☑

534	−	201	=	333
1,019	−	942	=	77
1,025	−	960	=	65
1,121	−	918	=	203
1,122	−	921	=	201
1,123	−	924	=	199
1,124	−	927	=	197
1,125	−	930	=	195
1,126	−	933	=	193
1,127	−	936	=	191

03 나눗셈 – 최대한 곱하기

나눗셈을 정확하게 계산하는 것은 중요하다. 하지만 나눗셈은 시간이 많이 걸리므로 나눗셈을 곱셈으로 바꿔 계산하면 시간을 절약할 수 있다. 또한 자료해석에서는 나눗셈을 하지 않고도 풀 수 있는 문제들이 많다. 수치의 비교나 증가율의 증감 여부 등을 찾는 문제들은 직접 나눗셈을 하여 값을 계산하지 않아도 풀 수 있다.

비기1 분모를 어림산하여 10 단위로 맞추기

다음은 $\frac{1}{2}$ 부터 $\frac{1}{20}$ 까지 분수의 값을 나타낸 표이다.

※ 2 ~ 20까지 분수표 (반드시 암기하자)

$\frac{1}{2}$	$\frac{1}{3}$	$\frac{1}{4}$	$\frac{1}{5}$	$\frac{1}{6}$	$\frac{1}{7}$	$\frac{1}{8}$	$\frac{1}{9}$	$\frac{1}{11}$
50%	33.3%	25%	20%	16.7%	14.3%	12.5%	11.1%	9.1%
$\frac{1}{12}$	$\frac{1}{13}$	$\frac{1}{14}$	$\frac{1}{15}$	$\frac{1}{16}$	$\frac{1}{17}$	$\frac{1}{18}$	$\frac{1}{19}$	$\frac{1}{20}$
8.3%	7.7%	7.1%	6.7%	6.3%	5.9%	5.6%	5.3%	5%
+0.6%씩 더해감			+0.4%씩 더해감			+0.3%씩 더해감		

분수표를 활용하여 나눗셈을 곱셈으로 바꿔보자.

예시1 $\frac{158}{251} = 62.94\%$

분수표에서 $\frac{1}{4}$ 의 값이 25%이므로 분자와 분모에 각각 4를 곱하면,

$$\frac{약\ 160 \times 4 = 640}{약\ 1,000} = 64\% 가 된다. (오차범위 1.06\%)$$

예시2 $\frac{450}{16,720} = 2.69\%$

분수표에서 $\frac{1}{6}$ 의 값은 16.7%이므로 분자와 분모에 각각 6을 곱하면,

$$\frac{450 \times 6 = 2,700}{16,720 \times 6 = 약\ 100,000} = 2.7\% 가 된다. (오차범위 0.1\%)$$

고찰 Tip

"xx% 이상인가"를 물어보면, 어림산으로 작은 수를 만들어 계산한다.
"xx% 이하인가"를 물어보면, 어림산으로 큰 수를 만들어 계산한다.
예를 들어 선지에서 50% 이상인지 묻는 경우, 어림산으로 작은 수를 만들어 계산한 값이 50% 이상이라면 그것은 명확히 50% 이상이 된다.

연습문제 ☑️

$95 \div 125 = 76\%$	125에 8을 곱하면 1,000이 되므로 $\frac{95}{125}$의 분자와 분모에 각각 8을 곱하면, $\frac{95 \times 8}{125 \times 8} = \frac{95 \times 8}{1,000} = \frac{760}{1,000} = 76\%$가 된다.
$96 \div 126 \fallingdotseq 76.19\%$	분자와 분모에 각각 8을 곱한다. 분자는 96×8이므로 약 76.8%가 된다.
$100 \div 770 \fallingdotseq 12.99\%$	770에 13을 곱하면 10,010이 되므로 분자와 분모에 각각 13을 곱하면, $\frac{100 \times 13}{770 \times 13} = \frac{1,300}{10,000} \fallingdotseq$ 약 13%가 된다.
$161 \div 167 \fallingdotseq 96.41\%$	분자와 분모에 각각 6을 곱한다. 분자는 16×6이므로 약 96%가 된다.
$162 \div 630 \fallingdotseq 25.71\%$	분자와 분모에 각각 16을 곱한다. 분자는 16×16이므로 약 25.6%가 된다.
$166 \div 1,120 \fallingdotseq 14.82\%$	분자와 분모에 각각 9를 곱한다. 분자는 160×9이므로 약 14.4%가 된다.
$187 \div 530 \fallingdotseq 35.28\%$	분자와 분모에 각각 19를 곱한다. 분자는 187×9이므로 약 35.5%가 된다.

예제 〈분수식 이용〉

다음은 2010년 세계 인구의 국가별 구성비와 OECD 국가별 인구를 나타낸 자료이다. 2010년 OECD 국가의 총 인구 중 미국 인구가 차지하는 비율이 25%일 때, 이에 대한 〈보기〉의 설명 중 옳은 것을 모두 고르면?

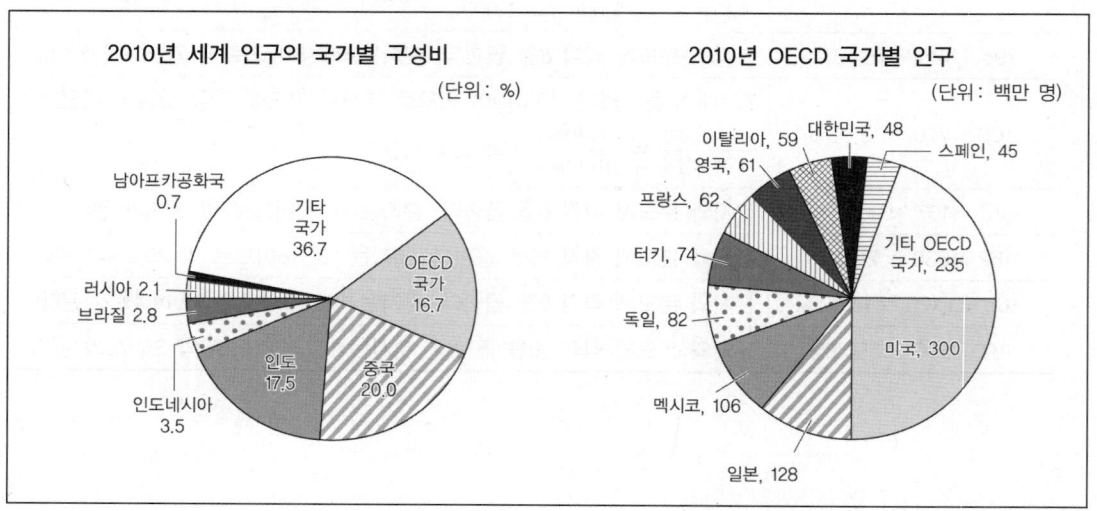

보기
ㄱ. 2010년 세계 인구는 70억 명 이상이다.
ㄴ. 2010년 기준 독일 인구가 매년 전년 대비 10% 증가한다면, 독일 인구가 최초로 1억 명 이상이 되는 해는 2014년이다.
ㄷ. 2010년 OECD 국가의 총 인구 중 터키 인구가 차지하는 비율은 5% 이상이다.
ㄹ. 2010년 남아프리카공화국 인구는 스페인 인구보다 적다.

① ㄱ, ㄴ   ② ㄱ, ㄷ
③ ㄱ, ㄹ   ④ ㄴ, ㄷ
⑤ ㄷ, ㄹ

|정답| ②

|해설| 분수식을 이용하면 정답을 빠르게 도출할 수 있다.

ㄱ. (○) 미국의 인구가 OECD 인구의 25%($\frac{1}{4}$)를 차지한다고 문제에 주어졌으므로 OECD 전체 인구는 미국 인구의 4배에 해당하는 1,200백만 명에 해당한다. 그리고 OECD 인구는 세계 인구의 16.7%로서 이것은 약 $\frac{1}{6}$에 해당한다. 따라서 OECD 인구의 6배에 해당하는 것이 세계 인구이므로 세계 인구는 7,200백만 명, 즉 약 72억 명이 된다.

ㄴ. (X) 독일의 인구는 현재 82백만 명, 즉 0.82억 명이므로 매년 전년 대비 10%가 증가한다고 할 때 1억 명 이상이 되는 해는 2013년이다. (2010년: 0.82억 명, 2011년: 0.82×1.1 = 0.902억 명, 2012년: 0.902×1.1 = 0.9922억 명, 2013년: 0.9922×1.1 = 1.09142억 명)

ㄷ. (○) 2010년 OECD 전체 인구는 1,200백만 명이고, 터키의 인구는 74백만 명이므로 터키가 차지하는 비율은 약 6%이다.

ㄹ. (X) 2010년 남아프리카공화국의 인구는 세계 인구의 0.7%에 해당하므로 7,200백만 명×0.7% = 50.4백만 명이다. 따라서 스페인의 인구(45백만 명)보다 많다.

비기2 여사건 나눗셈 - 분자의 숫자가 분모에 가까울 경우 1 - x로 계산

$\dfrac{441}{450}$ 을 여사건 나눗셈으로 계산하면,

$1 - \dfrac{441}{450} = \dfrac{9}{450} = 2\%$이므로 $\dfrac{441}{450}$ 은 $100\% - 2\% = 98\%$가 된다.

$119 \div 125$	$1 - \dfrac{119}{125} = \dfrac{6}{125}$ 분자와 분모에 각각 8을 곱하면 $\dfrac{48}{1,000} = 4.8\%$가 된다. 여사건이므로 $100 - 4.8 = $ 약 95.2%이다.
$123 \div 126$	$1 - \dfrac{123}{126} = \dfrac{3}{126}$ 분자와 분모에 각각 8을 곱하면 분자가 $3 \times 8 = 24$이므로 2.4%가 된다. 여사건이므로 $100 - 2.4 = $ 약 97.6%이다.
$750 \div 770$	$1 - \dfrac{750}{770} = \dfrac{20}{770}$ 분자와 분모에 각각 13을 곱하면 분자가 $20 \times 13 = 260$이므로 2.6%가 된다. 여사건이므로 $100 - 2.6 = $ 약 97.4%이다.

비기3 앞에 두 자리만을 활용한 나눗셈

1. 자릿수 맞추기

> 비교 $= \dfrac{\text{비교량}}{\text{기준량}} \times 100\%$
>
> 1) 기준량을 비교량에 있는 수치와 비교하여 0.1이나 0.01을 곱하여 수치를 맞춘다.
> 2) 비교량이 새로 추출한 숫자의 몇 배인가를 어림산으로 구하여, 그 배수를 %로 계산한다.

213을 725로 나눈다고 할 때, 기준량을 비교량에 있는 수치와 비교하여 $\times 0.1$이나 $\times 0.01$ 정도로 수치를 맞춘다.

$\dfrac{213}{725}$ 는 0.x가 되고 $\dfrac{21}{725}$ 은 0.0x, $\dfrac{2}{725}$ 는 0.00x가 된다.

$\dfrac{213}{725}$ 을 계산할 때 0.xxx, 0.0xxx, 0.00xxx처럼 소수점 아래 몇 번째 자리부터 계산이 되는지를 찾아야 한다.

$\dfrac{2,130}{725}$ 이 2.xx이므로 $\dfrac{213}{725}$ 은 0.2xx로 소수점 아래 둘째 자리부터 계산이 된다는 것을 알 수 있다.

2. 두 자리 자르기

$\dfrac{213}{725}$ 에서 분모는 72, 분자는 21을 남겨서 $\dfrac{21}{72}$ 로 만든다. 그래도 아직 계산하기 쉽지 않다. 분모 72를 70으로 만들면 $\dfrac{21}{70}$ 이 되므로 편하게 나눌 수 있다. 이때 0.3xxx가 되는데 72보다 작은 값으로 나누었기 때문에 원래 값은 더 작을 것이므로 0.2xxx 정도가 될 것이다. 예시 문제를 통해서 더 자세히 알아보기로 하자.

예시 $\dfrac{22,456}{87,264}$ 은 약 몇 %인가?

① 분자와 분모를 각각 앞의 두 자리만 남겨 계산하기 편한 값으로 간략하게 만든다.
→ $\dfrac{22,456}{87,264}$ 를 $\dfrac{22}{87}$ 로 만든다.

고찰 Tip

분자와 분모는 같은 비중으로 값을 내리거나 올려 주어야 한다. 분자에서 4를 없앤 것은 약 1.8%의 오차범위이고, 분모에서 2를 없앤 것은 약 0.2%의 오차범위이므로 1.8% − 0.2% = 약 1.6% 범위 내에서 오차가 생기게 된다. 오차범위 ±5% 또는 ±2.5% 안으로 들어오기 때문에 적정한 어림산이라고 할 수 있다.

② 분모에 ×0.1을 하고 반올림으로 숫자를 단순화한다.
→ 8.7에서 대략 9로 만든다.

③ ②에서 만들어진 분모의 숫자가 분모와 몇 배 정도 차이가 나는지 체크한다.
→ 9와 22를 비교하면 약 2.4 ~ 2.5배이다. 그런데 원래 수는 9가 아니라 약 8.7이므로 실제로는 2.5 ~ 2.6배가 될 것이다.

④ 그 배수를 그대로 %화시킨다.
→ 약 25 ~ 26%이다.

연습문제

213 ÷ 725 = 29.38%	213을 725로 나누면 0.x 형태가 된다. 분모 725를 7로 단순화하여 계산하면 $\dfrac{213}{7}$ = 약 30.4가 된다. 이를 소수점 첫째 자리에 맞게 고치면 0.304 = 30.4%가 된다. 원래는 725로 나누어야 하는데 700으로 나눈 값이므로 213 ÷ 725는 30.4%보다 약간 작은 수치가 될 것이다. 따라서 선지에서 30.4%보다 작은 수치를 찾아 고르면 된다.
22,456 ÷ 87,264 = 25.73%	0.x 형태가 된다. 분모와 분자를 각각 87과 22로 두고, 87을 9로 단순화하여 $\dfrac{22}{9}$ 로 계산하면 약 2.44가 된다. 이를 소수점 첫째 자리에 맞게 고치면 0.244 = 24.4%가 된다. 원래의 872보다 더 큰 900으로 나누었으므로 값을 조금 올려야 한다. 따라서 약 25%이다.
2,540 ÷ 87,273 = 2.91%	0.0x 형태가 된다. 254를 9로 나누면 약 28이고 소수점 둘째 자리에 맞게 고치면 0.028 = 2.8%가 된다. 원래의 872보다 큰 900으로 나누었기 때문에 2.8%보다 큰 값이 된다.

그런데 위와 같은 방법에는 치명적인 오류가 있다. 분모가 7, 8, 9로 시작하는 값들은 올림, 내림, 반올림 등을 하여 계산해도 그 값이 오차범위 5% 이내로 들어온다.

예를 들어 분모 74에서 70으로 전환하면 $\frac{4}{70}$ ≒ 5.7%의 오차가 발생하고, 분모 75에서 5를 올린다고해도 $\frac{5}{75}$ ≒ 6.7% 정도 오차가 발생한다. 이 정도의 오차는 분자에서 더하거나 빼주면 오차범위 5% 이내에서 맞춰진다. 그런데 분모가 70보다 작아지게 되면 반올림, 내림, 올림 방식으로 나눗셈을 했을 경우 오차범위가 커지게 된다. 예를 들어 분모값 54를 50으로 전환하여 나눗셈을 하면 8%의 오차가 발생한다.

비기4 나누는 수의 끝자리가 5일 때 2를 곱해서 나누고 다시 2를 곱하는 방법

분모의 일의 자리 수가 5로 끝나는 경우에 활용된다.

예시

720 ÷ 15	= 48
720 ÷ 30 × 2	= 24 × 2 = 48

720 ÷ 25	= 28.8
720 ÷ 50 × 2	= 14.4 × 2 = 28.8
720 ÷ 100 × 4	= 720을 100으로 나눈 후 2를 두 번 또는 4를 곱한다.

630 ÷ 35	= 18
630 ÷ 70 × 2	= 9 × 2 = 18

810 ÷ 45	= 18
810 ÷ 90 × 2	= 9 × 2 = 18

비기5 분자와 분모를 같은 비율로 조정 후 나눗셈을 하는 방법

예시1 2,830 ÷ 159를 계산하는 문제 (답은 $\dfrac{2,830}{159}$ = 17.78974...이다.)

① 17.7987 ② 17.7988 ③ 17.7989 ④ 17.7990 ⑤ 17.7991

정답은 ①이다. 이 문제의 경우 선지의 소수점 아래 네 번째 자리의 값이 모두 다르다. 따라서 7자리의 유효숫자가 있어야 정답을 고를 수 있기 때문에 이런 문제에서는 정확하게 계산해야 한다.

만약 아래와 같은 선지가 주어졌다고 가정해보자.
① 17.79 ② 18.12 ③ 19.25 ④ 20.15 ⑤ 21.12

이런 경우에는 선지의 두 번째 자리가 모두 다르기 때문에 3자리의 유효숫자가 있다면 정답을 찾을 수 있다. 분수에서 분자와 분모에 같은 비율의 수를 더해줘도 결과값은 같아진다. 예를 들어 $\dfrac{100}{1,000}$ 을 계산할 때 분자와 분모에 각각 10%씩 값을 더해줘도 나눈 값은 같아진다. $\dfrac{100}{1,000} = \dfrac{100+10}{1,000+100} = \dfrac{100 \times 1.1}{1,000 \times 1.1}$

이를 활용하여 $\dfrac{2,830}{159}$ 를 간단하게 계산하기 위해 분모 159에는 1을 더하고, 분자 2,830에는 20을(2,830은 159의 약 20배이므로 1 × 20) 더한다. 원래는 $\dfrac{2,830}{159}$ = 약 17.8배이지만 정확한 배수를 계산하는 것 자체가 시간이 더 걸리기 때문에 어림산으로 계산하는 것이 포인트이다. 따라서 $\dfrac{2,830+20}{159+1}$ 을 계산하면 17.81이 되므로 답은 ① 이다.

예시2 407 ÷ 186을 계산하는 문제 (답은 $\dfrac{407}{186}$ = 2.1881...이다.)

분모에 186 + 4를 더한다. 407은 186의 약 2배이므로 분자에는 4 × 2 = 8을 더한다.

$\dfrac{407+8}{186+4} = \dfrac{415}{190} \fallingdotseq 2.184$

또 다른 방법으로, 나눗셈을 빠르게 하기 위해 분모에 14를 더하고 분모에는 28을 더한다. 이 방법은 분자와 분모의 배수가 빨리 파악되는 경우에 사용하면 빠르게 계산할 수 있다.

$\dfrac{407+28}{186+14} = \dfrac{435}{200} = 2.175$

정확도가 떨어지긴 하지만 오차범위 ±5% 이내로 계산된다.

예시 3 $289 \div 883$을 계산하는 문제 (답은 $\dfrac{289}{883} = 0.32729\ldots$이다.)

분모 883에서 3을 빼준다. 분자의 경우 289는 889의 약 $\dfrac{1}{3}$이므로 $3 \times \dfrac{1}{3} = 1$을 빼준다.

$$\frac{289 - 1}{883 - 3} = \frac{288}{880} \fallingdotseq 0.3272$$

또 다른 방법으로, 나눗셈을 빠르게 하기 위해 분모에 17을 더하고 분자에는 6을 더한다.

$$\frac{289 + 6}{883 + 17} = \frac{295}{900} \fallingdotseq 0.3277$$

예시 4 $43 \div 135$를 계산하는 문제 (답은 $\dfrac{43}{135} = 0.31851\ldots$이다.)

분모 135에 15를 더하고, 분자의 경우 43은 135의 약 $\dfrac{1}{3}$이므로 $15 \times \dfrac{1}{3} = 5$를 더한다.

$$\frac{43 + 5}{135 + 15} = \frac{48}{150} = 0.32$$

분수식을 활용한 나눗셈 방법으로 풀이하면, 분모에는 32를, 분자에는 10을 더해주고 분자와 분모에 각각 6을 곱한다.

$$\frac{43 + 10}{135 + 32} = \frac{53 \times 6}{167 \times 6} \fallingdotseq \frac{318}{1,000} = 0.318$$

04 비교하기 − 나눗셈을 하지 않고 분수로 표현하여 정답 찾기

비교하기는 중요하다. 자료해석의 핵심은 증가율 어림산 계산, 비중, 비교하기이다. 비중은 나눗셈이고, 증가율은 뺄셈과 나눗셈의 결합이다. 이러한 증가율과 비중의 개념이 머리에 잡히고, 비교하기가 자유롭게 된다면 자료해석 문제를 쉽게 해결할 수 있다. 비교하기의 핵심은 자료 내에서 분자와 분모를 빠르게 찾는 것이라고 할 수 있다. 자료해석 문제에서 주어진 자료를 바탕으로 분자와 분모를 정확하고 빠르게 찾아서 비교할 수 있어야 한다. 자료해석 영역을 빠르고 정확하게 풀기 위해서는 '계산 빨리하기', '자료를 빠르게 찾기', '자료를 빠르게 해석하기'의 3가지 스킬이 필요하다. 우선 '계산 빨리하기' 방법 중의 하나인 비교하기를 살펴보도록 하자. '자료를 빠르게 찾기'와 '자료를 빠르게 해석하기'는 다음에 나오는 기출문제를 통해서 익히도록 한다.

비기1 크로스 비교법

$$\frac{7}{12} \ (\ < \ ) \ \frac{5}{8}$$

직관적으로 어느 쪽이 큰지 알 수 없다. 이런 경우 분모와 분자를 크로스로 곱해서 비교한다.

$$\frac{7 \times 8 = 56}{1} \ (\ < \ ) \ \frac{5 \times 12 = 60}{1}$$

$\dfrac{b}{a}$ 와 $\dfrac{d}{c}$ 가 있다면, 이때 bc 와 ad 를 비교하여

① $bc > ad$ 라면 $\dfrac{b}{a} > \dfrac{d}{c}$

② $bc < ad$ 라면 $\dfrac{b}{a} < \dfrac{d}{c}$

크로스 비교법은 분모와 분자가 한 자리 수일 때 가장 효율적이지만 뒤에 나오는 예제들 같이 두 자리 수 이상일 때에도 상당히 유용하게 쓰일 수 있다.

고찰 Tip

※ 크기 비교 부등호 풀이법
빠르게 부등호를 붙여 본다.

A가 B보다 크다(높다).　　　A > B
A보다 B가 크다(높다).　　　A < B
A가 B보다 작다(낮다).　　　A < B
A보다 B가 작다(낮다).　　　A > B

A가 B의 1/3 이상이다.　　$A \geq B \times \frac{1}{3}$

A가 B의 2배 이하이다.　　$A \leq B \times 2$
A가 B의 2배 미만이다.　　$A < B \times 2$

1. 실제수요가 3,000개 이하인 제품유형은 각각 수요예측치가 실제수요보다 크다
2. 종목별로 볼 때 남자 국가대표선수의 평균 신장은 해당 종목 여자 국가대표선수의 평균 신장보다 크다.
3. 매출량이 60,000개일 때, 매출이익은 투자안 A가 투자안 B보다 크다.
4. 유지류의 경우 2005년 대비 2006년 1인당 섭취량 감소율보다 2007년 대비 2008년 1인당 섭취량 감소율이 더 크다.
5. 매출량 증가폭 대비 매출이익의 증가폭은 투자안 A가 투자안 B보다 항상 작다.
6. 자녀의 직업이 A일 확률은 부모의 직업이 A일 확률보다 낮다.
7. 생원시의 초시 합격자 수 대비 복시 합격자 수 비율은 문과의 초시 합격자 수 대비 병과 배치 인원 수 비율보다 낮다.

※ 문장의 기호화 MJ법

~당, ~ 대비, ~중, ~에서, ~의

문장의 구조상 앞 문장이 분모(M), 뒤의 문장이 분자(J)이다.

• 1일 대당 세탁 수
• 직원당 담당 체납 건수
• 설비투자액 중 태양광 설비투자액 비율
• 외국인 중 중국국적 외국인이 차지하는 비중
• 합격자 수 대비 복시 합격자 수 비율
• 전산장비 가격 대비 연간유지비 비율
• 모든 학교급에서 국공립학교의 특수학급 설치율

예제 1 〈크로스 비교 사용 1〉

다음 표는 조업방법별 어업생산량과 어종별 양식어획량에 대한 자료이다. 이에 대한 설명 중 옳지 않은 것은?

조업방법별 어업생산량

(단위: 만 톤)

조업방법 \ 연도	2005	2006	2007	2008	2009
해면어업	109.7	110.9	115.2	128.5	122.7
양식어업	104.1	125.9	138.6	138.1	131.3
원양어업	55.2	63.9	71.0	66.6	60.5
내수면어업	2.4	2.5	2.7	2.9	3.0
계	271.4	303.2	327.5	336.1	317.5

※ 조업방법은 해면어업, 양식어업, 원양어업, 내수면어업으로 이루어짐

어종별 양식어획량

(단위: 백만 마리)

어종 \ 연도	2005	2006	2007	2008	2009
조피볼락	367	377	316	280	254
넙치류	97	94	97	98	106
감성돔	44	50	48	46	35
참돔	53	32	26	45	37
숭어	33	35	30	26	29
농어	20	17	13	15	14
기타 어류	28	51	39	36	45
계	642	656	569	546	520

① 총어업생산량의 전년 대비 증가율은 2007년이 2008년보다 크다.

② 2005년부터 2009년까지 어업생산량이 매년 증가한 조업방법은 내수면어업이다.

③ 2005년부터 2009년까지 연도별 총양식어획량에서 조피볼락이 차지하는 비율은 매년 50% 이상이다.

④ 기타 어류를 제외하고, 2009년 양식어획량이 전년 대비 감소한 어종 중 감소율이 가장 작은 어종은 농어이다.

⑤ 기타 어류를 제외하고, 양식어획량이 많은 어종을 순서대로 나열했을 때 2005년의 순서와 2009년의 순서는 동일하다.

| 정답 | ③
| 해설 | ③ 연도별 총양식어획량에서 조피볼락이 차지하는 비율을 아래와 같이 표로 정리할 수 있다.

어종 \ 연도	2005	2006	2007	2008	2009
조피볼락	367	377	316	280	254
계	642	656	569	546	520

50% 이상이라는 것은 $\frac{50}{100}$ 이상이라는 것과 같다. 2005년도의 경우 $\frac{367}{642}$과 $\frac{50}{100}$을 크로스 비교해보면, 367 × 100 (>) 50 × 642이므로 2005년 총양식어획량에서 조피볼락이 차지하는 비율은 50% 이상이라는 것을 알 수 있다. 식을 더 단순화하여 $\frac{367}{642}$과 $\frac{1}{2}$을 비교할 수 있다. 이때 $\frac{367 \times 2}{642 \times 1}$에서 분자가 크면 '이상'이고, 분모가 크면 '이하'라는 것을 알 수 있다. 따라서 2006년부터 2009년까지는 분자인 조피볼락의 어획량에 2를 곱해서 분모인 전체 어획량과 대소비교하면 된다. 2009년의 경우 조피볼락의 어획량인 254 × 2는 전체 어획량인 520보다 작으므로 50% 이하라는 것을 알 수 있다.

고찰 Tip

크로스 비교는 '~이상인가, 이하인가' 비중의 크기를 묻는 문제에서 활용도가 높다.
자료해석에서는 대부분 크로스 비교를 쉽게 할 수 있는 문제 형태가 많다.
크로스 비교를 하기 위해서는 주어진 문제에서 분자와 분모를 정확하게 파악하는 것이 중요하다.

예제 2   〈크로스 비교 사용 2〉
다음은 국가기술자격 응시자 현황에 관한 자료이다. 자료에 대한 설명으로 옳지 않은 것은?

(단위 : 명)

	2012	2013	2014	2015	2016
계	2,902,366	3,272,090	3,287,804	3,376,556	3,378,603
기술사	26,714	22,705	21,079	18,986	20,051
기능장	30,520	30,914	36,632	35,919	40,682
기사	374,315	413,611	418,710	471,530	514,235
산업기사	279,670	290,217	294,053	311,477	311,730
기능사	1,436,147	1,677,447	1,658,797	1,678,766	1,716,445
서비스	755,000	837,196	858,533	859,878	775,460

① 2012년 이후 2015년까지 전년 대비 응시자 증가율은 최소 0.1% 이상이었다.
② 2012년 이후 응시자가 꾸준히 증가한 분야는 2개이다.
③ 응시자 수가 두 번째, 세 번째, 네 번째로 많은 분야의 합은 항상 첫 번째로 많은 분야보다 작다.
④ 전년 대비 모든 분야의 응시자 수가 증가한 해는 없다.
⑤ 서비스 분야 응시자 수의 비율은 항상 전체의 25% 이상이다.

|정답| ⑤
|해설| ⑤ 전체에서 서비스 분야 응시자 수가 차지하는 비율을 구하면 되므로 표에서 전체 인원과 서비스 분야 응시자 수만 고려하면 된다.

	2012	2013	2014	2015	2016
계	2,902,366	3,272,090	3,287,804	3,376,556	3,378,603
서비스	755,000	837,196	858,533	859,878	775,460

25% 이상이라는 것은 $\frac{25}{100}$ 이상이라는 것과 같다. 2012년의 경우 $\frac{755}{2902}$ 와 $\frac{25}{100}=\frac{1}{4}$ 로 단순화하여 크로스 비교한다. 이때 $\frac{755\times4}{2902\times1}$ 에서 분자가 크면 '이상'이고, 분모가 크면 '이하'이므로 25% 이상이다. 2013년부터 2016년까지는 분자인 서비스 응시자 수에 4를 곱해서 분모인 전체 응시자 수와 대소비교하면 된다. 2016년 서비스 분야 응시자 수의 비율은 전체의 25% 이상이 아니다.

예제 3 〈크로스 비교 사용 3〉

다음 표는 A시 주철 수도관의 파손원인별 파손 건수에 대한 자료이다. 이에 대한 설명으로 옳지 않은 것은?

A시 주철 수도관의 파손원인별 파손 건수

(단위 : 건)

파손원인	주철 수도관 유형		계
	회주철	덕타일주철	
시설노후	105	71	176
부분 부식	1	10	11
수격압	51	98	149
외부충격	83	17	100
자연재해	1	1	2
재질불량	6	3	9
타공사	43	22	65
부실시공	1	4	5
보수과정 실수	43	6	49
계	334	232	566

※ 파손원인의 중복은 없음

① 덕타일주철 수도관의 파손 건수가 50건 이상인 파손원인은 2가지이다.

② 회주철 수도관의 총 파손 건수가 덕타일주철 수도관의 총 파손 건수보다 많다.

③ 주철 수도관의 파손원인별 파손 건수에서 '자연재해' 파손 건수가 가장 적다.

④ 주철 수도관의 '시설노후' 파손 건수가 주철 수도관의 총 파손 건수에서 차지하는 비율은 30% 이상이다.

⑤ 회주철 수도관의 '보수과정 실수' 파손 건수가 회주철 수도관의 총 파손 건수에서 차지하는 비율은 10% 미만이다.

|정답| ⑤

|해설| ④ 시설노후에 의한 파손 건수는 176건으로 총 파손 건수인 566건에 비하면 31.1% 정도이므로 30% 이상이 맞다. 이를 다음과 같이 크로스 비교를 사용하여 풀이할 수 있다.

주철 수도관의 '시설노후' 파손 건수	분자	176
주철 수도관의 총 파손 건수	분모	566
비율은 30% 이상이다.(○)		$\frac{176}{566}$ (>) $\frac{3}{100}$

⑤ 보수과정 실수에 의한 파손 건수는 43건으로 회주철 수도관의 총 파손 건수인 334건의 10% 이상이므로 틀린 선지이다.

이를 다음과 같이 크로스 비교를 사용하여 풀이할 수 있다.

회주철 수도관의 '보수과정 실수' 파손 건수	분자	43
회주철 수도관의 총 파손 건수	분모	334
비율은 10% 미만이다.(×)		$\frac{43}{334}$ (>) $\frac{10}{100}$

비기2 분자분모 통일 비교법

분자와 분모가 두 자리 수 이상인 분수를 대소비교할 때, 크로스 비교를 하면 숫자가 커지므로 이때 멀티플 비교법을 쓸 수 있다.

$\dfrac{b}{a}$ 와 $\dfrac{d}{c}$ 를 대소비교한다고 하자.

① 분모를 통일: a에 e배를 할 때 c와 유사해진다고 하면

$(\dfrac{be}{ae}=)\dfrac{be}{c}$ 와 $\dfrac{d}{c}$

이때 be와 d를 비교해서 큰 쪽의 분수가 더 크다.

② 분자를 통일: b에 f배를 할 때 d와 유사해진다고 하면

$(\dfrac{bf}{af}=)\dfrac{d}{af}$ 와 $\dfrac{d}{c}$

이때 af와 c를 비교해서 작은 쪽의 분수가 더 크다.

예를 들어 $\dfrac{11}{88}$ 과 $\dfrac{2}{8}$ 를 대소비교할 때 $\dfrac{2}{8}$ 의 분자, 분모에 11을 곱해보면 $\dfrac{22}{88}$ 가 되므로 $\dfrac{2}{8}$ 가 더 큰 것을 알 수 있다.

예시1 $\dfrac{5}{12}$ 와 $\dfrac{60}{128}$ 의 비교

→ $\dfrac{5}{12}$ 의 분자와 분모에 각각 12를 곱한다.

$\dfrac{60}{144}<\dfrac{60}{128}$ 이므로 $\dfrac{60}{128}$ 이 $\dfrac{5}{12}$ 보다 크다.

예시2 $\dfrac{125}{254}$ 와 $\dfrac{5}{9}$ 의 비교

→ $\dfrac{125}{254}$ 의 분자와 분모에 각각 4를 곱하면 분자는 500, 분모는 약 1,000이므로 50%보다 작은 값이다. $\dfrac{5}{9}$ 는 50%보다 큰 값이므로 $\dfrac{5}{9}$ 가 $\dfrac{125}{254}$ 보다 크다.

예시3 $\dfrac{1,248}{12,544}$ 과 $\dfrac{1}{10}$ 의 비교

→ $\dfrac{1,248}{12,544}$ 의 분자와 분모에 각각 8을 곱하면 분자는 9,600, 분모는 약 100,000이므로 10%보다 작은 값이다. 따라서 $\dfrac{1}{10}$ 이 $\dfrac{1,248}{12,544}$ 보다 크다.

비기3 분자분모 차이법

이건 용병법이라고도 하는데 활용도가 높다. 크로스 비교, 분자분모 차이법, 분자분모 비율 비교법 3가지만 잘 활용해도 왠만한 풀이는 모두 가능하다.

$$\frac{24}{35} > \frac{25}{37} \quad \begin{array}{l} \rightarrow 25 - 24 = 1 \\ \rightarrow 37 - 35 = 2 \end{array}$$

분자는 분자끼리, 분모는 분모끼리 차감을 한다. 이때 큰 수에서 작은 수를 차감한다. $\frac{24}{35}$와 $\frac{1}{2}$을 비교하면 $\frac{24}{35}$는 0.5보다 크다는 것이 명백하기 때문에 $\frac{24}{35}$가 더 크다는 것을 알 수 있다.

$$\frac{19}{57} < \frac{25}{67} \quad \begin{array}{l} \rightarrow 25 - 19 = 6 \\ \rightarrow 67 - 57 = 10 \end{array}$$

$\frac{6}{10}$이 $\frac{19}{57}$보다 더 크다는 것을 알 수 있다.

이때 중요한 것은 대체된 숫자 즉 $\frac{1}{2}$이나 $\frac{6}{10}$으로 다른 비율 비교나 크로스 비교도 가능하다는 것이다.

비기4 분자분모 차이법 + 다른 비교법 결합

분자분모 차이법을 세분화한 것으로 분자분모 차이법에 비율 비교를 합친 방법이다.

예시1 $\frac{412}{3,641}$ 과 $\frac{514}{4,374}$ 의 비교

$$\frac{412}{3,641} < \frac{514}{4,374} \quad \begin{array}{l} \rightarrow 514 - 412 = \text{약 } 100 \\ \rightarrow 4,374 - 3,641 = \text{약 } 730 \end{array}$$

분자는 $\frac{100}{412}$ = 약 25%↓로 증가했고, 분모는 $\frac{730}{3,641}$ = 20%↑로 증가했으므로 분자가 더 많이 증가했다. 따라서 $\frac{514}{4,374}$가 더 크다. 730이 3,641의 20%라는 것을 빨리 계산하는 방법은 36이 73에 몇 번 들어가는지 생각한다. 3번은 안 들어가고 2번은 들어간다. 즉 20%보다 살짝 크다는 것을 알 수 있다.

예시2 $\frac{574}{10,248}$ 와 $\frac{823}{16,424}$ 의 비교

$$\frac{574}{10,248} > \frac{823}{16,424} \quad \begin{array}{l} \rightarrow 823 - 574 = \text{약 } 250 \\ \rightarrow 16,424 - 10,248 = \text{약 } 6,200 \end{array}$$

분자는 $\frac{250}{574}$ = 약 50%↓로 증가했고, 분모는 $\frac{6,200}{10,248}$ = 62%↓로 증가했으므로 분모가 더 많이 증가했다. 따라서 $\frac{574}{10,248}$가 더 크다.

예시3 $\dfrac{1,321}{7,624}$과 $\dfrac{1,976}{10,720}$의 비교

$$\dfrac{1,321}{7,624} < \dfrac{1,976}{10,720} \quad \begin{array}{l} \rightarrow 1,976 - 1,321 = \text{약 } 650 \\ \rightarrow 10,720 - 7,624 = \text{약 } 3,100 \end{array}$$

분자는 $\dfrac{650}{1,321}$ = 약 50%↓로 증가했고, 분모는 $\dfrac{3,100}{10,720}$ = 30%↓로 증가했으므로 분자가 더 많이 증가했다.

따라서 $\dfrac{1,976}{10,720}$이 더 크다.

예시4 $\dfrac{247}{2,163}$과 $\dfrac{314}{2,842}$의 비교

$$\dfrac{247}{2,163} > \dfrac{314}{2,842} \quad \begin{array}{l} \rightarrow 314 - 247 = \text{약 } 70 \\ \rightarrow 2,842 - 2,163 = \text{약 } 680 \end{array}$$

분자는 $\dfrac{70}{247}$ = 약 30%↓로 증가했고, 분모는 $\dfrac{680}{2163}$ = 30%↑로 증가했으므로 분모가 더 많이 증가했다.

따라서 $\dfrac{247}{2,163}$이 더 크다.

비기5 분자분모 비율 비교법

$\dfrac{a}{b}$와 $\dfrac{c}{d}$의 비교

a에서 c로의 증가율을 R이라 하고, b에서 d로의 증가율을 T라 했을 때 $\dfrac{R}{T}$에서

① 증가율 R > 증가율 T이면 분자가 더 많이 증가하였으므로 $\dfrac{a}{b} < \dfrac{c}{d}$ ('짜증나'로 암기)

② 증가율 R < 증가율 T이면 분모가 더 많이 증가하였으므로 $\dfrac{a}{b} > \dfrac{c}{d}$ ('모질러'로 암기)

예시1

$$\dfrac{122}{149} < \dfrac{134}{161} \quad \begin{array}{l} \rightarrow +9.84\% \\ \rightarrow +8.05\% \end{array}$$

분자의 증가율이 9.84%이고 분모의 증가율이 8.05%이므로 분자가 더 많이 증가하였다.
따라서 오른쪽이 크다.

예시2

$$\dfrac{86}{139} < \dfrac{186}{275} \quad \begin{array}{l} \rightarrow +116.28\% \\ \rightarrow +97.84\% \end{array}$$

분자의 증가율이 분모의 증가율보다 크므로 분자가 더 많이 증가하였다. 따라서 오른쪽이 크다.

예시 3

$$\underset{\to\ +53.23\%}{\overset{\to\ +13.95\%}{\frac{86}{139}}} > \frac{98}{213}$$

분자의 증가율이 분모의 증가율보다 작으므로 분모가 더 많이 증가하였다. 따라서 왼쪽이 크다.

비기 6   여사건 비교법

여사건 비교법은 분수의 크기를 비교할 때 사용되는 방법으로, 주어진 분수에서 분자의 수가 클 때 각각 분모에서 분자를 차감한 숫자를 분자에 놓고 대소 비교하여 나온 부등호의 방향을 반대로 바꾼다.

예시 $\frac{115}{120}$ 와 $\frac{160}{170}$ 의 비교

각각 분모에서 분자를 차감한 후 다시 식을 세우면,

$$\underset{\to\ +42\%}{\overset{\to\ +100\%}{\frac{120-115=5}{120}}} < \frac{170-160=10}{170}$$

분자의 증가율이 더 크므로 오른쪽이 크다. 주의할 점은 여사건 비교법을 적용하였으므로 최종 부등호의 방향은 반대이다. 따라서 $\frac{115}{120} > \frac{160}{170}$ 이다.

여사건 비교법은 분자와 분모의 차이가 작을 때 많이 사용된다.

비기 7   역수 비교법

역수 비교법은 분자의 수는 단순한데 분모의 수가 복잡한 경우에 사용되는 방법으로, 나눗셈이 편해지는 원리를 이용한 비교법이다. 각 분수의 분자, 분모의 위치를 바꾸고 대소 비교를 하여 나온 부등호의 방향을 반대로 바꾼다.

예시 $\frac{80}{97}$ 과 $\frac{90}{106}$ 의 비교

두 분수의 분자는 단순한데 분모가 복잡하므로 역수비교법을 이용한다.

각각 분자와 분모의 위치를 바꾸면 $\frac{97}{80}$ 과 $\frac{106}{90}$ 을 대소 비교하면 된다.

$\frac{97}{80} = 1.2x$이고, $\frac{106}{90} = 1.1x$이므로 $\frac{97}{80} > \frac{106}{90}$ 이 된다. 따라서 $\frac{80}{97} < \frac{90}{106}$ 이다.

비기8 상대비교

상대비교는 분모보다 분자가 큰 경우에 사용한다.

각 분수의 분자가 분모의 몇 배인지를 파악하고 그 배수를 가지고 서로 비교하여 대소를 판단한다. 예를 들어 두 분수의 분자가 분모의 2.x배와 1.x배라면 2.x배인 쪽이 클 것이다.

예시1 $\dfrac{477}{191}$과 $\dfrac{326}{299}$의 비교

$\dfrac{477}{191}=2.\text{xxx}$이고, $\dfrac{326}{299}=1.\text{xxx}$이므로 $\dfrac{477}{191}>\dfrac{326}{299}$이다.

아래와 같이 분수의 수가 큰 경우에는 나눠지는 값을 뺀 후에 비교한다.

예시2 $\dfrac{221}{191}$과 $\dfrac{326}{299}$의 비교

$\dfrac{221}{191}\rightarrow\dfrac{221-191=30}{191}>\dfrac{326}{299}\rightarrow\dfrac{326-299=27}{299}$

예시3 $\dfrac{217}{146}$과 $\dfrac{295}{218}$의 비교

$\dfrac{217}{146}\rightarrow\dfrac{217-146=71}{146}>\dfrac{295}{218}\rightarrow\dfrac{295-218=77}{218}$

05 다양한 변화율 계산

변화율 공식에는 뺄셈과 나눗셈이 포함되어 있으므로 뺄셈은 보수법으로, 나눗셈은 나눗셈의 여러 방법을 적절하게 조화시켜 계산할 수 있다. 특별한 형태의 변화율이 있는 경우의 풀이법은 아래에서 살펴보도록 한다.

비기1 일반적인 비율 계산

전년 대비 얼마나 변화했는지를 계산해야 하는 증가율 또는 감소율 문제는 다음과 같은 공식으로 구할 수 있다.

공식 1: $\dfrac{\text{변화값} - \text{초기값}}{\text{초기값}} \times 100(\%)$

공식 2: $\left(\dfrac{\text{변화값}}{\text{초기값}} - 1 \right) \times 100(\%)$

공식 1은 80에서 86으로 변화한 경우처럼 크기 변화가 100%를 넘지 않을 때 사용한다.

$\dfrac{86 - 80}{80} \times 100(\%) = 7.5\%$

공식 2는 40에서 800으로 변화한 경우처럼 크기 변화가 100%를 넘을 때 사용한다.

$(\dfrac{800}{40} - 1) \times 100(\%) = (20 - 1) \times 100(\%) = 1,900\%$

연습문제 ✅

초기값	마지막값	증가율
457	784	72%
782	1,341	71%
1,107	1,754	58%
1,432	1,577	10%
1,757	2,751	57%
3,486	5,577	60%
3,811	3,911	3%
4,136	4,211	2%
45,111	52,111	16%

비기2 변화율 빨리 비교하기(변화값에서 초기값을 빼지 않고 변화율 계산하기)

예를 들어 100에서 150으로의 증가율과 110에서 180으로의 증가율을 비교했을 때 어느 쪽이 더 큰지를 묻는 문제에 대한 풀이는 다음과 같다.

	초기값	변화값	증가율
A	100	150	$\dfrac{150-100}{100}\times 100 = 50\%$
B	110	180	$\dfrac{180-110}{110}\times 100 = 63.63\%$

A보다 B의 증가율이 더 크다.

이를 좀 더 빠르게 풀이할 수 있는 방법은 A: $\dfrac{100}{150}$ ≒ 67%와 B: $\dfrac{110}{180}$ ≒ 61.1%를 비교하는 것이다. A > B의 결과에서 부등호의 방향을 반대로 한 A < B가 정답이 된다. 이렇게 계산할 수 있는 원리는 다음과 같다.

A와 B의 증가율을 ($\dfrac{변화값}{초기값}$ − 1) × 100 공식으로 나타내면,

$\dfrac{150}{100} - 1$ (<) $\dfrac{180}{110} - 1$

A와 B에 똑같이 1을 더해주면,

$\dfrac{150}{100}$ (<) $\dfrac{180}{110}$

이것을 역수로 바꾸면,

$\dfrac{100}{150}$ (>) $\dfrac{110}{180}$ 이 된다.

따라서 $\dfrac{초기값}{변화값}$ 을 비교하고, 비교한 결과의 부등호 방향을 반대로 바꿔주면 된다.

연습문제 ☑

<A와 B의 증가율 크기 비교>

	초기값	변화값	증가율
A	243	355	46%
B	450	724	61%

$\dfrac{243}{355} > \dfrac{450}{724}$ 이므로 A < B

	초기값	변화값	증가율
A	125	243	94%
B	243	425	75%

$\dfrac{125}{243} < \dfrac{243}{425}$ 이므로 A > B

	초기값	변화값	증가율
A	725	1,800	148%
B	400	840	110%

$\dfrac{725}{1,800} < \dfrac{400}{840}$ 이므로 A > B

감소율의 경우 주의해야 할 점은 감소율의 절댓값을 비교하는 문제에서는 부등호의 방향을 반대로 바꾸지 않는다는 것이다. 실제로 시험에서는 주로 감소율의 절댓값을 비교하는 문제가 더 많다. 다음을 살펴보자.

	초기값	변화값	감소율
A	100	80	$\dfrac{80-100}{100} \times 100 = -20\%$
B	110	90	$\dfrac{90-110}{110} \times 100 = -18.18\%$

감소율의 크기를 비교하면 A < B이고, 감소율의 절댓값의 크기를 비교하면 A > B이다.

이를 $\dfrac{초기값}{변화값}$ 을 비교하는 방법으로 풀이하면 다음과 같다.

	초기값	변화값	감소율
A	100	80	$\dfrac{100}{80} = 1.25$
B	110	90	$\dfrac{110}{90} = 1.22$

감소율의 크기를 비교하는 문제라면 부등호의 방향을 반대로 바꾸어야 하고(A < B),
감소율의 절댓값을 비교하는 문제라면 부등호의 방향을 바꾸지 않아도 된다. (A > B)

연습문제 🖐

<A와 B의 감소율 절댓값의 크기 비교>

	초기값	변화값	감소율
A	800	380	52.5%
B	600	250	58.33

$\dfrac{800}{380} < \dfrac{600}{250}$ 이므로 A < B

	초기값	변화값	감소율
A	1,500	1,400	6.7%
B	8,000	7,500	6.25%

$\dfrac{1,500}{1,400} > \dfrac{8,000}{7,500}$ 이므로 A > B

예제 다음 표는 A기업의 택배물량에 대한 자료이다. 이에 대한 설명으로 옳은 것은?

A기업 택배물량

(단위: 천 개)

연도	2000	2001	2002	2003	2004	2005	2006	2007	2008	2009
택배물량	2,709	12,710	22,127	25,613	35,016	49,595	68,496	83,336	99,417	111,035

질문) 2003 ~ 2006년 동안 전년 대비 A기업 택배물량 증가율이 가장 높았던 해는 2006년이다. (○, ×)

- -

정답 ×

해설 비기 2를 이용하여 풀이해보자.

우선 택배물량의 수치를 단순화하고, $\dfrac{\text{초기값}}{\text{변화값}}$으로 값을 비교한 후에 부등호의 방향을 반대로 바꾸어준다.

연도	2003	2004	2005	2006
택배물량	25,613 → 256	35,016 → 350	49,595 → 495	68,496 → 684
$\dfrac{\text{초기값}}{\text{변화값}}$		$\dfrac{256}{350} = \dfrac{512}{700}$ = 약 0.73	$\dfrac{350}{495}$ = 약 0.71	$\dfrac{495}{684}$ = 약 0.72

주의할 점은 비기 2를 이용한 풀이법이므로 $\dfrac{\text{초기값}}{\text{변화값}}$이 가장 작은 연도의 증가율이 가장 크다. 따라서 전년 대비 택배물량 증가율이 가장 높았던 해는 2005년이다.

비기3 증가율이 주어지고, 이전 값을 계산하는 방법

이 방법은 주어진 증가율이 10% 이내일 때 사용해야 한다.

> 공식 1 : $\dfrac{1}{1+A}$ = 약 1−A
>
> 공식 2 : $\dfrac{1+B}{1+A}$ = 약 1+B−A

예제 1 20X2년 인구는 20X1년 대비 2.5% 증가했다. 20X2년의 인구가 1,000명이라면 20X1년의 인구는 몇 명인가?

|정답| 약 975명
|해설| 공식 1을 이용한다.

$$1,000 \times \frac{1}{1+0.025} = 1,000 \times (1-0.025) = 975$$

따라서 20X1년 인구는 약 975명이다.

예제 2 만약 2020년도 인구가 100명이었고, 2020년도 인구는 2019년 대비 5%가 증가했다고 한다면 2019년도 인구는 몇 명인가?

|정답| 약 95.2명
|해설| 공식 1을 이용한다.

2019년도 인구를 X명이라고 하면 2020년도 인구는 100명이므로 100 = X×1.05라는 식이 도출된다. 따라서 X는

$$100 \times \frac{1}{1+0.05} = 100 \times (1-0.05) \text{이므로 약 95명이다.}$$

예제 3 2020년도 인구가 1,785명이었고, 2020년도 인구는 2015년도 인구수 대비 4%가 감소했다면 2015년도 인구는 몇 명인가?

|정답| 약 1,859명
|해설| 공식 1을 이용한다.

2015년도 인구를 X명이라고 하면

$$1,785 = X(1-0.04) \text{이므로 } X = \frac{1,785}{1-0.04} = 1,785 \times (1+0.04) = 1,859$$

따라서 2015년도 인구는 약 1,859명이다.

예제 4 20X2년 물가지수는 101.5 전년 대비 2.1% 증가했다. 20X1년 물가지수는 얼마인가? (단, 물가지수의 기준은 100이다.)

|정답| 약 99.4
|해설| 공식 2를 이용한다.

20X1년 물가지수를 X라고 하면

$$X = 100 \times \frac{1+0.015}{1+0.021} = 100 \times (1+0.015-0.021) = 100 \times 0.994 = 99.4$$

따라서 20X1년 물가지수는 99.4이다.

예제 5 만약 2020년 인구가 1,015명이었고, 2020년도에는 2019년 대비 3%가 증가했다고 한다면 2019년도 인구는 몇 명인가?

| **정답** | 약 985명

| **해설** | 2019년도 인구를 X명이라 하면 $1,015 = X \times 1.03$라는 식이 도출되고 $\dfrac{1,015}{1.03}$가 X의 값이 되므로 985.43명이다.

공식 2를 이용해보면 $\dfrac{1,015}{1.03} = 1,000 \times \dfrac{1+1.5\%}{1+3\%}$에서 $\dfrac{1+1.5\%}{1+3\%} = 1 + 1.5\% - 3\% = 98.5\%$가 된다.

따라서 X는 1,000명의 98.5%인 985명이다.

예제 6 만약 2020년 인구가 1,120명이었고, 2020년도에는 2019년 대비 15%가 증가했다고 한다면 2019년도 인구는 몇 명인가?

| **정답** | 약 970명

| **해설** | 참값은 $\dfrac{1,120}{1.15} = 973.913$이다.

공식 2를 이용하면

$\dfrac{1,000(1+12\%)}{1+15\%}$ = 약 $1 + 12\% - 15\% = 97\%$가 된다. 따라서 2019년도 인구는 $1,000 \times 97\% = 970$명이다.

예제 7 20X2년 물가지수는 98.50이고 전년 대비 −3.5% 증가했다. 20X1년 물가지수는 얼마인가? (단, 물가지수의 기준은 100이다.)

| **정답** | 약 102

| **해설** | 공식 2를 이용한다.

20X1년 물가지수를 X라고 하면

$X = 100 \times \dfrac{1-0.015}{1-0.035} = 100 \times (1 - 0.015 + 0.035) = 100 \times 1.02 = 102$

따라서 20X1년 물가지수는 102이다.

예제 8 2020년 인구가 850명이었고, 2020년도에는 2019년 대비 18%가 감소했다고 한다면 2019년도 인구는 몇 명인가?

| **정답** | 약 1,030명

| **해설** | $\dfrac{850}{1-0.18} = \dfrac{850}{0.82}$ = 참값은 1,036.58명이다. (1,000에서 15%를 차감하면 850이 된다.)

공식 2를 이용하면

$\dfrac{10,000 \times (1-15\%)}{1-18\%}$ = 약 $1 + (-15\%) - (-18\%) = 103\%$이므로 2019년도 인구는 $1,000 \times 103\% = 1,030$명이 된다.

비기4 복리계산 간편하게 하기

공식 1 : $(1 + x)(1 + y) = 1 + x + y + \dfrac{xy}{100}$

공식 2 : $(1 + x)(1 + y) \fallingdotseq 1 + x + y$ [$\dfrac{xy}{100}$ 는 작은값이므로 무시] (단 x, y가 5% 이내)

(예제 1) **100에서 매년 5%, 18%, 15%, 14%가 복리로 4년간 상승하면 값이 얼마인가?**

|정답| 약 162.4

|해설| $100 \times 1.05 \times 1.18 \times 1.15 \times 1.14$를 계산하면 162.4329이다. 이는 시간이 상당히 소요되므로 공식 2를 이용하여 풀이한다.

$(1 + x)(1 + y) = 1 + x + y + \dfrac{xy}{100}$ 에서 $x + y + \dfrac{xy}{100}$ 는 증가율이라고 말할 수 있다.

5%, 18% 복리의 증가율은 $5 + 18 + \dfrac{5 \times 18}{100} = 23.9\%$이고, 15%, 14% 복리의 증가율은 $15 + 14 + \dfrac{15 \times 14}{100} = 31.1\%$이다.

따라서 100에서 매년 5%, 18%, 15%, 14%가 복리로 4년간 상승한 값은 $100 \times (1 + 23.9\%) \times (1 + 31.1\%)$이다. 여기서 23.9에는 0.1을 가산하고 31.1에는 0.1을 차감한 후에 계산하면 쉬우므로 $100 \times (1 + 24\%) \times (1 + 31\%)$로 식을 바꿔준다. 이를 계산하면 $24 + 31 + \dfrac{24 \times 31}{100} = 62.4$이므로 4년이 지난 후의 값은 최초 금액인 100에서 62.4% 상승한다.

(예제 2) **2000년의 식량생산량이 A이고 2000년부터 2015년까지의 해당기간 전체의 식량생산량의 증가율이 1.4%이고 2015년부터 2030년까지의 식량생산량의 증가율이 1.2%라면 2030년 식량생산량은 얼마인가?**

|정답| 약 1.026A

|해설| 정석 : $A \times 1.014 \times 1.012 = 1.0261A$

공식 2를 이용하면 $A \times (1 + 0.14)(1 + 0.12) = A \times (1 + 0.14 + 0.12) = 1.026A$

극소한 값으로 제시된 변화율 (대개 5% 이내)은 어림산으로 처리해도 무방하지만, 증가율이 5%가 넘어가게 되면 어림산으로 계산 시 오차가 커지게 된다.

(예제 3) **100만 원을 4% 연복리로 계산하였을 때 4년 후 금액은 얼마인가?**

|정답| 약 116만 원

|해설| 공식 2를 응용하면 $(1 + A)^n \fallingdotseq 1 + n \times A$가 된다. (단, 증가율이 5% 미만)

이를 계산하면 $100 \times (1 + 0.04)^4 = 116.980$이다. 공식 2에서 $\dfrac{xy}{100}$ 의 값은 무시할 수 있으므로 $4 \times 4 = 16\%$이다.

따라서 4년 후 금액은 $100 \times 1.16 = 116$만 원이다.

비기5 부분 증가율과 전체 증가율 빨리 계산하기

부분 증가율 > 전체 증가율 → 부분비중 증가
부분 증가율 < 전체 증가율 → 부분비중 감소

부분 감소율 > 전체 감소율 → 부분비중 감소
부분 감소율 < 전체 감소율 → 부분비중 증가

예제 1 어느 기간 동안 전국 인구가 10% 증가했고 서울시 인구는 11% 증가했다면, 서울시 인구가 전국에서 차지하는 비중은 증가했는가, 감소했는가?

|정답| 증가했다.
|해설| 전국 인구의 증가율보다 서울시 인구의 증가율이 더 높다. 부분 증가율 > 전체 증가율 → 부분비중 증가이므로 서울시 인구가 전국 인구에서 차지하는 비중은 증가했다.

예제 2 2020년 전국 인구는 80,000,000명에서 2021년 90,000,000명으로 증가했고, 서울시 인구는 10,000,000명에서 11,000,000명으로 증가했다. 그렇다면 서울시 인구가 전국 인구에서 차지하는 비중은 감소했는가, 증가했는가?

|정답| 감소했다.
|해설| 전국 인구의 증가율은 $\frac{90-80(\text{백만 명})}{80(\text{백만 명})}\times100$이고, 서울시 인구의 증가율은 $\frac{11-10(\text{백만 명})}{10(\text{백만 명})}\times100$이므로 전국 인구의 증가율이 더 높다. 부분 증가율 < 전체 증가율 → 부분비중 감소이므로 서울시 인구가 전국 인구에서 차지하는 비중은 감소했다.

예제 3 2020년 전국 소 사육두수는 500마리에서 2021년 450마리로 감소했고, 서울시 소 사육두수는 250마리에서 220마리로 감소했다. 그렇다면 서울시 소 사육두수가 전국 소 사육두수에서 차지하는 비중은 감소했는가, 증가했는가?

|정답| 감소했다.
|해설| 전국 소 사육두수의 감소율은 $\frac{450-500}{500}\times100$이고, 서울시 소 사육두수의 감소율은 $\frac{220-250}{250}\times100$이므로 서울시 소 사육두수의 감소율이 더 높다. 부분 감소율 > 전체 감소율 → 부분비중 감소이므로 서울시 소 사육두수가 전국 소 사육두수에서 차지하는 비중은 감소하였다.

02 20가지 빠른 문제 풀이법

01 상대비 활용 풀이법

비기1 비율이 주어진 경우 상대비로 비교

예제 1-1 다음에서 남자의 비중이 80% 이상인가?

	남자	여자	전체
	73	17	90
80%라고 하면	4	1	4:1

|정답| ○

|해설| 일반식으로 계산을 하면 $\frac{73}{73+17} \times 100 = 81.11(\%)$이다.

73을 90으로 나누면 80이 넘는다. 따라서 80% 이상이다.
다른 방식으로는 상대비로 계산을 해본다. 73 : 17 = 80% : 20% = 4 : 1이라고 놓는다.
73×1 = 17×4라고 가정을 한다면 73이 80% 이상이라는 의미는 73×1 > 17×4의 의미와 동일하다. 즉 73이
17×4보다 크다. 따라서 73이 80% 이상이라는 것을 알 수 있다.
간단하게 상대비로 표현하면 여자 쪽에 4를 곱한다.
여자×4 > 남자 = 80% 이하, 여자×4 < 남자 = 80% 이상이다.

예제 1-2 여자의 비중이 33% 이하인가?

남자	여자
45	26

|정답| ×

|해설| 일반식으로 계산하면 $\frac{26}{45+26} = 36.62(\%)$가 된다.

이것을 상대비로 계산하면 여자 : 남자의 비를 33% : 66% = 33 : 66 = 1 : 2로 놓고서 여자 26에 2를 곱해서 남자
수치와 비교한다.
26×2 = 52 > 45가 된다. 그러므로 여자가 33%를 초과한다.

예제 1-3 여자의 비중이 20% 이상인가?

남자	여자
85	23

|정답| ○

|해설| 전체비 : $\dfrac{23}{85+23} \times 100 = 21.96(\%)$

이것을 상대비로 계산하면 80% : 20% = 4 : 1

85 < 23 × 4 = 92로 20% 이상이다. 이 말을 다르게 표현하면 "남자는 80% 이하이다"라고 할 수 있다.

이런 풀이는 설명을 해도 이해도가 떨어지기 때문에 아래의 상대비 요약표를 암기하고 실전 문제를 풀어보면 자연스럽게 의문점이 풀리게 된다.

상대비 요약표에서 좌측만 암기하면 된다.(오른쪽은 대칭 구조이다.) 예를 들어 '20% 이상'을 물어 봤을 때 아래 표에서 20% 이상인 A : B = 1 : 4(↓)를 찾는다. 그리고 작은 수에 4를 곱한다. 4가 생각나지 않는 경우는 80 : 20 = 4 : 1을 생각하면 된다.

A는 전체의 5% 이상	A : B = 1 : 19 ↓	A는 전체의 60% 이상	A : B = 1.5 ↑ : 1
A는 전체의 10% 이상	A : B = 1 : 9 ↓	A는 전체의 65% 이상	A : B = 1.86 ↑ : 1
A는 전체의 12.5% 이상	A : B = 1 : 7 ↓	A는 전체의 66.7% 이상	A : B = 2 ↑ : 1
A는 전체의 15% 이상	A : B = 1 : 5.67↓ (보수적 5.6)	A는 전체의 70% 이상	A : B = 2.33 ↑ : 1
A는 전체의 20% 이상	A : B = 1 : 4 ↓	A는 전체의 75% 이상	A : B = 3 ↑ : 1
A는 전체의 25% 이상	A : B = 1 : 3 ↓	A는 전체의 80% 이상	A : B = 4 ↑ : 1
A는 전체의 30% 이상	A : B = 1 : 2.33↓ (보수적 2.3)	A는 전체의 85% 이상	A : B = 5.67 ↑ : 1
A는 전체의 33.3% 이상	A : B = 1 : 2 ↓	A는 전체의 87.5% 이상	A : B = 7 ↑ : 1
A는 전체의 35% 이상	A : B = 1 : 1.86↓ (보수적 1.8)	A는 전체의 90% 이상	A : B = 9 ↑ : 1
A는 전체의 40% 이상	A : B = 1 : 1.5 ↓	A는 전체의 95% 이상	A : B = 19 ↑ : 1

> ※ **상대비 사용법 − 암기법**
> 작은 값에 상대비 표의 숫자를 곱한 뒤에 큰 숫자와 비교한다.
> → 작은값 × 상대비 표 숫자 > 큰 숫자라면 해당 %만큼 "작은값 × 상대비표 숫자"가 크다.

예제 2-1 2012년 전체 사교육비 대비 중학교 사교육비 비중은 30% 이상인가? (○, ×)

2010 ~ 2014년 학교급별 연간 사교육비

(단위: 억 원)

연도 학교급	2010	2011	2012	2013	2014
초등학교	97,080	90,461	77,554	77,375	75,949
중학교	60,396	60,006	61,162	57,831	55,678
고등학교	51,242	50,799	51,679	50,754	50,671
전체	208,718	201,266	190,395	185,960	182,298

|정답| ○

|해설| 만약 본 문제에서 초등학교가 전체에서 차지하는 비중을 계산하라고 하면 전체의 숫자가 나와 있기 때문에 쉽게 계산할 수 있다.

이 경우 $\frac{61,162}{190,395}$ 를 계산하면 되고 $\frac{3}{10}$ 과 비교하면 된다.

$\frac{61}{191} > \frac{3}{10}$ 에서 $\frac{61 \times 10}{191 \times 3} = \frac{610}{573}$ 이면 분자가 더 크므로 30% 이상이다.

정확한 값은 32.12%이다.

하지만 전체의 숫자가 나와 있지 않다면 어떻게 계산을 해야 할까? 위의 표를 아래 예제처럼 바꿔보겠다.

예제 2-2 2012년 전체 사교육비 대비 중학교 사교육비 비중은 30% 이상인가? (○, ×)

2010 ~ 2014년 학교급별 연간 사교육비

(단위: 억 원)

연도 학교급	2010	2011	2012	2013	2014
초등학교	97,080	90,461	77,554	77,375	75,949
중학교	60,396	60,006	61,162	57,831	55,678
고등학교	51,242	50,799	51,679	50,754	50,671

|정답| ○

|해설| 이 경우는 2012년의 전체 값이 없으므로 2012년 값을 모두 더해서 값을 계산해야 한다. 이 경우 상대비로 계산을 하면 빠르다. 중학교 수치 61,162를 나머지 초, 고등학교를 합친 값(77,554 + 51,679)과 비교하면 중학교 수치가 작다. 상대비 요약표에서 30% 이상을 찾으면 2.33이다. 이는 61 × 2.33(보수적으로 2.3을 곱한다)을 해서 이 값이 77.5 + 51.6보다 크면 "30% 이상이다"라는 의미이다. 61 × 2.33 = 142.13 > 77.5 + 51.6 = 129.1이므로 30% 이상이다.

A는 전체의 5% 이상	A : B = 1 : 19 ↓
A는 전체의 10% 이상	A : B = 1 : 9 ↓
A는 전체의 12.5% 이상	A : B = 1 : 7 ↓
A는 전체의 15% 이상	A : B = 1 : 5.67 ↓
A는 전체의 20% 이상	A : B = 1 : 4 ↓
A는 전체의 25% 이상	A : B = 1 : 3 ↓
A는 전체의 30% 이상	A : B = 1 : 2.33 ↓
A는 전체의 33.3% 이상	A : B = 1 : 2 ↓
A는 전체의 35% 이상	A : B = 1 : 1.86 ↓
A는 전체의 40% 이상	A : B = 1 : 1.5 ↓

예제 2-3 2013년 전체 사교육비 대비 고등학교 사교육비 비중은 30% 이상인가? (○, ×)

|정답| ×

|해설| 50,754가 나머지 두 숫자를 더한 값(77,375 + 57,831)보다 작다.

50 × 상대비 값 2.3을 한다. 그리고 77 + 58을 한 값과 비교한다.

50 × 2.3 = 116 < 77 + 58 = 135가 된다. 이건 50,754가 전체의 30%보다 작다는 의미이다.

정확한 수치는 $\dfrac{50,754}{185,960} \times 100 = 27.293(\%)$이다.

예제 2-4 2014년 전체 사교육비 대비 초등학교 사교육비 비중은 40% 이상인가? (○, ×)

|정답| ○

|해설| 75,949가 나머지 합(55,678 + 50,671)보다 작다. 75,949에 상대비 40%인 1.5를 곱할 때 보수적으로 75,959에서 앞 두 자리를 추출해서 75로 바꾼 후에 1.5를 곱한다.

75 × 1.5 = 112.5 > 56 + 51 = 107이므로 40% 이상이 된다.

예제 3 전문직의 비율이 전체에서 차지하는 비중이 3% 이상인가? (○, ×)

(단위 : 명)

직업 유형	인원수	
공무원	5	
전문직	30	
기술공	9	
사무종사자	9	
판매종사자	36	
농 · 어 · 축산업 종사자	99	
기능종사자	11	
기계조작원	2	
노무종사자	79	
자영업자	72	
기타	7	
무직	1,015	

|정답| ×

|해설| 30 × 32.3(32.3은 97% : 3%로 $\dfrac{97}{3}$ ≒ 32.3을 계산한 값이다.)을 계산해서 나머지 값보다 작으면 3% 이하이고, 크다면 3% 이상이다. 계산해보면 약 960으로 1,000이 넘지 않으므로 하단에 있는 무직보다 적다. 따라서 3%가 되지 않는다.

본 문제를 일반적인 방법으로 계산한다고 가정하면 전체 합은 1,374이고, $\dfrac{30}{1,374}$ ≒ 0.02183을 해서 3% 이상인지를 알아야 하는데 이 경우 시간이 많이 소비된다.

예제 4 파견 강사수 중 음악 분야가 차지하는 비중은 20% 이상인가? (○, ×)

어린이집 11개 특별활동프로그램 실시 현황

(단위 : %, 개, 명)

특별활동 프로그램 \ 구분	어린이집		
	실시율	실시 기관 수	파견 강사 수
미술	15.7	6,677	834
음악	47.0	19,988	2,498
체육	53.6	22,794	2,849
과학	6.0	( )	319
수학	2.9	1,233	206
한글	5.8	2,467	411
컴퓨터	0.7	298	37
교구	15.2	6,464	808
한자	0.5	213	26
영어	62.9	26,749	6,687
서예	1.0	425	53

|정답| ×

|해설| 상대비 요약표를 이용해서 20%의 상대비 수치를 구하면 4이므로 2,498 × 4 = 9,992가 된다. 음악을 뺀 나머지를 계산하면 10,000은 넘는다. 9,992 < 10,000이므로 20% 이하이다.

상대비를 이용하지 않고 풀면 $\dfrac{2,498}{14,728} \times 100 = 16.96(\%)$이다.

(예제 5) 다음 표는 A지역에서 판매된 가정용 의료기기의 품목별 판매량에 관한 자료이다. 이에 대한 〈보기〉의 설명 중 옳은 것만을 모두 고르면?

가정용 의료기기 품목별 판매량 현황

(단위 : 천 개)

판매량 순위	품목	판매량	국내산	국외산
1	체온계	271	228	43
2	부항기	128	118	10
3	혈압계	100	( )	( )
4	혈당계	84	61	23
5	개인용 전기자극기	59	55	4
6위 이하		261	220	41
전체		( )	( )	144

┌ 보기 ┐

ㄱ. 전체 가정용 의료기기 판매량 중 국내산 혈압계가 차지하는 비중은 8% 미만이다.

ㄴ. 전체 가정용 의료기기 판매량 중 국내산이 차지하는 비중은 80% 이상이다.

ㄷ. 가정용 의료기기 판매량 상위 5개 품목 중 국외산 대비 국내산 비율이 가장 큰 품목은 개인용 전기자극기이다.

ㄹ. 국외산 가정용 의료기기 중 판매량이 네번째로 많은 의료기기는 부항기이다.

① ㄱ, ㄴ   ② ㄱ, ㄷ

③ ㄴ, ㄷ   ④ ㄴ, ㄹ

⑤ ㄷ, ㄹ

| 정답 | ③

| 해설 | ㄴ. (○) 이 부분이 상대비 부분이다.

판매량 순위	품목	판매량	국내산	국외산
1	체온계	271	228	43
2	부항기	128	118	10
3	혈압계	100	77	23
4	혈당계	84	61	23
5	개인용 전기자극기	59	55	4
6위 이하		261	220	41
전체		903	759	144

빈칸을 채우면 상단의 표와 같다. 우리가 알고 싶은 것은

전체		( )	( )	144

이 부분이다. 국내산 + 국외산 = 전체이므로 국외산 144에 4(80% 상대비)를 곱하면 144×4 = 576이고 이건 국내산(국내산의 1~5위 까지를 어림산으로 더해보면 600이 넘는다.)보다 작다. 따라서 국외산 144가 20% 이하라는 것이고, "국내산이 80% 이상이다"라는 뜻이므로 옳다.

ㄹ. (×) 국외산 가정용 의료기기 중 판매량이 네 번째로 많은 의료기기는 부항기이다.

이 문장도 조심해야 한다. 언뜻 보면 네 번째가 맞는 것 같은데 국외산 6위 이하의 값 중에서 10개를 초과하는 값이 있을 수 있으므로 옳지 않다.

예제 6 다음 표는 2014년 '갑'국 지방법원(A ~ E)의 배심원 출석 현황에 관한 자료이다. 이에 대한 〈보기〉의 설명 중 옳은 것만을 모두 고르면?

2014년 '갑'국 지방법원(A ~ E)의 배심원 출석 현황

(단위 : 명)

지방 법원 \ 구분	소환인원	송달불능자	출석취소통지자	출석의무자	출석자
A	1,880	533	573	( )	411
B	1,740	495	508	( )	453
C	716	160	213	343	189
D	191	38	65	88	57
E	420	126	120	174	115

※ 1) 출석의무자 수 = 소환인원 − 송달불능자 수 − 출석취소통지자 수

2) 출석률(%) = $\dfrac{\text{출석자 수}}{\text{소환인원}} \times 100$

3) 실질출석률(%) = $\dfrac{\text{출석자 수}}{\text{출석의무자 수}} \times 100$

보기
ㄱ. 출석의무자 수는 B지방법원이 A지방법원보다 많다.
ㄴ. 실질출석률은 E지방법원이 C지방법원보다 낮다.
ㄷ. D지방법원의 출석률은 25% 이상이다.
ㄹ. A ~ E지방법원 전체 소환인원에서 A지방법원의 소환인원이 차지하는 비율은 35% 이상이다.

① ㄱ, ㄴ ② ㄱ, ㄷ ③ ㄴ, ㄷ
④ ㄴ, ㄹ ⑤ ㄷ, ㄹ

|정답| ⑤

|해설| ㄹ. (○) 전체 소환인원은 1,880 + 1,740 + 716 + 191 + 420 = 4,947이고, A의 비중은 $\dfrac{1,880}{4,947} \times 100 ≒ 38(\%)$

로 35% 이상이다.
이것을 상대비 1을 활용해서 풀이해보자.

문제해석	풀이
A ~ E지방법원 전체 소환인원 계산	일단 A ~ E지방법원 계산 = 4,947
A지방법원의 소환인원	1,880
차지하는 비율은 35%	$\dfrac{1,880}{4,947}$에서 일단 1,880을 5,000으로 나눈다. 35%는 기본적으로 넘는다.
상대비 풀이	

65 : 35는 약 1.86 : 1이 된다. 즉 1,880에 1.86인데 이상이냐고 물었으니 보수적으로 일단 1.8을 곱해본다. 1,880도 보수적으로 1,800으로 계산해서 1,800×1.8 = 3,240(명)이 된다. B + C + D + E = 3,067이 되기 때문에 1,800×1.8 = 3,240 > B + C + D + E = 3,067
1,880은 35% 이상이다.
참값을 계산하면 1,880×1.86 = 3,496.8(건)으로 3,067보다 크다.

ㄱ. (×) A의 출석의무는 1,880 − 533 − 573 = 774(명)이고, B의 출석의무자는 1,740 − 495 − 508 = 737이다. A가 더 많다.

ㄴ. (×) C의 실질출석률은 $\dfrac{189}{343} \times 100 ≒ 55.1(\%)$, E의 실질출석률은 $\dfrac{115}{174} \times 100 ≒ 66.09(\%)$로, E가 C보다 높다.

ㄷ. (○) $\dfrac{57}{191} \times 100 ≒ 29.84(\%)$로 25% 이상이다.

예제 7 다음은 1998 ~ 2007년 동안 어느 시의 폐기물 처리 유형별 처리량 추이에 대한 자료이다. 이에 대한 〈보기〉의 설명 중 옳은 것을 모두 고르면?

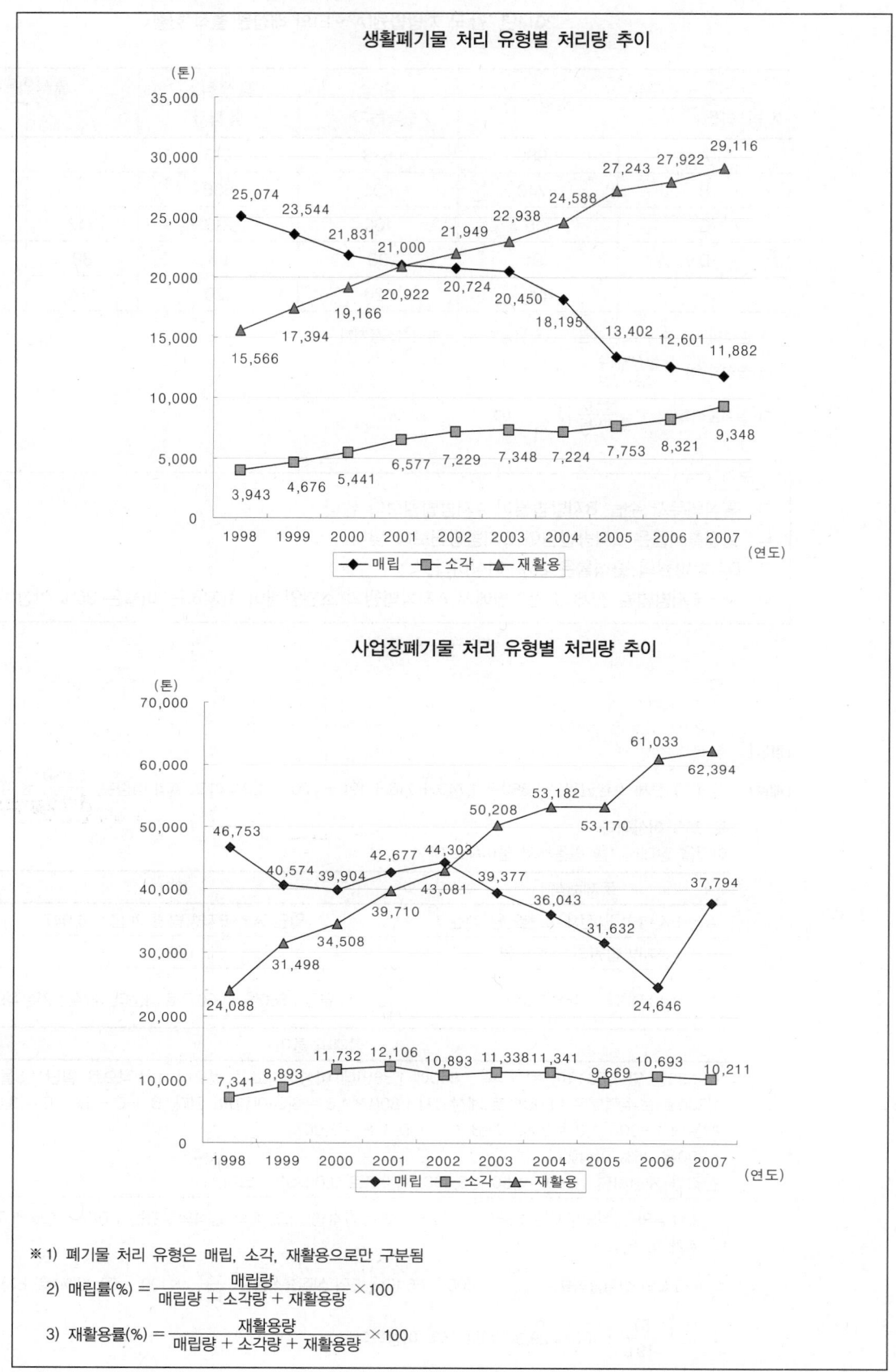

보기

ㄱ. 생활폐기물과 사업장폐기물 각각의 재활용량은 매년 증가하고 매립량은 매년 감소하고 있다.

ㄴ. 생활폐기물 전체 처리량은 매년 증가하고 있다.

ㄷ. 2006년 생활폐기물과 사업장폐기물 각각 매립률이 25% 이상이다.

ㄹ. 사업장폐기물의 재활용률은 1998년에 40% 미만이나 2007년에는 60% 이상이다.

ㅁ. 2007년 생활폐기물과 사업장폐기물의 전체 처리량은 각각 전년 대비 증가하였다.

① ㄱ, ㄷ ② ㄴ, ㄹ

③ ㄷ, ㅁ ④ ㄱ, ㄴ, ㄹ

⑤ ㄷ, ㄹ, ㅁ

|정답| ③

|해설| ㄷ과 ㄹ은 상대비로 풀이가 가능하다.

ㄷ. (○) 매립률(%) $= \dfrac{\text{매립량}}{\text{매립량 + 소각량 + 재활용량}} \times 100$

25%에 대한 상대비는 1 : 3이다. 즉 12,601 × 3 = 37,803이므로 나머지 합 27,922 + 8,321보다 크다. 따라서 25% 이상이다.

사업장폐기물은 마찬가지로 24,646 × 3 = 73,938 > 61,033 + 10,693이므로 나머지 합보다 크다. 따라서 25% 이상이다.

ㄹ. (×) 재활용률(%) $= \dfrac{\text{재활용량}}{\text{매립량 + 소각량 + 재활용량}} \times 100$

40%에 대한 상대비는 1.5 : 1이다. 재활용량이 24,088이므로 1.5를 곱하면 24,088 × 1.5 = 36,132이므로 40% 미만이다.

또한 2007년은 60%에 대한 상대비이므로 이것도 1.5이다. 62,394가 재활용량이므로 (37,794 + 10,211) × 1.5 = 72,007이다. 따라서 60% 이하이다.

ㄱ. (×) 사업장폐기물은 2005년에 감소하고 있다.

ㄴ. (×) 모든 값을 다 더해야 하는데 이건 쉽지 않으므로 일단 기울기가 가장 크게 떨어진 것을 찾으면 된다. 2005년을 보면 기울기가 급하게 떨어진 것을 알 수 있고, 합산해보면 2005년은 감소했다.

ㅁ. (○) 생활폐기물 전체 처리량은 2006년 48,844톤에서 2007년 50,346톤으로 증가하였고, 사업장폐기물 전체 처리량은 2006년 96,372톤에서 2007년 110,399톤으로 증가하였다.

예제 8 다음은 수자원 현황에 대한 자료이다. 이를 바탕으로 작성한 아래 〈보고서〉의 내용 중 옳은 것만을 모두 고르면?

지구상 존재하는 물의 구성

구분		부피(백만 km³)	비율(%)
총량		1,386.1	100.000
해수(바닷물)		1,351.0	97.468
담수	빙설(빙하, 만년설 등)	24.0	1.731
	지하수	11.0	0.794
	지표수(호수, 하천 등)	0.1	0.007

세계 각국의 강수량

구분	한국	일본	미국	영국	중국	캐나다	세계 평균
연평균 강수량(mm)	1,245	1,718	736	1,220	627	537	880
1인당 강수량(m³/년)	2,591	5,107	25,022	4,969	4,693	174,016	19,635

주요 국가별 1인당 물 사용량

국가	독일	덴마크	프랑스	영국	일본	이탈리아	한국	호주
1인당 물 사용량(ℓ/일)	132	246	281	323	357	383	395	480

보고서

급격한 인구증가와 지구온난화로 인하여 인류가 사용할 수 있는 물의 양이 줄어들면서 물 부족 문제가 심화되고 있다. ㉠ 지구상에 존재하는 물의 97% 이상이 해수이고, 나머지는 담수의 형태로 존재한다. ㉡ 담수의 3분의 2 이상은 빙하, 만년설 등의 빙설이고, 나머지도 대부분 땅속에 있어 손쉽게 이용 가능한 지표수는 매우 적다.

최근 들어 강수량 및 확보 가능한 수자원이 감소되고 있는 실정이다. UN 조사에 따르면 이러한 상황이 지속될 경우 20년 후 세계 인구의 3분의 2는 물 스트레스 속에서 살게 될 것으로 전망된다. ㉢ 한국의 경우 연평균 강수량은 세계평균의 1.4배 이상이지만, 1인당 강수량은 세계평균의 12% 미만이다. 또한 연 강수량의 3분의 2가 여름철에 집중되어 수자원의 계절별, 지역별 편중이 심하다.

이와 같이 수자원 확보의 어려움에 직면하고 있으나 ㉣ 한국의 1인당 물 사용량은 독일의 2.5배 이상이며, 프랑스의 1.4배 이상으로 오히려 다른 나라에 비해 높은 편이다.

① ㉠, ㉡ ② ㉠, ㉢ ③ ㉢, ㉣
④ ㉠, ㉡, ㉣ ⑤ ㉡, ㉢, ㉣

|정답| ④

|해설| ㉡ (○) 상대비로 풀이한다.
담수의 3분의 2가 빙설이라면 나머지는 3분의 1을 차지하므로 비율은 2:1이다. 담수에서 빙설을 제외한 나머지의 부피가 11.1이므로 2:1 비율에 의해 빙설의 부피는 22.2가 된다. 표에서 빙설의 부피는 24이고 이는 22.2보다 크므로 빙설은 3분의 2 이상임을 알 수 있다.
㉠ (○) 해수는 97.468%로 지구상에 존재하는 물의 97% 이상이다.(③, ⑤ 소거됨)
㉣ (○) 독일 132 × 2.5 = 330 < 395, 프랑스 281 × 1.4 = 393.5 < 395

비기2 분수가 주어진 경우 상대비로 간단하게 비교

$$\frac{A}{A+B} > \frac{C}{C+D} \rightarrow \frac{A}{B} > \frac{C}{D}$$

$$\frac{A}{A+B+C} > \frac{C}{C+D+E} \rightarrow \frac{A}{B+C} > \frac{C}{D+E}$$

이를 증명해보자. 분자 분모를 A로 나누게 되면

$$\frac{1}{1+\dfrac{B}{A}} > \frac{1}{1+\dfrac{D}{C}}$$

$\dfrac{B}{A}$ 가 작을수록 값이 커지게 되므로 $\dfrac{A}{B}$ 가 $\dfrac{C}{D}$ 보다 크면 값이 크다는 것을 알 수 있다.

(예제1) 서울의 남자 비중과 대전의 남자 비중 중 어떤 것이 큰가?

	서울	대전
남자	37	25
여자	43	43

|정답| 서울

|해설|

전체비 계산	상대비 계산
$\dfrac{37}{37+43} > \dfrac{25}{25+43}$	$\dfrac{37}{43} > \dfrac{25}{43}$

(예제2) 서울이 대전보다 SK의 가입 비중이 높다 (○, ×)

통신가입자	서울	대전
SK	37	25
KT	43	43
LG	75	43

|정답| ○

|해설|

전체비	상대비
$\dfrac{37}{37+43+75} > \dfrac{25}{25+43+43}$	$\dfrac{37}{43+75} > \dfrac{25}{43+43}$

(예제 3) 다음 표는 2012 ~ 2016년 조세심판원의 연도별 사건처리 건수에 관한 자료이다. 이에 대한 〈보기〉의 설명 중 옳은 것만을 모두 고르면?

조세심판원의 연도별 사건처리 건수

(단위: 건)

구분 \ 연도		2012	2013	2014	2015	2016
처리 대상 건수	전년 이월 건수	1,854	( )	2,403	2,127	2,223
	당년접수 건수	6,424	7,883	8,474	8,273	6,003
	소계	8,278	( )	10,877	10,400	8,226
처리 건수	취하 건수	90	136	163	222	163
	각하 건수	346	301	482	459	506
	기각 건수	4,214	5,074	6,200	5,579	4,322
	재조사 건수	27	0	465	611	299
	인용 건수	1,767	1,803	1,440	1,306	1,338
	소계	6,444	7,314	8,750	8,177	6,628

※ 1) 당해 연도 전년이월 건수 = 전년도 처리대상 건수 − 전년도 처리 건수

2) 처리율(%) = $\dfrac{\text{처리 건수}}{\text{처리대상 건수}} \times 100$

3) 인용률(%) = $\dfrac{\text{인용 건수}}{\text{각하 건수 + 기각 건수 + 인용 건수}} \times 100$

┌─ 보기 ─┐

ㄱ. 처리대상 건수가 가장 적은 연도의 처리율은 75% 이상이다.
ㄴ. 2013 ~ 2016년 동안 취하 건수와 기각 건수의 전년 대비 증감방향은 동일하다.
ㄷ. 2013년 처리율은 80% 이상이다.
ㄹ. 인용률은 2012년이 2014년보다 높다.

① ㄱ, ㄴ   ② ㄱ, ㄹ
③ ㄴ, ㄷ   ④ ㄱ, ㄷ, ㄹ
⑤ ㄴ, ㄷ, ㄹ

|정답| ②

|해설| ㄱ. (○) 처리대상 건수가 가장 적은 연도는 2016년이고, 처리율은 $\dfrac{6,628}{8,226} \times 100 ≒ 80.57\%$가 되어 75% 이상이 맞다.

ㄹ. (○) 일반적으로 풀이하면 아래와 같다.

2012년 인용률 = $\dfrac{1,767}{346 + 4,214 + 1,767} \times 100(\%) ≒ 28(\%)$

2014년 인용률 = $\dfrac{1,440}{482 + 6,200 + 1,440} \times 100(\%) ≒ 17.7(\%)$

이것을 비기 2로 풀이하면

$\dfrac{1,767}{346 + 4,214}$ 와 $\dfrac{1,440}{482 + 6,200}$ 를 비교해도 된다.

그럼 분자는 왼쪽이 크고 분모는 왼쪽이 작다. 따라서 왼쪽이 크다.

(예제 4) 다음 표는 어느 대학원의 입시 자료에서 상위 4개 모집단위의 성별에 따른 지원자 및 합격자 분포를 정리한 것이다. 이를 바르게 설명한 것을 〈보기〉에서 모두 고른 것은?

모집단위별 지원자 수 및 합격자 수

(단위 : 명)

모집단위	남성		여성		계	
	합격자수	지원자수	합격자수	지원자수	모집정원	지원자수
A	512	825	89	108	601	933
B	353	560	17	25	370	585
C	138	417	121	375	269	792
D	22	373	24	393	46	766
계	1,025	2,175	261	901	1,286	3,076

┌ 보기 ┐
ㄱ. 4개의 모집단위 중 경쟁률이 가장 높은 모집단위는 A이다.
ㄴ. 지원자 중 남성의 비율이 가장 높은 모집단위는 B이다.
ㄷ. 합격자 중 여성의 비율이 가장 높은 모집단위는 C이다.

① ㄱ
② ㄴ
③ ㄱ, ㄴ
④ ㄱ, ㄷ
⑤ ㄴ, ㄷ

| 정답 | ②
| 해설 | ㄷ. (×) 비기 2로 풀이한다.
주어진 표에서 남성 합격자수와 여성 합격자수를 합산하여 분모로 놓고 여성 합격자수를 분자로 놓은 다음 A, B, C, D를 순차적으로 계산하여 크기를 비교해야 한다.

$\dfrac{\text{여성 합격자 수}}{\text{남성 합격자 수 + 여성 합격자 수}}$ 는 비기 2에 의해 $\dfrac{\text{여성 합격자 수}}{\text{남성 합격자 수}}$ 로 계산이 가능하다.

모집단위	상대비
A	$\dfrac{89}{512}$
B	$\dfrac{17}{353}$
C	$\dfrac{121}{138}$
D	$\dfrac{24}{22}$

D만이 1보다 큰 값을 갖는다.

ㄱ. (×) $\dfrac{\text{지원자 수}}{\text{모집정원}}$ 이 가장 큰 값을 나타내는 곳은 $\dfrac{766}{46}$ 인 D이므로 옳지 않다.

ㄴ. (○) 지원자 중 남성비율은 B가 $\dfrac{560}{585}$ 으로 가장 높다.

예제 5 다음 표는 통근 소요시간에 따른 5개 지역(A ~ E) 통근자 수의 분포를 나타낸 자료이다. 이에 대한 〈보기〉의 설명 중 옳은 것만을 모두 고르면?

통근 소요시간에 따른 지역별 통근자 수 분포

(단위 : %)

소요시간 / 지역	30분 미만	30분 이상 1시간 미만	1시간 이상 1시간 30분 미만	1시간 30분 이상 3시간 미만	합
A	30.6	40.5	22.0	6.9	100.0
B	40.6	32.8	17.4	9.2	100.0
C	48.3	38.8	9.7	3.2	100.0
D	67.7	26.3	4.4	1.6	100.0
E	47.2	34.0	13.4	5.4	100.0

※ 각 지역 통근자는 해당 지역에 거주하는 통근자를 의미함

보기

ㄱ. 통근 소요시간이 1시간 미만인 통근자 수는 A ~ E 지역 전체 통근자 수의 70% 이상이다.
ㄴ. A ~ E지역 중 통근 소요시간이 1시간 이상인 통근자의 수가 가장 많은 지역은 A이다.
ㄷ. E지역 통근자의 평균 통근 소요시간은 22분 이상이다.
ㄹ. 통근 소요시간이 30분 이상인 통근자 수 대비 30분 이상 1시간 미만인 통근자 수의 비율이 가장 높은 지역은 C이다.

① ㄱ, ㄴ   ② ㄱ, ㄷ
③ ㄱ, ㄹ   ④ ㄴ, ㄷ
⑤ ㄷ, ㄹ

|정답| ②

|해설| ㄹ. (×) $\dfrac{\text{30분 이상 1시간 미만인 통근자 수}}{\text{통근 소요시간이 30분 이상인 통근자 수}}$ 를 계산하는 것인데 위의 표를 보면 다음과 같이 계산이 된다.

30분 이상 1시간 미만	÷	30분 이상 1시간 미만	1시간 이상 1시간 30분 미만	1시간 30분 이상 3시간 미만

결과적으로 다음을 계산하는 것이다.

30분 이상 1시간 미만	÷	1시간 이상 1시간 30분 미만	1시간 30분 이상 3시간 미만

비기 2로 풀이해보면 C와 D를 비교했을 때 $\dfrac{38.8}{12.9} < \dfrac{26.3}{6}$ 이므로 D가 더 크다.

ㄱ. (○) 단순비교 맞다.

ㄴ. (×) 낚시문제. 통근자수는 알 수 없다.

ㄷ. (○) 최소시간을 이용하는 방식으로 계산이 오래 걸리기 때문에 마지막에 풀이를 한다. 22분 이상이라고 했으니 위의 지표를 모두 최솟값으로 넣으면 아래와 같이 나오고 최소 23.10분이 나온다.

소요시간 / 지역	30분 미만	30분 이상 1시간 미만	1시간 이상 1시간 30분 미만	1시간 30분 이상 3시간 미만	합
E	0분 가정	30분 가정	60분 가정	90분 가정	
	47.2	34.0	13.4	5.4	100.0
최소시간	0	10.20	8.04	4.86	23.10

(예제 6) 다음 표는 질병진단키트 A ~ D의 임상실험 결과 자료이다. 표와 〈정의〉에 근거하여 〈보기〉의 설명 중 옳은 것만을 모두 고르면?

질병진단키트 A ~ D의 임상실험 결과

(단위 : 명)

A

판정＼질병	있음	없음
양성	100	20
음성	20	100

B

판정＼질병	있음	없음
양성	80	40
음성	40	80

C

판정＼질병	있음	없음
양성	80	30
음성	30	100

D

판정＼질병	있음	없음
양성	80	20
음성	20	120

※ 질병진단키트당 피실험자 240명을 대상으로 임상실험한 결과임

정의

- 민감도 : 질병이 있는 피실험자 중 임상실험 결과에서 양성 판정된 피실험자의 비율
- 특이도 : 질병이 없는 피실험자 중 임상실험 결과에서 음성 판정된 피실험자의 비율
- 양성 예측도 : 임상실험 결과 양성 판정된 피실험자 중 질병이 있는 피실험자의 비율
- 음성 예측도 : 임상실험 결과 음성 판정된 피실험자 중 질병이 없는 피실험자의 비율

보기

ㄱ. 민감도가 가장 높은 질병진단키트는 A이다.
ㄴ. 특이도가 가장 높은 질병진단키트는 B이다.
ㄷ. 질병진단키트 C의 민감도와 양성 예측도는 동일하다.
ㄹ. 질병진단키트 D의 양성 예측도와 음성 예측도는 동일하다.

① ㄱ, ㄴ
② ㄱ, ㄷ
③ ㄴ, ㄷ
④ ㄱ, ㄷ, ㄹ
⑤ ㄴ, ㄷ, ㄹ

|정답| ②

|해설| 이 내용을 공식으로 도출해 보면

판정＼질병	있음	없음
양성	a	b
음성	c	d

다음과 같은 값들을 a, b, c, d로 표현한다.

- 민감도 : 질병이 있는 피실험자 중 임상실험 결과에서 양성 판정된 피실험자의 비율 $\frac{a}{a+c}$ 이다. 상대비 2로

풀이하면 $\frac{a}{c}$

- 특이도 : 질병이 없는 피실험자 중 임상실험 결과에서 음성 판정된 피실험자의 비율 $\frac{d}{b+d}$ → $\frac{d}{b}$ 이다.

- 양성 예측도 : 임상실험 결과 양성 판정된 피실험자 중 질병이 있는 피실험자의 비율 $\frac{a}{a+b}$ → $\frac{a}{b}$ 이다.

- 음성 예측도 : 임상실험 결과 음성 판정된 피실험자 중 질병이 없는 피실험자의 비율 $\frac{d}{c+d}$ → $\frac{d}{c}$ 이다.

ㄱ. (○) A는 $\frac{100}{20}$ 이고 5보다 큰 값은 없다.

ㄴ. (×) B는 $\frac{80}{40}$ = 2이고 D = $\frac{120}{20}$ = 6이므로 D가 더 크다.

ㄷ. (○) C의 민감도는 $\frac{80}{30}$, 양성 예측도는 $\frac{80}{30}$ 으로 동일하다.

ㄹ. (×) D의 양성 예측도는 $\frac{80}{20}$, 음성 예측도는 $\frac{100}{30}$ 으로 동일하지 않다.

02 가중평균 활용 풀이법

가중평균은 상대적인 중요도를 감안하여 투자나 점수를 수학적으로 환산할 때 더 정확히 계산하는 방법이다. 이 방법은 투자 포트폴리오나 성적 환산, 통계학 등에 자주 쓰인다.

> 가중평균의 의미는 중요도나 영향도에 해당하는 각각의 가중치를 곱하여 구한 평균 값을 말한다.
>
> | 가중치
(거리비의 반대) | A값 | : | | B값 | |
> |---|---|---|---|---|---|
> | | └──────┴──────┘ | | | | |
> | 관찰 값 | 작은 값 | | 평균 | 큰 값 | 관찰 값과 평균 값은 비율이거나 평균과 같은 값이다. |
> | | | | 10% | | 항상 작은 값을 왼쪽에 놓아야 한다. |
> | 거리비
(가중치의 반대) | B값 | : | | A값 | |

예제 1 다음 표는 서울 및 수도권 지역의 가구를 대상으로 난방방식 현황 및 난방연료 사용 현황에 대해 조사한 자료이다.

난방방식 현황

(단위 : %)

종류	대구	부산	경상북도	경상남도	전국평균
중앙난방	22.3	15.5	8.7	11.7	15.5
개별난방	64.3	78.7	26.2	60.8	58.2
지역난방	13.4	7.8	67.5	27.4	27.4

경상북도의 가구 수가 경상남도의 가구 수의 2배라면 경상북도와 경상남도 지역에서 중앙 난방을 사용하는 가구 수의 비율은 약 10.7%이다. (○, ×)

|정답| ×

|해설| 정답은 약 9.7%가 이용한다.

경상북도 가구 수				경상남도 가구 수 비율
가구 수 비중	2	:	1	
난방방식 현황의 비	1	:	2	
8.7%	−	9.7%	−	11.7%
	+1	:	+2	
	$11.7\% - 8.7\% = 3\%$, $3\% \times \dfrac{1}{3} = 1(\%)$이 된다. 즉 가구 수의 비율은 9.7%가 된다.			

예를 들어 경상북도 가구 수가 100가구, 경상남도 가구 수가 50가구라면

	경상북도	경상남도
가구 수	100	50
중앙 난방 가구 비율	8.7%	11.7%
중앙 난방 가구 수	8.7	5.85

경상북도와 경상남도의 중앙 난방 가구 비율 : $\dfrac{14.55}{150} \times 100 ≒ 9.7(\%)$

(예제 2) **다음 표는 A업체에서 판매한 전체 주류와 주세에 관한 자료이다.**

주류별 판매량과 판매가격

(단위: 천 병, 원)

구분＼주류	탁주	청주	과실주
판매량	1,500	1,000	1,600
병당 판매가격	1,500	1,750	1,000

주세 계산 시 주류별 공제금액과 세율

(단위: 백만 원, %)

구분＼주류	탁주	청주	과실주
공제금액	450	350	400
세율	10	20	15

※ 주류별 세율(%) $= \dfrac{\text{주류별 주세}}{\text{주류별 판매액} - \text{주류별 공제금액}} \times 100$

탁주, 청주는 판매량과 병당 판매가격이 각각 10% 증가하고 과실주는 변화가 없다면, A업체의 주류별 판매액 합은 15% 증가한다. (○, ×)

|정답| ○

|해설| 탁주와 청주는 각각 10%씩 증가했으므로 전체는 21% 증가했다. 이것은 증가율 복리 계산 빨리하기 $\left(x + y + \dfrac{xy}{100}\right)$ 에서 배웠다.

과실주는 변화가 없다. 아래와 같이 가중평균으로 계산할 수도 있다.

과실주 금액 (과실주) 1.6백만×1 = 1.6			탁주, 청주 금액 (탁주) 1.5×1.5 + (청주) 1×1.75 = 4	
과실주 금액	1.6	:	탁주, 청주 금액	4
	2	:		5
가중평균과의 비	5	:	가중평균과의 비	2
과실주 증가율	0%	:	청주 탁주 증가율	21%

전체 $21 - 3 = 21 \times \dfrac{5}{7} = 15\%$

0에서 15%로 변한다.

0%	−	15%	−	21%
	+15	:	+6	

예제 3 다음 표는 대학생 1,000명을 대상으로 성형수술에 대해 설문조사한 결과이다.

성형수술 희망 응답자의 성별 비율

(단위 : %)

남성	여성	전체
30.0	37.5	33.0

※ 설문조사 대상자 중 미응답자는 없음

희망 성형수술 유형별 비율

(단위 : %)

성형수술 유형 \ 성별	남성	여성
코 성형	40	44
눈 성형	50	62
치아교정	25	30
피부 레이저 시술	25	30
지방흡입	15	22
기타	5	10

※ 성형수술을 희망하는 사람만 희망 성형수술 유형에 대해 응답하였음(복수응답 가능)

코 성형을 희망하는 남성응답자 수가 코 성형을 희망하는 여성응답자 수보다 많다. (○, ×)

|정답| ○

|해설| 우선 남성과 여성 성별 응답자수를 계산해본다.
남성을 A, 여성을 (1,000 − A)라고 가정한다.

$$\frac{A \times 0.3 + (1,000 - A) \times 0.375}{1,000} = 0.33$$

0.075A = 45
A = 600(명)
다른 방식으로는 가중평균법이 있다.

남성		전체		여성
30.0		33.0		37.5
	+3	9.7%	+4.5	11.7%
	3	:	4.5	3 : 4.5 = 1 : 1.5 = 2 : 3
남성과 여성의 비율	3	:	2	

$$남자\ 1,000 \times \frac{3}{5} = 600(명)$$

$$여자\ 1,000 \times \frac{2}{5} = 400(명)$$

그럼 이제 질문에 답해보자. 질문은 맞는 내용이다.

코 성형을 희망하는 남성응답자	비교	코 성형을 희망하는 여성응답자 수
600 × 0.3 × 0.4 = 72	>	400 × 0.375 × 0.44 = 66

예제 4 다음 〈표 1〉은 창의경진대회에 참가한 팀 A, B, C의 '팀 인원수' 및 '팀 평균점수'를, 〈표 2〉는 〈표 1〉에 기초하여 '팀 연합 인원수' 및 '팀 연합 평균점수'를 각각 산출한 자료이다. 이때, (가)와 (나)에 들어갈 값을 바르게 나열한 것은?

〈표 1〉 팀 인원수 및 팀 평균점수

(단위 : 명, 점)

팀	A	B	C
인원수	( )	( )	( )
평균점수	40.0	60.0	90.0

※ 1) 각 참가자는 A, B, C팀 중 하나의 팀에만 속하고, 개인별로 점수를 획득함

2) 팀 평균점수 = $\dfrac{\text{해당 팀 참가자 개인별 점수의 합}}{\text{해당 팀 참가자 인원수}}$

〈표 2〉 팀 연합 인원수 및 팀 연합 평균점수

(단위 : 명, 점)

팀 연합	A + B	B + C	C + A
인원수	80	120	(가)
평균점수	52.5	77.5	(나)

※ 1) A + B는 A팀과 B팀, B + C는 B팀과 C팀, C + A는 C팀과 A팀의 인원을 합친 팀 연합임

2) 팀 연합 평균점수 = $\dfrac{\text{해당 팀 연합 참가자 개인별 점수의 합}}{\text{해당 팀 연합 참가자 인원수}}$

	(가)	(나)		(가)	(나)
①	90	72.5	②	90	75.0
③	100	72.5	④	100	75.0
⑤	110	72.5			

|정답| ④

|해설| 본 문제를 일반적으로 풀이하려면 A, B, C의 '팀 인원수'를 a, b, c라고 가정한다.

$$\frac{40a+60b}{80}=52.5, \quad \frac{60b+90c}{120}=77.5$$

a + b = 80, b + c = 120

이 방정식을 연립하여 풀이하면 a = 30(명), b = 50(명), c = 70(명)이다.

가중평균으로 (가)를 계산하면

A		전체		B
40		52.5		60
	+12.5		+7.5	5:3
인원수 비율	3	:	5	

A : $80 \times \dfrac{3}{8} = 30$(명), B : $80 \times \dfrac{5}{2} = 50$(명)

따라서 B + C = 120에서 C = 70(명), C + A = 100(명)

가중평균으로 (나)를 계산하면

A(인원수)				C
30				70
인원수 비율	3	:	7	
평균비율	7	:	3	
40	+35	75	+15	90

90 − 40 = 50 사이를 7 : 3으로 나눈다.

A : $50 \times \dfrac{7}{10} = 35$(점), C : $50 \times \dfrac{3}{10} = 15$(점)

(예제 5) 다음 표는 6세 미만 영유아 1,000명의 공공재 문화시설 유형별 이용률을 조사한 결과이다.

영유아 소속 가구소득수준별 영유아의 공공재 문화시설 유형별 이용률

(단위 : %)

기간 영유아 소속 가구소득 수준 시설유형	출생 후 현재까지			최근 1년 동안		
	일반 가구 영유아	저소득가구 영유아	전체	일반 가구 영유아	저소득가구 영유아	전체
일반도서관	24.0	23.0	23.8	21.0	19.5	20.7
어린이도서관	25.3	13.0	22.8	22.5	11.5	20.3
일반박물관	26.0	16.5	24.1	18.3	11.0	16.8
어린이박물관	22.0	8.0	19.2	17.0	4.5	14.5
일반미술관	8.6	7.5	8.4	6.6	3.5	6.0
어린이미술관	7.5	1.5	6.3	5.1	0.5	4.2
문예회관	15.3	10.5	14.3	11.8	7.5	10.9
어린이놀이터	95.8	93.5	95.3	95.0	92.5	94.5

※ 1) 조사대상 중 무응답은 없으며, 조사대상 기간 중 한 번이라도 이용한 적이 있으면 이용한 것으로 집계함
2) 일반가구란 가구소득수준을 기준으로 저소득가구를 제외한 모든 가구를 지칭함
3) 소수점 아래 둘째 자리에서 반올림한 값임

출생 후 현재까지 일반가구 영유아 수는 저소득가구 영유아 수의 3배 이상이다. (○ , ×)

| 정답 | ○

| 해설 | 일반도서관이 아니더라도 문예회관, 일반미술관 등으로 비율을 계산해도 1:4는 똑같은 비율이 나온다.

저소득가구 영유아		전체		일반 가구 영유아
23.0		23.8		24.0
	+0.8		+0.2	4:1
인원수 비율	1	:	4	

전체 인구 : 1,000명

저소득가구 영유아 : $1,000 \times \frac{1}{5} = 200$(명)

일반 가구 영유아 : $1,000 \times \frac{4}{5} = 800$(명)

즉 위의 설명은 맞는 설명이다.

예제 6 다음은 2010년 성별·장애등급별 등록 장애인 현황을 나타낸 것이다.

2010년 성별 등록 장애인 수

(단위: 명, %)

구분 \ 성별	여성	남성	전체
등록 장애인 수	1,048,979	1,468,333	2,517,312
전년 대비 증가율	0.50	5.50	( )

2010년 성별·장애등급별 등록 장애인 수

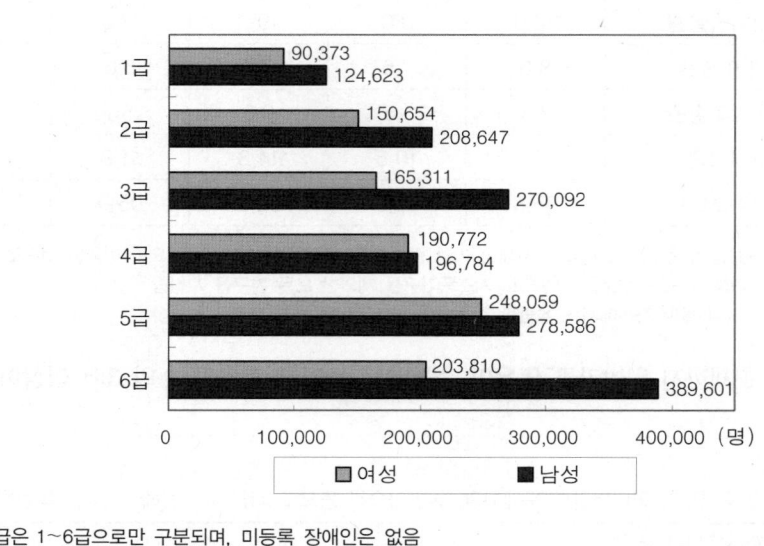

※ 장애등급은 1~6급으로만 구분되며, 미등록 장애인은 없음

2010년 전체 등록 장애인 수의 전년 대비 증가율은 4% 미만이다. (○, ×)

|정답| ○

|해설| 일반적으로 풀이를 한다면

구분 \ 성별	2010년 여성	2009년 여성	2010년 남성	2009년 남성	2010년 전체	2009년 전체
등록 장애인 수	1,048,979	1042,xxx	1,468,333	1,391,xxx	2,517,312	2,433,xxx
전년 대비 증가율	0.50	$\dfrac{1,048}{1.05}$	5.50	$\dfrac{1,468}{1.055}$	$\dfrac{2,514-2,433}{2,433}=3.45\%$	

이것을 가중평균으로 계산해 보자.

```
0.5 ─────────── × ──────────── 5.5(증가율)
      10     :    15(장애인수)
      15     :    10(증가율)
       3     :     2(증가율)
0.5 ──────── 3.5 ──────────── 5.5(증가율)
```

증가율 5.5와 0.5의 차이는 5.5 − 0.5 = 5가 된다.

이 길이를 3:2로 분할하게 되므로 $5 \times \dfrac{3}{5} = 3$이 된다. 즉 0.5에서 3으로 간다는 것이다. 그런데 15의 가중치는 14.68의 가중치이므로 15보다 작은 값이 들어가야 할 것이고, 5×3에서 5와 3보다 작은 값이 들어간다는 것을 알 수 있다. 즉 3.5에 미치지 못한다.

예제 7   다음 표는 2009년부터 2013년까지 소비자물가지수를 나타낸 것이다. 이에 대한 설명으로 옳지 않은 것은?

2009년 ~ 2013년 소비자물가지수

구분	2009년	2010년	2011년	2012년	2013년
총 지수	97.8	100	104.1	106.9	110.7
식료품	99.1	100	103.5	107.7	112.4
곡류	95.8	100	100.9	98.8	101.9
육류	92.3	100	108.8	123.1	132.1
낙농품	101.7	100	103.4	103.1	103.9
어패류	99.4	100	105.5	109.8	112.4
채소·해초	93.6	100	101.7	108.4	129.7
과실	116.7	100	113.4	130.1	124.1
유지·조미료	107.5	100	106.8	105.8	111.5
빵·과자	100.0	100	105.3	106.8	107.6
차·음료	104.3	100	100.6	100.9	103.0
주류	98.4	100	98.4	99.5	104.2
외식	99.2	100	101.7	105.1	109.0
식료품 이외	97.2	100	104.3	106.7	110.1

① 소비자물가지수는 2010년을 기준으로 작성되었다.
② 총 지수를 계산할 때, 식료품의 가중치가 식료품 이외의 가중치보다 높게 반영되었다.
③ 2009년의 물가와 비교하면, 2013년 과실의 물가상승률이 어패류의 물가상승률보다 낮다.
④ 2013년의 물가를 전년도 물가와 비교했을 때 상승률이 가장 낮은 품목은 과실이다.
⑤ 2009년부터 2013년 중에서 낙농품의 가격이 가장 낮은 해는 2010년이다.

....

|정답| ②

|해설| ② (×) 총 지수 97.8을 만들기 위해서 99.1과 97.2를 가중치를 반영하여 계산한다. 이때, 2009년 총 지수는 97.8이 97.2와 근접하기 때문에 식료품 이외의 수치를 더 넣어줘야 총 지수가 97.2에 가까워진다.

식료품		총 지수		식료품 이외
99.1		97.8		97.2
	차이		차이	
	1.3		0.6	

→

이쪽으로 가야 하기 때문에 식료품 이외의 지수를 더 섞어 주어야 함

① (○) 2010년도의 물가지수가 모두 100이므로 맞다.

③ (○) 물가상승률 = $\dfrac{\text{비교년도 물가지수} - \text{기준년도 물가지수}}{\text{기준년도 물가지수}}$ 로 구하므로 분자의 값은 어패류가 더 크고 분모의 값은 어패류가 더 작은 것으로 보아 어패류의 물가상승률이 더 크다.

④ (○) 과실의 경우만 물가지수가 하락한다.

⑤ (○) 지수의 값은 기준년도에 대한 상대적 가격비율이므로, 물가지수가 가장 낮은 해를 가격이 가장 낮은 해로 볼 수 있다.

예제 8 다음 표는 어느 도시 주민 일일 통행 횟수의 통행목적에 따른 시간대별 비율을 정리한 자료이다.

일일 통행 횟수의 통행목적에 따른 시간대별 비율

(단위 : %)

통행목적 / 시간대	업무	여가	쇼핑	전체통행
00:00 ~ 03:00	3.00	1.00	1.50	2.25
03:00 ~ 06:00	4.50	1.50	1.50	3.15
06:00 ~ 09:00	40.50	1.50	6.00	24.30
09:00 ~ 12:00	7.00	12.00	30.50	14.80
12:00 ~ 15:00	8.00	9.00	31.50	15.20
15:00 ~ 18:00	24.50	7.50	10.00	17.60
18:00 ~ 21:00	8.00	50.00	14.00	16.10
21:00 ~ 24:00	4.50	17.50	5.00	6.60
계	100.00	100.00	100.00	100.00

※ 1) 전체통행은 업무, 여가, 쇼핑의 3가지 통행목적으로만 구성되며, 각각의 통행은 하나의 통행목적을 위해서만 이루어짐
2) 모든 통행은 각 시간대 내에서만 출발과 도착이 모두 이루어짐

일일 통행목적별 통행 횟수는 '업무', '쇼핑', '여가' 순으로 많다. (○, ×)

|정답| ○

|해설| '업무', '쇼핑', '여가' 값을 모르기 때문에 업무를 x, 쇼핑 y, 여가를 z라고 놓고, 숫자가 용이한 아래 %로 방정식을 만들어 본다.

통행목적 / 시간대	업무	여가	쇼핑	전체통행
00:00 ~ 03:00	3.00	1.00	1.50	2.25
03:00 ~ 06:00	4.50	1.50	1.50	3.15
09:00 ~ 12:00	7.00	12.00	30.50	14.80

$3x + 1y + 1.5z = 2.25$
$4.5x + 1.5y + 1.5z = 3.15$
$7x + 12y + 30.5z = 14.8$
을 연립하여 풀거나
$x + y + z = 1$을 세 개로 해서 연립하여 풀이하면 된다.
가중평균법으로 풀이하면 3중 가중평균으로 계산해야 하는데 이 경우 2중 가중평균을 두 번 계산하는 방식으로 처리한다.

통행목적 / 시간대	업무	여가	쇼핑	전체통행
03:00 ~ 06:00	4.50	1.50	1.50	3.15

일단 여가 + 쇼핑(여가와 쇼핑 값이 같은 것을 선택한다.)이 1.5이고 업무가 4.5인 것을 선택한다.

여가 + 쇼핑		전체		업무
1.5		3.15		4.5
	+1.65		+1.35	11:9
통행횟수	9	:	11	

일단 여기서 통행횟수 비중은 11이고
여가와 쇼핑 비중이 9라는 것을 알았다. 업무 : 여가 + 쇼핑 = 11 : 9

그럼 다시 아래 표에서

시간대 \ 통행목적	업무	여가	쇼핑	전체통행
00:00 ~ 03:00	3.00	1.00	1.50	2.25

여가 + 쇼핑		전체		업무
A		2.25		3
	2.25 − A		+0.75	11:9
비중은 기존과 동일	11	:	9	

$$2.25 - A : 0.75 = 11 : 9$$
$$8.25 = 20.25 - 9A$$
$$9A = 12$$
$$A = \frac{4}{3}$$

즉 여가와 쇼핑의 비율이 $\frac{4}{3}$%라는 것이다.

여가		전체		쇼핑
1		$\frac{4}{3}$		1.5
$\frac{6}{6}$	+2	$\frac{8}{6}$	+1	$\frac{9}{6}$
비율	2	:	1	
통행횟수	1	:	2	

쇼핑과 여가의 통행횟수는 앞에서 9라고 알게 되었다.

$$9 \times \frac{1}{3} = 3 \text{ (여가 비율)}$$

$$9 \times \frac{2}{3} = 6 \text{ (쇼핑 비율)}$$

위에서 계산한 업무 : 여가 + 쇼핑 = 11 : 9

여가와 쇼핑은 9를 다시 6:3으로 나눠갖는다. 즉 업무 : 쇼핑 : 여가 = 11 : 6 : 3이 되는 것이다.

따라서 전체 통행량은 20이 된다.

따라서 일일 통행목적별 통행 횟수는 '업무', '쇼핑', '여가' 순으로 많다.

03 가평균 활용 풀이법

예제1 다음은 신입사원 10명의 키를 나타낸 것이다. 키의 평균은?

(단위 : cm)

164, 181, 175, 159, 180, 167, 172, 171, 183, 178

① 171   ② 173

③ 175   ④ 177

⑤ 179

- -

|정답| ②

|해설| 평균은 아래와 같이 계산한다.

$$평균 = \frac{변량의\ 합}{변량의\ 개수}$$

$$도수분포표에서의\ 평균 = \frac{(계급값 \times 도수)의\ 총합}{도수의\ 총합}$$

가평균을 이용한 평균 : 평균 = 가평균 + 과부족의 평균

본 문제의 경우 모두 더해서 10으로 나누어도 정답이 나온다. 좀 더 빨리 계산할 수 있는 방법은 가평균을 이용하는 것이다. 가평균을 잡을 때 선지 내에서 덧셈, 뺄셈이 쉬운 값을 정한다. 여기서는 170으로 잡는다.

164	181	175	159	180	167	172	171	183	178
−170	−170	−170	−170	−170	−170	−170	−170	−170	−170
−6	11	5	−11	10	−3	2	1	13	8

가평균과의 차이(− 6~8)를 모두 더하면 30이 된다. 이는 평균을 170으로 했을 때 10명의 키가 30cm 크다는 것이다. $\frac{30}{10}$ 으로 나누면 3이 평균 대비 높게 된다. 즉 170 + 3 = 173이 평균이 된다.

본 문제는 그냥 덧셈을 하고 나누는 방법으로 계산을 해도 시간상 큰 차이가 없다.

(예제 2) 다음은 학생 50명의 수학 성적을 정리한 도수분포표이다. 성적의 평균은?

계급(점)		도수(명)
50 이상	~ 60 미만	5
60 이상	~ 70 미만	11
70 이상	~ 80 미만	18
80 이상	~ 90 미만	9
90 이상	~ 100 미만	7
계		50

① 75.1   ② 75.2
③ 75.3   ④ 75.4
⑤ 75.5

|정답| ④

|해설|

계급값(점)	도수(명)	총점
50 이상 ~ 60 미만 (55)	5	55 × 5
60 이상 ~ 70 미만 (65)	11	65 × 11
70 이상 ~ 80 미만 (75)	18	75 × 18
80 이상 ~ 90 미만 (85)	9	85 × 9
90 이상 ~ 100 미만 (95)	7	95 × 7
계	50	3,770

$\dfrac{3770}{50} = 75.4$가 된다. 이렇게 되면 계산이 복잡하다. 이 경우 가평균을 이용하면 빠르게 계산이 된다. 75를 가평균으로 잡고 각 값의 차를 계산하면 된다.

계급값(점)	도수(명)	총평균
50 이상 60 미만 55(−20)	5	−20 × 5
60 이상 70 미만 65(−10)	11	−10 × 11
70 이상 80 미만 75(0)	18	0
80 이상 90 미만 85(+10)	9	10 × 9
90 이상 100 미만 95(+20)	7	20 × 7
계	50	20

$\dfrac{20}{50} = 0.4$가 되므로 성적의 평균은 75 + 0.4 = 75.4가 된다.

예제 3 다음 표는 어느 해 주식 거래일 8일 동안 A사의 일별 주가와 산식을 활용한 5일 이동평균을 나타낸 것이다. 이에 대한 〈보기〉의 설명 중 옳은 것을 모두 고르면?

주식 거래일 8일 동안 A사의 일별 주가 추이

(단위: 원)

거래일	일별 주가	5일 이동평균
1	7,550	—
2	7,590	—
3	7,620	—
4	7,720	—
5	7,780	7,652
6	7,820	7,706
7	7,830	( )
8	( )	7,790

※ 5일 이동평균 $= \dfrac{\text{해당거래일 포함 최근 거래일 5일 동안의 일별 주가의 합}}{5}$

예 6거래일의 5일 이동평균 $= \dfrac{7,590 + 7,620 + 7,720 + 7,780 + 7,820}{5} = 7,706$

> **보기**
>
> ㄱ. 일별 주가는 거래일마다 상승하였다.
> ㄴ. 5거래일 이후 5일 이동평균은 거래일마다 상승하였다.
> ㄷ. 2거래일 이후 일별 주가가 직전거래일 대비 가장 많이 상승한 날은 4거래일이다.
> ㄹ. 5거래일 이후 해당거래일의 일별 주가와 5일 이동평균 간의 차이는 거래일마다 감소하였다.

① ㄱ, ㄴ   ② ㄴ, ㄷ
③ ㄷ, ㄹ   ④ ㄱ, ㄴ, ㄷ
⑤ ㄴ, ㄷ, ㄹ

|정답| ⑤

|해설| ㄱ. (×) 이 문제를 일반적으로 풀이하려면 표의 전체 빈칸을 채워야 한다.

7거래일의 평균은 $\dfrac{7,620 + 7,720 + 7,780 + 7,820 + 7,830}{5} = 7,754$가 된다.

8거래일의 일별주가는 $\dfrac{7,720 + 7,780 + 7,820 + 7,830 + x}{5} = 7,790$에서 x를 구하면 7,800이 된다.

가평균 7,600으로 풀이를 하면 다음과 같다.

거래일	일별주가	가평균 7,600	5일간 가평균 차이 합계	5로 나눈 값	가평균 계산
1	7,550	−50			
2	7,590	−10			
3	7,620	20			
4	7,720	120			
5	7,780	180	260	52	7,652
6	7,820	220	530	106	7,706
7	7,830	230	770	154	7,754
8	( )		750	150	7,750

그리고 6일 차를 계산할 때는 1일 차 50을 차감하고(본 식은 마이너스이므로 +가 될 것임) 220을 더해주면 된다. 따라서 − (−50) + 220 = 270이 되고 260 + 270 = 530이다.

8일 차의 경우 문제에서 평균값이 7,790이 되는데 7,790 − 7,600 = 190이 되고 여기에 ×5를 하면 950원이 넘어야 하는데 4일치를 더한 값이 750원이므로 200점이 더해져야 한다. 따라서 8일 차는 7,800원이 되므로 8거래일에는 하락하고 있다.

ㄴ. (○) 매일 상승하고 있다.

ㄷ. (○) 4거래일은 3거래일과 100 정도 차이가 나는데, 그렇게 큰 폭으로 차이가 나는 날은 더 이상 없다.

ㄹ. (○) 5거래일은 7,780 − 7,652 = 128, 6거래일은 7,820 − 7,706 = 114, 7거래일은 7,830 − 7,754 = 76, 8거래일은 7,800 − 7,790 = 10으로 매일 감소했다.

(예제 4) 다음 표는 어느 학급 전체 학생 55명의 체육점수 분포이다. 이에 대한 〈보기〉의 설명 중 옳은 것을 모두 고르면?

체육점수 분포

점수(점)	1	2	3	4	5	6	7	8	9	10
학생 수(명)	1	0	5	10	23	10	5	0	1	0

※ 점수는 1점 단위로 1 ~ 10점까지 주어짐

보기

ㄱ. 전체 학생을 체육점수가 낮은 학생부터 나열하면 중앙에 위치한 학생의 점수는 5점이다.
ㄴ. 4 ~ 6점을 받은 학생 수는 전체 학생 수의 86% 이상이다.
ㄷ. 학급의 체육점수 산술평균은 전체 학생이 받은 체육점수 중 최고점과 최저점을 제외하고 구한 산술평균과 다르다.
ㄹ. 학급에서 가장 많은 학생이 받은 체육점수는 5점이다.

① ㄱ   ② ㄴ
③ ㄱ, ㄹ   ④ ㄴ, ㄷ
⑤ ㄱ, ㄷ, ㄹ

|정답| ③

|해설| 위의 문제를 풀이할 때 도수분포표의 가평균 계산법을 알았다면 5점을 중심으로 학생 수가 대칭이 되면서 똑같은 값을 가지고 있다는 것을 알 수 있다. 따라서 본 문제는 5점을 중심으로 도수분포 값이 모두 상쇄되어 5점이 평균이 된다.

ㄱ. (○) 그래프를 그리면 5점을 기준으로 거의 좌우대칭이 되는 모습이므로 5점이 중앙에 있다는 것을 알 수 있다.

ㄴ. (×) 4점 10명, 5점 23명, 6점 10명이니까 합하면 43명이다. $\frac{43}{55} \times 100(\%) \fallingdotseq 78.18(\%)$이다.

여기서 쉽게 분자, 분모에 각각 2를 곱하면 $\frac{86}{110}$이니까 일단 86보다는 작다는 것을 알 수 있다.

ㄷ. (×) 평균적으로 5점이 나오는데, 최댓값이 9점이고 최솟값이 1이기 때문에, 이들의 점수의 합은 10점이고 2명이니까 평균 5점은 그대로 유지된다. 표를 보면 좌우대칭이라는 것을 알 수 있다. 따라서 좌우대칭을 비교하면 점수가 마주하고 있다.
가평균으로 5를 산정한다.

점수(점)	1	2	3	4	5	6	7	8	9	10
학생 수(명)	1	0	5	10	23	10	5	0	1	0
가평균과 차	−4	−3	−2	−1	0	+1	+2	+3	+4	+5

총합은 0이다. 그러므로 평균은 5이다.

점수(점)	1	2	3	4	5	6	7	8	9	10
학생 수(명)	0	0	5	10	23	10	5	0	0	0
가평균과 차	−4	−3	−2	−1	0	+1	+2	+3	+4	+5

양쪽 값의 가평균 차가 0으로 같고 학생 수도 같이 줄었기 때문에 평균은 0이다.
ㄹ. (○) 최빈값이라 하는데, 가장 많은 빈도의 표본이 나온 값이다. 23명이 기록한 5점이다.

예제 5 다음 표는 쥐 A ~ E의 에탄올 주입량별 렘(REM)수면시간을 측정한 결과이다. 이에 대한 〈보기〉의 설명 중 옳은 것만을 모두 고르면?

에탄올 주입량별 쥐의 렘수면시간

(단위 : 분)

에탄올 주입량(g) \ 쥐	A	B	C	D	E
0.0	88	73	91	68	75
1.0	64	54	70	50	72
2.0	45	60	40	56	39
4.0	31	40	46	24	24

┌ 보기 ┐
ㄱ. 에탄올 주입량이 0.0 g일 때 쥐 A ~ E 렘수면시간 평균은 에탄올 주입량이 4.0 g일 때 쥐 A ~ E 렘수면시간 평균의 2배 이상이다.
ㄴ. 에탄올 주입량이 2.0 g일 때 쥐 B와 쥐 E의 렘수면시간 차이는 20분 이하이다.
ㄷ. 에탄올 주입량이 0.0 g일 때와 에탄올 주입량이 1.0 g일 때의 렘수면시간 차이가 가장 큰 쥐는 A이다.
ㄹ. 쥐 A ~ E는 각각 에탄올 주입량이 많을수록 렘수면시간이 감소한다.

① ㄱ, ㄴ   ② ㄱ, ㄷ
③ ㄴ, ㄷ   ④ ㄴ, ㄹ
⑤ ㄷ, ㄹ

| 정답 | ②

| 해설 | ㄱ. (○) 0.0g일 때 평균은 $\dfrac{88+73+91+68+75}{5}=79$, 4.0g일 때 평균은 $\dfrac{31+40+46+24+24}{5}=33$으로 두 배 이상 차이가 난다.

일반적으로 이렇게 계산을 하지만 이것을 가평균을 이용하여 풀이하면, 0.0g일 때 80으로, 4.0g일 때 30으로 가평균을 설정해보자.

	A	B	C	D	E	가평균
0.0g일 때	8	−7	+11	−12	−5	$\dfrac{-5}{5}=-1$(점) $80-1=79$
4.0g일 때	1	10	+16	−6	−6	$27-12=15$ $\dfrac{15}{5}=3$ $30+3=33$

ㄴ. (×) 2.0g일 때, B는 60분이고 E는 39g이다. 21분 차이가 난다.
ㄷ. (○) A는 88 − 64 = 24(g), B는 73 − 54 = 19(g), C는 91 − 70 = 21(g), D는 68 − 50 = 18(g), E는 75 − 72 = 3(g)이다.
ㄹ. (×) D의 경우 1.0일 때 50g이었는데, 2.0g일 때 56g으로 오히려 늘어났다.

예제 6 다음 표는 수면제 A ~ D를 사용한 불면증 환자 '갑' ~ '무'의 숙면시간을 측정한 결과이다. 이에 대한 〈보기〉의 설명 중 옳은 것만을 모두 고르면?

수면제별 숙면시간

(단위 : 시간)

수면제＼환자	갑	을	병	정	무	평균
A	5.0	4.0	6.0	5.0	5.0	5.0
B	4.0	4.0	5.0	5.0	6.0	4.8
C	6.0	5.0	4.0	7.0	( )	5.6
D	6.0	4.0	5.0	5.0	6.0	( )

보기
ㄱ. 평균 숙면시간이 긴 수면제부터 순서대로 나열하면 C, D, A, B 순이다.
ㄴ. 환자 '을'과 환자 '무'의 숙면시간 차이는 수면제 C가 수면제 B보다 크다.
ㄷ. 수면제 B와 수면제 D의 숙면시간 차이가 가장 큰 환자는 '갑'이다.
ㄹ. 수면제 C의 평균 숙면시간보다 수면제 C의 숙면시간이 긴 환자는 2명이다.

① ㄱ, ㄴ　　　　　　　　② ㄱ, ㄷ
③ ㄴ, ㄹ　　　　　　　　④ ㄱ, ㄴ, ㄷ
⑤ ㄴ, ㄷ, ㄹ

|정답| ②

|해설|

수면제＼환자	갑	을	병	정	무	평균
C	6.0	5.0	4.0	7.0	(6.0)	5.6
가평균 5	+1	0	−1	+2	+1	$+0.6 \times 5 = 3$
D	6.0	4.0	5.0	5.0	6.0	( )
가평균 5	1	−1	0	0	1	$\frac{1}{5} = 0.2$　$5 + 0.2 = 5.2$

C에서 평균을 5로 잡고 평균값에서 0.6이 남게 되므로 $0.6 \times 5 = 3$(점)이고 갑 ~ 무까지 가평균 차감값의 합이 3이 되어야 한다. C의 무는 가평균 대비 1점이 높아야 하므로 6점이 된다.

ㄱ. (○) $D = \frac{6+4+5+5+6}{5} = 5.2$이다. 따라서 C, D, B, A 순이 맞고 ③과 ⑤를 소거한다.

ㄴ. (×) C의 빈칸에 들어갈 값을 알아야 한다. 평균 $5.6 \times 5 = 28$, $C = 6 + 5 + 4 + 7 + ( ) = 28$이므로 ( ) = 6이다. 따라서 을 B4, 무 B6, 을 C5, 무 C6이므로 C가 B보다 차이가 더 작고 ①과 ④를 소거한다.

ㄷ. (○) 환자별로 수면제 B와 D의 숙면시간 차이만 비교하면 된다. 갑이 2시간으로 가장 차이가 크다. 나머지 환자는 차이가 0이다.

ㄹ. (×) 평균 5.6, 갑 6, 정 5, 무 6으로 3명이다.

04 최소교집합 활용 풀이법

예제 1 A부서 100명의 직원 중 남자는 60명, 여자는 40명이다. 한편 A부서 100명의 직원 중 아메리카노를 좋아하는 사람은 80명 싫어하는 사람은 20명이다. 이때 A부서 남자 직원 중 아메리카노를 좋아하는 사람은 40명 이상이다. (○, ×)

|정답| ○

|해설| 여자 전체가 아메리카노를 좋아하는 사람이라고 가정하면 80명 중 40명이 된다. 그럼 나머지 40명은 남자 중에서 아메리카노를 좋아해야 하기 때문에 40명 이상이 된다는 것은 맞는 설명이다.

"남자이면서" "아메리카노를 좋아하는 사람"을 중복으로 해서 더하게 되면 총 140명이 되고 전체 인원 100명에서 차감을 하면 40명이 되는 것을 알 수 있다. 즉 남자 + 아메리카노 − 전체 = "00명 이상"이 된다.

이것을 공식으로 표시하면 A+B−N > 40이다.

선지에서 "~적어도 / 00명이 있다 /~~최소 00명 이상이다"라는 문구를 보고 최소 교집합 문제라는 것을 알아야 한다.

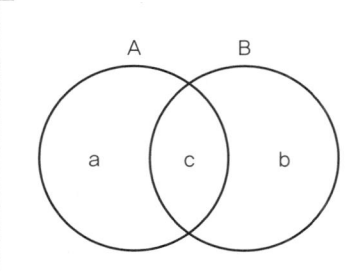

$$A = a + c$$
$$B = c + b$$
$$A + B = a + c + b + c$$
$$N = a + b + c$$
$$A + B - N = c \text{ (N은 전체)}$$
$$= A - B^c \text{ (}B^c\text{는 B의 여집합)}$$
$$= B - A^c \text{ (}A^c\text{는 A의 여집합)}$$

예제 2 다음 표는 임진왜란 전기·후기 전투 횟수에 관한 자료이다. 이에 대한 설명으로 옳지 않은 것은?

임진왜란 전기·후기 전투 횟수

(단위: 회)

구분 \ 시기		전기		후기		합계
		1592년	1593년	1597년	1598년	
전체 전투		70	17	10	8	105
공격 주체	조선 측 공격	43	15	2	8	68
	일본 측 공격	27	2	8	0	37
전투 결과	조선 측 승리	40	14	5	6	65
	일본 측 승리	30	3	5	2	40
조선의 전투인력 구성	관군 단독전	19	8	5	6	38
	의병 단독전	9	1	0	0	10
	관군·의병 연합전	42	8	5	2	57

① 전체 전투 대비 일본 측 공격 비율은 임진왜란 전기에 비해 임진왜란 후기가 낮다.

② 조선 측 공격이 일본 측 공격보다 많았던 해에는 항상 조선 측 승리가 일본 측 승리보다 많았다.

③ 전체 전투 대비 관군 단독전 비율은 1598년이 1592년의 2배 이상이다.

④ 1592년 조선이 관군·의병 연합전으로 거둔 승리는 그 해 조선 측 승리의 30% 이상이다.

⑤ 1598년에는 관군 단독전 중 조선 측 승리인 경우가 있다.

|정답| ①

|해설| ④ (○) 선지를 해석하면 "조선이 관군·의병 연합전으로 거둔 승리가 42건인데 이 승리가 모두 일본 측 승리(30건)라고 해도 적어도 그 해 조선 측 승리는 12건 이상이 된다"는 것을 물어본 문제이다. 최소교집합 문제의 경우 지문의 내용을 찾아서 "A + B − N" 이 식에 대입하여 풀이를 한다.

1592년 조선이 관군·의병 연합전으로 거둔 승리 = 42, 1592년 조선 측 승리 = 40, 전체 전투 = 70이므로

42(조선이 관군·의병 연합전으로 거둔 승리) + 40(조선측 승리) − 70(전체) = 12건이고, 적어도 12건 이상이므로

$\dfrac{12}{40}$ = 30% 이상이 된다.

⑤ (○) 1598년에는 관군 단독전 = 6건, 1598년에는 조선 측 승리 = 6건, 전체 전투 = 8건이므로

6 + 6 − 8 = 4 > 0이 성립된다.

① (×) 전기($\dfrac{29}{87}$) < 후기($\dfrac{8}{18}$)에서 $\dfrac{8}{18}$의 분모, 분자를 4배로 키워서 $\dfrac{32}{72}$로 만들면 후기가 더 높은 것을 알 수 있다.

② (○) 표의 수치를 단순비교하면 알 수 있는 내용이다.

③ (○) 1598년($\dfrac{6}{8} \rightarrow \dfrac{3}{4} \rightarrow \dfrac{45}{60}$)이 1592년($\dfrac{19}{70}$)의 두 배 이상이다.

(예제 3) 다음 표는 A, B 기업의 경력사원채용 지원자 특성에 관한 자료이다. 이에 대한 〈보기〉의 설명 중 옳은 것만을 모두 고르면?

경력사원채용 지원자 특성

(단위 : 명)

지원자 특성	기업	A 기업	B 기업
성별	남성	53	57
	여성	21	24
최종학력	학사	16	18
	석사	19	21
	박사	39	42
연령대	30대	26	27
	40대	25	26
	50대 이상	23	28
관련 업무 경력	5년 미만	12	18
	5년 이상 ~ 10년 미만	9	12
	10년 이상 ~ 15년 미만	18	17
	15년 이상 ~ 20년 미만	16	9
	20년 이상	19	25

※ A기업과 B기업에 모두 지원한 인원은 없음

┌─ 보기 ─
ㄱ. A기업 지원자 중, 남성 지원자의 비율은 관련 업무 경력이 10년 이상인 지원자의 비율보다 높다.
ㄴ. 최종학력이 석사 또는 박사인 B기업 지원자 중 관련 업무 경력이 20년 이상인 지원자는 7명 이상이다.
ㄷ. 기업별 여성 지원자의 비율은 A기업이 B기업보다 높다.
ㄹ. A, B 기업 전체 지원자 중 40대 지원자의 비율은 35% 미만이다.

① ㄱ, ㄴ
② ㄱ, ㄷ
③ ㄴ, ㄷ
④ ㄴ, ㄹ
⑤ ㄷ, ㄹ

|정답| ④
|해설| ㄴ. (○) 최소교집합 활용 문제이다.
최종학력이 석사 또는 박사인 B기업 지원자는 21 + 42 = 63(명)이고 경력이 20년 이상인 지원자는 25명이다. 이때, 전체는 81명이므로 63 + 25 - 81 = 7(명)으로 7명 이상이 된다.
다른 방식으로는 경력이 20년 이상인 지원자 중에서 최종학력이 석사 또는 박사인 지원자가 아닌 경우를 차감해도 같은 숫자가 나온다. (A - B^C 식을 이용한 것이다.) 따라서 25 - 18 = 7(명)이다.
또는 최종학력이 석사 또는 박사인 B기업 지원자 중에서 경력이 20년 이상인 지원자가 아닌 경우를 차감해도 같은 값이 나온다. (B - A^C 식을 이용한 것이다.) 따라서 63 - 56 = 7(명)이다.
ㄱ. (×) A기업 여성이 21명, 관련 업무 경력 10년 미만의 합이 12+9 = 21(명)으로 같다. 따라서 남성 수와 경력 10년 이상 수가 서로 같고 비율도 서로 같음을 알 수 있다.
ㄷ. (×) A$\left(\dfrac{21}{74}\right)$와 B$\left(\dfrac{24}{81}\right)$를 비교하면 된다. 분모분자차이법(24 - 21 = 3, 81 - 74 = 7, $\dfrac{3}{7}$과 $\dfrac{21}{74}$을 비교)으로 $\dfrac{24}{81}$이 더 크다는 것을 알 수 있다.
ㄹ. (○) 53 + 57 + 21 + 24 = 155, 25 + 26 = 51, $\dfrac{51}{155}$은 약 32.9%이다. 따라서 35% 미만이다.

(예제 4) 다음 표는 조선시대 태조 ~ 선조 대 동안 과거 급제자 및 '출신신분이 낮은 급제자' 중 '본관이 없는 자', '3품 이상 오른 자'에 대한 자료이다. 이에 대한 〈보기〉의 설명 중 옳은 것만을 모두 고르면?

조선시대 과거 급제자

(단위 : 명)

왕 대	전체 급제자	출신신분이 낮은 급제자		
			본관이 없는 자	3품 이상 오른 자
태조 · 정종	101	40	28	13
태종	266	133	75	33
세종	463	155	99	40
문종 · 단종	179	62	35	16
세조	309	94	53	23
예종 · 성종	478	106	71	33
연산군	251	43	21	13
중종	900	188	39	69
인종 · 명종	470	93	10	26
선조	1,112	186	11	40

※ 급제자는 1회만 급제한 것으로 가정함

┌ 보기 ┐
ㄱ. 태조 · 정종 대에 '출신신분이 낮은 급제자' 중 '본관이 없는 자'의 비율은 70%이지만, 선조 대에는 그 비율이 10% 미만이다.
ㄴ. 태조 · 정종 대의 '출신신분이 낮은 급제자' 가운데 '본관이 없는 자'이면서 '3품 이상 오른 자'는 한 명 이상이다.
ㄷ. '전체 급제자'가 가장 많은 왕 대에 '출신신분이 낮은 급제자'도 가장 많다.
ㄹ. 중종 대의 '전체 급제자' 중에서 '출신신분이 낮은 급제자'가 차지하는 비율은 20% 미만이다.

① ㄱ, ㄴ
② ㄱ, ㄷ
③ ㄴ, ㄷ
④ ㄱ, ㄴ, ㄹ
⑤ ㄴ, ㄷ, ㄹ

|정답| ①

|해설| 선지 ㄴ이 최소교집합이다.
"태조 · 정종 대의 '출신신분이 낮은 급제자' 가운데 '본관이 없는 자'이면서 '3품 이상 오른 자'는 한 명 이상이다."
공식(A + B − N = C)에 대입하면 '본관이 없는 자'는 28(명), '3품 이상 오른 자'는 13(명), 전체는 40(명)이다.
따라서 28 + 13 − 40 = 1(명)으로 1명 이상이 존재한다.

ㄱ. (○) $\frac{28}{40} = \frac{7}{10}$ 은 70%, $\frac{11}{186}$ 은 10% 미만으로 옳은 설명이므로 ③과 ⑤를 소거한다.

ㄴ. (○) 40명 중에서 본관 있는 자 40 − 28 = 12(명)이 모두 3품 이상 올랐어도 본관 없는 자 중에서 최소한 1명은 3품 이상에 올라야 3품 이상 오른 자가 13명이 될 수 있다. 이때, ②를 소거한다.

ㄷ. (×) 전체 급제자가 가장 많은 왕 대는 선조 1,112명, 출신신분이 낮은 급제자가 가장 많은 왕 대는 중종 188명이다.

ㄹ. (×) $\frac{188}{900}$ 의 계산은 188 × 5 = 940(명)이므로 20%를 넘는다는 것을 알 수 있다.

예제 5 다음 표는 A회사의 연도별 임직원 현황에 관한 자료이다.

A회사의 연도별 임직원 현황

(단위 : 명)

구분	연도	2013	2014	2015
국적	한국	9,566	10,197	9,070
	중국	2,636	3,748	4,853
	일본	1,615	2,353	2,749
	대만	1,333	1,585	2,032
	기타	97	115	153
	계	15,247	17,998	18,857
고용형태	정규직	14,173	16,007	17,341
	비정규직	1,074	1,991	1,516
	계	15,247	17,998	18,857
연령	20대 이하	8,914	8,933	10,947
	30대	5,181	7,113	6,210
	40대 이상	1,152	1,952	1,700
	계	15,247	17,998	18,857
직급	사원	12,365	14,800	15,504
	간부	2,801	3,109	3,255
	임원	81	89	98
	계	15,247	17,998	18,857

국적이 한국이면서 고용형태가 정규직이고 직급이 사원인 임직원은 2014년에 5,000명 이상이다.
(○, ×)

·····

|정답| ○

|해설| 본 선지는 2중 최소교집합을 이용해야 한다. A + B − N으로 계산이 되는 공식을 두 번 이용해야 한다는 점이 다르다. 경우의 수가 3개이므로 A + B + C − 2N으로 계산해야 한다.
즉 한국인 10,197 + 정규직 16,007 + 임원 14,800 − (전체 17,998 × 2) = 5,008으로 계산을 해야 한다. 따라서 한국인 중에서 정규직, 사원은 5,000명 이상이다.

05 "~당·~대비·~중" 유형 풀이법

"A당 B", "A 대비 B", "A 중 B"와 같은 문제에서 A는 분모이고, B는 분자이다. 문제 내에서 기계적으로 대입을 해서 분모와 분자를 빨리 찾아 선지 풀이를 해야 한다.

예제 1 다음은 전산장비(A ~ F) 연간유지비와 전산장비 가격 대비 연간유지비 비율을 나타낸 자료이다. 이에 대한 설명으로 옳은 것은?

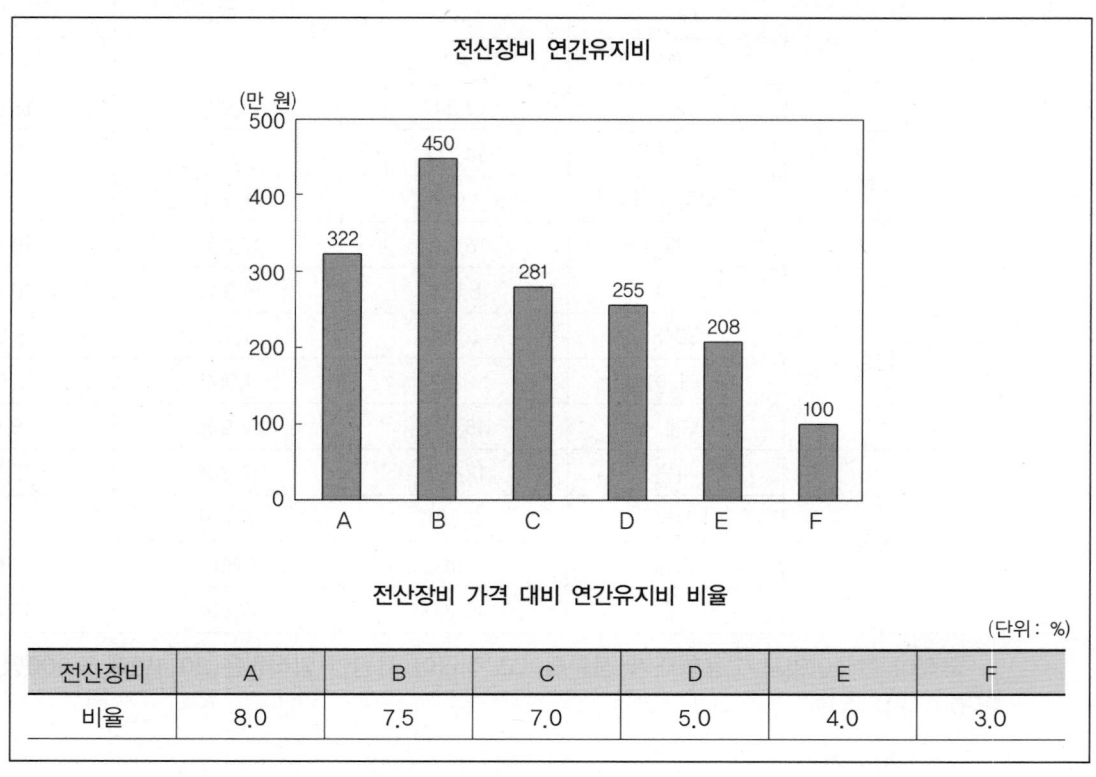

전산장비 가격 대비 연간유지비 비율

(단위 : %)

전산장비	A	B	C	D	E	F
비율	8.0	7.5	7.0	5.0	4.0	3.0

① B의 연간유지비가 D의 연간유지비의 2배 이상이다.
② 가격이 가장 높은 전산장비는 A이다.
③ 가격이 가장 낮은 전산장비는 F이다.
④ C의 가격은 E의 가격보다 높다.
⑤ A를 제외한 전산장비는 가격이 높을수록 연간유지비도 더 높다.

|정답| ③

|해설| 주어진 표를 통해 아래와 같이 식을 도출할 수 있다.

"전산장비 가격" 대비	분모	$\dfrac{\text{연간유지비}}{\text{전산장비 가격}} = \text{비율}$
"연간유지비"	분자	연간유지비 = 비율 × 전산장비 가격 $\text{전산장비 가격} = \dfrac{\text{연간유지비}}{\text{비율}}$

이러한 공식이 도출되었다면 전산장비 가격은 아래와 같이 계산된다.

전산장비	A	B	C	D	E	F
전산장비 가격	$\dfrac{322}{8.0} = 40.x$	$\dfrac{450}{7.5}$ 분자, 분모에 2를 곱하면 $\dfrac{900}{15} = 60$	$\dfrac{281}{7.0} = 40.x$	$\dfrac{255}{5.0} = 51$	$\dfrac{208}{4.0} = 52$	$\dfrac{100}{3.0} = 33.3$

따라서 F가 가장 싸고 B가 가장 비싸다.

① (×) B의 연간유지비는 450이고 D의 연간유지비는 255라 1.76배 정도다.

② (×) 전산장비 가격 대비 연간 유지비 비율과 전산장비 연간 유지비를 알고 있으니 결국, 전산장비 가격은 $\dfrac{\text{연간유지비}}{\text{연간유지비 비율}}$ 가 된다. A의 경우 $\dfrac{322}{8.0}$ 이지만, B의 경우 $\dfrac{450}{7.5}$ 으로 A보다 훨씬 높다.

④ (×) C의 가격은 $\dfrac{281}{7}$ 이고, E의 가격은 $\dfrac{208}{4}$ 이므로 E가 높다.

⑤ (×) ④의 경우만 봐도 그렇지 않다.

(예제 2) 다음 표는 지역별 건축 및 대체에너지 설비투자 현황에 관한 자료이다. 이에 대한 〈보기〉의 설명 중 옳은 것을 모두 고르면?

지역별 건축 및 대체에너지 설비투자 현황

(단위: 건, 억 원, %)

지역	건축 건수	건축 공사비 (A)	대체에너지 설비투자액				대체에너지 설비투자 비율 $(\frac{B}{A}) \times 100$
			태양열	태양광	지열	합(B)	
가	12	8,409	27	140	336	503	5.98
나	14	12,851	23	265	390	678	( )
다	15	10,127	15	300	210	525	( )
라	17	11,000	20	300	280	600	5.45
마	21	20,100	30	600	450	1,080	( )

※ 건축공사비 내에 대체에너지 설비투자액은 포함되지 않음

┌ 보기 ┐

ㄱ. 건축 건수 1건당 건축공사비가 가장 많은 곳은 '나' 지역이다.
ㄴ. '가'~'마' 지역의 대체에너지 설비투자 비율은 각각 5% 이상이다.
ㄷ. '라' 지역에서 태양광 설비투자액이 210억 원으로 줄어도 대체에너지 설비투자 비율은 5% 이상이다.
ㄹ. 대체에너지 설비투자액 중 태양광 설비투자액 비율이 가장 높은 지역은 대체에너지 설비투자 비율이 가장 낮다.

① ㄱ, ㄴ
② ㄱ, ㄷ
③ ㄴ, ㄷ
④ ㄴ, ㄹ
⑤ ㄷ, ㄹ

|정답| ④

|해설| ㄱ을 보고 분모와 분자를 빨리 찾아서 비교에 들어간다.

"건축 건수" 1건당	분모
"건축공사비"	분자

지역	건축 건수 1건당 건축공사비
가	$\frac{8,409}{12} = 700.75$
나	$\frac{12,851}{14} = 917.92$
다	$\frac{10,127}{15} = 675.13$
라	$\frac{11,000}{17} = 647.05$
마	$\frac{20,100}{21} = 957.14$

ㄱ. (×) 건축 건수 1건당 건축공사비는 '가' 지역은 $\dfrac{8,409}{12}=700.75$, '나' 지역은 $\dfrac{12,851}{14}=918$, '다' 지역은 $\dfrac{10,127}{15}=675$, '라' 지역은 $\dfrac{11,000}{17}=647$, '마' 지역은 $\dfrac{20,100}{21}=957$이므로 가장 많은 곳은 '마' 지역이다.

ㄴ. (○) '나', '다', '마' 지역만 확인하면 된다.

대체에너지 설비투자 비율은 $\dfrac{B}{A}\times100$이므로 '나' 지역은 $\dfrac{67,800}{12,851}=5.28$, '다' 지역은 $\dfrac{52,500}{10,127}=5.18$, '마' 지역은 $\dfrac{108,000}{20,100}=5.37$이 되어 모든 지역에서 5% 이상을 보인다.

ㄷ. (×) '라' 지역에서 태양광 설비투자액이 210억 원으로 줄어들 경우 대체에너지 설비투자액의 합은 510억 원으로 줄게 되고, 대체에너지 설비투자 비율($\dfrac{B}{A}\times100$)은 약 4.64가 되어 5% 미만이 된다.

ㄹ. (○) 대체에너지 설비투자액 중 태양광 설비투자액의 비율이 가장 높은 지역은 '다' 지역으로 약 57%의 비율을 보이는데, 이 지역은 대체에너지 설비투자 비율이 약 5.18(%)로 가장 낮다.

대체에너지 설비투자액	분모
태양광 설비투자액	분자

지역	비중
가	$\dfrac{140}{503}\times100 \fallingdotseq 28\%$
나	$\dfrac{265}{678}\fallingdotseq 39\%$
다	$\dfrac{300}{525}\fallingdotseq 57\%$
라	$\dfrac{300}{600}=50\%$
마	$\dfrac{600}{1,080}\fallingdotseq 56\%$

예제 3 다음 표는 2005 ~ 2010년 6개 국가(A ~ F)의 R&D 투자현황에 대한 자료이다. 다음 〈조건〉을 근거로 하여 B와 C에 해당하는 국가를 바르게 나열한 것은?

국가별 R&D 투자액 및 GDP 대비 R&D 투자액 비중

(단위 : 십억 달러, %)

국가＼연도	2005	2006	2007	2008	2009	2010
A	71.1 (1.32)	83.9 (1.39)	96.4 (1.40)	111.2 (1.47)	140.6 (1.70)	160.5 (1.76)
B	39.8 (2.11)	40.2 (2.11)	40.6 (2.08)	41.4 (2.12)	42.9 (2.27)	43.0 (2.24)
C	64.3 (2.51)	67.6 (2.54)	69.6 (2.53)	74.7 (2.69)	74.4 (2.82)	76.9 (2.80)
D	128.7 (3.31)	134.8 (3.41)	139.9 (3.46)	138.7 (3.47)	126.9 (3.36)	128.6 (3.26)
E	34.1 (1.72)	35.4 (1.74)	37.4 (1.77)	37.2 (1.78)	37.0 (1.84)	36.7 (1.80)
F	325.9 (2.59)	342.3 (2.65)	357.8 (2.72)	374.2 (2.86)	368.3 (2.91)	368.9 (2.83)

※ (   ) 안의 수치는 국가별 GDP에서 R&D 투자액이 차지하는 비중을 나타냄

투자재원별 R&D 투자액 비중

(단위 : %)

국가	투자재원	2005	2006	2007	2008	2009	2010
A	정부	26.3	24.7	24.6	23.6	23.4	24.0
A	민간	67.0	69.1	70.4	71.7	71.7	71.7
A	기타	6.7	6.2	5.0	4.7	4.9	4.3
B	정부	38.6	38.5	38.1	38.9	38.7	37.0
B	민간	51.9	52.3	52.3	50.8	52.3	53.5
B	기타	9.5	9.2	9.6	10.3	9.0	9.5
C	정부	28.4	27.5	27.5	28.4	29.8	30.3
C	민간	67.6	68.3	68.1	67.3	66.1	65.6
C	기타	4.0	4.2	4.4	4.3	4.1	4.1
D	정부	16.8	16.2	15.6	15.6	17.7	17.2
D	민간	76.1	77.1	77.7	78.2	75.3	75.9
D	기타	7.1	6.7	6.7	6.2	7.0	6.9
E	정부	32.7	31.9	30.9	30.7	32.6	32.3
E	민간	42.1	45.2	46.0	45.4	44.5	44.0
E	기타	25.2	22.9	23.1	23.9	22.9	23.7
F	정부	29.8	29.9	29.1	30.2	32.5	32.5
F	민간	63.7	64.3	64.9	63.7	61.0	61.0
F	기타	6.5	5.8	6.0	6.1	6.5	6.5

> **조건**
>
> - 2005년 정부재원에 의한 R&D 투자액 상위 2개 국가는 '무'와 '정'이다.
> - R&D 투자액이 매년 증가한 국가는 '갑'과 '을'이다.
> - 2010년 민간재원에 의한 R&D 투자액 하위 2개 국가는 '을'과 '기'이다.
> - 2007년 이후 R&D 투자액 중 민간투자 비중이 매년 감소한 국가는 '병'과 '기'이다.
> - 2010년 GDP 상위 2개 국가는 '갑'과 '무'이다.

	B	C
①	갑	병
②	갑	무
③	을	병
④	을	기
⑤	병	기

|정답| ③

|해설| 다섯 번째 조건을 먼저 확인한다.

"국가별 R&D 투자액 및 GDP 대비 R&D 투자액 비중" 표를 보면 A와 F가 '갑'과 '무'임을 알 수 있다. 따라서 ①과 ②는 소거한다.

세 번째 조건의 경우 "투자재원별 R&D 투자액 비중" 표를 보면 B와 E가 '을'과 '기'임을 알 수 있다. 따라서 ④와 ⑤는 정답이 아니므로 옳은 것은 ③이다.

예제4 다음 표는 '갑'국의 2008 ~ 2013년 연도별 산업 신기술검증 현황에 대한 자료이다. 이에 대한 설명으로 옳은 것은?

산업 신기술검증 연간건수 및 연간비용

(단위: 건, 천만 원)

구분	연도	2008	2009	2010	2011	2012	2013
서류검증	건수	755	691	( )	767	725	812
	비용	54	( )	57	41	102	68
현장검증	건수	576	650	630	691	( )	760
	비용	824	1,074	1,091	( )	2,546	1,609
전체	건수	1,331	1,341	1,395	1,458	1,577	1,572
	비용	878	1,134	1,148	1,745	2,648	( )

※ 신기술검증은 서류검증과 현장검증으로만 구분됨

① 산업 신기술검증 전체비용은 매년 증가하였다.
② 서류검증 건수는 매년 현장검증 건수보다 많다.
③ 서류검증 건당 비용은 2008년에 가장 크다.
④ 전년에 비해 현장검증 비용이 감소한 연도는 2개이다.
⑤ 전년에 비해 현장검증 건수가 감소한 해에는 전년에 비해 서류검증 건수가 증가하였다.

|**정답**| ⑤
|**해설**| ③ (×)

서류검증 건당	분모
비용	분자

구분	연도	2008	2009	2010	2011	2012	2013
서류검증	건수 = 분모	755	691	(765)	767	725	812
	비용 = 분자	54	(60)	57	41	102	68
	비율	7.15%	8.68%	7.45%	5.35%	14.07%	8.37%

2012년이 가장 크다.
⑤ (○) 기본적으로 빈칸을 모두 채워야 풀 수 있는 문제이므로 출제자의 의도를 파악하고 ⑤부터 푼다.

구분	연도	2008	2009	2010	2011	2012	2013
서류검증	건수	755	691	(765)	767	725	812
	비용	54	(60)	57	41	102	68
현장검증	건수	576	650	630	691	(852)	760
	비용	824	1,074	1,091	(1,704)	2,546	1,609
전체	건수	1,331	1,341	1,395	1,458	1,577	1,572
	비용	878	1,134	1,148	1,745	2,648	(1,677)

전년에 비해 현장검증 건수가 감소한 해는 2010년과 2013년인데, 두 해 모두 서류검증 건수는 증가했다.
① (×) 2013년에는 감소한다.
② (×) 2012년에는 적다.
④ (×) 2013년 1개 밖에 없다.

예제 5 다음 표는 2001 ~ 2012년 '갑'국 식품산업 매출액 및 생산액 추이에 대한 자료이다. 이에 대한 〈보기〉의 설명 중 옳은 것만을 모두 고르면?

'갑'국 식품산업 매출액 및 생산액 추이

(단위 : 십억 원, %)

구분 연도	식품산업 매출액	식품산업 생산액	제조업 생산액 대비 식품산업 생산액 비중	GDP 대비 식품산업 생산액 비중
2001	30,781	27,685	17.98	4.25
2002	36,388	35,388	21.17	4.91
2003	23,909	21,046	11.96	2.74
2004	33,181	30,045	14.60	3.63
2005	33,335	29,579	13.84	3.42
2006	35,699	32,695	14.80	3.60
2007	37,366	33,148	13.89	3.40
2008	39,299	36,650	14.30	3.57
2009	44,441	40,408	15.16	3.79
2010	38,791	34,548	10.82	2.94
2011	44,448	40,318	11.58	3.26
2012	47,328	43,478	12.22	3.42

> **보기**
>
> ㄱ. 2012년 제조업 생산액은 2001년 제조업 생산액의 4배 이상이다.
> ㄴ. 2005년 이후 식품산업 매출액의 전년 대비 증가율이 가장 큰 해는 2009년이다.
> ㄷ. GDP 대비 제조업 생산액 비중은 2012년이 2007년보다 크다.
> ㄹ. 2008년 '갑'국 GDP는 1,000조 원 이상이다.

① ㄱ, ㄴ   ② ㄱ, ㄷ
③ ㄱ, ㄹ   ④ ㄴ, ㄹ
⑤ ㄷ, ㄹ

....

정답 ⑤

해설 식품산업 생산액을 A, 제조업 생산액 대비 식품산업 생산액 비중을 B, GDP 대비 식품산업 생산액 비중을 C라 해보자.

B의 역수를 취하면 $\dfrac{\text{제조업 생산액}}{\text{식품산업 생산액}} = \dfrac{1}{B}$ 가 되므로 $\dfrac{A}{B}$ = 제조업 생산액이 된다.

마찬가지로 $\dfrac{\text{식품산업 생산액(A)}}{\text{GDP 대비 식품산업 생산액 비중(C)}}$ = GDP가 된다.

공식을 직관적으로 도출해 내는 것이 중요하다.

ㄱ. (×) 2012년 제조업 생산액은 $\dfrac{A}{B}$ 이므로 $\dfrac{27,685}{17.98}$ = 1,539, 2001년 제조업 생산액은 $\dfrac{43,478}{12.22}$ = 3,557이다.
따라서 4배 이상이 아니다.

ㄷ. (○) $\dfrac{C}{B}$ 를 계산하면, 2007년은 $\dfrac{3.4}{13.89}$, 2012년은 $\dfrac{3.42}{12.22}$ 로 2012년이 분자는 크고 분모는 작다. 따라서 2012년이 크다.

ㄹ. (○) $\dfrac{A}{C} = \dfrac{36,650}{3.57}$ = 10,266이다. 따라서 1,000조 원이 넘는다.

예제 6) 다음 표는 2016 ~ 2018년 A국 10대 수출품목의 수출액에 관한 자료이다. 이에 대한 〈보기〉의 설명 중 옳은 것만을 모두 고르면?

A국 10대 수출품목의 수출액 비중과 품목별 세계수출시장 점유율(금액기준)

(단위 : %)

구분 연도 품목	A국의 전체 수출액에서 차지하는 비중			품목별 세계수출시장에서 A국의 점유율		
	2016	2017	2018	2016	2017	2018
백색가전	13.0	12.0	11.0	2.0	2.5	3.0
TV	14.0	14.0	13.0	10.0	20.0	25.0
반도체	10.0	10.0	15.0	30.0	33.0	34.0
휴대폰	16.0	15.0	13.0	17.0	16.0	13.0
2,000 cc 이하 승용차	8.0	7.0	8.0	2.0	2.0	2.3
2,000 cc 초과 승용차	6.0	6.0	5.0	0.8	0.7	0.8
자동차용 배터리	3.0	4.0	6.0	5.0	6.0	7.0
선박	5.0	4.0	3.0	1.0	1.0	1.0
항공기	1.0	2.0	3.0	0.1	0.1	0.1
전자부품	7.0	8.0	9.0	2.0	1.8	1.7
계	83.0	82.0	86.0	—	—	—

※ A국의 전체 수출액은 매년 변동 없음

A국 백색가전의 세부 품목별 수출액 비중

(단위 : %)

연도 세부 품목	2016	2017	2018
일반세탁기	13.0	10.0	8.0
드럼세탁기	18.0	18.0	18.0
일반냉장고	17.0	12.0	11.0
양문형냉장고	22.0	26.0	28.0
에어컨	23.0	25.0	26.0
공기청정기	7.0	9.0	9.0
계	100.0	100.0	100.0

보기

ㄱ. 2016년과 2018년 선박의 세계수출시장 규모는 같다.
ㄴ. 2017년과 2018년 A국의 전체 수출액에서 드럼세탁기가 차지하는 비중은 전년 대비 매년 감소한다.
ㄷ. 2017년과 2018년 A국의 10대 수출품목 모두 품목별 세계수출시장에서 A국의 점유율은 전년 대비 매년 증가한다.
ㄹ. 2018년 항공기 세계수출시장 규모는 A국 전체 수출액의 15배 이상이다.

① ㄱ, ㄴ   ② ㄱ, ㄷ
③ ㄴ, ㄷ   ④ ㄴ, ㄹ
⑤ ㄴ, ㄷ, ㄹ

| 정답 | ④

| 해설 | 자료를 해석해 보면

A국의 전체 수출액에서 차지하는 비중 = K	품목별 세계수출시장에서 A국의 점유율 = T
$\dfrac{\text{A국 해당 품목 수출액}}{\text{A국의 전체 수출액}}$	$\dfrac{\text{A국 해당 품목 수출액}}{\text{품목별 세계수출시장}}$

$$\frac{\text{A국 해당 품목 수출액}}{\text{A국의 전체 수출액}} \times \frac{\text{A국 해당 품목 수풀액}}{\text{품목별 세계수출시장}}$$

A국 전체 수출액은 매년 변동이 없으므로 A국의 전체 수출액은 고정 값이 된다. 따라서 A국의 전체 수출액을 1이라고 놓으면 $\dfrac{K}{T}$ = 품목별 세계수출시장이 된다.

ㄱ. (×) 여기에서 2016년은 $\dfrac{5.0}{1.0}$, 2018년은 $\dfrac{3.0}{1.0}$ 이므로 값이 서로 다르다.

ㄹ. (○) A국의 전체 수출액을 1이라고 놓으면 $\dfrac{K}{T}$ = 품목별 세계수출시장이므로 $\dfrac{3.0}{0.1}$ = 30배가 된다.

ㄴ. (○) A국 전체 수출액에서 백색가전이 차지하는 비중은 매년 감소하고, A국 백색가전에서 드럼세탁기의 비중은 18%로 일정하다. 따라서 A국 전체 수출액에서 드럼세탁기가 차지하는 비중은 매년 감소한다.

ㄷ. (×) 점유율이 전년 대비 매년 증가하지 않고 변화 없거나 감소하는 품목도 있다.

06 출제자의 의도를 파악하는 풀이법

출제자의 의도를 파악해서 풀이하는 문제란 무엇인가? 이는 자료해석 문제를 많이 풀어볼 때 생기는 센스로 문제 유형이나 주어진 식 또는 주석 등을 보고 출제자의 의도를 파악, 선지를 선택해서 풀이를 하는 것이다.
물론 이러한 센스가 100% 들어맞는 것은 아니지만 어느 정도 시간을 줄여주는 데 효과가 크다. 출제자의 의도를 파악해서 풀이하는 이러한 방법은 선지가 "①, ②, ③, ④, ⑤" 형태로 나와 있는 문제에서는 잘 통하지만 "ㄱ, ㄴ, ㄷ, ㄹ"로 출제되는 유형에는 활용도가 낮다.

예제 1 다음 표는 어느 노래의 3월 24~27일 음원차트별 순위에 대한 자료 중 일부가 지워진 것이다. 이에 대한 설명으로 옳은 것은?

음원차트별 순위

날짜	음원차트					평균 순위
	A	B	C	D	E	
3월 24일	□(↑)	6(↑)	□(↑)	4(↑)	2(↑)	4.2
3월 25일	6(↑)	2(↑)	2(−)	2(↑)	1(↑)	2.6
3월 26일	7(↓)	6(↓)	5(↓)	6(↓)	5(↓)	5.8
3월 27일	□(−)	□(↑)	□(□)	7(↓)	□(−)	6.0

※ 1) □는 지워진 자료를 의미하며, ( )안의 ↑는 전일 대비 순위 상승, ↓는 전일 대비 순위 하락, −는 전일과 순위가 동일함을 의미함
　 2) 순위의 숫자가 작을수록 순위가 높음을 의미함
　 3) 평균 순위 $= \dfrac{\text{5개 음원차트별 순위의 합}}{5}$

① 평균 순위가 가장 높았던 날은 5개 음원차트별 순위가 전일 대비 모두 상승하였다.
② 3월 24일 A 음원차트에서의 순위는 8위였다.
③ 5개 음원차트별 순위가 전일 대비 모두 하락한 날은 평균 순위가 가장 낮았다.
④ 3월 27일 C 음원차트에서는 순위가 전일 대비 하락하였다.
⑤ 평균 순위는 매일 하락하였다.

|정답| ④

|해설| 본 유형의 문제를 풀이하기 전에 일단 순위는 낮을수록 좋은 것이기 때문에 6등에서 2등으로 되었을 때 순위가 올라간 것(↑)을 이해해야 한다. 표를 보게 되면 빈칸이 주어져 있는데 빈칸을 어떻게 채울지 고민해 본다. 그런데 3월 27일을 보면 빈칸이 많이 보인다. 특히 3월 27일 C를 보면 빈칸이 2개이다.
즉 순위도 알아야 하고 순위 상승 하락 여부도 알아야 한다. 즉 두 가지를 계산해야 한다는 것은 적어도 A ~ E까지 값을 파악하지 못하면 C값은 계산이 되지 않는다는 것이다.
④ (○) 일단 이 선지를 먼저 풀이를 하는 것이 "출제자의 의도를 파악해서 풀이하는 센스"라고 할 수 있다. 본 문제는 추가적으로 가평균을 이용해서 계산을 하는 것이 필요하고. 24일 다음날이 25일이므로 (−) 표시는 전날과 동일하다. (−) 표시로 되어 있는 것들은 빨리 답을 찾아본다. 3월 27일의 A는 전일에 비해 유지가 되었기 때문에 7위다. 그리고 "ㅁ"는 5위 이상이다. 평균 순위가 6위인데, B를 최하 5위라고 가정해도 이미 C를 제외하면 6위가 된다. 그러니까 C가 6위가 되어야만 평균 순위가 6위가 나올 수 있다. 만약 표가 4위나 3위로 올라가면 C는 6위보다도 낮은 순위가 나와야 한다. 따라서 전날 대비 순위가 하락한 것은 사실이 된다.
① (×) 평균 순위가 가장 높았던 날은 3월 25일인데 C 같은 경우는 유지였다.
② (×) 3월 24일 C 같은 경우는 다음날과 순위가 같으므로 2위다. 그렇다면 A 외에는 다 알고, 평균 순위도 아니까 역산해서 구할 수 있다. $\dfrac{A+6+2+4+2}{5} = 4.2$이므로 A를 구해보면 7위가 나온다.
③ (×) 평균 순위가 가장 낮은 날은 3월 27일인데 B같은 경우 전일에 비해 오르기도 했다.
⑤ (×) 3월 25일에는 순위가 올랐다.

(예제 2) 다음 표는 2006 ~ 2011년 어느 나라 5개 프로 스포츠 종목의 연간 경기장 수용규모 및 관중수용률을 나타낸 것이다. 이에 대한 설명 중 옳은 것은?

프로 스포츠 종목의 연간 경기장 수용규모 및 관중수용률

(단위 : 천 명, %)

종목	구분 \ 연도	2006	2007	2008	2009	2010	2011
야구	수용규모	20,429	20,429	20,429	20,429	19,675	19,450
	관중수용률	30.6	41.7	53.3	56.6	58.0	65.7
축구	수용규모	40,255	40,574	40,574	37,865	36,952	33,314
	관중수용률	21.9	26.7	28.7	29.0	29.4	34.9
농구	수용규모	5,899	6,347	6,354	6,354	6,354	6,653
	관중수용률	65.0	62.8	66.2	65.2	60.9	59.5
핸드볼	수용규모	3,230	2,756	2,756	2,756	2,066	2,732
	관중수용률	26.9	23.5	48.2	43.8	34.1	52.9
배구	수용규모	5,129	5,129	5,089	4,843	4,409	4,598
	관중수용률	16.3	27.3	24.6	30.4	33.4	38.6

※ 관중수용률(%) = $\dfrac{연간\ 관중\ 수}{연간\ 경기장\ 수용규모} \times 100$

① 축구의 연간 관중 수는 매년 증가한다.
② 관중수용률은 농구가 야구보다 매년 높다.
③ 관중수용률이 매년 증가한 종목은 3개이다.
④ 2009년 연간 관중 수는 배구가 핸드볼보다 많다.
⑤ 2007 ~ 2011년 동안 연간 경기장 수용규모의 전년 대비 증감 방향은 농구와 핸드볼이 동일하다.

| 정답 | ④

| 해설 | 관중수용률(%) = $\dfrac{연간\ 관중\ 수}{연간\ 경기장\ 수용규모} \times 100$ 공식을 보자.

분모인 연간 경기장 수용규모와 관중수용률은 자료에 나와 있지만 연간 관중 수는 제시되어 있지 않다. 연간 관중 수는 "관중수용률(%) × 연간 경기장 수용규모"로 계산한다.

④ (○) 핸드볼 : 2,756 × 0.438 ≒ 1,207(명), 배구 : 4,843 × 0.304 ≒ 1,472(명)으로 배구가 핸드볼보다 많다.
① (×) 수용규모가 그대로 관중은 아니고, 거기에 관중수용률을 곱해야 실제 관중이 나온다. 그런데 2008년에 40,574명 중 28.7%의 관중을 동원했는데, 2009년에는 37,865명 중 29%니까 관중수용률은 거의 그대로지만, 총원이 줄어서 전체적으로 관객이 줄었음을 알 수 있다.
② (×) 2011년에는 야구가 65.7%인 반면, 농구는 59.5%로 농구의 수용률이 떨어졌다.
③ (×) 야구, 축구로 2종목이다.
⑤ (×) 2007년에서 2011년까지 농구와 핸드볼의 수용규모의 전년 대비 증감 방향은 동일하지 않다.

예제 3 다음은 어느 도시의 엥겔계수 및 슈바베계수 추이와 소비지출 현황을 나타낸 것이다. 빈칸 A ~ E에 들어갈 값으로 잘못 짝지어진 것은?

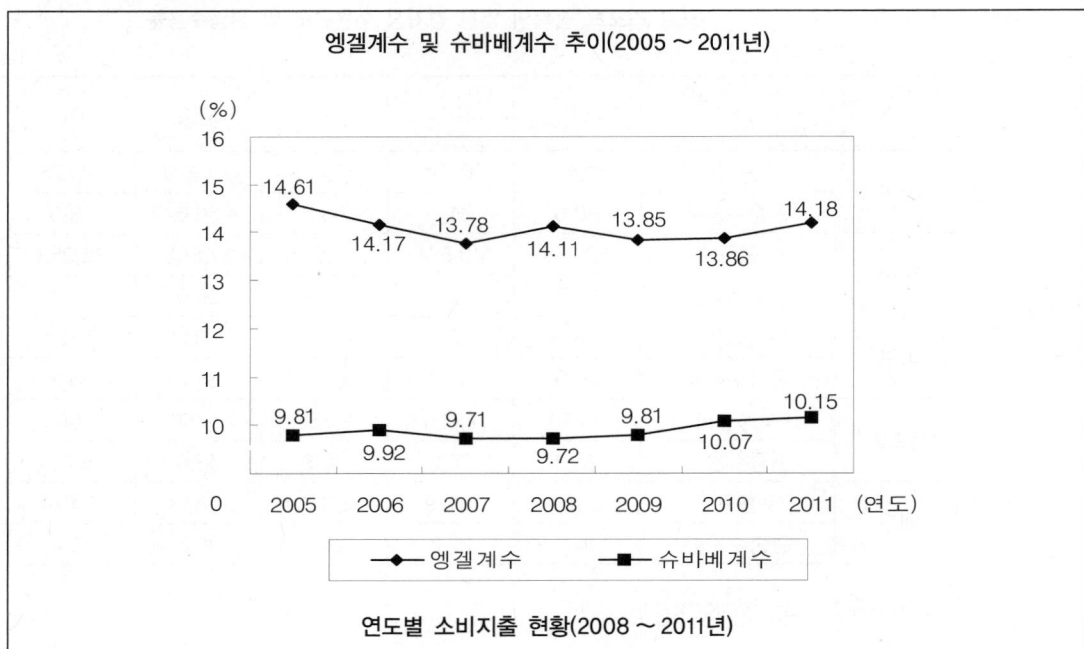

엥겔계수 및 슈바베계수 추이(2005 ~ 2011년)

연도별 소비지출 현황(2008 ~ 2011년)

(단위: 억 원, %p)

연도 \ 구분	총소비지출	식료품·비주류음료 소비지출	주거·수도·광열 소비지출	계수 차이
2008	100,000	(A)	9,720	4.39
2009	120,000	16,620	(B)	4.04
2010	150,000	20,790	15,105	(C)
2011	(D)	(E)	20,300	4.03

※ 1) 엥겔계수(%) = $\dfrac{\text{식료품·비주류음료 소비지출}}{\text{총소비지출}} \times 100$

　 2) 슈바베계수(%) = $\dfrac{\text{주거·수도·광열 소비지출}}{\text{총소비지출}} \times 100$

　 3) 계수 차이 = | 엥겔계수 − 슈바베계수 |

① A : 14,110　　　　　② B : 11,772　　　　　③ C : 3.79
④ D : 200,000　　　　⑤ E : 27,720

....

|정답| ⑤

|해설| 엥겔계수와 엔젤계수, 슈바베계수는 빈출 공식이기 때문에 암기를 해 놓는다. 본 문제의 접근도 유사한데, 2011년을 보면 빈칸이 2개인 것이 보인다. 그렇다면 D와 E를 계산해야 하는데 D 또는 E 값은 한 쪽 수치를 계산해야 나머지를 계산할 수 있다는 것을 알 수 있다. 공식을 보면 D를 계산해야 E를 구할 수 있다. 그렇다면 정답이 E일 가능성이 높다.

④ (○) D = $\dfrac{20,300}{10.15} \times 100 = 200,000$

⑤ (×) E = $\dfrac{14.18 \times 200,000}{100} = 28,360$

① (○) A = $\dfrac{14.11 \times 100,000}{100} = 14,110$

② (○) B = $\dfrac{9.81 \times 120,000}{100} = 11,772$

③ (○) C = 13.86 − 10.07 = 3.79

(예제 4) 다음은 2013년 '갑'국의 자동차 매출에 관한 자료이다. 이에 대한 설명으로 옳은 것은?

2013년 10월 월매출액 상위 10개 자동차의 매출 현황

(단위 : 억 원, %)

순위	자동차	월매출액	시장점유율	전월 대비 증가율
1	A	1,139	34.3	60
2	B	1,097	33.0	40
3	C	285	8.6	50
4	D	196	5.9	50
5	E	154	4.6	40
6	F	149	4.5	20
7	G	138	4.2	50
8	H	40	1.2	30
9	I	30	0.9	150
10	J	27	0.8	40

※ 시장점유율(%) = $\dfrac{\text{해당 자동차 월매출액}}{\text{전체 자동차 월매출 총액}} \times 100$

2013년 I 자동차 누적매출액

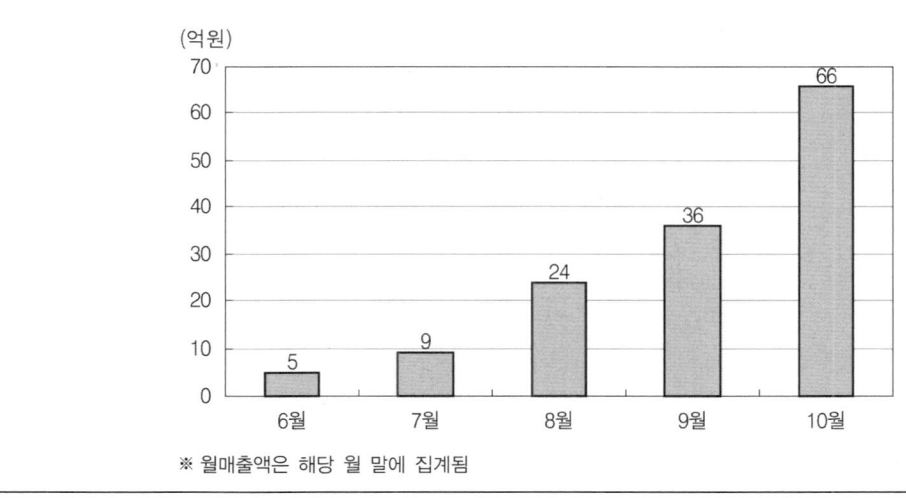

※ 월매출액은 해당 월 말에 집계됨

① 2013년 9월 C 자동차의 월매출액은 200억 원 이상이다.
② 2013년 10월 월매출액 상위 5개 자동차의 순위는 전월과 동일하다.
③ 2013년 6월부터 2013년 9월 중 I 자동차의 월매출액이 가장 큰 달은 9월이다.
④ 2013년 10월 월매출액 상위 5개 자동차의 10월 월매출액 기준 시장점유율은 80% 이하이다.
⑤ 2013년 10월 '갑'국의 전체 자동차 매출액 총액은 4,000억 원 이하이다.

|정답| ⑤

|해설| 공식을 정리하면 전체 자동차 월매출 총액 = $\dfrac{\text{해당 자동차 월매출액}}{\text{시장점유율}}$ 이다.

공식에서 시장점유율과 자동차 매출액은 표에 나와 있으나 전체 자동차 매출액은 나와 있지 않다. 공식을 통해서 도출해야 하는 값이다.

⑤ (○) 가장 편한 숫자인 H 자동차를 계산하면(어떤 숫자를 선택해도 무관함) $\dfrac{40}{0.012}$ ≒ 3.333(억 원)이 된다.

④ (×) 2013년 10월 월매출액 상위 5개 자동차의 월매출액 기준 시장점유율은 34.3 + 33.0 + 8.6 + 5.9 + 4.6 = 86.4(%)이다.

② (×) 9월의 증가율을 계산하면 A의 경우 $\dfrac{1,139}{1.6}$ 이고 B는 $\dfrac{1,097}{1.4}$ 이다. 여기서 분자, 분모를 비교하면 분자의 증가율은 3%(분자) 정도(1,097 → 1,139)인데 분모의 증가율 (1.4 → 1.6)은 15% 정도이다. 따라서 분모 증가율이 더 크므로 9월 달의 순위는 B가 1위, A가 2위가 되어 순위가 10월과 다르게 된다.

순위	자동차	월매출액			4월 월매출액
			시장점유율	전월 대비 증가율	
1	A	1,139	34.3	60	$= \dfrac{1,139}{1.6} = 711$
2	B	1,097	33.0	40	$= \dfrac{1,097}{1.4} = 783$
3	C	285	8.6	50	
4	D	196	5.9	50	
5	E	154	4.6	40	

예제 5 다음은 2017년 지역별 정보탐색에 관한 자료이다. 이에 대한 설명으로 옳은 것은?

지역별 인구수 및 정보탐색 시도율과 정보탐색 성공률

(단위 : 명, %)

지역 \ 성별 구분	인구수		정보탐색 시도율		정보탐색 성공률	
	남	여	남	여	남	여
A	5,800	4,200	35.0	39.0	90.1	91.6
B	1,000	800	28.0	30.0	92.9	95.8
C	2,500	3,000	15.0	25.0	88.0	92.0
D	4,000	3,500	37.0	40.0	91.2	92.9
E	4,800	3,200	42.0	45.0	87.3	84.7
F	6,000	6,500	20.0	33.0	81.7	93.2
G	1,200	900	35.0	28.0	95.2	95.2
H	1,400	1,600	16.0	13.0	89.3	91.3

※ 1) 정보탐색 시도율(%) $= \dfrac{\text{정보탐색 시도자수}}{\text{인구수}} \times 100$

2) 정보탐색 성공률(%) $= \dfrac{\text{정보탐색 성공자수}}{\text{정보탐색 시도자수}} \times 100$

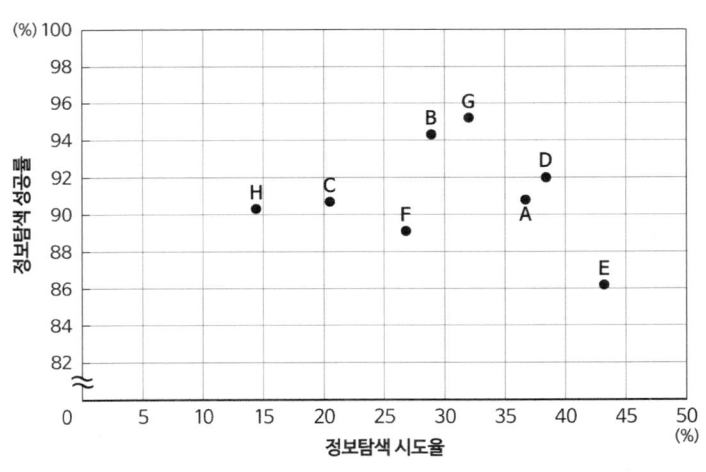

지역별 정보탐색 시도율과 정보탐색 성공률 분포

① 인구수 대비 정보탐색 성공자수의 비율은 B지역이 D지역보다 높다.
② 인구수 대비 정보탐색 성공자수의 비율이 가장 낮은 지역은 H지역이다.
③ 정보탐색 시도율이 높은 지역일수록 정보탐색 성공률도 높다.
④ 인구수가 가장 작은 지역과 남성 정보탐색 성공자수가 가장 작은 지역은 동일하다.
⑤ D지역의 여성 정보탐색 성공자수는 C지역의 여성 정보탐색 성공자수의 2배 이상이다.

|정답| ②

|해설| 공식이 2개가 있는 것을 알 수 있다.

$$\frac{정보탐색\ 시도자수}{인구수} \times \frac{정보탐색\ 성공자수}{정보탐색\ 시도자수} = \frac{정보탐색\ 성공자수}{인구수}\text{이다.}$$

이를 정리하면 정보탐색 시도율×정보탐색 성공률×인구수 = 정보탐색 성공자수이다.

이 공식을 도출하고 문제를 풀이한다.

② (○) 정보탐색 시도율(%) ×정보탐색 성공률(%)을 계산하면 된다. 이것은 아래 그래프의 X축 값과 Y축 값의 곱셈이다. 따라서 H는 시도율이 15 미만이고, 그 다음 C도 20이 넘는다. H는 성공률도 90으로 높은 편이 아니라 H가 인구수 대비 성공자수의 비율도 가장 작음을 눈대중만으로 알 수 있다.

X축 시도율은 15 ~ 45이고, Y축 성공률은 86 ~ 96이다.

① (×) 인구수 대비 정보탐색 성공자수의 비율은 $\frac{정보탐색\ 성공자수}{인구수} \times 100$이다.

이것도 그래프상에서 X축 값과 Y축 값의 곱셈을 계산하면 B = 94×30 < D = 92×38임을 알 수 있다. 따라서 B보다 D의 정보탐색 성공률이 더 크다.

③ (×) 시도율이 높을수록 성공률도 높으려면 점들을 연결한 선의 기울기가 일관되게 0보다 커야 한다.

④ (×) 인구수가 가장 작은 지역은 B, 남성인구대조군은 G, H인데 G는 B보다 인구, 시도율, 성공률 모두 높아서 제외이다. 시도자수 B = 1,000×0.28 = 280, H = 1,400×0.16 = 204이고 성공률도 B가 H보다 높아서 H의 남성 정보탐색 성공자수가 가장 적다.

⑤ (×) D = 3,500×0.4 = 1,400, C = 3,000×0.25 = 750, 성공률은 C는 92, D는 92.9로 D가 크지만 영향이 미미하다. 따라서 D지역의 여성 성공자수가 C지역의 여성 성공자수의 2배가 되지는 않는다.

07 백분율(%) 문제 풀이법 및 낚시문제 피하는 법

수치 문제와 백분율(%) 문제가 있다면 백분율(%) 문제를 푸는 것이 더 쉽다. 백분율(%)의 경우 비중이나 증가율을 단순 덧셈이나 뺄셈으로 계산할 수 있기 때문에 선지에 나온 내용을 눈으로 보고 풀 수 있다. 만약 주어진 시간이 얼마 남지 않았다면 백분율(%) 문제를 푸는 것이 시간 단축에 도움이 된다.

〈표 1〉			〈표 2〉	
연도 \ 구분	예산액		연도 \ 구분	예산액 증감율
2014	175,088		2014	11.25%
2015	192,620		2015	8.15%
2016	199,045		2016	4.35%
2017	204,926		2017	10.23%
2018	205,964		2018	14.12%

<표 1>처럼 주어지면 "2014년부터 2018년까지 매년 증감률이 증가하고 있다"거나 "증감율의 변화폭을 계산하라" 라고 하는 경우 쉽게 계산이 되지 않는다. 만약 <표 2>와 같이 %값이 주어진다면 증감율이 얼마나 변했는지 쉽게 계산할 수 있다. 그런데 이런 %로 주어진 문제들 중에는 낚시형 문제가 많음에 주의해야 한다. 특히 계산 자체나 비교 자체가 불가능한 것을 비교할 수 있는 것 또는 계산이 가능한 것처럼 선지를 만들어서 수험생을 혼란에 빠뜨리는 경우가 많다.

또한 낚시 선지의 경우는 "옳은 것을 고르시오" 문제가 많이 나온다. 그 이유는 낚시 선지로 1 ~ 2개를 오답으로 넣을 수 있지만 전체를 모두 넣기에는 부담스럽기 때문이기도 하고, 낚시 선지를 답으로 넣고 문제를 만드는 경우 낚시 선지만 고르면 문제를 풀 수 있기 때문이기도 하다. 따라서 이런 문제를 "10초 만에 풀이하는 법" 또는 "빨리 푸는 요령"이라고 설명하는 것은 잘못된 것이다. 정말 특수한 경우의 문제에만 이러한 요령이 통하기 때문이다.

마지막으로 조심할 것은 5%에서 10%로 증가했을 때 5%가 증가했다고 설명하면 안 되고 "5%p"가 증가했다고 해야 한다는 것이다. "%p" 오류로 인해 정답을 쉽게 찾을 수 있었던 <예제 1>부터 문제들을 살펴보자.

(예제1) 다음 표는 2000년과 2010년의 65세 이상 노인의 의료비 지출을 나타낸 것이다. 이에 대한 설명으로 옳지 않은 것은?

2000년·2010년 노인의료비

(단위: 천 원, %)

연도	계	65~79세	80세 이상	전체 의료비 중 65세 이상 노인의료비 비중
2000	19,332 (100)	12,564 (70)	5,768 (30)	17.0
2010	120,391 (100)	75,423 (63)	44,968 (37)	30.5

① 10년간 65세 이상 노인의료비는 6배 이상 증가하지 않았다.
② 10년간 전체 의료비 중 노인의료비 비중은 13.5% 증가했다.
③ 10년간 노인의료비 증가율은 65~79세 노인보다 80세 이상 노인이 더 높다.
④ 2010년 전체 의료비 중 65세 미만의 의료비 구성비는 69.5%이다.
⑤ 2010년 80세 이상 노인의료비 비중은 노인의료비의 35%를 넘는다.

|정답| ②

|해설| 문제가 복잡하지는 않지만 계산량이 생각보다 많은 문제이다. 그런데 정답은 엉뚱하게 ②이다.

② (×) 10년간 전체의료비 중 노인의료비 비중은 13.5% 증가했다고 했다. 그런데, 13.5% 증가했다고 하면 안 되고 13.5%p 증가했다고 해야 옳다.

%로 주어진 값은 증감폭은 %p로 표현을 해야 한다. 10%의 증가는 다음과 같이 표현할 수 있는데 이 둘의 계산값은 다르다.

10%에서 10% 증가	$0.1 \times (1 + 10\%) = 0.11$
10%에서 10%p 증가	$10\% + 10\% = 20\%$

① (○) 2000년의 노인의료비는 19,332천 원으로, 대략 20,000천 원으로 계산하면 $20,000 \times 6 = 120,000$천 원이다. 2010년 노인의료비는 120,391천 원이므로 6배 이상 증가하지 않았다.

③ (○) 65세~79세의 노인의료비 증가율은 $\frac{75,423}{12,564} - 1$, 80세 이상 노인의료비 증가율은 $\frac{44,968}{5,768} - 1$이므로 $\frac{75,423}{12,564}$과 $\frac{44,968}{5,768}$을 비교하면, $\frac{75,423}{12,564} < \frac{44,968}{5,768}$이다. 따라서 80세 이상 노인의료비 증가율이 더 높다.

($\frac{44,968}{5,768}$의 분모·분자를 각각 2배 해 보면 $\frac{75,423}{12,564}$보다 분자는 크고 분모는 작으므로 $\frac{75,423}{12,564}$보다 크다는 것을 알 수 있다.)

④ (○) 2010년의 65세 이상 노인의료비 구성비가 30.5%이므로 65세 미만은 $100 - 30.5 = 69.5\%$이다.

⑤ (○) (37)로 제시되어 있다. 37%로 35%를 넘는다.

예제 2 다음은 A기업의 2011년과 2012년 자산총액의 항목별 구성비를 나타낸 자료이다. 이에 대한 〈보기〉의 설명 중 옳은 것만을 모두 고르면?

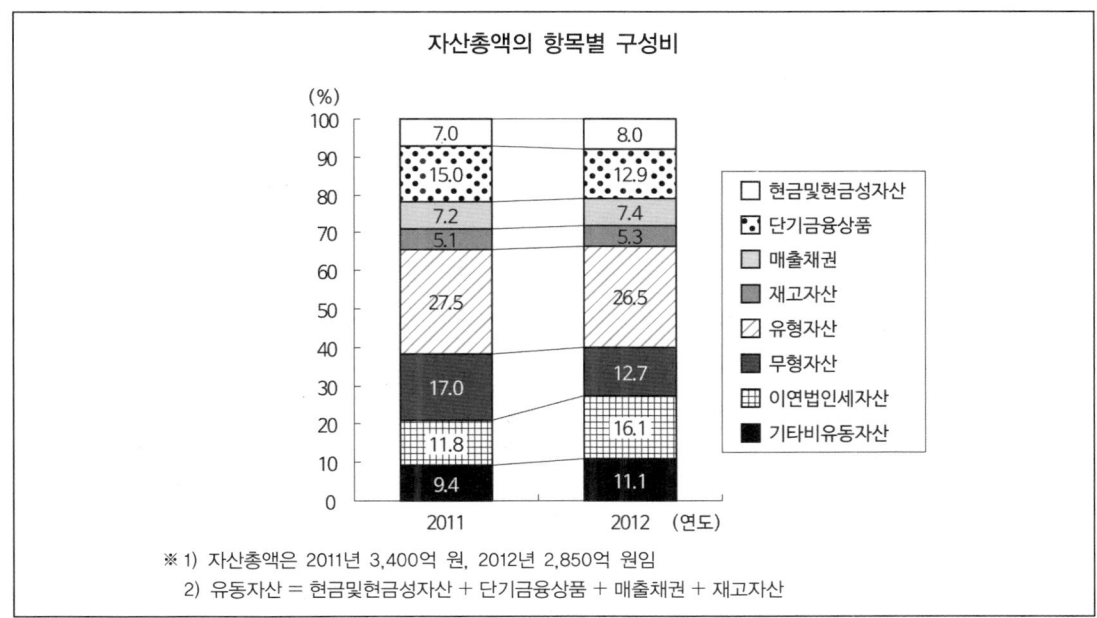

※ 1) 자산총액은 2011년 3,400억 원, 2012년 2,850억 원임
2) 유동자산 = 현금및현금성자산 + 단기금융상품 + 매출채권 + 재고자산

┌─ 보기
ㄱ. 2011년 항목별 금액의 순위가 2012년과 동일한 항목은 4개이다.
ㄴ. 2011년 유동자산 중 '단기금융상품'의 구성비는 45% 미만이다.
ㄷ. '현금및현금성자산' 금액은 2012년이 2011년보다 크다.
ㄹ. 2011년 대비 2012년에 '무형자산' 비중은 4.3% 감소하였다.

① ㄱ, ㄴ　　　　　　　　　　　　② ㄱ, ㄷ
③ ㄴ, ㄷ　　　　　　　　　　　　④ ㄱ, ㄴ, ㄹ
⑤ ㄴ, ㄷ, ㄹ

|정답| ①

|해설| ㄹ. (×) 2011년 무형자산은 17.0%, 2012년 무형자산은 12.7%로 17.0 − 12.7 = 4.3(%p) 감소하였다. 4.3%p가 아니고 4.3%라고 했으므로 옳지 않다.

ㄴ. (○) 공식을 보면 유동자산 = 현금및현금성자산 + 단기금융상품 + 매출채권 + 재고자산이다. 그래프 상단 4개의 항목이 유동자산이므로 2011년 유동자산은 7 + 15 + 7.2 + 5.1 = 34.3(%)이다. 이 중 '단가금융상품'의 구

성비는 $\frac{15.0}{34.3} \times 100 = 43.7(\%)$로 45% 미만이다.

ㄷ. (×) 2011년 3,400억 원×0.07 = 238(억 원) > 2012년 2,850억 원×0.08 = 228(억 원)

ㄱ. (○) 항목별 금액의 순위를 나타내면 다음과 같다.
2011년 : 유형 − 무형 − 단기금융 − 이연 − 기타비유동 − 매출채권 − 현금 − 재고
2012년 : 유형 − 이연 − 단기금융 − 무형 − 기타비유동 − 현금 − 매출채권 − 재고
동일한 항목은 유형자산, 단기금융상품, 기타비유동자산, 재고자산의 4개이다.

(예제 3) 다음 표는 문화체육관광부의 문화산업부문 예산 추이와 문화산업부문 세부 분야별 예산 추이에 대한 자료이다. 이에 대한 〈보기〉의 설명 중 옳지 않은 것을 모두 고르면?

문화체육관광부 문화산업부문 예산 추이

(단위 : 억 원, %)

연도	문화체육관광부 예산	문화산업부문 담당국				
		산업국		미디어국	
		예산	문화체육관광부 예산 대비 비중	예산	문화체육관광부 예산 대비 비중
1998	7,574	168	2.2	−	−
1999	8,563	1,000	11.7	−	−
2000	11,707	1,787	15.3	−	−
2001	12,431	1,474	11.9	−	−
2002	13,985	1,958	14.0	−	−
2003	14,864	1,890	12.7	−	−
2004	15,675	1,725	11.0	−	−
2005	15,856	1,911	12.1	−	−
2006	17,385	1,363	7.8	890	5.1
2007	14,250	1,284	9.0	693	4.9
2008	15,136	1,508	9.9	558	3.7

※ 문화산업부문 담당국은 산업국과 미디어국으로만 구분됨

문화산업부문 세부분야별 예산 추이

(단위 : 억 원, %)

세부 분야	2005년		2006년		2007년		2008년	
	금액	비율	금액	비율	금액	비율	금액	비율
문화산업기반육성	223	11.7	289	12.8	65	3.3	419	20.3
출판	340	17.8	798	35.4	498	25.2	174	8.4
미디어							283	13.7
영상	319	16.7	337	15.0	254	12.9	167	8.1
영상만화	45	2.3	61	2.7	70	3.5	53	2.5
게임	232	12.1	141	6.3	156	7.9	158	7.7
음악			30	1.3	27	1.4	27	1.3
방송광고	214	11.2	88	3.9	131	6.6	101	4.9
문화 콘텐츠	538	28.2	445	19.8	701	35.4	494	23.9
저작권	0	0.0	64	2.8	75	3.8	190	9.2
합계	1,911	100.0	2,253	100.0	1,977	100.0	2,066	100.0

※ '게임', '음악'은 2006년에, '출판', '미디어'는 2008년에 각각 세부 분야로 분리되었음

┌ 보기 ┐

ㄱ. 2006 ~ 2008년 동안 문화체육관광부 예산에서 문화산업부문이 차지하는 비중은 매년 증가하였다.

ㄴ. 1999년 문화산업부문 예산이 문화체육관광부 예산에서 차지하는 비중은 전년 대비 9.5% 증가하였다.

ㄷ. 2008년에는 산업국과 미디어국 각각 전년 대비 예산 증가율이 문화체육관광부 전년 대비 예산 증가율보다 작다.

ㄹ. 2008년 문화산업부문 세부 분야 중 문화콘텐츠 분야에 가장 많은 예산이 배정되었으며 이어서 문화산업기반육성, 미디어, 저작권, 출판 분야 순으로 예산이 많이 배정되었다.

① ㄴ, ㄷ   ② ㄱ, ㄴ, ㄷ

③ ㄱ, ㄴ, ㄹ   ④ ㄱ, ㄷ, ㄹ

⑤ ㄴ, ㄷ, ㄹ

| 정답 | ②

| 해설 | ㄴ. (×) 11.7 − 2.2 = 9.5(%p)이다. 9.5%p가 아니고 9.5%라고 했으므로 옳지 않다.

ㄱ. (×) 2006년은 7.8 + 5.1 = 12.9(%), 2007년은 9.0 + 4.9 = 13.9(%), 2008년은 9.9 + 3.7 = 13.6(%)로 2008년에는 감소하였다.

ㄷ. (×) 문화체육관광부 예산증가율 : $\frac{15,136 - 14,250}{14,250} \times 100 ≒ 6.2\%$

산업국 예산증가율 : $\frac{1,508 - 1,284}{1,284} \times 100 ≒ 17.4\%$

미디어국은 전년 대비 예산이 감소하였다.

산업국의 예산 증가율은 문화체육관광부 예산 증가율보다 크다.

ㄹ. (○) 세부분야별 예산 추이 표를 보면 바로 확인할 수 있다.

(예제 4) 다음 표는 2011년부터 2017년까지의 A국의 전년 대비 경제 성장률에 대한 자료이다. 이에 대한 설명으로 옳은 것은?

A국의 경제성장률

(단위 : %, %p)

시점	경제성장률	전년 대비 증감
2011	3.7	−2.8
2012	2.3	−1.4
2013	2.9	0.6
2014	3.3	0.4
2015	2.8	−0.5
2016	2.9	0.1
2017	3.1	0.2

① 2011 ~ 2017년 동안 경제성장률은 계속 증가하고 있다.
② 전년 대비 증감이 가장 큰 해는 2011년이다.
③ 2010년의 경제성장률은 2011년 ~ 2017년 어느 해보다도 높다.
④ 2016년에서 2017년 동안 평균 경제성장률은 3.0%이다.
⑤ 2011년 ~ 2017년 동안 경제성장률이 가장 낮은 해에는 전년 대비 증감폭도 가장 작다.

|정답| ③
|해설| 본 문제는 자료 값이 %이므로 성장률이나 증감률 폭을 계산하는 것이 용이하다.
   ① (×) 2012년, 2015년에는 전년보다 감소하였다.
   ② (×) 전년 대비 증감은 절댓값의 개념이 아니다. 따라서 2013년의 증감이 0.6%p로 가장 크다.
   ③ (○) 2011년의 전년 대비 증감이 −2.8%p이므로, 2010년의 경제성장률은 6.5%이다. 따라서 표의 어느 해보다도 크다.
   ④ (×) 평균 증가율은 산술평균이 아니다. 평균증가율은 산술평균으로 계산하지 않고 기하평균으로 계산해야 한다.

또한 백분율(%) 문제에서 조심할 부분이 있다. 그것은 "비교 가능한지 여부"이다. 예를 들어 수치가 주어지지 않은 경우 비교가 불가능한 경우가 발생하고 이 경우 그 선지는 오답이 된다. 그렇다면 여기서 "비교 가능한지 여부"라는 것은 무엇인가? 아래 예제를 보도록 하자.

예제 5 다음 표는 2007 ~ 2011년 A국의 금융서비스 제공방식별 업무처리 건수 비중을 나타낸 것이다. 이에 대한 〈보기〉의 설명 중 옳은 것을 모두 고르면?

금융서비스 제공방식별 업무처리 건수 비중 현황

(단위 : %)

구분 / 연도	대면거래	비대면거래			합
		CD/ATM	텔레뱅킹	인터넷뱅킹	
2007	13.6	38.0	12.2	36.2	100.0
2008	13.8	39.5	13.1	33.6	100.0
2009	13.7	39.3	12.6	34.4	100.0
2010	13.6	39.8	12.4	34.2	100.0
2011	12.2	39.1	12.4	36.3	100.0

보기

ㄱ. 2011년의 비대면거래 건수 비중은 2009년 대비 1.5%p 증가하였다.
ㄴ. 2008 ~ 2011년 동안 대면거래 건수는 매년 감소하였다.
ㄷ. 2007 ~ 2011년 동안 매년 비대면거래 중 업무처리 건수가 가장 적은 제공방식은 텔레뱅킹이다.
ㄹ. 2007 ~ 2011년 중 대면거래 금액이 가장 많았던 연도는 2008년이다.

① ㄱ, ㄷ
② ㄱ, ㄹ
③ ㄴ, ㄷ
④ ㄴ, ㄹ
⑤ ㄷ, ㄹ

|정답| ①

|해설| ㄴ. (×) 대면거래 건수의 수치가 비교 가능한지 여부를 살펴보아야 한다. 이것은 비교가 불가능하다.

구분 / 연도	대면거래	만약 건수가 아래 수치라면	대면거래 건수
2008	13.8	100	13.8건
2009	13.7	1,000	137건
2010	13.6	10,000	1,360건
2011	12.2	100,000	12,200건

이렇게 매년 그 비중(%)은 감소한 것처럼 보이지만, 업무처리 건수가 위의 표처럼 주어진다면 대면거래 건수는 증가하고 있다고 볼 수 있다. 수치가 주어지지 않았기 때문에 계산을 할 수 없는 경우는 조심해야 한다.

그런데 수치가 없어도 비교 가능한 것이 있다. 그것은 합이 100%인 구간에서는 수치 비교가 가능하다는 것이다. 예를 들어, 2007년의 업무처리 건수 비중을 살펴보자.

구분 / 연도	대면거래	비대면거래			합
		CD/ATM	텔레뱅킹	인터넷뱅킹	
2007	13.6	38.0	12.2	36.2	100.0

위와 같은 경우 2007년도 CD/ATM 거래 건수는 대면거래 건수보다 많다고 말할 수 있을까? 있다. 왜냐하면 2007년도 끼리 비교를 했기 때문이다. 즉 비중(%) 수치의 합이 100이 되는 구간 내에서는 비교가 가능하다.

이를 제시된 문제의 표에 적용한다면, 표의 가로끼리는 비교가 가능하고 세로끼리는 비교가 불가능하다. 이에 주의해서 풀이를 해야 한다.

ㄷ. (○) 이 내용은 비교가 가능할까? 이것은 비교가 가능하다. 왜냐하면 가로끼리 비교하는 것이기 때문이다. 텔레뱅킹의 거래 건수는 연도별로 항상 가장 그 비중이 낮았다. 따라서 맞는 설명이다.

ㄱ. (○) 비대면거래의 비중을 다 합하면 되지만, 그런 방법보다는 100에서 대면거래를 뺀 것이 비대면거래이기 때문에, 대면거래의 차이를 생각하면 된다. 거기에서 증감방향만 바꾸면 비대면거래 건수 비중의 차이가 된다. 대면거래 비중을 보면 2009년 13.7%에서 2011년 12.2%가 되었으니 −1.5%p인 셈인데, 비대면 거래는 여기서 −를 빼고 + 로 바꿔서 생각하면 된다. 따라서 1.5p%p 증가하였다.

ㄹ. (×) 2008년은 대면거래 비중이 많을 뿐이다. 건수가 가장 많은지, 액수가 가장 많은지 알 수 없다.

예제 6 다음 표는 2000 ~ 2007년 7개 도시 실질 성장률에 대한 자료이다. 이에 대한 설명으로 옳은 것은?

7개 도시 실질 성장률

(단위 : %)

연도 도시	2000	2001	2002	2003	2004	2005	2006	2007
서울	9.0	3.4	8.0	1.3	1.0	2.2	4.3	4.4
부산	5.3	7.9	6.7	4.8	0.6	3.0	3.4	4.6
대구	7.4	1.0	4.4	2.6	3.2	0.6	3.9	7.4
인천	6.8	4.9	10.7	2.4	3.8	3.7	6.8	7.4
광주	10.1	3.4	9.5	1.6	1.5	6.5	6.5	3.7
대전	9.1	4.6	8.1	7.4	1.6	2.6	3.4	3.2
울산	8.5	0.5	15.8	2.6	4.3	4.6	1.9	4.6

① 2005년 서울, 부산, 광주의 실질 성장률은 각각 2004년의 2배 이상이다.

② 2004년과 2005년 실질 성장률이 가장 높은 도시는 동일하다.

③ 2001년 각 도시의 실질 성장률은 2000년에 비해 감소하였다.

④ 2002년 대비 2003년 실질 성장률이 5%p 이상 감소한 도시는 모두 3개이다.

⑤ 2000년 실질 성장률이 가장 높은 도시가 2007년에는 실질성장률이 가장 낮았다.

|정답| ①

|해설| 본 문제의 경우도 쉽게 풀이가 되며 ④의 "5%p 이상 감소한"과 같은 부분을 유의해서 풀이한다.

① (○) 서울 (1.0 → 2.2), 부산(0.6 → 3.0), 광주(1.5 → 6.5)로 2배 이상이다.

② (×) 2004년은 울산, 2005년은 광주다.

③ (×) 다 감소하였지만 부산은 5.3 → 7.9로 증가했다.

④ (×) 5%p가 감소한 도시는 서울(8.0 → 1.3), 인천 (10.7 → 2.4), 광주(9.5 → 1.6), 울산(15.8 → 2.6)으로 4개이다.

⑤ (×) 2000년 실질 성장률이 가장 높은 도시는 광주다. 2007년 실질성장률이 가장 낮은 도시는 대전으로 일치하지 않는다.

예제 7 다음 표는 성별·연령대별 전자금융서비스 인증수단 선호도에 관한 자료이다. 이에 대한 설명으로 옳지 않은 것은?

성별·연령대별 전자금융서비스 인증수단 선호도 조사결과

(단위 : %)

구분	인증수단	휴대폰문자 인증	공인 인증서	아이핀	이메일	전화인증	신용카드	바이오 인증
성별	남성	72.2	69.3	34.5	23.1	22.3	21.1	9.9
	여성	76.6	71.6	27.0	25.3	23.9	20.4	8.3
연령대	10대	82.2	40.1	38.1	54.6	19.1	12.0	11.9
	20대	73.7	67.4	36.0	24.1	25.6	16.9	9.4
	30대	71.6	76.2	29.8	15.7	28.0	22.3	7.8
	40대	75.0	77.7	26.7	17.8	20.6	23.3	8.6
	50대	71.9	79.4	25.7	21.1	21.2	26.0	9.4
전체		74.3	70.4	30.9	24.2	23.1	20.8	9.2

※ 1) 응답자 1인당 최소 1개에서 최대 3개까지의 선호하는 인증수단을 선택했음
   2) 인증수단 선호도는 전체 응답자 중 해당 인증수단을 선호한다고 선택한 응답자의 비율임
   3) 전자금융서비스 인증수단은 제시된 7개로만 한정됨

① 연령대별 인증수단 선호도를 살펴보면, 30대와 40대 모두 아이핀이 3번째로 높다.
② 전체 응답자 중 선호 인증수단을 3개 선택한 응답자 수는 40% 이상이다.
③ 선호하는 인증수단으로 신용카드를 선택한 남성 수는 바이오인증을 선택한 남성 수의 3배 이하이다.
④ 20대와 50대 간의 인증수단별 선호도 차이는 공인인증서가 가장 크다.
⑤ 선호하는 인증수단으로 이메일을 선택한 20대 모두가 아이핀과 공인인증서를 동시에 선택했다면, 신용카드를 선택한 20대 모두가 아이핀을 동시에 선택하는 것이 가능하다.

|정답| ⑤
|해설| ① (○) 단순 비교하여 확인할 수 있다.
② (○) 전체를 모두 더해서 240%가 넘으면 인증수단 3개 선택한 사람이 40% 이상이 될 것이다.
인증수단별 합산 비율을 더해보자.(수치를 근사치로 계산) 74 + 70 + 30 + 24 + 23 + 20 + 10 = 251(%)이다.
왜 100%가 넘을까? 그것은 선호하는 인증수단을 최소1개에서 최대 3개까지 고를 수 있기 때문이다.
전체 응답자가 선호하는 인증수단을 1개만 고를 수 있다면 전체의 합은 100이 된다.
전체 응답자가 선호하는 인증수단을 1개나 2개를 고를 수 있다면 전체의 합은 100 ~ 200이 될 것이다.
전체 응답자가 선호하는 인증수단을 1개나 2개나 3개를 고를 수 있다면 전체의 합은 100 ~ 300이 될 것이다.
이때, 전체 합이 140이 나왔다면 2개를 고른 사람은 40%가 된다. 그러므로 전체 합이 251%라는 것은 3개 이상 선택한 사람은 40% 이상이 된다는 말과 같다.
③ (○) 같은 성별끼리 인증수단 비율로 응답자 수의 크기 비교가 가능하다. 가로의 수치는 합산이 가능하다. 남성 신용카드 21.1%, 바이오 인증 9.1%로 3배 이하이다.
④ (○) 공인인증서는 20대 67.4%, 50대 79.4%로 12%p 차이이다. 어느 수단도 12%p를 넘는 차이를 보이지 않음을 알 수 있다.
⑤ (✕) 최대 3개까지만 선택할 수 있다. 이메일을 선택한 20대 모두가 아이핀과 공인인증서를 동시에 선택했다면 이메일을 선택한 20대는 아이핀과 공인인증서 이외의 다른 수단을 선택할 수 없다. 따라서 이메일과 신용카드를 둘 다 선택할 수는 없으므로, 아이핀을 선택한 36%에서 이메일을 선택한 24.1%를 빼면 11.9%만이 신용카드를 선택할 수 있다. 신용카드를 선택한 사람의 비중은 16.9%로 11.9%보다 크므로 신용카드를 선택한 20대 모두가 이메일을 동시에 선택할 수는 없다.

(예제 8) 다음 표는 A, B, C 세 구역으로 구성된 '갑'시의 거주구역별 · 성별 인구분포에 관한 자료이다. '갑'시의 남성 인구는 200명, 여성 인구는 300명일 때, 이에 대한 〈보기〉의 설명 중 옳은 것만을 모두 고르면?

'갑'시 거주구역별 · 성별 인구분포

(단위 : %)

성별＼거주구역	A구역	B구역	C구역	합
남성	15	55	30	100
여성	42	30	28	100

┌─ 보기 ─┐

ㄱ. A구역 남성 인구는 B구역 여성 인구의 절반이다.

ㄴ. C구역 인구보다 A구역 인구가 더 많다.

ㄷ. C구역은 여성 인구보다 남성 인구가 더 많다.

ㄹ. B구역 남성 인구의 절반이 C구역으로 이주하더라도, C구역 인구는 '갑'시 전체 인구의 40% 이하이다.

① ㄱ, ㄴ ② ㄱ, ㄷ
③ ㄴ, ㄷ ④ ㄴ, ㄹ
⑤ ㄷ, ㄹ

| 정답 | ④

| 해설 | 본 문제의 경우는 '갑'시의 남성 인구는 200명, 여성 인구는 300명이라는 수치를 주었기 때문에 계산문제로 볼 수 있는 유형이다.

전체 숫자와 비율이 나와 있기 때문에, 이것을 계산하면 그대로 각 거주구역의 인구를 알 수 있다.

성별＼거주구역	A구역	B구역	C구역	합
남성	30명	110명	60명	200명
여성	126명	90명	84명	300명
합	156명	200명	144명	500명

ㄱ. (×) A구역 남성은 30명, B구역 여성은 90명으로 $\frac{1}{3}$ 이다.

ㄴ. (○) C구역은 144명으로 A구역 156명보다 많다.

ㄷ. (×) C구역 남성은 60명, 여성은 84명이다.

ㄹ. (○) B구역 남성 인구의 절반인 55명이 C로 이주하면 C구역 남성 인구는 115명이 되고, 그때 C구역의 전체 인구는 199명이 된다. 전체 500명 중에 200명이 되어야 40%인데, 199명이므로 40% 이하가 된다.

예제 9 다음 표는 대한민국 남성의 연령대별 흡연율에 관한 자료이다. 이에 대한 설명으로 옳은 것은?

2009~2013년 남성 연령대별 흡연율

(단위 : %)

구분	2009년	2010년	2011년	2012년	2013년
20 ~ 29세	51.9	47.3	44.9	41.5	37.0
30 ~ 39세	56.2	60.9	63.7	54.8	54.5
40 ~ 49세	48.9	53.0	47.0	49.5	48.0
50 ~ 59세	41.6	45.0	44.4	41.8	40.8
60 ~ 69세	33.8	30.8	32.5	26.9	32.5
70세 이상	23.7	24.7	28.8	23.2	15.6

① 2012년 20대 남성 인구가 350만 명, 40대 남성 인구가 400만 명이라 할 때, 20대와 40대 남성 흡연자는 350만 명을 넘는다.

② 2009년 20대 남성 인구가 400만 명, 50대 남성 인구가 300만 명이라 할 때, 20대와 50대의 남성 비흡연자는 350만 명 이하이다.

③ 2013년 50대 남성 인구가 500만 명일 때, 2013년 남성 50대 흡연자는 204만 명이다.

④ 2013년 남성 70세 이상 인구가 200만 명이고, 같은 해 남성 40대 인구가 600만 명이라 할 때, 70세 이상과 40대 남성의 흡연자 수는 330만 명 이상이다.

⑤ 2012년 성인 남성 전체 인구가 3,600만 명이고, 연령대별 인구수가 모두 같다고 할 때, 전체 흡연자는 1,500만 명을 넘는다.

|정답| ③

|해설| 본 문제의 경우는 비율(%)이 주어졌지만, 선지 내에서 수치를 제시하였기 때문에 계산을 하여 풀어야 한다.

③ (○) 5,000,000 × 0.408 = 2,040,000(명)이다.

① (×) 3,500,000 × 0.415 + 4,000,000 × 0.495 = 1,452,500 + 1,980,000 = 3,432,500(명)이다.

② (×) 본 선지에서 조심할 부분은 흡연자를 물어 본 것이 아니고 비흡연자를 물어 보았다는 것이다. 20대와 50대의 남성 흡연율이 각각 51.9%, 41.6%이므로 비흡연율은 48.1%, 58.4%이다.
4,000,000 × 0.481 + 3,000,000 × 0.584 = 3,676,000(명)

④ (×) 2,000,000 × 0.156 + 6,000,000 × 0.480 = 312,000 + 2,880,000 = 3,192,000(명)이다.

⑤ (×) 연령대별 인구수가 모두 같으므로 각 연령대별로 600만 명의 남성 인구가 있다. 이 중 흡연자만 계산하면 600만 × 0.415 + 600만 × 0.548 + 600만 × 0.495 + 600만 × 0.418 + 600만 × 0.269 + 600만 × 0.232 = 14,262,000(명)이다. 1,500만 명을 넘지 않는다.

(예제 10) 다음은 갑국의 경력 단절 여성에 대한 통계 자료이다. 이를 통해 추론한 것으로 옳은 것을 〈보기〉에서 모두 고르면?

갑국의 경력 단절 여성 규모와 경력 단절 사유

(단위 : %)

구분		2011년	2012년	2013년	2014년	2015년
15 ~ 64세 기혼 여성 인구 변화율		0	2	−2	0	0
경력 단절 여성 비율		20	20	20	20	20
경력 단절 사유	결혼	47	46	45	40	37
	임신·출산	20	24	21	20	24
	육아	25	26	30	31	32
	기타	8	4	4	9	7
	합계	100	100	100	100	100

※ 15 ~ 64세 기혼 여성 인구 변화율 $= \dfrac{\text{(당해연도 15 ~ 64세 기혼 여성 수)} - \text{(전년도 15 ~ 64세 기혼 여성 수)}}{\text{전년도 15 ~ 64세 기혼 여성 수}} \times 100$

※ 경력 단절 여성 비율 $= \dfrac{\text{경력 단절 여성 수}}{\text{15 ~ 64세 기혼 여성 수}} \times 100$

보기

ㄱ. 15 ~ 64세 기혼 여성의 수는 2012년이 2013년보다 많다.

ㄴ. 경력 단절 여성의 수는 2011년이 2014년보다 적다.

ㄷ. 2015년에는 전년도보다 육아로 인한 경력 단절 여성의 수가 증가하였다.

ㄹ. 임신·출산으로 인한 경력 단절 여성의 수가 가장 많은 해는 2012년이다.

① ㄱ, ㄴ   ② ㄱ, ㄷ

③ ㄱ, ㄴ, ㄹ   ④ ㄱ, ㄷ, ㄹ

⑤ ㄱ, ㄴ, ㄷ, ㄹ

....

|정답| ④

|해설| 본 문제의 경우는 %로 주어졌지만, 여성의 수를 비교할 수 있다.

15 ~ 64세 기혼 여성 인구 변화율을 참고하여 연도별 15 ~ 64세 기혼여성의 수를 계산할 수 있다.

2011년 15 ~ 64세 기혼 여성의 수를 a, 2012년 15 ~ 64세 기혼 여성의 수를 b라 할 때, $2 = \dfrac{b-a}{a} \times 100$이고,

이를 정리하면 $\dfrac{102a}{100} = b$이다. 마찬가지 방법으로 2011년 ~ 2015년 15 ~ 64세 기혼 여성 수를 계산하면 다음과 같다.

구분	2011년	2012년	2013년	2014년	2015년
15 ~ 64세 기혼여성 인구변화율	0	2	−2	0	0
15 ~ 64세 기혼 여성 수	a	$\dfrac{102a}{100}$	$\dfrac{102a}{100} \times \dfrac{98}{100}$	$\dfrac{102a}{100} \times \dfrac{98}{100}$	$\dfrac{102a}{100} \times \dfrac{98}{100}$

ㄱ. (○) 15 ~ 64세 기혼 여성의 수는 2012년에는 $\dfrac{102a}{100}$, 2013년에는 $\dfrac{102a}{100} \times \dfrac{98}{100}$이므로 2012년이 2013년보다 많다.

ㄷ. (○) 2015년 15 ~ 64세 기혼 여성의 수는 $\dfrac{102a}{100} \times \dfrac{98}{100}$, 2014년 15 ~ 64세 기혼 여성의 수도 $\dfrac{102a}{100} \times$

$\dfrac{98}{100}$ 으로 같은데, 육아로 인한 경력 단절 사유는 2014년 31%, 2015년 32%로 2015년이 더 많으므로 2015년에

전년도보다 육아로 인한 경력 단절 여성의 수가 증가하였다.

ㄹ. (○) 15 ~ 64세 기혼 여성의 수를 비교하면, 2012년 > 2011년 > 2013년 = 2014년 = 2015년이다.

2012년은 경력 단절 사유 중 임신·출산으로 인한 경력 단절 여성의 비율이 전체 기간에서 가장 높고 15 ~ 64세

기혼 여성의 수 역시 가장 많으므로, 임신·출산으로 인한 경력 단절 여성의 수가 가장 많은 해는 2012년이다.

ㄴ. (×) 15 ~ 64세 기혼 여성의 수는 2011년 a, 2014년 $\dfrac{102a}{100} \times \dfrac{98}{100}$ 이므로

경력 단절 여성 수는 2011년 $a \times 0.2$, 2014년 $\dfrac{102a}{100} \times \dfrac{98}{100} \times 0.2$ 이다. 따라서 2011년이 2014년보다 많다.

예제 11 다음 표는 2008년과 2009년의 지역별 대학수학능력시험 관련 자료를 정리한 것이다. 이에 대한 〈보기〉의 설명 중 옳은 것을 모두 고르면?

지역별 대학수학능력시험 4개 영역 1 ~ 4등급 비율

(단위 : %)

지역	2008년				2009년			
	언어	수리(가)	수리(나)	외국어	언어	수리(가)	수리(나)	외국어
A	47.1	64.9	52.8	49.0	47.7	54.2	54.0	48.8
B	35.3	40.3	41.6	36.5	36.3	42.6	42.3	36.4
C	40.8	29.4	37.6	41.1	42.7	28.4	39.6	43.0
D	36.3	31.6	33.2	35.2	37.4	36.6	35.9	36.4
E	48.5	47.2	52.0	48.3	49.1	47.2	53.8	47.0

지역별 대학수학능력시험 4개 영역 5 ~ 6등급 비율

(단위 : %)

지역	2008년				2009년			
	언어	수리(가)	수리(나)	외국어	언어	수리(가)	수리(나)	외국어
A	39.7	29.6	36.0	39.2	38.5	37.4	34.4	39.5
B	44.7	44.5	43.6	46.4	43.9	43.8	44.3	47.7
C	42.1	42.3	45.0	42.0	40.9	44.5	43.5	41.4
D	38.7	34.5	42.7	38.4	37.5	33.1	41.9	38.4
E	35.9	39.0	34.5	37.8	36.7	40.9	34.7	40.6

지역별 대학수학능력시험 4개 영역 7 ~ 9등급 비율

(단위 : %)

지역	2008년				2009년			
	언어	수리(가)	수리(나)	외국어	언어	수리(가)	수리(나)	외국어
A	13.2	5.5	11.2	11.8	13.8	8.4	11.6	11.7
B	20.0	15.2	14.8	17.1	19.8	13.6	13.4	15.9
C	17.1	28.3	17.4	16.9	16.4	27.1	16.9	15.6
D	25.0	33.9	24.1	26.4	25.1	30.3	22.2	25.2
E	15.6	13.8	13.5	13.9	14.2	11.9	11.5	12.4

┌ 보기 ┐

ㄱ. 2008년 수리(가) 영역에서 A지역은 C지역보다 1 ~ 4등급을 받은 학생수가 2배 이상이다.

ㄴ. 2009년 대학수학능력시험 4개 영역 중 1 ~ 4등급 비율이 가장 높은 지역과 가장 낮은 지역 간 비율 차이가 가장 작은 영역은 언어영역이다.

ㄷ. A지역의 2009년 수리(가)영역에서 1 ~ 4등급을 받은 학생수는 7 ~ 9등급을 받은 학생수의 5배 이상 이다.

ㄹ. 2009년 언어영역에서 지역별 1 ~ 4등급, 5 ~ 6등급, 7 ~ 9등급의 3개 비율 중 가장 큰 비율과 가장 작은 비율의 차이가 가장 작은 지역은 D지역이다.

① ㄱ, ㄴ   ② ㄱ, ㄷ   ③ ㄱ, ㄹ
④ ㄴ, ㄷ   ⑤ ㄷ, ㄹ

|정답| ⑤

|해설| ㄱ. (×) 전형적인 낚시 선지이다. 지역별 인원수를 알 수 없으므로 알 수 없다.

ㄴ. (×) 외국어영역의 차이가 48.8 − 36.4 = 12.4(%p)로 가장 작다.

ㄷ. (○) 1 ~ 4등급인 학생 비율은 54.2%, 7 ~ 9등급인 학생 비율은 8.4%이므로, 1 ~ 4등급인 학생이 7 ~ 9등급인 학생의 5배 이상이다.

ㄹ. (○) 2009년 언어 영역에서 지역별 1 ~ 4등급, 5 ~ 6등급, 7 ~ 9등급의 3개 비율 중 가장 큰 비율과 가장 작은 비율의 차이가 가장 작은 지역은 37.5 − 25.1 = 12.4(%p)인 D지역이다.

	1~4등급	5~6등급	7~9등급	차이
A지역	47.7	38.5	13.8	
B지역	36.3	43.9	19.8	
C지역	42.7	40.9	16.4	
D지역	37.4	37.5	25.1	단순 비교해도 차이가 가장 작음을 알 수 있다.
E지역	49.1	36.7	14.2	

예제 12) 다음 표는 서울 및 수도권 지역의 가구를 대상으로 난방방식 현황 및 난방연료 사용현황에 대해 조사한 자료이다. 이에 대한 〈보기〉의 설명 중 옳은 것을 모두 고르면?

난방방식 현황

(단위 : %)

종류	서울	인천	경기 남부	경기 북부	전국 평균
중앙난방	22.3	13.5	6.3	11.8	14.4
개별난방	64.3	78.7	26.2	60.8	58.2
지역난방	13.4	7.8	67.5	27.4	27.4

난방연료 사용 현황

(단위 : %)

종류	서울	인천	경기 남부	경기 북부	전국 평균
도시가스	84.5	91.8	33.5	66.1	69.5
LPG	0.1	0.1	0.4	3.2	1.4
등유	2.4	0.4	0.8	3.0	2.2
열병합	12.6	7.4	64.3	27.1	26.6
기타	0.4	0.3	1.0	0.6	0.3

┌ 보기 ┐
ㄱ. 경기 북부 지역의 경우, 도시가스를 사용하는 가구 수가 등유를 사용하는 가구 수의 20배 이상이다.
ㄴ. 서울과 인천 지역에서는 다른 난방연료보다 도시가스를 사용하는 비율이 높다.
ㄷ. 지역난방을 사용하는 가구 수는 서울이 인천의 2배 이하이다.
ㄹ. 경기 지역은 남부가 북부보다 지역난방을 사용하는 비율이 낮다.

① ㄱ, ㄴ   ② ㄱ, ㄷ
③ ㄱ, ㄹ   ④ ㄴ, ㄹ
⑤ ㄷ, ㄹ

|정답| ①
|해설| ㄱ. (○) 수치가 제시된 것은 아니나, 같은 지역 내의 비율 비교이므로 비교가 가능하고 20배 이상이 맞다.
ㄴ. (○) 서울의 도시가스 사용 비율은 84.5%, 인천의 도시가스 사용 비율은 91.8%로 다른 난방연료보다 사용 비율이 높다.
ㄹ. (×) 가구수가 아닌 비율끼리 비교하는 것이므로 비교가 가능하다. 남부는 67.5%로 27.4%인 북부보다 사용 비율이 높다.
ㄷ. (×) 각 지역의 가구 수를 알 수 없으므로 2개 지역은 비교가 불가능하다.

08 그래프 속성 활용 풀이법

그래프가 제시된 문제에서는 그래프 해석을 통해 문제를 풀이해야 하는 경우가 대부분이다. 텍스트로만 이루어진 자료보다는 그래프나 도표를 활용한 경우가 자료 파악이 더 쉽다. 그래프 형태의 문제를 많이 풀이해 보아서, 어떤 유형의 그래프가 있는지, 그래프가 주는 정보가 무엇인지 빨리 파악하는 능력을 습득해야 한다. 아래와 같은 문제들은 그래프를 통해 쉽게 문제를 풀 수 있는 유형이다.

(예제1) 다음은 A사와 B사가 조사한 주요 TV 프로그램의 2018년 7월 넷째 주 주간 시청률을 나타낸 자료이다. 이에 대한 〈보기〉의 설명 중 옳은 것을 모두 고르면?

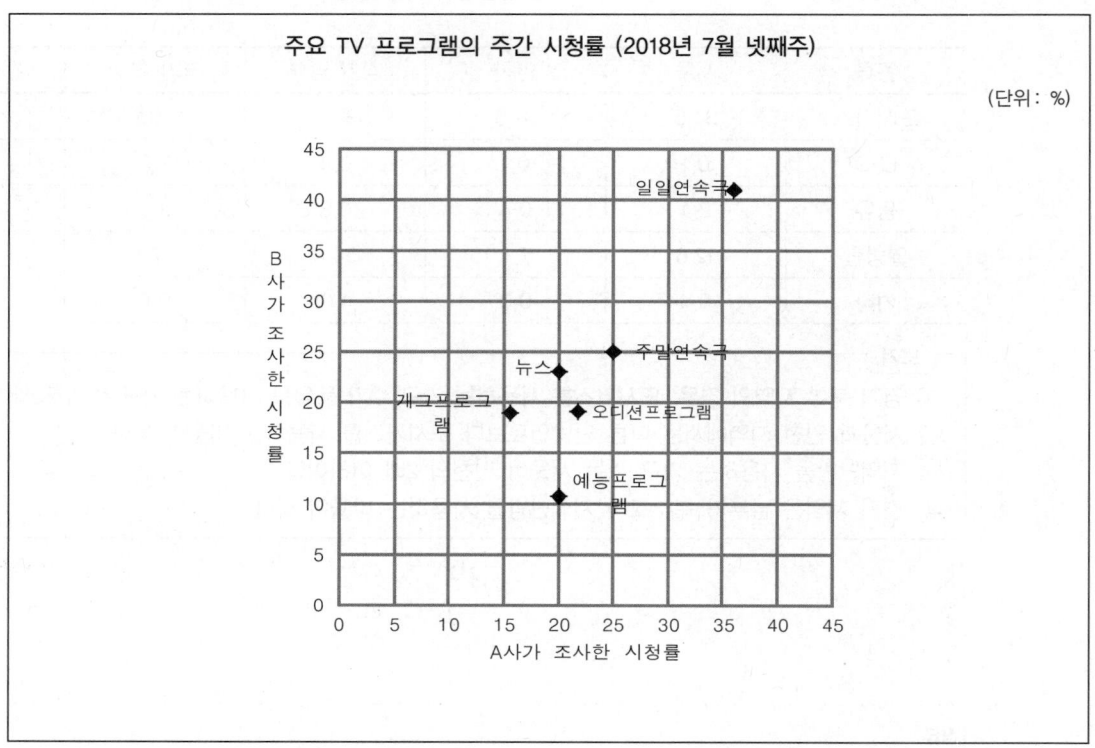

보기

ㄱ. B사가 조사한 일일연속극 시청률은 40% 미만이다.

ㄴ. A사가 조사한 시청률과 B사가 조사한 시청률 간의 차이가 가장 큰 것은 예능프로그램이다.

ㄷ. 오디션프로그램의 시청률은 B사의 조사결과가 A사의 조사결과보다 높다.

ㄹ. 주말연속극의 시청률은 A사의 조사결과가 B사의 조사결과보다 높다.

ㅁ. A사의 조사에서는 오디션프로그램이 뉴스보다 시청률이 높으나 B사의 조사에서는 뉴스가 오디션프로그램보다 시청률이 높다.

① ㄱ, ㄷ   ② ㄱ, ㅁ

③ ㄴ, ㄹ   ④ ㄴ, ㅁ

⑤ ㄷ, ㄹ

|정답| ④

|해설| B가 조사한 시청률과 A가 조사한 시청률을 그래프에 점을 찍어서 표현하고 있다.

ㄴ을 풀이할 때 아래와 같이 대각선(Y=X인 직선)을 그려보자. 그래프를 통해 두 가지를 알 수 있는데, 일단 대각선 아래쪽은 X축의 값이 크고 대각선 위는 Y축 값이 크다. 또한 대각선에 많이 떨어져 있을수록 두 기관이 조사한 값의 차이가 크다. 이것을 괴리율이라고 하는 데 이 값을 아래 그래프에서 쉽게 알 수 있다. 예를 들어 예능 프로그램이 두 조사기관 간의 괴리율이 가장 크며, 그 값은 A가 조사한 시청률이 더 크다.

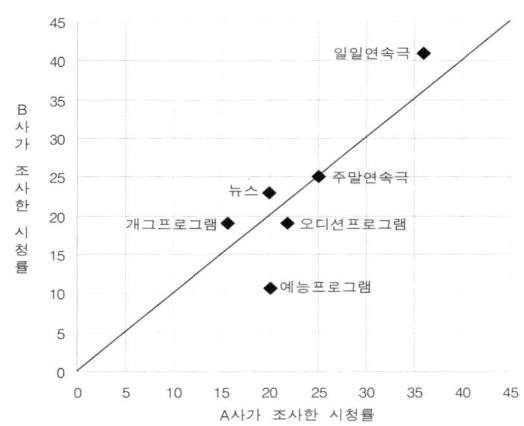

ㄴ. (○) Y=X인 직선을 긋고 직선 거리로 가장 많이 떨어진 것을 찾으면 두 조사의 차이가 가장 많이 나는 프로그램이 된다. 예능 프로그램이 가장 멀리 떨어져 있다.

ㄷ. (✕) "오디션프로그램의 시청률은 B사의 경우 19% 정도고, A사의 경우는 22% 정도로 A사의 조사결과가 더 높다." 단순하게 위의 그래프로 해석을 해보면 대각선 아래 있으므로 A사의 조사결과가 더 높다. (ㅁ도 마찬가지로 이해 할 수 있다.)

ㄱ. (✕) B사가 조사한 일일연속극 시청률은 41% 정도로 40% 이상이 된다.

ㄹ. (✕) 주말연속극의 시청률은 A사와 B사의 조사결과가 동일하다. 위 그래프의 대각선상에 점이 위치하므로 바로 알 수 있다.

ㅁ. (○) A사의 조사에서 시청률은 오디션프로그램은 22%, 뉴스는 20% 정도다. 반면 B사의 조사에서 시청률은 뉴스는 23%, 오디션프로그램은 19% 정도다.

예제 2　다음은 2000~2009년 A국의 수출입액 현황을 나타낸 자료이다. 이에 대한 설명으로 옳지 않은 것은?

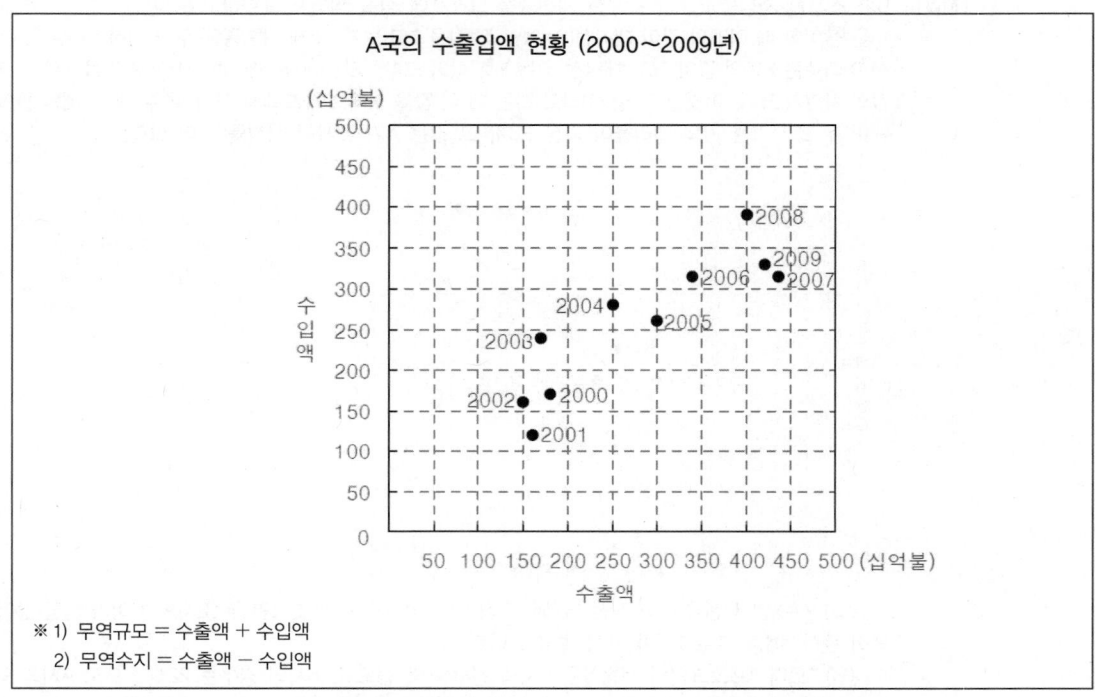

※ 1) 무역규모 = 수출액 + 수입액
　 2) 무역수지 = 수출액 − 수입액

① 무역규모가 가장 큰 해는 2008년이고, 가장 작은 해는 2001년이다.
② 수출액 대비 수입액의 비율이 가장 높은 해는 2003년이다.
③ 무역수지 적자 폭이 가장 큰 해는 2003년이며, 흑자 폭이 가장 큰 해는 2007년이다.
④ 2001년 이후 전년 대비 무역규모가 감소한 해는 수출액도 감소하였다.
⑤ 수출액이 가장 큰 해는 2007년이고, 수입액이 가장 큰 해는 2008년이다.

|정답|　④

|해설|

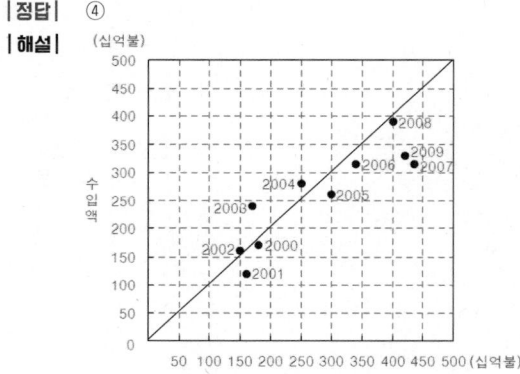

위와 같이 대각선(Y=X인 직선)을 그렸을 때, 이를 기준으로 X축 쪽으로 치우친 점은 수출액이 많고, Y축으로 치우친 점은 수입액이 많음을 알 수 있다.
① (○) 2008년, 2009년, 2007년을 비교하면 되는데, 2007년이나 2009년은 비슷하고 2008년이 가장 높다. 규모가 가장 작은 해는 2001년이라는 것을 알 수 있다.
② (○) 수출액 대비 수입액이므로 Y=X인 직선보다 위에 있어야 한다. 그중 선과 가장 많이 떨어진 2003년이다.
③ (○) Y=X인 직선을 기준으로 선과 가장 많이 떨어진 점(연도)을 찾는다. 이 중 흑자 폭은 수출액 쪽으로 가장 많이 떨어져 있는 것을, 적자폭은 수입액 쪽으로 가장 떨어져 있는 것을 찾으면 각각 2007년, 2003년이다.
④ (×) 무역규모는 점이 아래로, 그리고 왼쪽으로 갈수록 감소한다. 그런데 2008년(400 + 390 = 약 790십억 불)에서 2009년(420 + 330 = 약 750십억 불)으로 갈 때는 규모는 줄었지만 수출액은 늘었다.
⑤ (○) 그래프상에서 쉽게 알 수 있다.

(예제 3) 다음은 2012 ~ 2013년 16개 기업(A ~ P)의 평균연봉 순위와 평균연봉비에 관한 자료이다. 이에 대한 〈보기〉의 설명 중 옳은 것만을 모두 고르면?

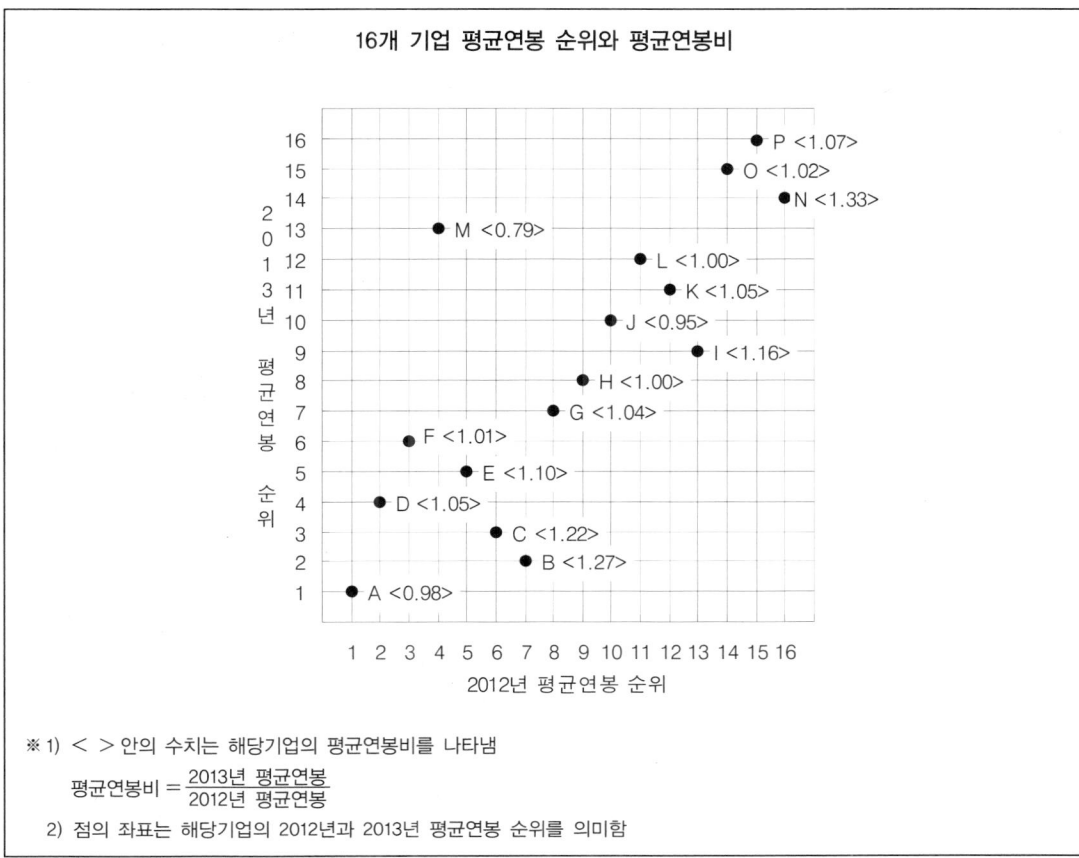

16개 기업 평균연봉 순위와 평균연봉비

※ 1) < > 안의 수치는 해당기업의 평균연봉비를 나타냄

$$평균연봉비 = \frac{2013년\ 평균연봉}{2012년\ 평균연봉}$$

2) 점의 좌표는 해당기업의 2012년과 2013년 평균연봉 순위를 의미함

┌─보기─┐

ㄱ. 2012년에 비해 2013년 평균연봉 순위가 상승한 기업은 7개이다.
ㄴ. 2012년 대비 2013년 평균연봉 순위 하락폭이 가장 큰 기업은 평균연봉 감소율도 가장 크다.
ㄷ. 2012년 대비 2013년 평균연봉 순위 상승폭이 가장 큰 기업은 평균연봉 증가율도 가장 크다.
ㄹ. 2012년에 비해 2013년 평균연봉이 감소한 기업은 모두 평균연봉 순위도 하락하였다.
ㅁ. 2012년 평균연봉 순위 10위 이내 기업은 모두 2013년에도 10위 이내에 있다.

① ㄱ, ㄴ
② ㄱ, ㄷ
③ ㄱ, ㄴ, ㅁ
④ ㄴ, ㄷ, ㄹ
⑤ ㄷ, ㄹ, ㅁ

|정답| ①

|해설| 그래프에 다음과 같이 Y=X인 직선을 그리고 선지를 풀이하면 된다.

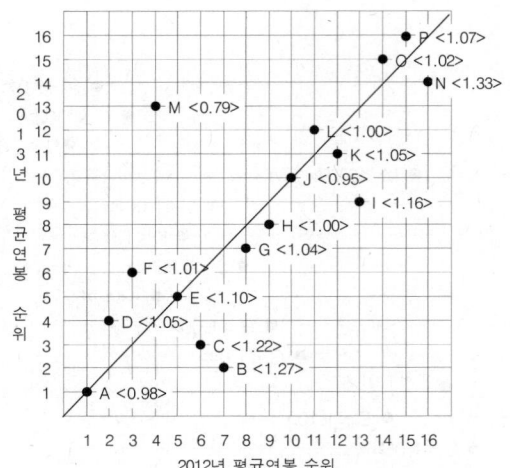

ㄱ. (○) Y=X인 직선의 아래 쪽에 위치한 것이 평균연봉 순위가 상승한 기업이 된다. B, C, E, G, H, I, K, N의 7개다.

ㄴ. (○) M의 경우 하락폭이 큰데, 0.79로 연봉 감소율도 크다. (연봉순위는 숫자가 커지는 것이 하락한 것이기 때문에 대각선 위쪽에 있는 것을 찾으면 된다. M의 하락폭은 대각선에서 가장 많이 떨어져 있다. 평균연봉 감소율은 〈 〉의 수치가 1보다 작은 값을 찾으면 되는데 M의 경우 그 값도 가장 작다.)

ㄷ. (×) B의 상승폭이 가장 큰데, N의 경우 평균연봉비가 1.330이기 때문에 B의 1.27보다 크다. (대각선 아래쪽에 위치한 것 중 대각선에서 가장 많이 떨어져 있는 B가 상승폭이 가장 크다. 그런데 연봉 상승률은 N이 더 크다.)

ㄹ. (×) A는 0.98, J는 0.95로 감소했는데도 순위를 유지하고 있다.

ㅁ. (×) M의 경우 2012년 4위였는데, 2013년에는 13위가 됐다.

09 계산을 최소화하는 눈대중 풀이법

자료 값의 자릿수가 세 자리 이내일 경우, 증가율이나 비중 문제를 눈대중으로 계산하여 정답을 찾는 것이 효율적 풀이법이 될 수 있다. 이는 사칙 연산 실력이 높은 수준으로 올라왔을 때 가능하다. 정확산 수치로 계산하는 것이 아닌, 대략적으로 증가율 또는 비중을 계산해서 문제를 풀이하는 방법이다.

(예제 1) 다음은 '갑'국의 재생에너지 생산 현황에 관한 자료이다. 이에 대한 〈보기〉의 설명 중 옳은 것만을 모두 고르면?

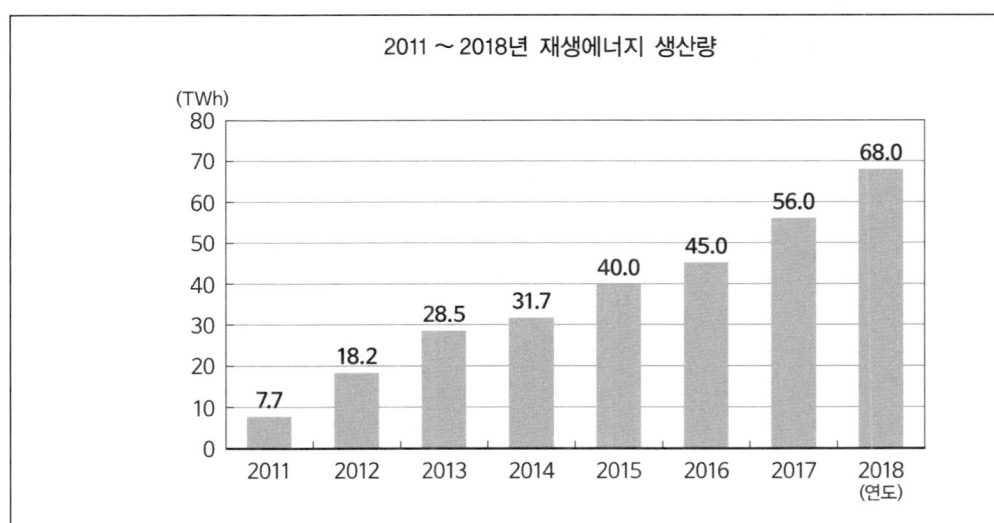

2011 ~ 2018년 재생에너지 생산량

2016 ~ 2018년 에너지원별 재생에너지 생산량 비율

(단위 : %)

에너지원＼연도	2016	2017	2018
폐기물	61.1	60.4	55.0
바이오	16.6	17.3	17.5
수력	10.3	11.3	15.1
태양광	10.9	9.8	8.8
풍력	1.1	1.2	3.6
계	100.0	100.0	100.0

┌ 보기 ┐
ㄱ. 2012 ~ 2018년 재생에너지 생산량은 매년 전년 대비 10% 이상 증가하였다.
ㄴ. 2016 ~ 2018년 에너지원별 재생에너지 생산량 비율의 순위는 매년 동일하다.
ㄷ. 2016 ~ 2018년 태양광을 에너지원으로 하는 재생에너지 생산량은 매년 증가하였다.
ㄹ. 수력을 에너지원으로 하는 재생에너지 생산량은 2018년이 2016년의 3배 이상이다.

① ㄱ, ㄴ   ② ㄱ, ㄷ
③ ㄱ, ㄹ   ④ ㄴ, ㄷ
⑤ ㄴ, ㄹ

|정답| ②

|해설| 주어진 수치들을 대략 계산해 시간을 최소화하는 연습을 해보자.

ㄱ. (○) 전년 대비 10 이상 상승한 2012년, 2013년, 2017년, 2018년은 10% 이상 생산량이 증가한 것이 확실하다. 나머지 연도들의 증가량을 살펴보면, 2014년에는 전년도의 10%인 2.85TWh 이상 증가하였고, 2015년, 2016년도 마찬가지다.

ㄷ. (○) 눈으로 확인해서 풀이를 하는 것이 중요하다. 태양광 비율이 10.9 → 9.8 → 8.8로 매년 약 10% 감소를 보이고 있다. 그러나 전체 생산량은 45 → 56 → 68로 매년 20% 이상 증가하므로 태양광의 생산량은 매년 증가함을 알 수 있다.

ㄴ. (×) 2016년은 태양광이 수력보다 높은데, 2017년, 2018년은 반대이므로 순위가 매년 동일하지는 않다.

ㄹ. (×) 정확히 자릿수를 맞추어 계산하기보다는 시간 절약을 위해 자릿수를 생각하지 않고 주어진 수치를 대략 계산해보자. 45×10 = 450, 68×15 = 1,020이다. 대략적인 계산으로도 2018년 수력에너지 생산량 비율이 3배가 안 됨을 알 수 있다.

(예제 2) 다음은 2015 ~ 2018년 사용자별 사물인터넷 관련 지출액에 관한 자료이다. 이에 대한 설명으로 옳지 않은 것은?

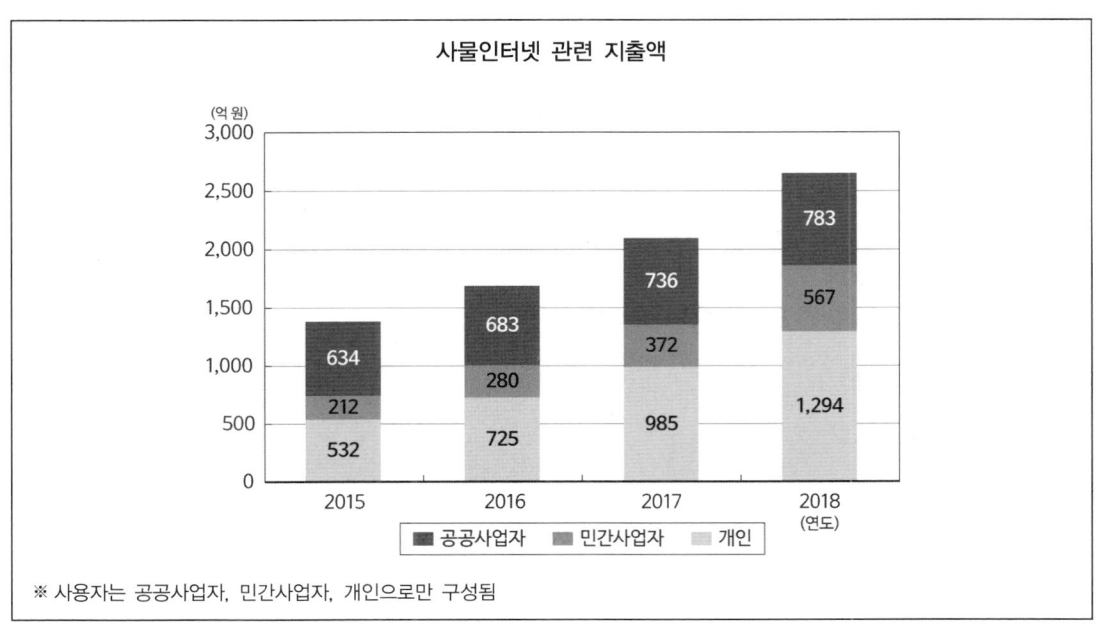

사물인터넷 관련 지출액

① 2016 ~ 2018년 동안 '공공사업자' 지출액의 전년 대비 증가폭이 가장 큰 해는 2017년이다.
② 2018년 사용자별 지출액의 전년 대비 증가율은 '개인'이 가장 높다.
③ 2016 ~ 2018년 동안 사용자별 지출액의 전년 대비 증가율은 매년 '공공사업자'가 가장 낮다.
④ '공공사업자'와 '민간사업자'의 지출액 합은 매년 '개인'의 지출액보다 크다.
⑤ 2018년 모든 사용자의 지출액 합은 2015년 대비 80% 이상 증가하였다.

|정답| ②
|해설| ① (○) 증가폭 기준을 50으로 놓고 2015 ~ 2017년 공공사업자 수치에 50을 더해본다. 2017년만 증가폭이 50이 넘는다.

	2016년	2017년	2018년
공공사업자 지출액	683	736	783
전년 대비 증가폭	49	53	47

② (×) 2018년 '개인'이 985에서 1294로 309 증가하였다. '민간사업자'는 372에서 567로 195 증가하였다. '개인'의 증가율은 985가 309의 3배 이상이므로 33% 미만이고, '민간사업자'의 증가율은 372가 195의 2배 미만이므로 50% 초과이다. 따라서, '민간사업자'의 전년 대비 증가율이 가장 높다.
③ (○) 공공사업자는 ①에서 본 것처럼 최대 증가폭이 50 정도이고 민간사업자나 개인의 증가폭에도 미치지 못한다. 매년 증가율이 10%를 넘지 않아 가장 낮다.
④ (○) 눈대중으로 그래프상 수치를 계산하여 알 수 있는 부분이다.
⑤ (○) 그래프상 전체 지출액으로 비교하면 2018년이 2015년의 2배에 육박한다. 80% 이상 증가하였다.

예제 3 다음은 2004 ~ 2017년 '갑'국의 엥겔계수와 엔젤계수를 나타낸 자료이다. 이에 대한 설명으로 옳은 것은?

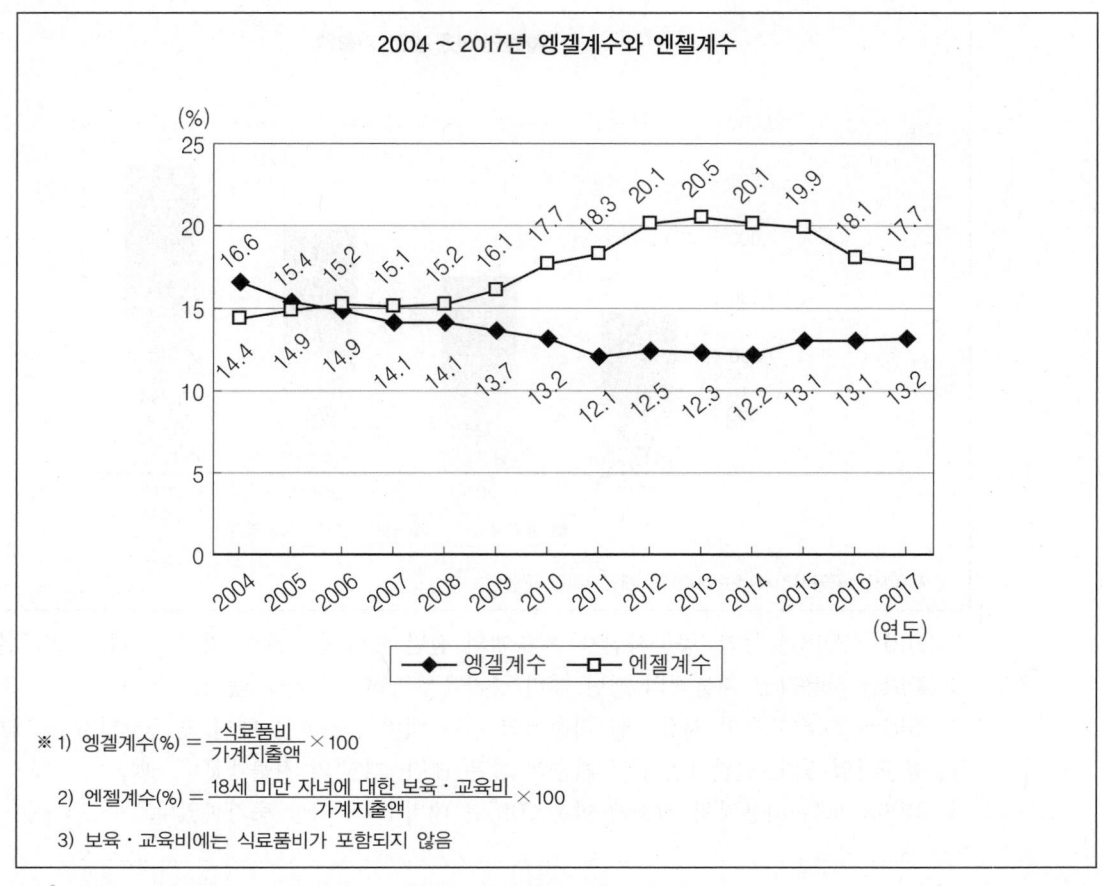

※ 1) 엥겔계수(%) = $\frac{식료품비}{가계지출액} \times 100$

  2) 엔젤계수(%) = $\frac{18세\ 미만\ 자녀에\ 대한\ 보육 \cdot 교육비}{가계지출액} \times 100$

  3) 보육 · 교육비에는 식료품비가 포함되지 않음

① 2008 ~ 2013년 동안 엔젤계수의 연간 상승폭은 매년 증가한다.

② 2004년 대비 2014년, 엥겔계수 하락폭은 엔젤계수 상승폭보다 크다.

③ 2006년 이후 매년 18세 미만 자녀에 대한 보육 · 교육비는 식료품비를 초과한다.

④ 2008 ~ 2012년 동안 매년 18세 미만 자녀에 대한 보육 · 교육비 대비 식료품비의 비율은 증가한다.

⑤ 엔젤계수는 가장 높은 해가 가장 낮은 해에 비해 7.0%p 이상 크다.

|정답| ③

|해설| ① (×) 눈으로 보아도 상승폭이 매년 증가하지 않음을 알 수 있다.

② (×) 엥겔계수: 16.6 → 12.2(4.4 감소), 엔젤계수: 14.4 → 20.1(5.7 증가)이므로 인젤계수 상승폭이 더 크다.

③ (○) 2006년 이후 엔젤계수가 엥겔계수보다 계속 크다. 두 계수의 분모는 같아서 분자로만 크기 비교가 가능한데, 엔젤계수가 엥겔계수보다 높다는 것은 18세 미만 자녀 보육 · 교육비가 식료품비를 초과한다는 의미이다.

④ (×) 2008 ~ 2012년 동안 엔젤계수는 상승, 엥겔계수는 하락하므로, ③의 설명으로 살펴보면 18세 미만 자녀 보육 · 교육비 대비 식료품비는 증가가 아니라 감소한다고 볼 수 있다.

⑤ (×) 엔젤계수가 가장 높은 해의 계수는 20.5%, 가장 낮은 해의 계수는 14.4%로 그 차이는 6.1%p이다.

10 자료에서 공식을 도출하는 풀이법

공식을 다양하게 제시하고 그 공식으로부터 자료값을 도출하는 문제 유형이다. 제시된 공식에서 새로운 공식을 도출하여 풀거나, 공식을 빠르게 이해하여 풀이해야 한다.

예제 1 다음 표는 어느 국가의 지역별 영유아 인구수, 보육시설 정원 및 현원에 관한 자료이다. 이에 대한 〈보기〉의 설명 중 옳은 것을 모두 고르면?

지역별 영유아 인구수, 보육시설 정원 및 현원

(단위: 천 명)

지역 \ 구분	영유아 인구수	보육시설 정원	보육시설 현원
A	512	231	196
B	152	71	59
C	86	( )	35
D	66	28	24
E	726	375	283
F	77	49	38
G	118	67	52
H	96	66	51
I	188	109	84
J	35	28	25

※ 1) 보육시설 공급률(%) $= \dfrac{\text{보육시설 정원}}{\text{영유아 인구수}} \times 100$

2) 보육시설 이용률(%) $= \dfrac{\text{보육시설 현원}}{\text{영유아 인구수}} \times 100$

3) 보육시설 정원충족률(%) $= \dfrac{\text{보육시설 현원}}{\text{보육시설 정원}} \times 100$

┌─ 보기 ─┐

ㄱ. A지역의 보육시설 공급률과 보육시설 이용률의 차이는 10%p 미만이다.
ㄴ. 영유아 인구수가 10만 명 이상인 지역 중 보육시설 공급률이 50% 미만인 지역은 2곳이다.
ㄷ. 영유아 인구수가 가장 많은 지역과 가장 적은 지역 간 보육시설 이용률의 차이는 40%p 이상이다.
ㄹ. C지역의 보육시설 공급률이 50%라고 가정하면 이 지역의 보육시설 정원충족률은 80% 이상이다.

① ㄱ, ㄴ　　　　　　　② ㄱ, ㄷ
③ ㄷ, ㄹ　　　　　　　④ ㄱ, ㄴ, ㄹ
⑤ ㄴ, ㄷ, ㄹ

| 정답 | ④

| 해설 | ㄱ. (○) 일단 보육시설 공급률과 보육시설 이용률에 대한 공식을 대입한다.

보육시설 공급률(%) $= \dfrac{보육시설\ 정원}{영유아\ 인구수} \times 100$ 이므로 $\dfrac{231}{512} \times 100 ≒ 45.12(\%)$

보육시설 이용률(%) $= \dfrac{보육시설\ 현원}{영유아\ 인구수} \times 100$ 이므로 $\dfrac{196}{512} \times 100 ≒ 38.28(\%)$

차이는 10%p가 되지 않는다.

ㄴ. (○) 영유아 인구수가 10만 명 이상인 지역은 A, B, E, G, I다. 보육시설 공급률이 50%가 안 되는 곳이라 했으므로, 보육시설 정원이 영유아 인구수의 절반이 되지 않는 곳을 찾으면 된다. A, B 두 곳이다.

ㄹ. (○) 보육시설 공급률이 50%라는 것은 보육시설 정원이 영유아 인구수의 정확히 절반이라는 의미이다. 따라서 C지역의 보육시설 정원은 86천 명의 절반인 43천 명이 되고, 이를 보육시설 정원충족률 공식에 대입하면,

$\dfrac{35}{43} \times 100 ≒ 81.4\%$가 된다.

ㄷ. (×) 영유아 인구수가 가장 많은 지역은 E이고 보육시설 이용률 $= \dfrac{283}{726} \times 100 ≒ 38.98\%$이다.

영유아 인구수가 가장 적은 지역은 J이고 보육시설 이용률 $= \dfrac{25}{35} \times 100 ≒ 71.43\%$이다.

두 지역 간 보육시설 이용률 차이는 71.43 − 38.98 = 32.45%p로 40%p 미만이다.

(예제 2) 다음 표는 '갑'시의 산업기사 · 기능사 자격시험 접수자, 응시자 및 합격자 현황이다. 이에 대한 설명으로 옳은 것은?

'갑'시 산업기사 · 기능사 자격시험 접수자, 응시자 및 합격자 현황

(단위 : 명)

구분	종목	접수자	응시자	합격자
산업기사	치공구설계	28	22	14
	컴퓨터응용가공	48	42	14
	기계설계	86	76	31
	용접	24	11	2
	전체	186	151	61
기능사	기계가공조립	17	17	17
	컴퓨터응용선반	41	34	29
	웹디자인	9	8	6
	귀금속가공	22	22	16
	컴퓨터응용밀링	17	15	12
	전산응용기계제도	188	156	66
	전체	294	252	146

※ 1) 응시율(%) $= \dfrac{\text{응시자 수}}{\text{접수자 수}} \times 100$

2) 합격률(%) $= \dfrac{\text{합격자 수}}{\text{응시자 수}} \times 100$

① 산업기사 전체 합격률은 기능사 전체 합격률보다 높다.
② 산업기사 종목을 합격률이 높은 것부터 순서대로 나열하면 치공구설계, 컴퓨터응용가공, 기계설계, 용접 순이다.
③ 산업기사 전체 응시율은 기능사 전체 응시율보다 낮다.
④ 산업기사 종목 중 응시율이 가장 낮은 종목은 컴퓨터응용가공이다.
⑤ 기능사 종목 중 응시율이 높은 종목일수록 합격률도 높다.

|정답| ③

|해설| 응시율과 합격률을 잘 구분해야 하는 문제이다. 만약 본 문제에서 합격자 수를 계산하라고 하면 어떻게 계산하면 될까?

응시율(%) × 합격률(%) × 접수자 수를 계산하면 합격자 수가 된다. 본 문제의 경우 합격률, 응시율이 제시된 정보가 아니기 때문에 아래와 같이 풀이를 했지만 만약 선지에 합격자 수가 가장 많은 종목을 고르는 내용이 나왔다면 그 선지부터 풀이를 하는 것이 좋다.

① (×) 산업기사: $\frac{61}{151} < \frac{1}{2}$, 기능사: $\frac{146}{252} > \frac{1}{2}$ 이므로 산업기사 합격률이 더 낮다.

구분	종목	응시자	합격자
산업기사	전체	151	61
기능사	전체	252	146

② (×) 치공구설계와 용접은 각각 1등과 4등이 명백하다. 나머지 두 종목의 합격률을 살펴보면,

컴퓨터응용가공: $\frac{14}{42} = \frac{1}{3}$, 기계설계: $\frac{31}{76} > \frac{31}{93} = \frac{1}{3}$ 이므로 기계설계가 컴퓨터응용가공보다 합격률이 더 높다. 따라서 합격률이 높은 종목을 순서대로 나열하면 치공구설계, 기계설계, 컴퓨터응용가공, 용접 순이다.

③ (○) 산업기사: $\frac{151}{186}$, 기능사: $\frac{252}{294} = \frac{84}{98} = \frac{168}{196}$ 이다. 이때 두 수치를 비교하면, 분모가 더 작음에도 151과 186은 35 차이로, 28 차이인 168과 196보다 더 크므로, $\frac{151}{186}$ 이 $\frac{168}{196}$ 보다 작은 수임을 알 수 있다. 따라서 산업기사 응시율이 기능사 응시율보다 낮다.

④ (×) 산업기사 중 응시율이 가장 낮은 종목은 용접으로 $\frac{11}{24} \times 100 ≒ 45.8\%$이다. 나머지는 모두 50% 이상이다.

⑤ (×) 귀금속가공 종목의 응시율은 $\frac{22}{22} \times 100 = 100\%$, 합격률은 $\frac{16}{22} \times 100 ≒ 72.73\%$, 컴퓨터응용선반 종목의 응시율은 $\frac{34}{41} \times 100 ≒ 82.93\%$, 합격률은 $\frac{29}{34} \times 100 ≒ 85.3\%$로 응시율이 낮은 컴퓨터응용선반의 합격률이 더 높다.

예제 3 다음 표는 2014년 '갑'국 지방법원(A ~ E)의 배심원 출석 현황에 관한 자료이다. 이에 대한 〈보기〉의 설명 중 옳은 것만을 모두 고르면?

2014년 '갑'국 지방법원(A ~ E)의 배심원 출석 현황

(단위 : 명)

구분 지방법원	소환인원	송달 불능자	출석취소 통지자	출석의무자	출석자
A	1,880	533	573	( )	411
B	1,740	495	508	( )	453
C	716	160	213	343	189
D	191	38	65	88	57
E	420	126	120	174	115

※ 1) 출석의무자 수 = 소환인원 − 송달불능자 수 − 출석취소통지자 수

2) 출석률(%) = $\dfrac{\text{출석자 수}}{\text{소환인원}} \times 100$

3) 실질출석률(%) = $\dfrac{\text{출석자 수}}{\text{출석의무자 수}} \times 100$

보기

ㄱ. 출석의무자 수는 B지방법원이 A지방법원보다 많다.

ㄴ. 실질출석률은 E지방법원이 C지방법원보다 낮다.

ㄷ. D지방법원의 출석률은 25% 이상이다.

ㄹ. A ~ E지방법원 전체 소환인원에서 A지방법원의 소환인원이 차지하는 비율은 35% 이상이다.

---

① ㄱ, ㄴ   ② ㄱ, ㄷ

③ ㄴ, ㄷ   ④ ㄴ, ㄹ

⑤ ㄷ, ㄹ

|정답| ⑤

|해설| ㄱ. (×) A의 출석의무자 수는 1,880 − 533 − 573 = 774(명)이고, B의 출석의무자 수는 1,740 − 495 − 508 = 737(명)이다. A가 더 많다.

ㄴ. (×) C의 실질출석률은 $\dfrac{189}{343} \times 100 ≒ 55.1\%$, E의 실질출석률은 $\dfrac{115}{174} \times 100 ≒ 66.09\%$로, E가 C보다 높다.

ㄷ. (○) $\dfrac{57}{191} \times 100 ≒ 29.84\%$로 25% 이상이다.

ㄹ. (○) 전체 소환인원은 1,880 + 1,740 + 716 + 191 + 420 = 4,947이고, A의 비중은 $\dfrac{1,880}{4,947} \times 100 ≒ 38\%$로 35% 이상이다.

예제 4 다음 표는 '갑'국의 인구 구조와 노령화에 대한 자료이다. 이에 대한 〈보기〉의 설명 중 옳은 것만을 모두 고르면?

인구 구조 현황 및 전망

(단위 : 천 명, %)

연도	총인구	유소년인구 (14세 이하)		생산가능인구 (15 ~ 64세)		노인인구 (65세 이상)	
		인구수	구성비	인구수	구성비	인구수	구성비
2000	47,008	9,911	21.1	33,702	71.7	3,395	7.2
2010	49,410	7,975	( )	35,983	72.8	5,452	11.0
2016	51,246	( )	( )	( )	( )	8,181	16.0
2020	51,974	( )	( )	( )	( )	9,219	17.7
2030	48,941	5,628	11.5	29,609	60.5	( )	28.0

※ 2020년, 2030년은 예상치임

노년부양비 및 노령화지수

(단위 : 명)

구분 \ 연도	2000	2010	2016	2020	2030
노년부양비	10.1	15.2	( )	25.6	46.3
노령화지수	34.3	68.4	119.3	135.6	243.5

※ 1) 노년부양비(명) $= \dfrac{노인인구}{생산가능인구} \times 100$

2) 노령화지수(명) $= \dfrac{노인인구}{유소년인구} \times 100$

보기

ㄱ. 2020년 대비 2030년의 노인인구 증가율은 55% 이상으로 예상된다.
ㄴ. 2016년에는 노인인구가 유소년인구보다 많다.
ㄷ. 2016년 노년부양비는 20명 이상이다.
ㄹ. 2020년 대비 2030년의 생산가능인구 감소폭은 600만 명 이상일 것으로 예상된다.

① ㄱ, ㄷ   ② ㄴ, ㄷ
③ ㄴ, ㄹ   ④ ㄱ, ㄴ, ㄷ
⑤ ㄴ, ㄷ, ㄹ

|정답| ⑤

|해설|

연도	총인구	유소년인구 (14세 이하)		생산가능인구 (15~64세)		노인인구 (65세 이상)	
		인구수	구성비	인구수	구성비	인구수	구성비
2000	47,008	9,911	21.1	33,702	71.7	3,395	7.2
2010	49,410	7,975	16.14	35,983	72.8	5,452	11
2016	51,246	6,857	13.38	36,208	70.66	8,181	16
2020	51,974	6,744	12.98	36,011	69.29	9,219	17.7
2030	48,941	5,628	11.5	29,609	60.5	13,704	28

구분 \ 연도	2000	2010	2016	2020	2030
노년부양비	10.1	15.2	22.59	25.6	46.3
노령화지수	34.3	68.4	119.3	135.6	243.5

ㄴ. (○) 쉬운 지문부터 접근한다. 노령화지수 $= \dfrac{\text{노인인구}}{\text{유소년인구}} \times 100$인데 2016년에 119.3으로 노인인구가 유소년 인구보다 많음을 알 수 있다.

ㄷ. (○) 2010년 노년부양비는 15.2, 2020년 노년부양비는 25.6이다. 제시된 2016년 20은 앞의 두 수치에서 2010 년에 조금 더 가깝고, 두 수치의 평균 20.4보다 조금 작다. 그러면 노인인구 수도 2010년에 가깝고, 2010년과 2020년의 노인인구 수의 평균보다 조금 작은 수여야 한다. 노인인구는 2010년 5,452천 명, 2020년 9,219천 명인 데 2016년은 8,181천 명으로 2010년보다는 2020년 수치에 더 가깝다. 따라서 2016년 노년부양비는 20명을 넘을 것이다.

ㄱ. (×) 2030년 노인인구는 총인구 48,941천 명의 28%를 차지하므로, 48,941 × 0.28 ≒ 13,703(천 명)이다. 2020년 노인인구 9,219천 명에서 55% 증가했다면 9,219 + 4,610(50%) + 460(5%) = 14,289(천 명)이 되어야 한다. 따라서 2020년 대비 2030년 노인인구 증가율은 55%보다 작다.

ㄹ. (○) 2030년 생산가능인구는 29,609천 명이다. 2020년보다 600만 명 즉 6,000천 명 감소했다면 2020년의 생산가능인구는 29,609 + 6,000 = 35,609(천 명) 이상이어야 맞다.

이때 2020년의 노인부양비를 계산하면 $\dfrac{\text{노인인구}}{\text{생산가능인구}} \times 100$이므로, $\dfrac{9,219}{35,609} \times 100 ≒ 25.89$(명)이다. 실제 노인부 양비는 25.6(명)으로, 분모의 값(생산가능인구)이 35,609(천 명) 이상이 되어야 한다. 따라서, 2020년 대비 2030년 생산가능인구 감소폭은 600만 명 이상이다.

예제 5 다음 표는 A국의 농·축·수산물 안전성 조사결과에 관한 자료이다. 이에 대한 〈보기〉의 설명 중 옳은 것만을 모두 고르면?

〈표 1〉 2014년 A국의 단계별 농·축·수산물 안전성 조사결과

(단위 : 건)

구분\단계	농산물		축산물		수산물	
	조사 건수	부적합 건수	조사 건수	부적합 건수	조사 건수	부적합 건수
생산단계	91,211	1,209	418,647	1,803	12,922	235
유통단계	55,094	516	22,927	106	8,988	49
총계	146,305	1,725	441,574	1,909	21,910	284

〈표 2〉 A국의 연도별 농·축·수산물 생산단계 안전성 조사결과

(단위 : %, 건)

구분\연도	농산물		축산물		수산물	
	조사실적 지수	부적합건수	조사실적 지수	부적합건수	조사실적 지수	부적합건수
2011	84	( )	86	( )	84	( )
2012	87	( )	92	( )	91	( )
2013	99	( )	105	( )	92	( )
2014	100	1,209	100	1,803	100	235

※ 1) 해당연도 조사실적지수(%) = $\dfrac{\text{해당연도 조사건수}}{\text{2014년 조사건수}} \times 100$ (단, 조사실적지수는 소수점 첫째 자리에서 반올림한 값임)

2) 부적합건수비율(%) = $\dfrac{\text{부적합건수}}{\text{조사건수}} \times 100$

보기

ㄱ. 2014년 생산단계에서의 부적합건수비율은 농산물이 수산물보다 낮다.

ㄴ. 2011년 대비 2012년 생산단계 조사건수 증가량은 수산물이 농산물보다 많다.

ㄷ. 2013년 생산단계 안전성 조사결과에서, 농산물 부적합건수비율이 축산물 부적합건수비율의 10배라면 부적합건수는 농산물이 축산물의 2배 이상이다.

ㄹ. 2012 ~ 2014년 동안 농·축·수산물 각각의 생산단계 조사건수는 전년 대비 매년 증가한다.

① ㄱ, ㄴ
② ㄱ, ㄷ
③ ㄱ, ㄹ
④ ㄴ, ㄹ
⑤ ㄷ, ㄹ

|정답| ②

|해설| ㄱ. (○) 생산단계에서의 부적합건수비율은

농산물 : $\dfrac{1,209}{91,211} \times 100 ≒ 1.33(\%)$

수산물 : $\dfrac{235}{12,922} \times 100 ≒ 1.82(\%)$

농산물이 수산물보다 낮다.

ㄴ. (×) 조사질적 지수 = $\dfrac{\text{해당연도 조사건수}}{\text{2014년 조사건수}} \times 100$이다. 〈표 2〉는 생산단계만 다룬다. 2011년 → 2012년 조사실적지수 변화는 농산물이 84 → 87(＋3)이고 수산물이 84 → 91(＋7)로 수산물의 지수변화가 농산물보다 2.3배 정도 높지만, 2014년 생산단계 조사건수는 농산물이 수산물보다 약 7배 많으므로 2011년 대비 2012년 조사건수 증가량은 농산물이 수산물보다 많다.

ㄹ. (×) 〈표 2〉 축산물을 보면 2013년 조사실적지수가 105이다. 이는 2013년 조사건수가 2014년 조사건수보다 많음을 의미한다.

ㄷ. (○) 계산량이 많아 마지막에 풀이한다. 2013년 조사실적지수를 보면 농산물은 99로 조사건수가 2014년보다 1%p 적고, 축산물은 105로 조사건수가 2014년보다 5%p 많으므로 2013년 조사건수는 대략 농산물은 91,000건, 축산물은 440,000건으로 볼 수 있다.

부적합건수비율이 농산물이 축산물의 10배라는 가정을 한다면, 농산물이 10%이고 축산물이 1%일 때 농산물은 9,100건이고 축산물은 4,400건이다. 이 경우 농산물의 부적합건수가 축산물 부적합건수의 2배 이상이다.

11 두 개 이상의 공식을 활용하는 풀이법

(예제 1) 다음은 소나무재선충병 발생지역에 대한 자료이다. 이를 이용하여 계산할 때, 고사한 소나무 수가 가장 많은 발생지역은?

소나무재선충병 발생지역별 소나무 수

(단위: 천 그루)

발생지역	소나무 수
거제	1,590
경주	2,981
제주	1,201
청도	279
포항	2,312

소나무재선충병 발생지역별 감염률 및 고사율

※ 1) 감염률(%) = $\dfrac{\text{발생지역의 감염된 소나무 수}}{\text{발생지역의 소나무 수}} \times 100$

2) 고사율(%) = $\dfrac{\text{발생지역의 고사한 소나무 수}}{\text{발생지역의 감염된 소나무 수}} \times 100$

---

① 거제   ② 경주   ③ 제주
④ 청도   ⑤ 포항

|정답| ①

|해설| $\dfrac{\text{발생지역의 감염된 소나무 수}}{\text{발생지역의 소나무 수}} \times \dfrac{\text{발생지역의 고사한 소나무 수}}{\text{발생지역의 감염된 소나무 수}} = \dfrac{\text{발생지역의 고사한 소나무 수}}{\text{발생지역의 소나무 수}}$

고사한 나무 수= 감염률 × 고사율 × 발생지역의 소나무 수이다. 전체 나무 중 감염된 것에서 고사한 소나무 수를 구하니 위와 같은 공식이 나온 것이다. 상식적인 얘기인데 공식으로 써 놓으면 어려워 보인다.

본 문제에서는 고사한 소나무 수가 가장 많은 발생지역을 물어봤다. 감염률도 높고 고사율도 높고 소나무도 많은 곳이 죽은 나무가 많은 곳이다. 아래처럼 계산하면 되지만, 이런 문제의 경우 수치만 대략적으로 비교해도 충분히 문제를 풀 수 있다.

구분	발생지역 소나무 수	감염률	고사율	고사한 나무 수
거제	1,590	0.5	0.5	397.5
경주	2,981	0.2	0.5	298.1
제주	1,201	0.8	0.4	384.32
청도	279	0.1	0.7	19.53
포항	2,312	0.2	0.6	277.44

예제 2 다음은 여러 국가(A, B, C, D, E)의 인터넷 이용자 비율과 인터넷뱅킹 이용자 비율을 나타낸 그래프 이다. 제시된 자료를 바탕으로 '인터넷 이용자 중 인터넷뱅킹 이용자의 비율'이 큰 국가부터 순서대로 바르게 나열한 것은?

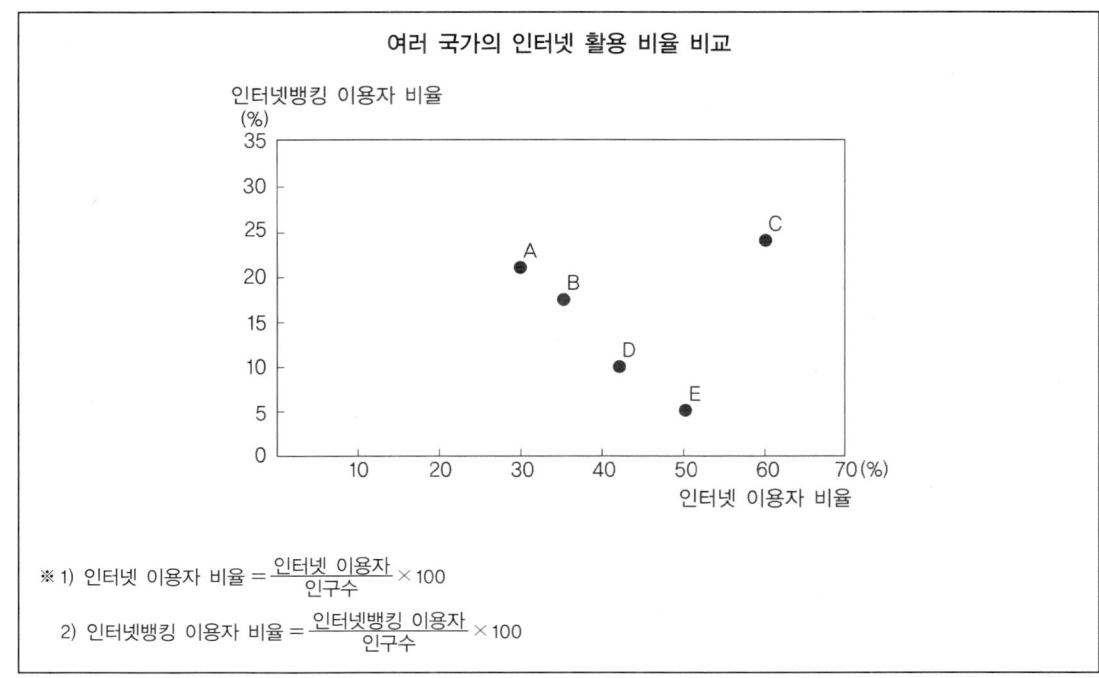

여러 국가의 인터넷 활용 비율 비교

※ 1) 인터넷 이용자 비율 $= \dfrac{\text{인터넷 이용자}}{\text{인구수}} \times 100$

   2) 인터넷뱅킹 이용자 비율 $= \dfrac{\text{인터넷뱅킹 이용자}}{\text{인구수}} \times 100$

① A − B − C − D − E   ② A − B − D − E − C
③ B − D − A − E − C   ④ C − A − B − D − E
⑤ E − D − C − B − A

|정답| ①

|해설| 이 문제도 앞의 〈예제 1〉과 마찬가지이다.

인터넷 이용자 비율 $= \dfrac{\text{인터넷 이용자}}{\text{인구수}} \times 100$, 인터넷뱅킹 이용자 비율 $= \dfrac{\text{인터넷뱅킹 이용자}}{\text{인구수}} \times 100$ 공식을 보자.

인구수가 공식의 분모에 있고 인터넷 이용자 중 인터넷뱅킹 이용자 비율을 물어봤으므로

이는 $\dfrac{\text{인터넷뱅킹 이용자}}{\text{인터넷 이용자}} \times 100$이다.

위 공식을 여기에 대입하면 $\dfrac{\text{인터넷뱅킹 이용자 비율}}{\text{인터넷 이용자 비율}}$과 같다.

그래프에서 X축이 인터넷 이용자 비율이고 Y축은 인터넷뱅킹 이용자 비율이다. 즉, Y축 값이 클수록, x축 값이 작을수록 값이 커지므로 A, B, C, D, E를 크기 순으로 나타내면 A > B > D > E 순서가 된다.

이제 C의 크기를 판단한다. B는 약 $\dfrac{1}{2}$, D는 약 $\dfrac{1}{4}$이므로 $\dfrac{25}{60}$인 C는 그 사이 값을 갖는다.

따라서 큰 순서대로 나열하면, A − B − C − D − E가 되므로 답은 ①이 된다.

예제 3 다음 표는 3D기술 분야 특허등록건수 상위 10개국의 국가별 영향력지수와 기술력지수를 나타낸 자료이다. 이에 대한 〈보기〉의 설명 중 옳은 것만을 모두 고르면?

3D기술 분야 특허등록건수 상위 10개국의 국가별 영향력지수와 기술력지수

국가 \ 구분	특허등록 건수(건)	영향력지수	기술력지수
미국	500	( )	600.0
일본	269	1.0	269.0
독일	( )	0.6	45.0
한국	59	0.3	17.7
네덜란드	( )	0.8	24.0
캐나다	22	( )	30.8
이스라엘	( )	0.6	10.2
태국	14	0.1	1.4
프랑스	( )	0.3	3.9
핀란드	9	0.7	6.3

※ 1) 해당국가의 기술력지수 = 해당국가의 특허등록건수 × 해당국가의 영향력지수

2) 해당국가의 영향력지수 = $\dfrac{\text{해당국가의 피인용비}}{\text{전 세계 피인용비}}$

3) 해당국가의 피인용비 = $\dfrac{\text{해당국가의 특허피인용건수}}{\text{해당국가의 특허등록건수}}$

4) 3D기술 분야의 전 세계 피인용비는 10임

보기

ㄱ. 캐나다의 영향력지수는 미국의 영향력지수보다 크다.
ㄴ. 프랑스와 태국의 특허피인용건수의 차이는 프랑스와 핀란드의 특허피인용건수의 차이보다 크다.
ㄷ. 특허등록건수 상위 10개국 중 한국의 특허피인용건수는 네 번째로 많다.
ㄹ. 네덜란드의 특허등록건수는 한국의 특허등록건수의 50% 미만이다.

① ㄱ, ㄴ   ② ㄱ, ㄷ
③ ㄴ, ㄹ   ④ ㄱ, ㄷ, ㄹ
⑤ ㄴ, ㄷ, ㄹ

| **정답** | ①

| **해설** | 이 문제의 핵심은 공식을 분석하는 것인데, 3D기술 분야의 전 세계 피인용비 10이라는 값은 고정되어 있다. 따라서 해당국가의 영향력지수×10 = 해당국가의 피인용비가 된다.

$$해당국가의\ 영향력지수 \times 10 = \frac{해당국가의\ 특허피인용건수}{해당국가의\ 특허등록건수}$$

해당국가의 특허피인용건수 = 해당국가의 영향력지수 × 해당국가의 특허등록건수 × 10

해당국가의 기술력지수 = 해당국가의 특허등록건수 × 해당국가의 영향력지수

$$해당국가의\ 특허등록건수 = \frac{해당국가의\ 기술력지수}{해당국가의\ 영향력지수}$$

이 공식들을 적용하여 제시된 국가들의 특허등록건수, 영향력지수, 기술력지수, 피인용비, 특허피인용건수를 구하면 아래와 같다.

구분 국가	특허등록건수 ㉠	영향력지수 ㉡	기술력지수 ㉢	피인용비 ㉡×10 = ㉣	특허피인용건수 ㉠×㉣
미국	500	(1.2)	600.0	12	6,000
일본	269	1.0	269.0	10	2,690
독일	(75)	0.6	45.0	6	450
한국	59	0.3	17.7	3	177
네덜란드	(30)	0.8	24.0	8	240
캐나다	22	(1.4)	30.8	14	308
이스라엘	(17)	0.6	10.2	6	102
태국	14	0.1	1.4	1	14
프랑스	(13)	0.3	3.9	3	39
핀란드	9	0.7	6.3	7	63

ㄱ. (○) 미국 1.2, 캐나다 1.4로, 캐나다의 영향력 지수가 미국보다 높음을 알 수 있다.
ㄴ. (○) 프랑스 39 － 태국 14 = 25, 핀란드 63 － 프랑스 39 = 24로, 전자의 차이가 더 크다.
ㄷ. (×) 한국의 특허피인용건수는 미국, 일본, 독일, 캐나다, 네덜란드에 이어 여섯 번째로 많다.
ㄹ. (×) 네덜란드의 특허등록건수는 30건이다. 이는 한국의 특허등록건수인 59건의 50%보다 많다.

12 계산값 비교 풀이법

복잡한 계산이 필요한 문항이 "가장 큰 값" 또는 "가장 작은 값" 또는 "크기 순서로 나열" 등의 유형으로 출제되었다면, 정확하게 계산을 하기보다는 대략적으로 크기를 비교해서 풀이를 하는 것이 효율적이다.

예제 다음은 묘목(A ~ E)의 건강성을 평가하기 위한 자료이다. 아래의 〈평가방법〉에 따라 묘목의 건강성 평가점수를 계산할 때, 평가점수가 두 번째로 높은 묘목과 가장 낮은 묘목을 바르게 나열한 것은?

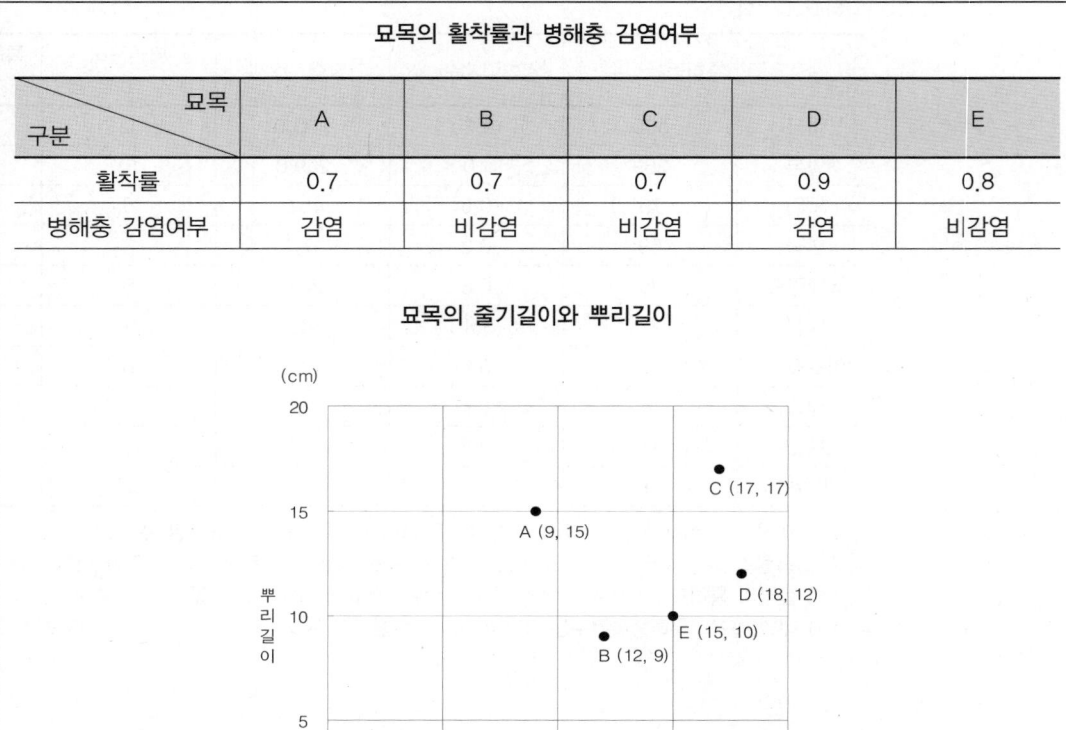

묘목의 활착률과 병해충 감염여부

구분 \ 묘목	A	B	C	D	E
활착률	0.7	0.7	0.7	0.9	0.8
병해충 감염여부	감염	비감염	비감염	감염	비감염

묘목의 줄기길이와 뿌리길이

※ (,) 안의 수치는 각각 해당묘목의 줄기길이, 뿌리길이를 의미함

평가방법

- 묘목의 건강성 평가점수 = 활착률 $\times 30 + \dfrac{\text{뿌리길이}}{\text{줄기길이}} \times 30 +$ 병해충 감염여부 $\times 40$
- '병해충 감염여부'는 '감염'이면 0, '비감염'이면 1을 부여함

	두 번째로 높은 묘목	가장 낮은 묘목
①	B	A
②	C	A
③	C	D
④	E	A
⑤	E	D

|정답| ⑤

|해설| 묘목의 건강성 평가점수 = 활착률×30 + $\dfrac{\text{뿌리길이}}{\text{줄기길이}}$ ×30 + 병해충 감염여부×40이다.

'병해충 감염여부'는 '감염'이면 0, '비감염'이면 1을 부여한다. 이때 공식을 보면 감염과 비감염 여부가 수치에 가장 큰 영향을 미친다. 그렇다면 감염여부가 0점인 묘목 A나 D의 평가점수가 가장 낮을 것이다. 따라서, A, D를 먼저 비교한다.

A : $0.7×30 + \dfrac{15}{9} ×30 + 0 = 71$

D : $0.9×30 + \dfrac{12}{18} ×30 + 0 = 47$

공식에서 활착률×30 + $\dfrac{\text{뿌리길이}}{\text{줄기길이}}$ ×30에서 곱하는 숫자 30은 모두 동일하므로 이를 제외한 수치만 계산하여 $A = 0.7 + \dfrac{15}{9}$, $D = 0.9 + \dfrac{12}{18}$ 만 비교하는 것이 시간절약에 도움이 된다. 이때, A가 더 크므로 D의 평가점수가 가장 낮음을 알 수 있다.

본 문제에서 가장 큰 값을 계산하라고 하면 C를 찾을 수 있는데 두 번째로 높은 것을 선택해야 하므로 정확하게 계산하려고 하지 말고 비교 방식으로 답을 찾아낸다.

$B = 0.7×30 + \dfrac{9}{12} ×30 + 40 = 83.5$

$C = 0.7×30 + \dfrac{17}{17} ×30 + 40 = 91$

$E = 0.8×30 + \dfrac{10}{15} ×30 + 40 ≒ 84$

이때, 병해충 감염여부는 모두 40점으로 동일하고, 곱하는 숫자 30은 모두 동일하므로 더 빠른 계산을 위해 이를 제외한 수치만 비교하여 계산할 수도 있다.

$B = 0.7 + \dfrac{9}{12}$, $C = 0.7 + \dfrac{17}{17}$, $E = 0.8 + \dfrac{10}{15}$

점수는 C > E > B 순이다.

따라서 평가점수가 두 번째로 높은 묘목은 E이고 전체 점수가 높은 순서는 C > E > B > A > D가 된다.

13 "~일수록", "~할수록" 등 sorting 유형 풀이법

"~일수록", "~할수록" 등의 선지가 나오면 문제가 어렵다고 볼 수 있다. 엑셀 기능 중에 내림차순이나 올림차순으로 정렬을 해야 하는 경우가 있는데 "~일수록", "~할수록" 유형이 바로 엑셀의 sorting에 해당된다. 보통 시험장에서는 넘어가야 하는 문제 유형에 해당된다. 요즘은 풀이가 가능한 정도의 난이도로 출제가 되지만, 역시 까다로운 유형임에는 틀림없다.

예제 1 다음은 2011년 어느 회사에서 판매한 10가지 제품유형(A ~ J)의 수요예측치와 실제수요의 관계를 나타낸 자료이다. 이에 대한 설명 중 옳은 것은?

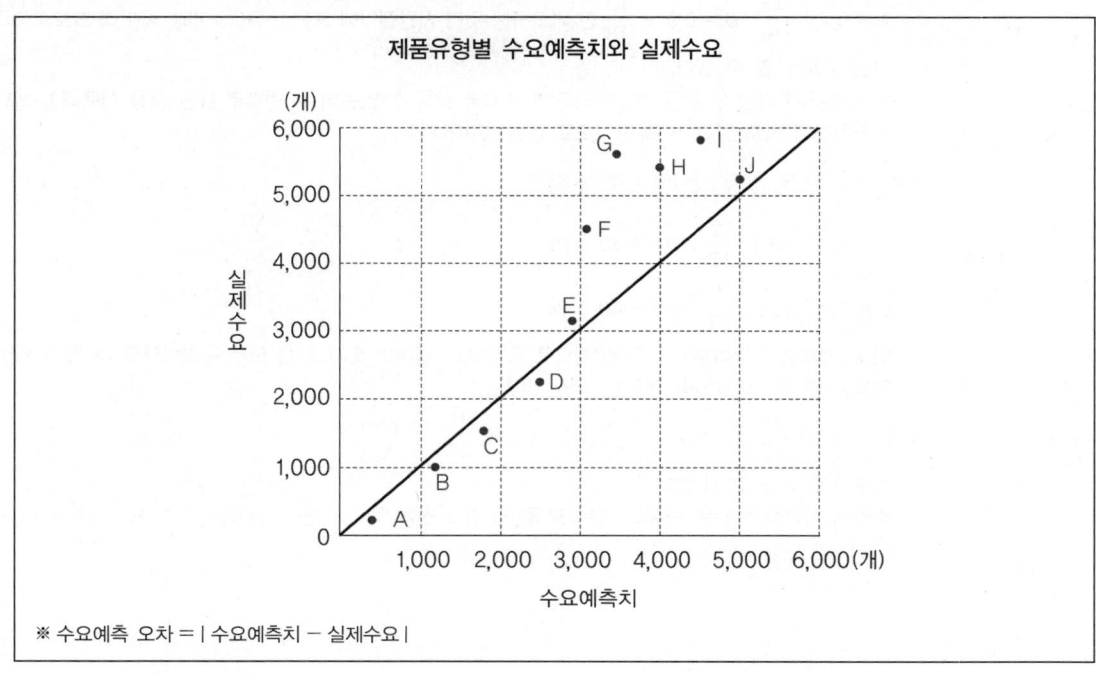

※ 수요예측 오차 = | 수요예측치 − 실제수요 |

① 수요예측 오차가 가장 작은 제품유형은 G이다.
② 실제수요가 큰 제품유형일수록 수요예측 오차가 작다.
③ 수요예측치가 가장 큰 제품유형은 실제수요도 가장 크다.
④ 실제수요가 3,000개를 초과한 제품유형 수는 전체 제품유형수의 50% 이하이다.
⑤ 실제수요가 3,000개 이하인 제품유형은 각각 수요예측치가 실제수요보다 크다.

| 정답 | ⑤
| 해설 | ⑤ (○) 실제수요가 3,000개 이하인 제품은 A, B, C, D이고, 모두 그래프의 대각선(Y = X인 직선) 아래에 있다. 따라서 수요예측치가 실제수요보다 크다. 만약 이 문제가 자료형으로 주어졌다면 풀이에 시간이 걸릴 수 있다. 그런데 문제에는 그래프가 제시되어 있어서 대각선 밑으로 내려가 있는 점들은 수요예측치가 실제수요보다 큰 경우이기 때문에 풀이가 용이하다.
① (×) 오차가 가장 큰 것은 가운데 대각선으로부터 직선거리로 가장 멀리 위치한다. 즉 G가 가장 오차가 큰 것이다.
② (×) I는 G보다 실제수요가 크지만, 수요예측 오차는 작다.
③ (×) 수요예측치가 가장 큰 제품은 J인데, 실제수요는 I, G, H가 더 크다.
④ (×) 실제수요가 3,000개를 초과한 제품은 E, F, G, H, I로 5개이다. 3,000개가 안 되는 것이 A, B, C, D 4개이므로 50% 이상이다.

예제 2) 다음은 A ~ F국의 2016년 GDP와 GDP 대비 국가자산총액을 나타낸 자료이다. 이에 대한 〈보기〉의 설명 중 옳은 것만을 모두 고르면?

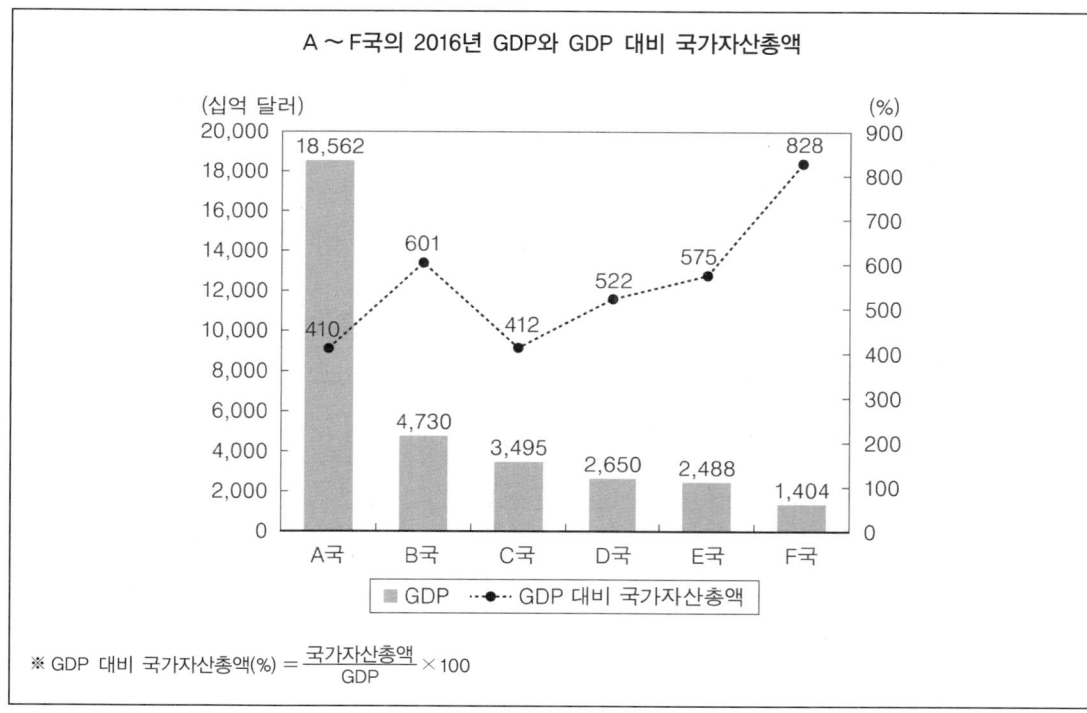

A ~ F국의 2016년 GDP와 GDP 대비 국가자산총액

※ GDP 대비 국가자산총액(%) = $\dfrac{\text{국가자산총액}}{\text{GDP}} \times 100$

┌ 보기 ┐

ㄱ. GDP가 높은 국가일수록 GDP 대비 국가자산총액이 작다.
ㄴ. A국의 GDP는 나머지 5개국 GDP의 합보다 크다.
ㄷ. 국가자산총액은 F국이 D국보다 크다.

① ㄱ   ② ㄴ
③ ㄷ   ④ ㄱ, ㄴ
⑤ ㄴ, ㄷ

|정답| ②
|해설| ㄱ. (×) 그래프를 보면, GDP가 A에서 F로 갈수록 줄고 있음을 알 수 있는데, GDP 대비 국가자산총액이 이와 반비례가 되지는 않는다.
    ㄴ. (○) A국 18,562 > 나머지 국가 4,730 + 3,495 + 2,650 + 2,488 + 1,404 = 14,767
    ㄷ. (×) 국가자산총액 = GDP 대비 국가자산총액(%) × GDP이므로,
F국 : 1,404 × 828% = 1,162,512
D국 : 2,650 × 522% = 1,383,300
D국이 크다.

예제 3 다음 표는 A ~ E 리조트의 1박 기준 일반요금 및 회원할인율에 관한 자료이다. 이에 대한 〈보기〉의 설명 중 옳은 것만을 모두 고르면?

비수기 및 성수기 일반요금(1박 기준)

(단위: 천 원)

구분 \ 리조트	A	B	C	D	E
비수기 일반요금	300	250	200	150	100
성수기 일반요금	500	350	300	250	200

비수기 및 성수기 회원할인율(1박 기준)

(단위: %)

구분 \ 회원유형 \ 리조트		A	B	C	D	E
비수기 회원할인율	기명	50	45	40	30	20
	무기명	35	40	25	20	15
성수기 회원할인율	기명	35	30	30	25	15
	무기명	30	25	20	15	10

※ 회원할인율(%) = $\dfrac{\text{일반요금} - \text{회원요금}}{\text{일반요금}} \times 100$

보기

ㄱ. 리조트 1박 기준, 성수기 일반요금이 낮은 리조트일수록 성수기 무기명 회원요금이 낮다.

ㄴ. 리조트 1박 기준, B 리조트의 회원요금 중 가장 높은 값과 가장 낮은 값의 차이는 125,000원이다.

ㄷ. 리조트 1박 기준, 각 리조트의 기명 회원요금은 성수기가 비수기의 2배를 넘지 않는다.

ㄹ. 리조트 1박 기준, 비수기 기명 회원요금과 비수기 무기명 회원요금 차이가 가장 작은 리조트는 성수기 기명 회원요금과 성수기 무기명 회원요금 차이도 가장 작다.

---

① ㄱ, ㄴ
② ㄱ, ㄷ
③ ㄷ, ㄹ
④ ㄱ, ㄴ, ㄹ
⑤ ㄴ, ㄷ, ㄹ

| 정답 | ④

| 해설 | ㄱ. (○) 선지 내용이 "~ 일수록" 지문이다.

성수기 일반요금이 500, 350, 300, 250, 200천 원인데 성수기 무기명 할인율이 각각 30%, 25%, 20%, 15%, 10% 이다. 증가율이 가장 작은 300천 원에서 350천 원의 일반요금도 차이 15%를 넘는데, 회원할인율 차이는 각각 5%p에 불과하므로, 할인 후에도 요금 순위는 변하지 않는다. 따라서 성수기 일반요금이 낮을수록 성수기 무기명 회원요금도 낮다.

구분 \ 리조트	A	B	C	D	E
성수기 일반요금	500	350	300	250	200
무기명 할인율	30	25	20	15	10
무기명 회원요금	500 × (1 − 0.3) = 350	262.5	240	212.5	180

ㄴ. (○) B 리조트의 가장 높은 회원요금은 성수기 무기명 회원요금(회원할인율 25%)이므로, 350,000원 ×0.75=262,500원

B 리조트의 가장 낮은 회원요금은 비수기 기명 회원요금(회원할인율 45%)이므로, 250,000원×0.55=137,500원
262,500 − 137,500 = 125,000원

ㄷ. (×) 비수기, 성수기는 일반요금 자체가 다르다. 할인율 폭이 작다고 방심하면 안 된다. 일단 성수기와 비수기의 일반요금 차이가 가장 큰 A를 본다.

A의 비수기 요금 : 300 − (300 × A기명 할인율 50%) = 150
A의 성수기 요금 : 500 − (500 × A기명 할인율 35%) = 500 − 175 = 325
차이는 두 배 이상이다.

ㄹ. (○) A ~ E를 볼 때 비수기 기명 할인율과 무기명 할인율의 차이는 5%p, 10%p, 15%p가 존재하는데 비수기 일반요금이 가장 싼 E가 5%p 차이이다. E는 성수기 일반요금도 가장 싸고 성수기 기명할인율과 무기명 할인율의 차이도 5%p로 가장 낮으므로, 성수기 기명 회원요금과 무기명 회원요금의 차이도 가장 작다.

14 풀이법을 익히면 더 빨리 풀 수 있는 문제 유형

자료해석 문제에서도 어느 정도 일정한 패턴이나 문제 유형이 존재하다 보니 패턴 반복풀이를 통해 문제접근 및 풀이 시간을 줄일 수 있다. 누진세 계산, 나이 계산, 리그전 및 토너먼트 방식의 경기의 승패수 등이 대표적인 예이다. 따라서 정형화된 문제를 Logic화시키고 적용해 보는 훈련을 하는 것이 좋다.

(예제 1) 다음 표는 2018년 경주지역 전체 가구를 대상으로 원자력발전소 사고 전·후 식수 조달원 변경에 대해 설문조사한 결과이다. 사고 전·후 식수 조달원을 변경한 가구 수는 전체 가구 수의 몇 %인가?

원자력발전소 사고 전·후 A지역 조달원별 가구 수

(단위: 가구)

사고후 조달원 사고전 조달원	수돗물	정수	약수	생수
수돗물	40	30	20	30
정수	10	50	10	30
약수	20	10	10	40
생수	10	10	10	40

※ A지역 가구의 식수 조달원은 수돗물, 정수, 약수, 생수 중 하나이며, 각 가구는 한 종류의 식수 조달원만 이용함

① 38% ② 54%
③ 62% ④ 70%
⑤ 75%

|정답| ③

|해설| 사고 전·후 식수 조달원을 변경한 가구 수를 계산해야 하는 경우, 조달원을 변경하지 않은 가구 수를 계산하는 것이 더 빠르다.
총 370가구 중에서 변경하지 않은 가구는 수돗물 40가구, 정수 50가구, 약수 10가구, 생수 40가구이므로 총 140가구다. 전체 가구는 370가구이므로 변경한 가구는 370 − 140 = 230가구이다.
$\frac{230}{370} \times 100 ≒ 62(\%)$

예제 2 다음 표는 '갑'국 개인 A ~ D의 연소득에 대한 자료이고, 개인별 소득세산출액은 〈소득세 결정기준〉에 따라 계산한다. 이를 근거로 A ~ D 중 소득세산출액이 가장 많은 사람과 가장 적은 사람을 바르게 나열한 것은?

개인별 연소득 현황

(단위: 만 원)

개인	근로소득	금융소득
A	15,000	5,000
B	25,000	0
C	20,000	0
D	0	30,000

※ 1) 근로소득과 금융소득 이외의 소득은 존재하지 않음
  2) 모든 소득은 과세대상이고, 어떤 종류의 공제·감면도 존재하지 않음

소득세 결정기준

• 5천만 원 이하의 금융소득에 대해서는 15%의 '금융소득세'를 부과함
• 과세표준은 금융소득 중 5천만 원을 초과하는 부분과 근로소득의 합이고, 〈과세표준에 따른 근로소득세율〉에 따라 '근로소득세'를 부과함
• 소득세산출액은 '금융소득세'와 '근로소득세'의 합임

과세표준에 따른 근로소득세율

(단위: %)

과세표준	세율
1,000만 원 이하분	5
1,000만 원 초과 5,000만 원 이하분	10
5,000만 원 초과 1억 원 이하분	15
1억 원 초과 2억 원 이하분	20
2억 원 초과분	25

• 예를 들어, 과세표준이 2,500만 원인 사람의 '근로소득세'는 다음과 같음
  1,000만 원×5% + (2,500만 원 − 1,000만 원)×10% = 200만 원

	가장 많은 사람	가장 적은 사람
①	A	B
②	A	D
③	B	A
④	D	A
⑤	D	C

|정답| ④

|해설| 누진세를 구하는 방법을 물어보는 문제이다. 누진세 구조는 출제 비중이 높다.(참고로 현재 금융소득 종합과세는 2천만 원부터이다.) 누진세 구조를 정확하게 안다면 계산을 하지 않고도 답을 찾을 수 있다. 우선, 누진구조를 본다. 예를 들어, 소득이 5억 원이라고 할 때 2억 원 초과 구간의 세율인 25%를 적용하여 5억 원×25% = 1.25억 원으로 세금을 계산해서는 안 된다. 누진구조의 계산은 다음과 같이 한다.

과세표준	세율	세금
1,000만 원 이하분	5%	1천만 원×5% = 0.5백만 원
1,000만 원 초과 5,000만 원 이하분	10%	4천만 원×10% = 4백만 원
5,000만 원 초과 1억 원 이하분	15%	5천만 원×15% = 7.5백만 원
1억 원 초과 2억 원 이하분	20%	1억×20% = 20백만 원
2억 원 초과분	25%	3억 원(2억 원 초과분)×25% = 75백만 원
	합계	107백만 원

• 5천만 원 이하의 금융소득에 대해서는 15%의 '금융소득세'를 부과함
• 과세표준은 금융소득 중 5천만 원을 초과하는 부분과 근로소득의 합이고, 〈과세표준에 따른 근로소득세율〉에 따라 '근로소득세'를 부과함

위 내용은 금융소득 종합과세에 대한 설명이고, 금융소득이 5천만 원이 넘으면 다른 소득과 합산해서 계산이 되기 때문에 금융소득 5천만 원이 넘는 부분은 누진구조로 세율이 바뀌게 된다. 따라서 누진구조로 바뀌는 소득은 세율이 증가할 수 있다.

즉 금융소득이 5천이 넘으면 초과하는 부분은 일반소득에 더해서 세금을 계산하면 된다.

따라서, 문제의 세금구조는 다음과 같이 변경된다. (5천만 원이 넘는 D의 금융소득은 근로소득과 합하여 세금 부과)

개인	근로소득	금융소득	합산
A	15,000	5,000	25,000
B	25,000	0	25,000
C	20,000	0	20,000
D	25,000	5,000	30,000

ⅰ) 근로소득도 가장 많고 금융소득도 가장 많은 D가 가장 세금이 많다.
ⅱ) B는 A와 C보다 소득이 많으므로 세금이 더 많다. 또한 A와 C 중에서는 C가 5천만 원에 대해서 더 높은 세율을 적용받고 있다. (근로소득에 세율 20%, 금융소득에 세율 15% 적용이므로) 따라서 A가 세금이 가장 적다.
하단 표는 정확하게 세금을 계산한 내용이다.
D와 같은 경우는 금융소득 중 5,000을 제외하고 25,000을 과세표준으로 인정한다.
해설 맨 위에 제시된 누진구조에 따른 세율계산표를 보면, 근로소득 1억 원의 소득세는 50만 + 400만 + 750만 =1,200만 원이다. 이후 1억 원 초과분의 소득세율을 A, B, C, D별로 계산하여 총 세금을 구하면 아래 표와 같다.

	1억 원 이하분	1억 원 초과분	금융소득세	총 세금
A	1,200만 원	1,000만 원(5,000×0.2)	750만 원	2,950만 원
B	1,200만 원	3,250만 원 (10,000×0.2 + 5,000×0.25)		4,450만 원
C	1,200만 원	2,000만 원(10,000×0.2)		3,200만 원
D	1,200만 원	3,250만 원 (10,000×0.2 + 5,000×0.25)	750만 원	5,200만 원

(예제 3) 다음 표는 어느 축구대회 1조에 속한 4개국(A ~ D)의 최종 성적을 정리한 자료이다. 이에 대한 설명 중 옳지 않은 것은?

1조의 최종 성적

구분	승	무	패	득점	실점	승점
A국	0	( )	2	1	4	1
B국	( )	1	( )	3	5	( )
C국	1	( )	1	3	( )	( )
D국	( )	1	0	4	0	( )

※ 1) 각 국가는 나머지 세 국가와 한 경기씩 총 세 경기를 하였음
   2) 국가별 승점 = 3 × 승리한 경기 수 + 1 × 무승부 경기 수 + 0 × 패배한 경기 수

① B국의 성적은 1승 1무 1패이다.
② 모든 국가는 각각 1무씩 거두었다.
③ D국은 2승을 거두었다.
④ C국의 실점은 2이다.
⑤ B국이 C국보다 승점이 더 높다.

|정답| ⑤
|해설| 문제에 제시된 표의 빈칸을 채우기 위해서 우선 알아야 할 내용이 있다.
토너먼트와 리그전 방식의 경기 방식이다.
토너먼트는 N개의 팀이 한 번씩 싸우고 이긴 팀끼리 싸워 나가서 최종 승자를 결정하는 방식을 말한다.

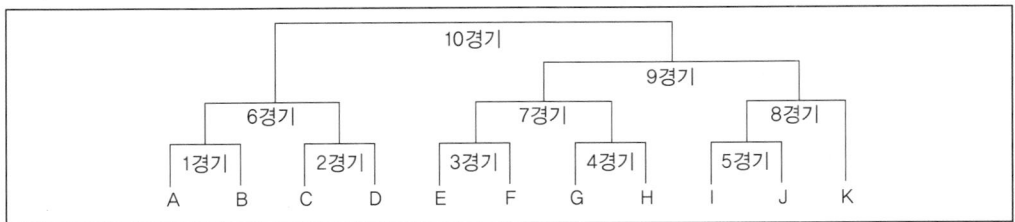

만약 위 그림처럼 11팀이 토너먼트로 승자를 가린다면 몇 번 경기를 해야 최종 승자가 결정이 날까?
(N − 1)번 경기를 한다 . 즉 11 − 1 = 10번 경기를 한다. 부전승 방식을 포함해 A, B와 싸우고 승자가 1팀씩 싸우는 방식 등 어떤 형태로 경기를 해도 10경기이다.
리그전은 모든 팀이 한 번 또는 N번 경기를 한 후 승패에 따라 승점을 부여하여 성적을 가리는 방식이다.
자료해석 영역에서는 리그전 문제가 주로 출제된다.
만약 8팀이 리그로 1번씩 경기를 해서 승부를 가린다면 몇 번 경기를 할까?

확률에서 combination(조합)을 이용해서 $_8C_2$로 계산을 한다. $\frac{8 \times 7}{2 \times 1}$로 계산이 되어 28번이 된다.

일반적으로 생각을 하면 1개팀은 다른 팀과 경기를 하니 총 7번 경기를 한다. 총 8팀이 있으니 7 × 8 = 56번 경기를 하게 되는데 A팀과 B팀이 경기를 하는 것은 B팀과 A팀이 경기를 하는 것과 같은 경우이기 때문에 $\frac{56}{2} = 28$ 경기가 된다.

이와 같이 리그전에서는 몇 가지 알아야 할 내용이 있다. 아래의 내용은 숙지해 두자.

> 리그전 총 경기수 = $_nC_2$번
> 토너먼트 총 경기수 = (N − 1)번
> 경기 횟수 = 총 경기수 × 2
> 모든 팀의 승, 패, 무의 합 = 경기 횟수 = 총 경기수 × 2
> 실점과 득점 수는 같아야 한다.
> 승와 패는 수가 같아야 한다.
> 무는 짝수 번 있어야 한다.
> 리그전에서 승점이 같을 때 성적을 가리는 방식은 보통 승점 − 골득실차 − 다득점 − 승자승 − 추첨 순서이다.

본 문제를 풀이하면 우선 A국의 승점은 1점이므로 1무가 한 번 있어야 한다. 무승부는 짝수 번 있어야 하므로 A, B, C국이 1무가 한 번씩 있는 셈이다. C국도 1무가 있다는 것을 알 수 있다. 따라서 C의 승점이 4점이다.

구분	승	무	패	득점	실점	승점
A국	0	(1)	2	1	4	1
B국	( )	1	( )	3	5	( )
C국	1	(1)	1	3	( )	(4)
D국	( )	1	0	4	0	( )

D국은 패가 없다. 모두 3전씩은 해야 하기 때문에 D국은 2승을 하고 있다는 것을 알 수 있다. 그리고 전체 승과 패를 합하면 4승 4패로 같아야 하기 때문에, B국의 전적을 생각해보면 1승 1무 1패라는 것을 알 수 있다.

구분	승	무	패	득점	실점	승점
A국	0	(1)	2	1	4	1
B국	(1)	1	(1)	3	5	(4)
C국	1	(1)	1	3	( )	(4)
D국	(2)	1	0	4	0	(7)

득점을 다 합한 것이 실점이 된다. 득점을 다 합하면 11점이고, 그러면 실점 역시 11점이어야 하므로 C의 실점은 2가 된다.

구분	승	무	패	득점	실점	승점
A국	0	(1)	2	1	4	1
B국	(1)	1	(1)	3	5	(4)
C국	1	(1)	1	3	(2)	(4)
D국	(2)	1	0	4	0	(7)

(예제 4) 다음은 공과대학, 문과대학, 상경대학으로 이루어진 어떤 대학의 학과별 인원 수를 나타낸 자료이다. 〈보기〉의 조건에 근거하여 판단했을 때 자료에 대한 설명으로 옳은 것은?

	학과	인원 수(명)
공과대학	전기전자공학과	53
	기계공학과	68
	화학생명공학과	43
	신소재공학과	
	컴퓨터공학과	48
문과대학	영어영문학과	
	중어중문학과	25
	불어불문학과	32
	서어서문학과	27
	일어일문학과	16
상경대학	경제학과	
	통계학과	37
	소비자학과	16
	경영학과	41

> **보기**
> • 공과대학의 인원은 문과대학과 상경대학의 인원을 합친 것보다 적다.
> • 신소재공학과, 영어영문학과, 경제학과에 속한 인원수는 순서대로 4명씩 감소한다.
> • 영어영문학과의 인원은 기계공학과 인원의 0.4배보다 적다.

① 신소재공학과의 인원은 불어불문학과의 인원보다 많다.
② 문과대학과 상경대학의 총 인원은 공과대학의 인원보다 1명 많다.
③ 공과대학의 인원은 이 대학의 총 학생 수의 절반이 넘는다.
④ 경제학과의 인원은 이 대학에 속한 학과 중 가장 적다.
⑤ 영어영문학과의 인원은 공과대학의 인원의 11%보다 적다.

|정답| ②

|해설| 문제를 빠르게 풀기 위해 아래와 같이 미지수를 설정한다.
신소재공학과, 영어영문학과, 경제학과에 속한 인원을 각각 $a + 4$, a, $a - 4$라고 하자.
첫 번째 조건 "공과대학의 인원은 문과대학과 상경대학의 인원을 합친 것보다 적다."에 의하여
문과대학($a + 100$) + 상경대학($94 + a - 4$) > 공과대학($212 + a + 4$)
$a + 100 + 94 + a - 4 > 216 + a$
$a > 26$
세 번째 조건 "영어영문학과의 인원은 기계공학과 인원의 0.4배보다 적다."에 의하여,
영어영문학과(a) < 기계공학과(68×0.4)
$a < 27.2$
$26 < a < 27.2$이 성립하는데, 사람 수는 소수가 될 수 없으므로 $a = 27$이다.
$a = 27$이므로 신소재공학과, 영어영문학과, 경제학과에 속한 인원은 각각 31, 27, 23이다.
② (○) 문과대학과 상경대학의 총 인원은 244명이고 공과대학의 총 인원은 243명이므로 문과대학과 상경대학의 총 인원은 공과대학의 인원보다 1명 많다.
① (×) 신소재공학과의 인원은 31명, 불어불문학과의 인원은 32명이다.
③ (×) 공과대학의 인원은 243명이고 이 대학의 총 학생 수는 243 + 244명이므로 공과대학 인원은 총 학생 수의 절반이 되지 않는다.
④ (×) 이 대학의 학과 중 일어일문학과와 소비자학과가 16명으로 인원수가 가장 적다.
⑤ (×) 공과대학 인원 243명의 11%는 26.73명으로 영어영문학과의 인원 27명보다 적다.

예제 5 다음 표는 2015년 '갑'국 공항의 운항 현황을 나타낸 자료이다. 이에 대한 설명 중 옳은 것은?

〈표 1〉 운항 횟수 상위 5개 공항

(단위: 회)

국내선			국제선		
순위	공항	운항 횟수	순위	공항	운항 횟수
1	AJ	65,838	1	IC	273,866
2	KP	56,309	2	KH	39,235
3	KH	20,062	3	KP	18,643
4	KJ	5,638	4	AJ	13,311
5	TG	5,321	5	CJ	3,567
'갑'국 전체		167,040	'갑'국 전체		353,272

※ 일부 공항은 국내선만 운항함

〈표 2〉 전년 대비 운항 횟수 증가율 상위 5개 공항

(단위: %)

국내선			국제선		
순위	공항	증가율	순위	공항	증가율
1	MA	229.0	1	TG	55.8
2	CJ	23.0	2	AJ	25.3
3	KP	17.3	3	KH	15.1
4	TG	16.1	4	KP	5.6
5	AJ	11.2	5	IC	5.5

① 2015년 국제선 운항 공항 수는 7개 이상이다.

② 2015년 KP공항의 운항 횟수는 국제선이 국내선의 $\frac{1}{3}$ 이상이다.

③ 전년 대비 국내선 운항 횟수가 가장 많이 증가한 공항은 MA공항이다.

④ 국내선 운항 횟수 상위 5개 공항의 국내선 운항 횟수 합은 전체 국내선 운항 횟수의 90% 미만이다.

⑤ 국내선 운항 횟수와 전년 대비 국내선 운항 횟수 증가율 모두 상위 5개 안에 포함된 공항은 AJ공항이 유일하다.

....

| 정답 | ①

| 해설 | 본 문제는 일종의 낚시 문제라고 할 수 있는데 핵심은 선지 ①이다. ①의 풀이에 유의해야 한다.

① (○) 〈표 1〉에서 1 ~ 5위까지 국제선 공항의 운항 횟수 합은 348,622이다. 갑국 전체 353,272와의 차이는 4,650이다. 만약 6위 이하 공항이 6위 1개라면 운항 횟수가 4,650이 되어 6위의 횟수가 5위보다 많아지게 되어 오류가 발생한다. 따라서, 6위 이하 공항은 적어도 두 개는 더 있어야 한다.

② (×) 국제선 18,643을 세 배 하면 55,929로 국내선의 56,309에 약간 못 미친다. 따라서 $\frac{1}{3}$ 이상은 아니다.

③ (×) 운항 횟수 증가율이 아니라, 운항 횟수가 증가한 것을 찾는 것이다. 그런데 MA공항의 경우 운항 횟수를 알 수 없기 때문에 알 수 없다.

④ (×) 상위 5개의 합은 153,168이다. 전체 운항 횟수인 167,040과 비교하면 92% 정도라는 것을 알 수 있다.

⑤ (×) KP나 TG도 속한다.

예제 6 다음은 기계 100대의 업그레이드 전·후 성능지수에 관한 자료이다. 이에 대한 설명으로 옳은 것은?

업그레이드 전·후 성능지수별 기계 수

(단위 : 대)

구분 ＼ 성능지수	65	79	85	100
업그레이드 전	80	5	0	15
업그레이드 후	0	60	5	35

※ 성능지수는 네 가지 값(65, 79, 85, 100)만 존재하고, 그 값이 클수록 성능지수가 향상됨을 의미함

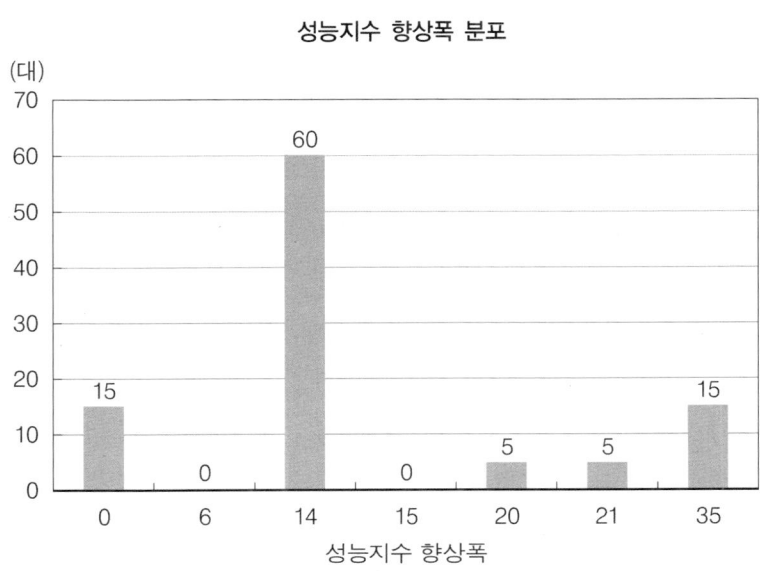

성능지수 향상폭 분포

※ 1) 업그레이드를 통한 성능 감소는 없음
   2) 성능지수 향상폭 = 업그레이드 후 성능지수 − 업그레이드 전 성능지수

① 업그레이드 후 1대당 성능지수는 업그레이드 전 1대당 성능지수에 비해 20 이상 향상되었다.

② 업그레이드 전 성능지수가 65이었던 기계의 15%가 업그레이드 후 성능지수 100이 된다.

③ 업그레이드 전 성능지수가 79이었던 모든 기계가 업그레이드 후 성능지수 100이 된 것은 아니다.

④ 업그레이드 전 성능지수가 100이 아니었던 기계 중, 업그레이드를 통한 성능지수 향상폭이 0인 기계가 있다.

⑤ 업그레이드를 통한 성능지수 향상폭이 35인 기계 대수는 업그레이드 전 성능지수가 100이었던 기계 대수와 같다.

|정답| ⑤

|해설| 이 문항은 계산 문제라기보다는 자료를 해석하는 문제이다. 제시된 표와 그래프를 분석해 보자.

업그레이드 전후가 동일하기 때문에 가장 큰 점수부터 해석한다. 다음의 표는 그래프를 해석해서 만든 표이다. (괄호 안 숫자는 대수를 나타냄)

성능지수 향상폭 업그레이드 전	0(15)	6(0)	14(60)	15(0)	20(5)	21(5)	35(15)	총대수
65(80)	0	0	79(60)	0	85(5)	0	100(15)	80
79(5)	0	0	0	0	0	100(5)	0	5
85(0)	0	0	0	0	0	0	0	0
100(15)	100(15)	0	0	0	0	0	0	15
합계(100)	15	0	60	0	5	5	15	100

이러한 유형의 문제를 한번 정도 풀어보면 다음 풀이에는 이해가 좀 빠를 것이다.

① (×) 업그레이드 전 1대당 성능지수는 70.95이고, 업그레이드 후는 86.95로 20 이상 향상되지는 않았다.

② (×) 업그레이드 전 성능지수 65인 기계가 업그레이드 후 100이 되려면 그래프 향상폭이 35인 경우만 유일하게 가능한데, 이 경우는 15대가 존재한다. 이는 업그레이드 전 80대의 약 44%이다.

③ (×) 업그레이드 전 성능지수 79인 기계가 업그레이드 후 100이 되려면 그래프 향상폭이 21인 경우만 유일하게 가능한데, 이 경우는 5대가 존재한다. 따라서 업그레이드 전 성능지수 79였던 모든 기계는 업그레이드 후 성능지수 100이 되었다.

④ (×) ②, ③을 보면 업그레이드 전 성능이 65와 79였던 모든 기계는 업그레이드 후 성능이 100이 되었고 업그레이드 전 성능이 85인 기계는 없으므로, 모든 기계에 업그레이드 후 100인 경우가 존재한다.

⑤ (○) 향상폭 35인 기계는 15대, 업그레이드 전 성능지수 100인 기계도 15대로, 서로 대수가 같다.

자료해석 끝

(예제 7) 다음 표는 2016년 10월, 2017년 10월 순위 기준 상위 11개국의 축구 국가대표팀 순위 변동에 관한 자료이다. 이에 대한 설명으로 옳은 것은?

축구 국가대표팀 순위 변동

구분 순위	2016년 10월			2017년 10월		
	국가	점수	등락	국가	점수	등락
1	아르헨티나	1,621	−	독일	1,606	↑ 1
2	독일	1,465	↑ 1	브라질	1,590	↓ 1
3	브라질	1,410	↑ 1	포르투갈	1,386	↑ 3
4	벨기에	1,382	↓ 2	아르헨티나	1,325	↓ 1
5	콜롬비아	1,361	−	벨기에	1,265	↑ 4
6	칠레	1,273	−	폴란드	1,250	↓ 1
7	프랑스	1,271	↑ 1	스위스	1,210	↓ 3
8	포르투갈	1,231	↓ 1	프랑스	1,208	↑ 2
9	우루과이	1,175	−	칠레	1,195	↓ 2
10	스페인	1,168	↑ 1	콜롬비아	1,191	↓ 2
11	웨일스	1,113	↑ 1	스페인	1,184	−

※ 1) 축구 국가대표팀 순위는 매월 발표됨
  2) 등락에서 ↑, ↓, − 는 전월 순위보다 각각 상승, 하락, 변동없음을 의미하고, 옆의 숫자는 전월 대비 순위의 상승폭 혹은 하락폭을 의미함

① 2016년 10월과 2017년 10월에 순위가 모두 상위 10위 이내인 국가 수는 9개이다.

② 2017년 10월 상위 10개 국가 중, 2017년 9월 순위가 2016년 10월 순위보다 낮은 국가는 높은 국가보다 많다.

③ 2017년 10월 상위 5개 국가의 점수 평균이 2016년 10월 상위 5개 국가의 점수 평균보다 높다.

④ 2017년 10월 상위 11개 국가 중 전년 동월 대비 점수가 상승한 국가는 전년 동월 대비 순위도 상승하였다.

⑤ 2017년 10월 상위 11개 국가 중 2017년 10월 순위가 전월 대비 상승한 국가는 전년 동월 대비 상승한 국가보다 많다.

|정답| ②

|해설| 이 문제를 빨리 풀이하는 방법은 동년 전월 순위 등을 빠르게 계산하는 것이다. 즉 2016년 9월, 2017년 9월 순위를 빠르게 계산해야 하는데 이 경우 간단하게 현재 순위에 등락을 더해서 계산한다. 다음 표는 동년 전월 9월 순위를 빠르게 계산하는 방법이다.

순위 \ 구분	2016년 10월		
	국가	10월 등락	9월 순위
1	아르헨티나	–	1
2	독일	↑ 1	2 ＋ 1 ＝ 3
3	브라질	↑ 1	3 ＋ 1 ＝ 4
4	벨기에	↓ 2	4 － 2 ＝ 2
5	콜롬비아	–	5
6	칠레	–	6
7	프랑스	↑ 1	7 ＋ 1 ＝ 8
8	포르투갈	↓ 1	8 － 1 ＝ 7
9	우루과이	–	9
10	스페인	↑ 1	10 ＋ 1 ＝ 11
11	웨일스	↑ 1	11 ＋ 1 ＝ 12

순위 \ 구분	2017년 10월		
	국가	10월 등락	9월 순위
1	독일	↑ 1	1 ＋ 1 ＝ 2
2	브라질	↓ 1	2 － 1 ＝ 1
3	포르투갈	↑ 3	3 ＋ 3 ＝ 6
4	아르헨티나	↓ 1	4 － 1 ＝ 3
5	벨기에	↑ 4	5 ＋ 4 ＝ 9
6	폴란드	↓ 1	6 － 1 ＝ 5
7	스위스	↓ 3	7 － 3 ＝ 4
8	프랑스	↑ 2	8 ＋ 2 ＝ 10
9	칠레	↓ 2	9 － 2 ＝ 7
10	콜롬비아	↓ 2	10 － 2 ＝ 8
11	스페인	–	11

① (×) 9개가 아니라 8개이다, 순위가 11위까지 나와 있으므로 2017년 10월 11위 스페인을 포함시키는 것은 함정이다.
② (○) 2017년 9월 순위 : 브라질, 독일, 아르헨티나, 스위스, 폴란드, 포르투갈, 칠레, 콜롬비아, 벨기에, 프랑스
2016년 10월 순위 : 아르헨티나, 독일, 브라질, 벨기에, 콜롬비아, 칠레, 프랑스, 포르투갈, 우루과이, 스페인
2017년 9월 순위 ＜ 2016년 10월 순위 : 아르헨티나, 칠레, 콜롬비아, 벨기에, 프랑스→ 5개
2017년 9월 순위 ＞ 2016년 10월 순위 : 브라질, 스위스, 폴란드, 포르투갈→ 4개
③ (×) 계산시간 절약을 위해 4자리 수 중에 가운데 두 자리만 더해본다.
2017년은 60 ＋ 59 ＋ 38 ＋ 32 ＋ 26 ＝ 215, 2016년은 62 ＋ 46 ＋ 41 ＋ 38 ＋ 36 ＝ 223이다. 따라서 2017년 10월이 2016년 10월보다 낮음을 알 수 있다.
④ (×) 2016년 스페인은 1,168로 10위인데, 2017년에는 1,184로 점수가 상승했으나, 11위로 순위는 하락하였다.
⑤ (×) 전월 대비 상승한 국가 수는 4개이고, 전년 동월 대비 상승한 국가 수는 5개이다. 단 2016년 10월 표에는 없고 2017년 10월 표에만 있는 폴란드, 스위스는 2016년 10월에는 11위권 밖이었기 때문에 없는 것이고 따라서 2017년에 순위가 상승한 것이다.

(예제 8) 다음 표는 2018년 A ~ C 지역의 0 ~ 11세 인구 자료이다. 이에 대한 〈보기〉의 설명 중 옳은 것만을 모두 고르면?

A ~ C 지역의 0 ~ 5세 인구(2018년)

(단위 : 명)

나이 지역	0세	1세	2세	3세	4세	5세	합
A	104,099	119,264	119,772	120,371	134,576	131,257	729,339
B	70,798	76,955	74,874	73,373	80,575	76,864	453,439
C	3,219	3,448	3,258	3,397	3,722	3,627	20,671
계	178,116	199,667	197,904	197,141	218,873	211,748	1,203,449

A ~ C 지역의 6 ~ 11세 인구(2018년)

(단위 : 명)

나이 지역	6세	7세	8세	9세	10세	11세	합
A	130,885	124,285	130,186	136,415	124,326	118,363	764,460
B	77,045	72,626	76,968	81,236	75,032	72,584	455,491
C	3,682	3,530	3,551	3,477	3,155	2,905	20,300
계	211,612	200,441	210,705	221,128	202,513	193,852	1,240,251

※ 1) 인구 이동 및 사망자는 없음
2) 나이 = 당해연도 − 출생연도

> **보기**
>
> ㄱ. 2016년에 출생한 A, B 지역 인구의 합은 2015년에 출생한 A, B 지역 인구의 합보다 크다.
> ㄴ. C 지역의 0 ~ 11세 인구 대비 6 ~ 11세 인구 비율은 2018년이 2017년보다 높다.
> ㄷ. 2018년 A ~ C 지역 중, 5세 인구가 가장 많은 지역과 5세 인구 대비 0세 인구의 비율이 가장 높은 지역은 동일하다.
> ㄹ. 2019년에 C 지역의 6 ~ 11세 인구의 합은 전년 대비 증가한다.

① ㄱ, ㄴ
② ㄱ, ㄷ
③ ㄱ, ㄹ
④ ㄴ, ㄷ
⑤ ㄴ, ㄹ

|정답| ③

|해설| 이런 유형의 문제도 자주 출제가 되는데, 이는 복잡한 계산이 아닌 해석이 필요한 문제이다. 매년 나이를 계산하면 0세인 아이가 태어난 해가 2018년도이므로 2017년에 태어난 아이는 1살이 된다.

나이 지역	0세	1세	2세	3세	4세	5세
태어난 해	2018	2017	2016	2015	2014	2013

만약 2013 ~ 2015년에 태어난 출생아를 계산하라고 하면 위에 있는 나이 3 ~ 5세까지 계산을 하면 된다.

ㄱ. (○) 2016년, 2015년 출생한 인구는 나이가 2018년에 각각 2세와 3세이다.

(2016년 출생) A 119,772 + B 74,874 = 194,646 > (2015년 출생) A 120,371 + B 73,373 = 193,744

ㄴ. (×) 2017년 11세라면 2018년에는 12세인데, 이 자료는 표에 없다. 따라서 비교 불가능하다.

ㄷ. (×) 5세 가장 많은 지역은 A이다. 5세 인구 대비 0세 인구를 B와 비교해보면 A는 $\dfrac{104,099}{131,257}$, B는 $\dfrac{70,798}{76,864}$, C는 $\dfrac{3,219}{3,627}$ 이다. 이를 계산하면 순서대로 약 0.79, 0.92, 0.89이다. 따라서, 5세 인구 대비 0세 인구 비율이 가장 높은 지역은 B로, 동일하지 않다.

ㄹ. (○) 2019년에 C지역의 6 ~ 11세 인구의 합은 2018 C지역의 5 ~ 10세 인구의 합이다. 굳이 더하지 않고 11세 인구와 5세 인구를 비교하는 것이 빠르다. 5세 인구가 많으면 2019년, 11세 인구가 많으면 2018년의 인구 합이 더 클 것이다. 11세 인구는 2,905명이고 5세 인구는 3,627명이므로 2019년 C지역 6 ~ 11세 인구합은 전년 대비 증가한다.

(예제 9) 다음은 2018년 어느 회사 사원 A ~ C의 매출에 관한 자료이다. 2018년 4사분기의 매출액이 큰 사원부터 나열하면?

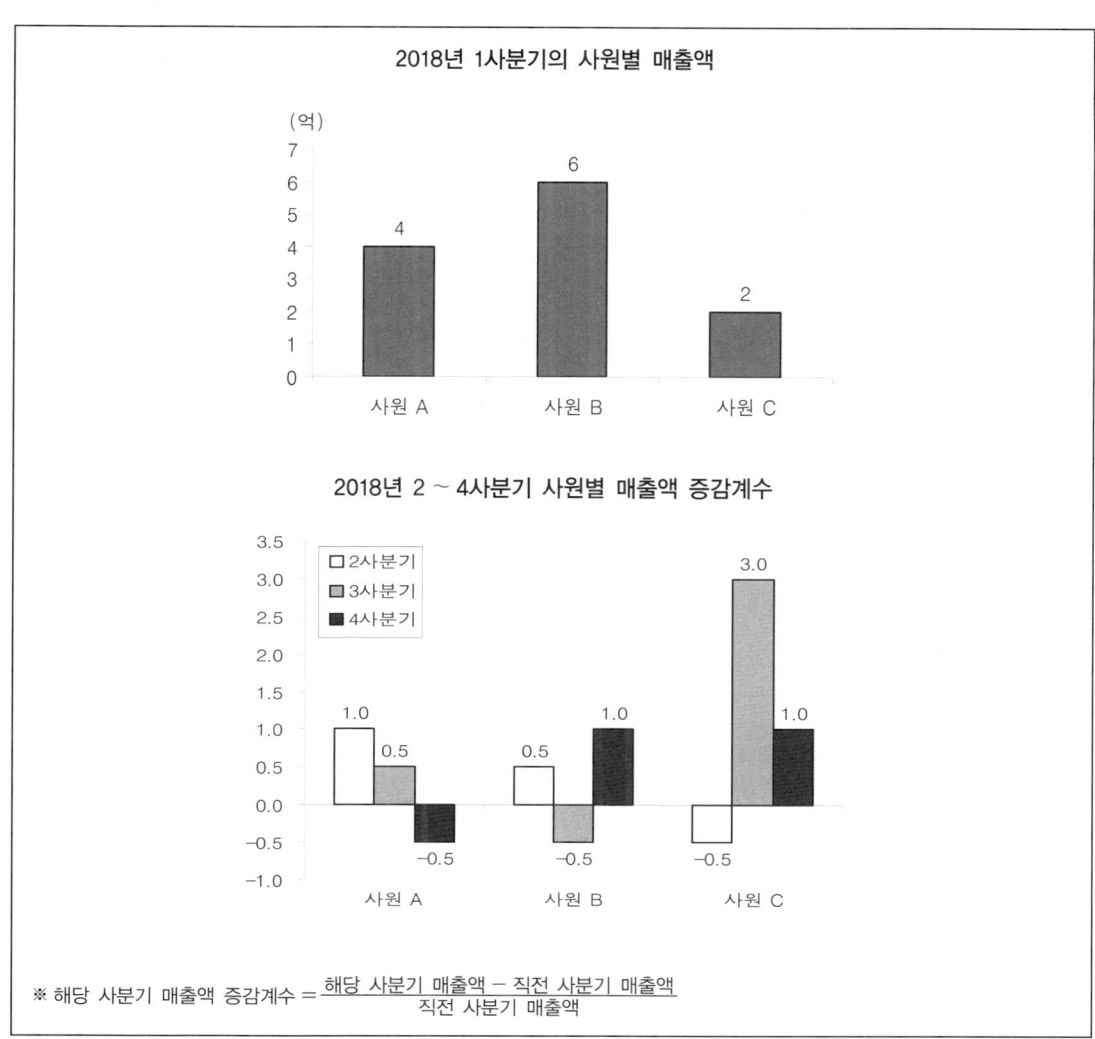

2018년 1사분기의 사원별 매출액

2018년 2 ~ 4사분기 사원별 매출액 증감계수

$$※ 해당 사분기 매출액 증감계수 = \frac{해당\ 사분기\ 매출액 - 직전\ 사분기\ 매출액}{직전\ 사분기\ 매출액}$$

① A, B, C   ② A, C, B   ③ B, A, C
④ B, C, A   ⑤ C, A, B

| 정답 | ④

| 해설 | 본 문제에서 %의 개념에 대해 이해를 해야 한다. 만약 100%가 상승한 것은 배수로는 2배가 상승한 것이다. 다음 표는 최초 숫자를 100이라 하고 상승 %와 배수를 계산한 표이다.

상승률	−200%	−100%	−50%	0%	50%	100%	200%	300%	400%
배수	×−3	×−2	×0.5	×1	×1.5	×2	×3	×4	×5
기준수치	100	100	100	100	100	100	100	100	100
비교수치	−300	−200	50	100	150	200	300	400	500

200%가 상승한 것은 3배가 상승한 것이고, 300%가 상승한 것은 4배가 상승한 것이다.
본 문제는 증감계수의 정의를 잘 이해해야 한다. 1이라는 수치는 100%가 올랐다는 의미이고 2배가 된 것이다. 0.5이면 50%가 상승했다는 의미이다. 3은 400%가 올랐다는 의미이고 4배를 해야 한다. 해당 분기 바로 앞 분기의 수치가 기준이 되어서 계속 증감률로 곱해나가면 4사분기의 매출액이 계산된다.

	1사분기	2사분기		3사분기		4사분기	
A	4	100%(×2)	8	50%(×1.5)	12	−50%(×0.5)	6
B	6	50%(×1.5)	9	−50%(×0.5)	4.5	100%(×2)	9
C	2	−50%(×0.5)	1	300%(×4)	4	100%(×2)	8

예제 10 다음 표는 1911년부터 1922년까지 한국의 쌀 생산·순수출 및 한국과 일본의 쌀 소비량에 관한 자료이다. 이에 대한 〈보기〉의 설명 중 옳지 않은 것을 모두 고르면?

쌀 생산·순수출·소비 자료

구분 연도	한국의 연간 생산량 (천 석)	일본으로의 연간 순수출량(천 석)	한국인 1인당 연간 소비량 (석/인)	일본인 1인당 연간 소비량 (석/인)
1911	14,027	2,910	0.74	1.07
1912	14,130	2,874	0.74	1.11
1913	15,296	2,701	0.73	1.12
1914	15,500	2,058	0.73	1.12
1915	14,882	3,080	0.68	1.15
1916	15,014	3,624	0.65	1.15
1917	13,219	4,619	0.52	1.13
1918	14,773	5,429	0.53	1.13
1919	15,300	6,136	0.52	1.10
1920	17,298	7,405	0.54	1.13
1921	13,511	5,609	0.45	1.11
1922	13,511	5,609	0.47	1.08

※ 1) 일본으로의 순수출량 = 일본으로의 수출량 − 일본으로부터의 수입량
  2) 한국과 일본은 양국 이외의 국가와는 쌀 교역을 하지 않는다고 가정함
  3) 한국과 일본에서 생산된 쌀은 양국 간의 교역이 이루어진 후 각 국에서 그 해에 모두 소비된다고 가정함

보기

ㄱ. 1922년 한국의 인구는 1921년에 비해 감소하였다.
ㄴ. 일본으로의 연간 쌀 순수출량은 1911년에 비해 1922년에 100% 이상 증가하였다.
ㄷ. 1912년부터 1922년까지 한국의 연간 쌀 생산량이 전년보다 증가한 연도 수가 감소한 연도 수보다 많다.
ㄹ. 1911년부터 1917년까지 매년 한국인의 1인당 연간 쌀 소비량은 일본인의 1인당 연간 쌀 소비량의 50% 이상이다.

① ㄴ
② ㄹ
③ ㄱ, ㄹ
④ ㄴ, ㄹ
⑤ ㄴ, ㄷ, ㄹ

| 정답 | ④
| 해설 | ㄴ. (×) 조심할 부분은 100%는 2배 증가했다는 것이다. 2,910 × 2 = 5,820(천 석)이므로 2배만큼 증가하지 않았다.
ㄱ. (○) 아래 표를 보면, 인구는 줄었다.(생산량은 그대로인데 소비량은 늘었으므로 소비하는 인구가 늘었음을 알 수 있다.)

구분 연도	한국의 연간 생산량(천 석) A	한국인 1인당 연간 소비량(석/인) B	$\dfrac{A}{B}$ = 인구
1921	13,511 − 5,609	0.45	$\dfrac{(13,511-5,609)}{0.45} = 17,560$
1922	13,511 − 5,609	0.47	$\dfrac{(13,511-5,609)}{0.47} = 16,812$

ㄷ. (○) 증가한 연도수는 7개, 감소한 연도수는 3개(1915년, 1917년, 1921년)이다.

ㄹ. (×) 1917년은 일본인의 1인당 연간 쌀 소비량의 50%가 $\dfrac{1.13}{2}$ = 0.565석으로, 한국인의 1인당 연간 소비량 0.52석보다 크므로 옳지 않다.

(예제 11) 다음 표는 2008 ~ 2012년 커피 수입 현황에 대한 자료이다. 〈보고서〉의 내용 중 표와 일치하는 것만을 모두 고르면?

2008 ~ 2012년 커피 수입 현황

(단위 : 톤, 천 달러)

구분	연도	2008	2009	2010	2011	2012
생두	중량	97.8	96.9	107.2	116.4	100.2
	금액	252.1	234.0	316.1	528.1	365.4
원두	중량	3.1	3.5	4.5	5.4	5.4
	금액	37.1	42.2	55.5	90.5	109.8
커피 조제품	중량	6.3	5.0	5.5	8.5	8.9
	금액	42.1	34.6	44.4	98.8	122.4

※ 1) 커피는 생두, 원두, 커피 조제품으로만 구분됨

2) 수입단가 $= \dfrac{금액}{중량}$

---보고서---

• 커피 전체
  - ㉠ 커피 수입금액은 2008년부터 2011년까지 매년 증가하다가 2012년에 감소
  - 커피 수입중량은 2012년에 전년 대비 12.1% 감소
• 생두
  - 2011년 생두 수입금액은 전년 대비 증가했으나 2012년에는 전년 대비 30.8% 감소, ㉡ 2012년 원두 수입중량 대비 생두 수입중량 비율은 2008년에 비해 감소
  - ㉢ 생두 수입단가는 2011년에 전년 대비 50% 이상 상승한 후 2012년에 전년 대비 하락
• 원두
  - ㉣ 2009 ~ 2012년 동안 원두 수입금액의 전년 대비 증가율은 2011년에 최대
  - 원두 수입단가는 원두 고급화로 인해 매년 상승
• 커피 조제품
  - 전년 대비 커피 조제품 수입금액은 2009년 감소했다가 2010년 증가 후, 2011년 전년 대비 222.5%가 되었음
  - ㉤ 2012년 커피 조제품 수입단가는 2008년 대비 200% 이상의 증가율을 보임

① ㉠, ㉡   ② ㉠, ㉣
③ ㉢, ㉤   ④ ㉡, ㉢, ㉣
⑤ ㉡, ㉣, ㉤

|정답| ④

|해설| ⑩ (×) 200% 이상의 의미는 2배가 아닌 3배라는 것을 알아야 한다. 100% 증가라면 2배인 것은 쉽게 알지만 200% 증가이면 3배라는 것을 인식하지 못하는 경우가 많다. 2012년의 수입단가가 2008년의 3배가 되지는 않으므로 틀린 설명이다.

구분 \ 연도		2008	2012	
커피 조제품	중량	6.3	8.9	
	금액	42.1	122.4	
	수입단가	$\frac{42.1}{6.3} \fallingdotseq 6.68$	$\frac{122.4}{8.9} \fallingdotseq 13.75$	

㉠ (×) 커피 수입금액을 계산하면 아래 표와 같다.

구분 \ 연도		2008	2009	2010	2011	2012
생두	금액	252.1	234	316.1	528.1	365.4
원두	금액	37.1	42.2	55.5	90.5	109.8
커피조제품	금액	42.1	34.6	44.4	98.8	122.4
합계		331.3	310.8	416	717.4	597.6

㉡ (○) 원두 수입중량 대비 생두 수입중량 비율은

2012년: $\frac{100.2}{5.4} \fallingdotseq 18.6$, 2008년: $\frac{97.8}{3.1} \fallingdotseq 31.5$이므로 2012년에는 2008년에 비해 감소했다.

㉢ (○) 2010 ~ 2012년 생두 수입단가는 아래 표와 같다.

구분 \ 연도		2010	2011	2012
생두	중량	107.2	116.4	100.2
	금액	316.1	528.1	365.4
	수입단가	2.95	4.54	3.65

㉣ (○) 2008년부터 금액이 37.1 → 42.2 → 55.5 → 90.5 → 109.8천 달러로 증가했고, 증가액이 가장 큰 2011년에 전년 대비 약 63% 증가했다.

예제 12 다음 표는 2013 ~ 2016년 '갑' 기업 사원 A ~ D의 연봉 및 성과평가등급별 연봉인상률에 대한 자료이다. 이에 대한 〈보기〉의 설명으로 옳은 것만을 모두 고르면?

'갑' 기업 사원 A ~ D의 연봉

(단위: 천 원)

사원 \ 연도	2013	2014	2015	2016
A	24,000	28,800	34,560	38,016
B	25,000	25,000	26,250	28,875
C	24,000	25,200	27,720	33,264
D	25,000	27,500	27,500	30,250

'갑' 기업의 성과평가등급별 연봉인상률

(단위: %)

성과평가등급	I	II	III	IV
연봉인상률	20	10	5	0

※ 1) 성과평가는 해당연도 연말에 1회만 실시하며, 각 사원은 I, II, III, IV 중 하나의 성과평가등급을 받음
　2) 성과평가등급을 높은 것부터 순서대로 나열하면 I, II, III, IV의 순임
　3) 당해년도 연봉 = 전년도 연봉 × (1 + 전년도 성과평가등급에 따른 연봉인상률)

┌ 보기 ┐

ㄱ. 2013년 성과평가등급이 높은 사원부터 순서대로 나열하면 D, A, C, B이다.
ㄴ. 2015년에 A와 B는 동일한 성과평가등급을 받았다.
ㄷ. 2013 ~ 2015년 동안 C는 성과평가에서 I등급을 받은 적이 있다.
ㄹ. 2013 ~ 2015년 동안 D는 성과평가에서 III등급을 받은 적이 있다.

① ㄱ, ㄴ
② ㄱ, ㄷ
③ ㄱ, ㄹ
④ ㄴ, ㄷ
⑤ ㄴ, ㄹ

|정답| ④

|해설| 문제를 풀이할 때 상승률이 정해졌다면 계산을 다 할 필요가 없고 상승률로 제한을 해서 풀이를 하면 빠르게 풀수 있다.

예를 들어 상승률은 5%, 10%, 20% 3가지밖에 없다. 그럼 10%를 중심으로 해서 더 많이 상승했으면 20%, 덜 상승했으면 5%가 된다. 복잡한 계산보다는 상승률 3가지 중 어떤 것이냐만 판단한다. 사원 A의 경우를 살펴보자.

사원 \ 연도	2013	2014	상승률	2015	상승률	2016	상승률
A	24,000	28,800	20%	34,560	20%	38,016	10%
		10%보다 크게 상승		10%보다 크게 상승		10% 상승	

이렇게 대략적으로 표시하면 좀 더 빨리 계산이 된다.

ㄱ. (×) A → $\dfrac{28,800}{24,000} = 1.2$, B → $\dfrac{25,000}{25,000} = 1$, C → $\dfrac{25,200}{24,000} = 1.05$, D → $\dfrac{27,500}{25,000} = 1.1$

따라서 사원 A, B, C, D의 성과평가등급은 순서대로 Ⅰ, Ⅳ, Ⅲ, Ⅱ이다.

등급이 높은 순서대로 나열하면 A − D − C − B 순이다.

ㄴ. (○) A → $\dfrac{38,016}{34,560} = 1.1$, B → $\dfrac{28,875}{26,250} = 1.1$이므로 모두 Ⅱ등급이다.

ㄷ. (○) 일단 2013년에는 Ⅲ등급이었고 2014년에는 $\dfrac{27,720}{25,200} = 1.1$이었으므로 Ⅱ등급,

2015년에는 $\dfrac{33,264}{27,720} = 1.2$로 Ⅰ등급이다.

ㄹ. (×) 우선 2013년에는 Ⅱ등급이고, 2014년에서 2015년 연봉이 동일하므로 2014년에는 Ⅳ등급, 2015년에는 $\dfrac{30,250}{27,500} = 1.1$로 Ⅰ등급이다. Ⅲ등급을 받은 적은 없다.

예제 13 다음 표는 서울시 10개구의 대기 중 오염물질 농도 및 오염물질별 대기환경지수 계산식에 관한 것이다. 이에 대한 〈보기〉의 설명 중 옳은 것만을 모두 고르면?

대기 중 오염물질 농도

지역 \ 오염물질	미세먼지 (μg/m³)	초미세먼지 (μg/m³)	이산화질소 (ppm)
종로구	46	36	0.018
중구	44	31	0.019
용산구	49	35	0.034
성동구	67	23	0.029
광진구	46	10	0.051
동대문구	57	25	0.037
중랑구	48	22	0.041
성북구	56	21	0.037
강북구	44	23	0.042
도봉구	53	14	0.022
평균	51	24	0.033

오염물질별 대기환경지수 계산식

오염물질 \ 계산식	조건	계산식
미세먼지 (μg/m³)	농도가 51 이하일 때	0.9 × 농도
	농도가 51 초과일 때	1.0 × 농도
초미세먼지 (μg/m³)	농도가 25 이하일 때	2.0 × 농도
	농도가 25 초과일 때	1.5 × (농도 − 25) + 51
이산화질소 (ppm)	농도가 0.04 이하일 때	1,200 × 농도
	농도가 0.04 초과일 때	800 × (농도 − 0.04) + 51

※ 통합대기환경지수는 오염물질별 대기환경지수 중 최댓값임

보기
ㄱ. 용산구의 통합대기환경지수는 성동구의 통합대기환경지수보다 작다.
ㄴ. 강북구의 미세먼지 농도와 초미세먼지 농도는 각각의 평균보다 낮고, 이산화질소 농도는 평균보다 높다.
ㄷ. 중랑구의 통합대기환경지수는 미세먼지의 대기환경지수와 같다.
ㄹ. 세 가지 오염물질 농도가 각각의 평균보다 모두 높은 구는 2개 이상이다.

① ㄱ, ㄴ
② ㄱ, ㄷ
③ ㄷ, ㄹ
④ ㄱ, ㄴ, ㄹ
⑤ ㄴ, ㄷ, ㄹ

|정답| ①

|해설| 이런 문제 유형에는 패턴이 존재한다. 이 문제의 핵심은 "통합대기환경지수는 오염물질별 대기환경지수 중 최댓값임"이다.

본 문제의 경우 경계를 넘어가는 영역, 즉 미세먼지는 51 초과, 초미세먼지는 25 초과 이산화질소는 0.04 초과일 때 값이 크게 증가한다는 것을 알 수 있다. 3개 중에 가장 큰 값을 대기환경지수로 이용하기 때문에 적절하게 비슷한 값이 나오도록 설계가 된 것이다. 3개의 수치 중 경계치가 넘어가는 값만 찾으면 그 수치가 바로 통합대기환경지수가 된다.

ㄱ. (○) 용산구에서 ' ~ 초과일 때'에 걸리는 것은 초미세먼지이다. 대기환경지수는 $1.5 \times (35 - 25) + 51 = 15 + 51 = 66$이다.

성동구에서는 미세먼지가 ' ~ 초과일 때'에 걸리고 대기환경지수는 67로 용산구가 더 작다.

ㄴ. (○) 단순비교하면 된다. 강북구의 미세먼지와 초미세먼지 농도는 평균보다 낮고, 이산화질소 농도는 평균보다 높다.

ㄷ. (×) 오답 소거로 자동배제되었지만, 중랑구의 미세먼지는 48로 초과조건 충족이 안 되고, 이산화질소는 0.041로 초과조건이 충족되므로 이산화질소로 통합대기환경지수가 결정될 가능성이 높다. $800 \times (0.041 - 0.04) + 51 = 51.8$로 바로 미세먼지지수 $0.9 \times 48 = 43.2$를 초과하였다.

ㄹ. (×) 단순비교하면 된다. 세 가지 오염물질 농도가 평균보다 모두 높은 구는 동대문구 한 곳뿐이다.

15 방사형 그래프 풀이법

방사형 문제는 그 모양으로 수치 비교가 용이하기 때문에 풀이가 쉽다고 알려져 있다. 그러나 가중치가 부여되는 문제의 경우 계산이 복잡해지는데 이때에는 풀이 요령이 있다. 만약 결과값이 큰 것을 고르는 문제라면 가중치가 없는 방사형 그래프의 경우 방사 도형의 넓이가 가장 큰 값을 선택하면 된다. 가중치가 부여된 경우에는 가중치를 적용하여 방사 도형을 새롭게 표현하여 넓이를 파악해 보는 방법으로 문제를 풀이한다.

(예제1) 다음은 A ~ D음료의 8개 항목에 대한 소비자평가 결과를 나타낸 것이다. 이에 대한 설명 중 옳은 것은?

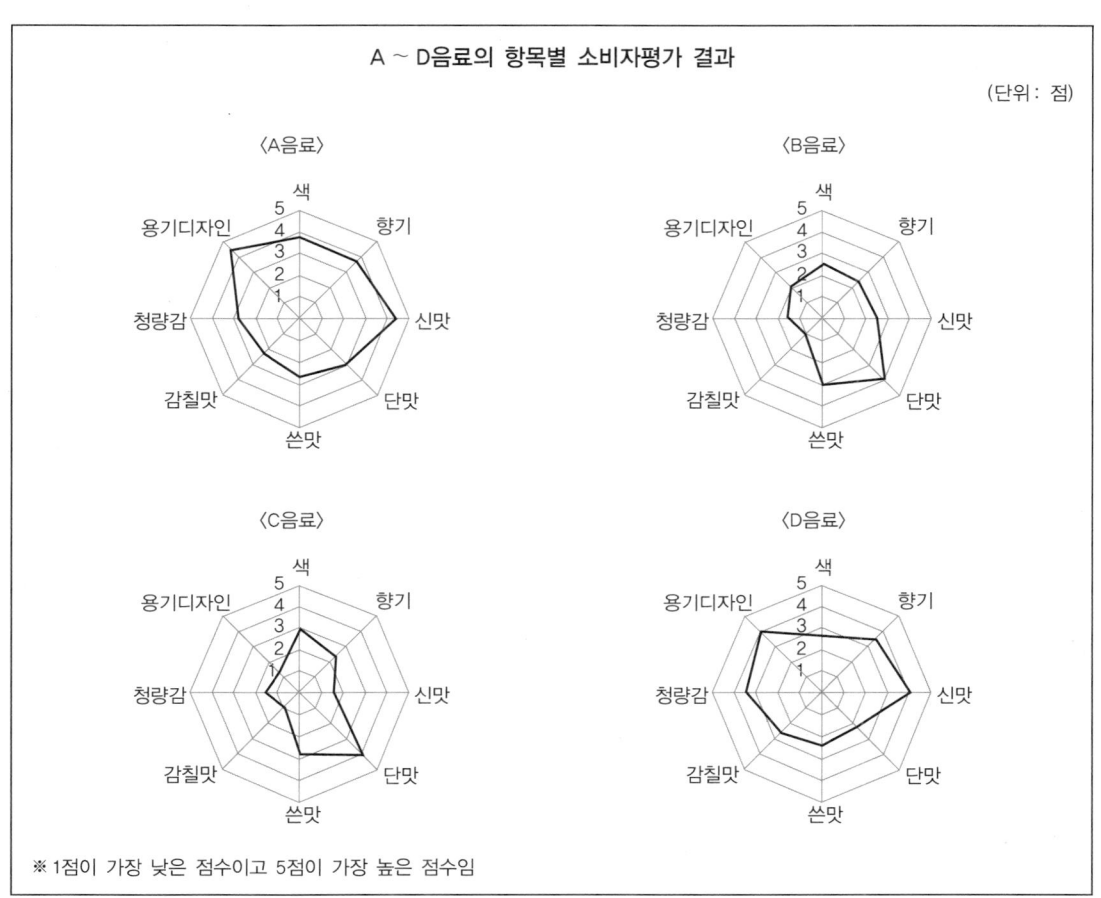

① C음료는 8개 항목 중 '쓴맛'의 점수가 가장 높다.
② '용기디자인'의 점수는 A음료가 가장 높고, C음료가 가장 낮다.
③ A음료는 B음료보다 7개 항목에서 각각 높은 점수를 받았다.
④ 소비자평가 결과의 항목별 점수의 합은 B음료가 D음료보다 크다.
⑤ A ~ D음료 간 '색'의 점수를 비교할 때 점수가 가장 높은 음료는 '단맛'의 점수를 비교할 때에도 점수가 가장 높다.

| 정답 | ②

| 해설 | 본 문제에는 가중치가 없다. 따라서 전체적으로 가장 높은 점수를 받은 음료는 넓이를 눈대중으로 파악하여 A음료라는 것을 알 수 있다.

① (×) C음료는 단맛이 4점으로 가장 높고, 쓴맛은 3점이 조금 안 된다.

② (○) A음료의 경우 약 4.5점, C음료는 약 1.5점이다.

③ (×) B음료가 A음료보다 높은 것을 찾아보면 단맛과 쓴맛에서 앞서므로 2개 항목이다.

④ (×) 방사 도형의 넓이가 곧 총합이라고 볼 수 있는데, 육안으로 볼 때 D가 B보다 크다. 넓이의 차이가 즉 총점의 차이라고 볼 수 있다.

⑤ (×) 색 점수가 가장 높은 음료는 4점 가까이 되는 A이다. 단맛의 점수가 가장 높은 음료는 B 또는 C이다.

예제 2　다음은 보육 관련 6대 과제별 성과 점수 및 추진 필요성 점수를 나타낸 것이다. 이에 대한 〈보기〉의 설명 중 옳은 것만을 모두 고르면?

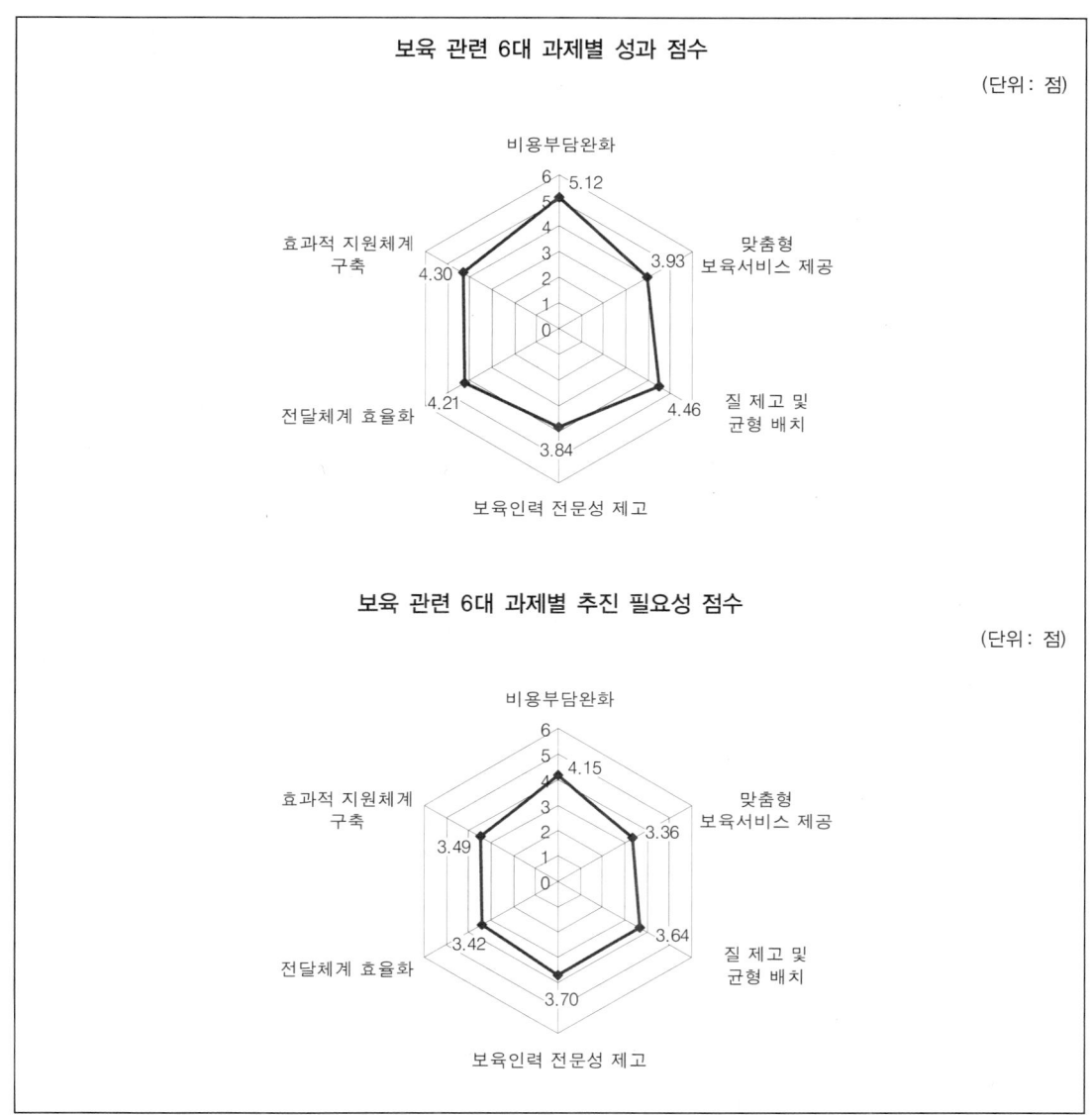

보기

ㄱ. 성과 점수가 가장 높은 과제와 가장 낮은 과제의 점수 차이는 1.00점보다 크다.
ㄴ. 성과 점수와 추진 필요성 점수의 차이가 가장 작은 과제는 '보육인력 전문성 제고' 과제이다.
ㄷ. 6대 과제별 추진 필요성 점수의 평균은 3.70점 이상이다.

① ㄴ　　　　　　　　　　② ㄱ, ㄴ　　　　　　　　　　③ ㄱ, ㄷ
④ ㄴ, ㄷ　　　　　　　　　⑤ ㄱ, ㄴ, ㄷ

|정답| ②
|해설| 본 문제의 경우 두 그래프가 똑같은 모양의 방사형 그래프이다. 이 경우 방사 도형의 꼭짓점을 하단으로 줄을 그어서 값을 비교하면 좀 더 빠르게 풀이가 가능하다.
　ㄱ. (○) '보육 관련 6대 과제별 성과 점수'에서 가장 높은 것은 비용부담완화의 5.12이고, 가장 낮은 것은 보육인력 전문성 제고의 3.84이므로 1.00 이상 차이가 난다.
　ㄴ. (○) 두 그래프에서 보육인력 전문성 제고 점수의 차이는 3.84 − 3.70 = 0.14로 가장 작다.
　ㄷ. (×) $\dfrac{4.15+3.36+3.64+3.70+3.42+3.49}{6}$ ≒ 3.63 정도로, 3.7을 넘지는 못한다.

(예제 3) H기업에 다니는 철수 과장은 해외시장에 진출하기 위해 A, B, C, D국가에 대한 시장조사를 했다. 결과가 다음과 같을 때, 해외시장에 진출하기에 가장 바람직한 국가를 고른 것은?

해외 시장 선정 기준

제품의 해당 나라 수요동향, 타사와의 경쟁력, 유통구조, 관세, 물가 5가지 영역을 기본으로 하여 각각 중요도에 따라 가중치를 부여하고 종합적인 점수로 평가 기준을 잡는다.
각 항목별 가중치는 다음과 같다.
수요(35%), 경쟁력(25%), 유통구조(20%), 관세(10%), 물가(10%)

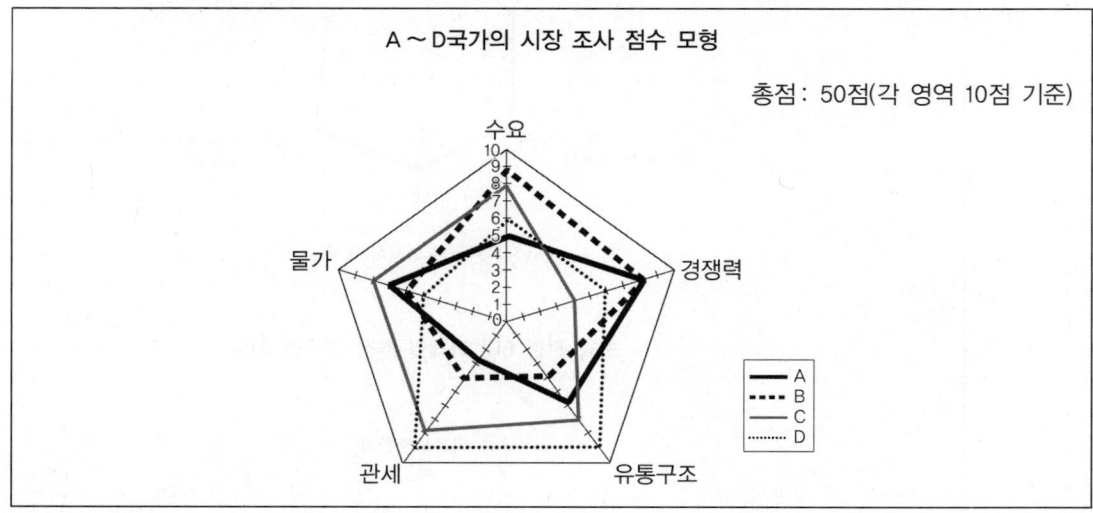

A ~ D국가의 시장 조사 점수 모형

총점 : 50점(각 영역 10점 기준)

① A국가　　　　　　　　　② B국가
③ C국가　　　　　　　　　④ D국가
⑤ 네 국가 모두 같음

|정답| ②
|해설| 본 문제의 경우 가중치가 제시되어 있으므로 다음과 같이 가중치를 반영하여 방사 모형을 표현해본다.

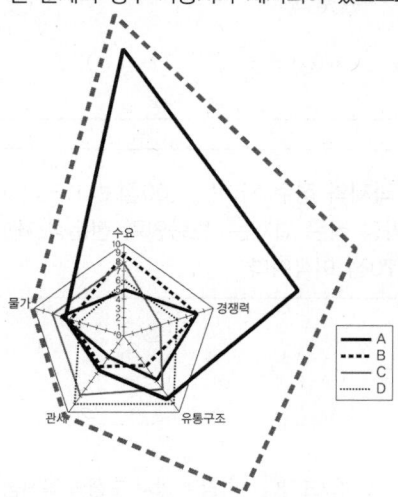

위의 방사형 그래프에서 A의 가중치를 반영하여 그려본 선이 두꺼운 점선이고, 실선은 B를 가중치에 맞추어서 대략적으로 그려본 것이다. 이렇게 비교하면 값의 대소비교가 용이하다.
C, D의 경우는 수요와 경쟁력 수치가 작고 관세, 물가, 유통구조의 수치가 크다. 수요와 경쟁력은 관세와 물가 대비 가중치가 각각 3.5배와 2.5배에 해당하므로 상대적으로 작은 방사 모형이 나오게 된다.

일반적인 풀이는 다음과 같다. 각 항목별 점수에 가중치를 곱해 계산하면 다음과 같다.

구분	수요	경쟁력	유통구조	관세	물가	합계
가중치	0.35	0.25	0.2	0.1	0.1	
A	×5 = 1.75	×8 = 2	×6 = 1.2	×3 = 0.3	×7 = 0.7	5.95
B	×9 = 3.15	×8 = 2	×4 = 0.8	×4 = 0.4	×6 = 0.6	6.95
C	×8 = 2.8	×4 = 1	×7 = 1.4	×8 = 0.8	×8 = 0.8	6.8
D	×6 = 2.1	×6 = 1.5	×9 = 1.8	×9 = 0.9	×5 = 0.5	6.8

따라서 총점이 가장 높은 B국가를 선택하는 것이 가장 바람직하다.

예제 4 다음은 '갑'요리대회 참가자의 종합점수 및 항목별 득점기여도 산정 방법과 항목별 득점 결과이다. 이에 대한 〈보기〉의 설명 중 옳은 것만을 모두 고르면?

참가자의 종합점수 및 항목별 득점기여도 산정 방법	
항목	가중치
맛	6
향	4
색상	4
식감	3
장식	3

※ 종합점수 = (항목별 득점 × 항목별 가중치)의 합계

※ 항목별 득점기여도 = $\dfrac{\text{항목별 득점} \times \text{항목별 가중치}}{\text{종합점수}}$

전체 참가자의 항목별 득점 결과

(단위 : 점)

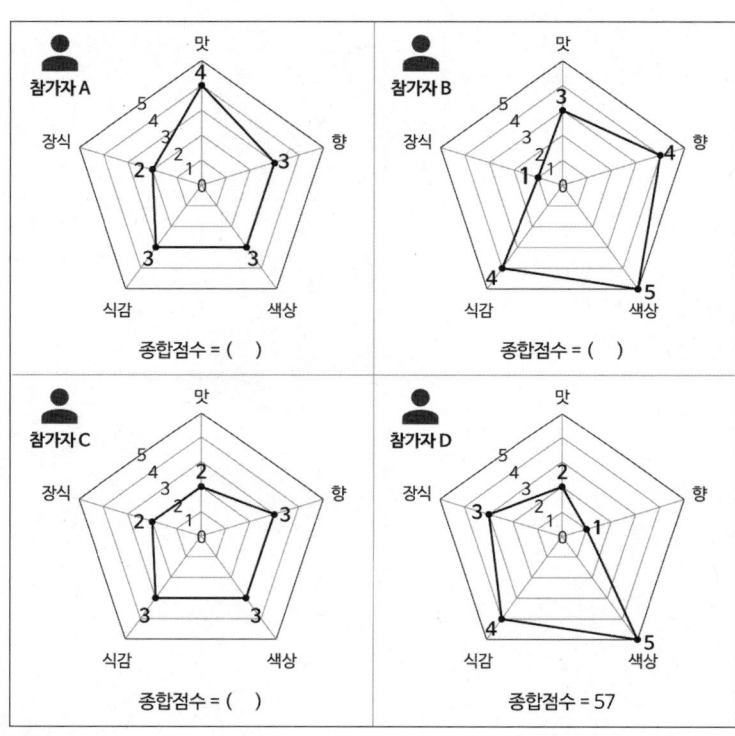

※ 종합점수가 클수록 순위가 높음

보기

ㄱ. 참가자 A의 '색상' 점수와 참가자 D의 '장식' 점수가 각각 1점씩 상승하여도 전체 순위에는 변화가 없다.

ㄴ. 참가자 B의 '향' 항목 득점기여도는 참가자 A의 '색상' 항목 득점기여도보다 높다.

ㄷ. 참가자 C는 모든 항목에서 1점씩 더 득점하더라도 가장 높은 순위가 될 수 없다.

ㄹ. 순위가 높은 참가자일수록 '맛' 항목 득점기여도가 높다.

① ㄱ, ㄴ   ② ㄱ, ㄷ

③ ㄱ, ㄹ   ④ ㄴ, ㄷ

⑤ ㄴ, ㄹ

|정답| ①

|해설| 방사형 그래프에서 가중치가 있는 경우 복잡한 계산이 필요하다는 것을 알려주는 문제이다.
$A = 24 + 4(3 + 3) + 3(3 + 2) = 63$, $B = 18 + 4(4 + 5) + 3(4 + 1) = 69$, $C = 12 + 4(3 + 3) + 3(3 + 2) = 51$, $D = 57$

ㄱ. (○) 색상 가중치 4, 장식 가중치 3으로 각각 1점씩 상승하여도 A, D의 순위 변화는 없다.

ㄴ. (○) 향과 색상의 가중치는 4로 같고 A는 12점, B는 16점이다. A총점은 63점, B총점은 69점으로 득점기여도는 $A(\frac{12}{63}) < B(\frac{16}{69})$이다.

ㄷ. (×) 모든 항목에서 1점씩 더 득점하면 $6 + 4 + 4 + 3 + 3 = 20$점이 추가되는 것과 같으므로 $51 + 20 = 71$점이다. 따라서 1등이 될 수 있다.

ㄹ. (×) C와 D의 맛 항목 점수는 같은데 종합점수는 C는 51, D는 57이다. 같은 점수로는 종합점수가 클수록 기여도가 낮아진다. 따라서 4위인 C의 맛 항목이 3위인 D의 맛 항목의 기여도보다 높다.

16 자료를 찾을 때 혼동을 주는 문제 풀이법

자료를 찾을 때 혼동을 주는 문제 유형은 자료의 범례에 유사한 단어가 사용되어서 자료를 찾을 때 실수를 하도록 유도하는 유형을 말한다. 이런 유형은 주로 문제 후반부에 배치하여 수험생의 혼란을 일으킨다. 풀이를 원활하게 하는 방법은 자료를 잘 찾는 훈련밖에 없으니, 표에서 실수하지 않고 풀이에 필요한 항목을 찾아보도록 연습해 보자.

예제 1 다음 표는 2009 ~ 2012년 A 추모공원의 신규 안치건수 및 매출액 현황을 나타낸 자료이다. 이에 대한 〈보기〉의 설명 중 옳은 것만을 모두 고르면?

A 추모공원의 신규 안치건수 및 매출액 현황

(단위: 건, 만 원)

안치유형	구분	신규 안치건수		매출액	
		2009 ~ 2011년	2012년	2009 ~ 2011년	2012년
개인단	관내	719	606	291,500	289,000
	관외	176	132	160,000	128,500
부부단	관내	632	557	323,900	330,000
	관외	221	134	291,800	171,000
계		1,748	1,429	1,067,200	918,500

보기

ㄱ. 2012년 개인단의 신규 안치건수는 2009 ~ 2012년 개인단 신규 안치건수 합의 50% 이하이다.
ㄴ. 2009 ~ 2012년 신규 안치건수의 합은 관내가 관외보다 크다.
ㄷ. 2012년 부부단 관내와 부부단 관외의 매출액이 2011년에 비해 각각 50%가 증가한 것이라면, 2009 ~ 2010년 매출액의 합은 부부단 관내가 부부단 관외보다 작다.
ㄹ. 2009 ~ 2012년 4개 안치유형 중 신규 안치건수의 합이 가장 큰 안치유형은 부부단 관내이다.

① ㄱ, ㄴ   ② ㄴ, ㄷ
③ ㄷ, ㄹ   ④ ㄱ, ㄴ, ㄷ
⑤ ㄱ, ㄷ, ㄹ

|정답| ④

|해설| 본 문제는 관내, 관외, 개인단, 부부단으로 항목이 나뉘어 있는데 풀이하다 보면 자료를 찾을 때 혼란을 준다.

ㄱ. (○) 2012년 개인단의 신규 안치건수는 738이고, 2009~2012년 개인단 신규 안치건수 합은 738 + 895 = 1,633이므로 50% 이하다.

ㄴ. (○) 2009~2012년 신규 안치건수의 합은 관내는 1,325 + 1,189 = 2,514가 되고, 관외는 308 + 355 = 663이 된다. 관내가 관외보다 크다.

ㄷ. (○) 2012년 부부단 관내 매출액은 330,000이므로 2011년은 $\frac{330,000}{1.5}$ = 220,000이 된다. 2012년 부부단 관외의 매출액은 171,000이므로 2011년은 $\frac{171,000}{1.5}$ = 114,000이 된다. 2009~2010년 부부단 관내 매출액의 합은 323,900 − 220,000 = 103,900이 되고, 2009~2010년 부부단 관외 매출액의 합은 291,800 − 114,000 = 177,800이 된다.

ㄹ. (×) 신규 안치건수의 합은 부부단 관내는 1,189이지만, 개인단 관내는 1,325이므로 개인단 관내가 더 크다.

예제 2 다음 표는 2010년 1월 1일자 '갑'기업의 팀(A ~ F) 간 전출·입으로 인한 직원 이동에 관한 자료이다. 이에 대한 〈보기〉의 설명 중 옳은 것을 모두 고르면?

'갑'기업의 팀별 전출·입 직원수

(단위 : 명)

전출부서＼전입부서		식품 사업부				외식 사업부				전출합계
		A팀	B팀	C팀	소계	D팀	E팀	F팀	소계	
식품 사업부	A팀	—	4	2	6	0	4	3	7	13
	B팀	8	—	0	8	2	1	1	4	12
	C팀	0	3	—	3	3	0	4	7	10
	소계	8	7	2	17	5	5	8	18	35
외식 사업부	D팀	0	2	4	6	—	0	3	3	9
	E팀	6	1	7	14	2	—	4	6	20
	F팀	2	3	0	5	1	5	—	6	11
	소계	8	6	11	25	3	5	7	15	40
전입합계		16	13	13	42	8	10	15	33	75

※ 1) '갑'기업은 식품 사업부와 외식 사업부로만 구성됨
  2) 표읽기 예시: A팀에서 전출하여 B팀으로 전입한 직원수는 4명임

─ 보기 ─

ㄱ. 전출한 직원보다 전입한 직원이 많은 팀들의 전입 직원수의 합은 기업 내 전체 전출·입 직원수의 70%를 초과한다.
ㄴ. 직원이 가장 많이 전출한 팀에서 전출한 직원의 40%는 직원이 가장 많이 전입한 팀에 배치되었다.
ㄷ. 식품 사업부에서 외식 사업부로 전출한 직원수는 외식 사업부에서 식품 사업부로 전출한 직원수보다 많다.
ㄹ. 동일한 사업부 내에서 전출·입한 직원수는 기업 내 전체 전출·입 직원수의 50% 미만이다.

① ㄱ, ㄴ   ② ㄱ, ㄷ
③ ㄱ, ㄹ   ④ ㄴ, ㄷ
⑤ ㄷ, ㄹ

| 정답 | ③

| 해설 | 식품 사업부와 외식 사업부, 전입부서와 전출부서로 나누어서 자료를 잘 찾아야 한다.
ㄱ. (○) 전출한 직원보다 전입한 직원이 많은 팀들은 A, B, C, F팀이다.
전출합계와 전입합계를 비교해서 전입합계를 찾으면 된다. 이들의 합은 42 + 15 = 57이 된다. 전체는 75이므로 76%로 70% 초과다.
ㄴ. (×) 직원이 가장 많이 전출한 팀은 E팀이고, 직원이 가장 많이 전입한 팀은 A팀인데, E팀에서 A팀으로 간 인원은 6명이다. $\frac{6}{20}$ 이므로 30%다.
ㄷ. (×) 식품 사업부에서 외식 사업부로 전출한 직원수는 18명이고, 외식 사업부에서 식품 사업부로 전출한 직원수는 25명이다.
ㄹ. (○) 식품 사업부 내에서 이동한 인원은 17명, 외식 사업부 내에서 이동한 인원은 15명으로 합하면 32명이므로 전체 75명 중의 약 43%이므로 50% 미만이 맞다.

예제 3 다음 표는 '갑'~'무' 도시에 위치한 두 브랜드(해피카페, 드림카페)의 커피전문점 분포에 대한 자료이다. 이에 대한 〈보기〉의 설명으로 옳은 것만을 모두 고르면?

'갑'~'무' 도시별 커피전문점 분포

(단위 : 개)

브랜드 \ 구분 \ 도시		갑	을	병	정	무	평균
해피카페	점포수	7	4	2	( )	4	4
	|편차|	3	0	2	1	0	( )
드림카페	점포수	( )	5	( )	5	2	4
	|편차|	2	1	2	1	2	1.6

※ |편차|는 해당 브랜드 점포수 평균에서 각 도시의 해당 브랜드 점포수를 뺀 값의 절댓값임

┌ 보기 ┐

ㄱ. '해피카페' |편차|의 평균은 '드림카페' |편차|의 평균보다 크다.
ㄴ. '갑'의 '드림카페' 점포수와 '병'의 '드림카페' 점포수는 다르다.
ㄷ. '정'은 '해피카페' 점포수가 '드림카페' 점포수보다 적다.
ㄹ. '무'에 있는 '해피카페' 중 1개 점포가 '병'으로 브랜드의 변경 없이 이전할 경우, '해피카페' |편차|의 평균은 변하지 않는다.

① ㄱ, ㄷ
② ㄴ, ㄷ
③ ㄷ, ㄹ
④ ㄱ, ㄴ, ㄹ
⑤ ㄴ, ㄷ, ㄹ

|정답| ⑤

|해설| 드림카페와 해피카페의 점포수를 계산하고 편차는 절댓값으로 계산하면 된다.
평균이 나왔으므로 가평균을 활용해 본다.

브랜드 \ 구분 \ 도시		갑	을	병	정	무	평균
해피카페	점포수	7	4	2	(3)	4	4
	|편차|	3	0	2	1	0	(1.2)
드림카페	점포수	(6 or 2)	5	(6 or 2)	5	2	4
	|편차|	2	1	2	1	2	1.6

ㄱ. (×) 편차의 합으로 처리한다. 해피 3＋2＋1＝6＜드림 2＋1＋2＋1＋2＝8
ㄴ. (○) 드림카페는 점포수 평균 4, 도시수 5로 총 20개가 존재한다. 갑과 병의 편차 절댓값이 2로 같다면 (2, 2), (6, 2), (2, 6), (6, 6) 중에 하나이다. 을, 정, 무의 카페합이 5＋5＋2＝12개로 갑, 병의 카페합은 8이다. 따라서 (2, 2), (6, 6)은 조건에 맞지 않고 (2, 6), (6, 2)만이 가능하다. 따라서 갑과 병의 카페수는 서로 다르다.
ㄷ. (○) 정의 해피카페는 3개, 정의 드림카페는 5개이다.
ㄹ. (○) 무의 해피카페는 4개에서 3개가 되므로 편차는 0에서 1이 되고, 병의 해피카페는 2개에서 3개가 되므로 편차는 2에서 1이 된다. 따라서 편차의 합이 2로 변화가 없으므로 편차의 평균도 변하지 않는다.

(예제 4) 다음 표는 A 기업 지원자의 인턴 및 해외연수 경험과 합격여부에 관한 자료이다. 이에 대한 〈보기〉의 설명 중 옳은 것만을 모두 고르면?

A 기업 지원자의 인턴 및 해외연수 경험과 합격여부

(단위 : 명, %)

인턴 경험	해외연수 경험	합격여부		합격률
		합격	불합격	
있음	있음	53	414	11.3
	없음	11	37	22.9
없음	있음	0	16	0.0
	없음	4	139	2.8

※ 1) 합격률(%) = $\dfrac{\text{합격자수}}{\text{합격자수 + 불합격자수}} \times 100$

2) 합격률은 소수점 아래 둘째 자리에서 반올림한 값임

┌ 보기 ┐

ㄱ. 해외연수 경험이 있는 지원자가 해외연수 경험이 없는 지원자보다 합격률이 높다.

ㄴ. 인턴 경험이 있는 지원자가 인턴 경험이 없는 지원자보다 합격률이 높다.

ㄷ. 인턴 경험과 해외연수 경험이 모두 있는 지원자 합격률은 인턴 경험만 있는 지원자 합격률의 2배 이상이다.

ㄹ. 인턴 경험과 해외연수 경험이 모두 없는 지원자와 인턴 경험만 있는 지원자 간 합격률 차이는 30%p보다 크다.

① ㄱ, ㄴ

② ㄱ, ㄷ

③ ㄴ, ㄷ

④ ㄱ, ㄴ, ㄹ

⑤ ㄴ, ㄷ, ㄹ

....

| 정답 | ①

| 해설 | 본 문제는 전형적인 수험생의 실수를 유발하는 유형이다.

ㄱ. (○) 해외연수 경험 ○ : 합격 53명, 불합격 430명이고, 해외연수 경험 × : 합격 15명, 불합격 176명이다. 해외연수 경험이 있는 지원자의 합격자수는 불합격자수의 10% 이상인데, 해외연수 경험이 없는 지원자의 합격자수는 불합격자수의 10% 미만이므로 해외연수 경험자의 합격률이 더 높음을 알 수 있다.

ㄴ. (○) 인턴 경험이 있는 지원자의 합격률은 11.3%, 22.9%이고 인턴 경험이 없는 지원자의 합격률은 0%, 2.8%이므로 인턴 경험자 합격률이 더 높다.

ㄷ. (×) 인턴 ○, 해외 ○ → 11.3%이고 인턴 ○, 해외 × → 22.9%이므로 인턴 경험만 있는 지원자의 합격률이 2배 높다.

ㄹ. (×) 어떤 경우든 30%를 넘는 것이 없어서 30%p 차이는 애초에 불가능하다.

예제 5 다음 표는 인공지능(AI)의 동물식별 능력을 조사한 결과이다. 이에 대한 〈보기〉의 설명으로 옳은 것만을 모두 고르면?

AI의 동물식별 능력 조사 결과

(단위 : 마리)

실제 \ AI 식별 결과	개	여우	돼지	염소	양	고양이	합계
개	457	10	32	1	0	2	502
여우	12	600	17	3	1	2	635
돼지	22	22	350	2	0	3	399
염소	4	3	3	35	1	2	48
양	0	0	1	1	76	0	78
고양이	3	6	5	2	1	87	104
전체	498	641	408	44	79	96	1,766

보기

ㄱ. AI가 돼지로 식별한 동물 중 실제 돼지가 아닌 비율은 10% 이상이다.
ㄴ. 실제 여우 중 AI가 여우로 식별한 비율은 실제 돼지 중 AI가 돼지로 식별한 비율보다 낮다.
ㄷ. 전체 동물 중 AI가 실제와 동일하게 식별한 비율은 85% 이상이다.
ㄹ. 실제 염소를 AI가 고양이로 식별한 수보다 양으로 식별한 수가 많다.

① ㄱ, ㄴ   ② ㄱ, ㄷ
③ ㄴ, ㄷ   ④ ㄱ, ㄷ, ㄹ
⑤ ㄴ, ㄷ, ㄹ

|정답| ②

|해설| AI 식별 결과와 실제를 구분하는 유형이다. 잘 찾아가면서 풀이하면 어렵지는 않지만 조금만 방심하면 실수하기 좋은 문제이다.

ㄱ. (○) $\dfrac{\text{AI 돼지} - \text{실제 돼지}}{\text{AI 돼지}} = \dfrac{408 - 350}{408} = \dfrac{58}{408}$ → 10% 이상

ㄴ. (×) $\dfrac{\text{AI 여우}}{\text{실제 여우}} = \dfrac{600}{635} > \dfrac{\text{AI 돼지}}{\text{실제 돼지}} = \dfrac{350}{399}$

ㄷ. (○) 표의 대각선 수들의 합 = 457 + 600 + 350 + 35 + 76 + 87 = 1,605이고, 전체 = 1,766의 90%를 먼저 구해보면 1,766 − 176 = 1,566 + 24 = 1,590이다(보수법). $\dfrac{1,590}{1,766}$ 이 약 90%인데 $\dfrac{1,605}{1,766}$ 보다 작으므로 이 수는 85%가 넘는다.

ㄹ. (×) 실제 염소를 고양이로 식별한 수 = 2 > 실제 염소를 양으로 식별한 수 = 1

17 가치환산 문제 풀이법

가치환산 문제란 주로 환율 문제 또는 과거의 화폐 단위와 관련한 유형이다.

[예제 1] 다음 표는 A ~ D국 화폐 대비 원화 환율 및 음식가격에 대한 자료이다. 이에 대한 〈보기〉의 설명 중 옳은 것만을 모두 고르면?

A ~ D국 화폐 대비 원화 환율

국가	화폐단위	환율(원/각 국의 화폐 1단위)
A	a	1,200
B	b	2,000
C	c	200
D	d	1,000

A ~ D국 판매단위별 음식가격

국가 \ 음식 (판매단위)	햄버거 1개	피자 1조각	치킨 1마리	삼겹살 1인분
A	5 a	2 a	15 a	8 a
B	6 b	1 b	9 b	3 b
C	40 c	30 c	120 c	30 c
D	10 d	3 d	20 d	9 d

보기

ㄱ. 원화 120,000원으로 가장 많은 개수의 햄버거를 구매할 수 있는 국가는 A국이다.
ㄴ. B국에서 치킨 1마리 가격은 삼겹살 3인분 가격과 동일하다.
ㄷ. C국의 삼겹살 4인분과 A국의 햄버거 5개는 동일한 액수의 원화로 구매할 수 있다.
ㄹ. D국 화폐 대비 원화 환율이 1,000원/d에서 1,200원/d로 상승하면, D국에서 원화 600,000원으로 구매할 수 있는 치킨의 마릿수는 20% 이상 감소한다.

① ㄱ, ㄴ ② ㄱ, ㄷ
③ ㄴ, ㄷ ④ ㄱ, ㄴ, ㄹ
⑤ ㄴ, ㄷ, ㄹ

|정답| ①

|해설| 환율을 우리나라 화폐가치로 전환하는 것이 풀이하기에 용이하다.

국가 \ 음식 / 판매 단위	햄버거 1개	피자 1조각	치킨 1마리	삼겹살 1인분
A	6,000원	24,00원	18,000원	9,600원
B	12,000원	2,000원	18,000원	6,000원
C	8,000원	6,000원	24,000원	6,000원
D	10,000원	3,000원	20,000원	9,000원

ㄱ. (○) 햄버거가 가장 저렴한 국가가 A다.

ㄴ. (○) B국에서 치킨 1마리 가격은 18,000원이고 삼겹살 1인분이 6,000원이므로 3인분 가격과 같다.

ㄷ. (×) C국의 삼겹살 4인분은 24,000원이고, A국의 햄버거 5개는 30,000원이므로 같은 가격이 아니다.

ㄹ. (×)

국가 \ 음식 / 판매 단위	햄버거 1개	피자 1조각	치킨 1마리	삼겹살 1인분
D (1,000원)	10,000원	3,000원	20,000원	9,000원
D (1,200원)	12,000원	3,600원	24,000원	10,800원

600,000원으로 구매할 수 있는 치킨은 30마리에서 25마리가 된다. 따라서 $\frac{5}{30}$ = 약 17% 감소한다.

(예제 2) 다음 표는 18세기 조선의 직업별 연봉 및 품목별 가격에 관한 자료이다. 이에 대한 설명으로 옳지 않은 것은?

18세기 조선의 직업별 연봉

구분		곡물(섬)		면포(필)	현재 원화가치(원)
		쌀	콩		
관료	정1품	25	3	—	5,854,400
	정5품	17	1	—	3,684,800
	종9품	7	1	—	1,684,800
궁녀	상궁	11	1	—	( )
	나인	5	1	—	1,284,800
군인	기병	7	2	9	( )
	보병	3	—	9	1,500,000

18세기 조선의 품목별 가격

품목	곡물(1섬)		면포(1필)	소고기(1근)	집(1칸)	
	쌀	콩			기와집	초가집
가격	5냥	7냥 1전 2푼	2냥 5전	7전	21냥 6전 5푼	9냥 5전 5푼

※ 1냥 = 10전 = 100푼

① 18세기 조선의 1푼의 가치는 현재 원화가치로 환산할 경우 400원과 같다.
② '기병' 연봉은 '종9품' 연봉보다 많고 '정5품' 연봉보다 적다.
③ '정1품' 관료의 12년치 연봉은 100칸의 기와집 가격보다 적다.
④ '상궁' 연봉은 '보병' 연봉의 2배 이상이다.
⑤ '나인'의 1년치 연봉으로 살 수 있는 소고기는 40근 이상이다.

────────────────────────────────

| 정답 | ④
| 해설 | 환산표를 작성해 보면 아래와 같다. 본 문제는 환산표를 만들 필요는 없지만 한번 시도해 보기 바란다.

구분		곡물(섬)		면포(필)	냥으로 환산	현재 원화가치(원)
		쌀	콩			
관료	정1품	25	3	—	25×5 + 3×7.12 = 146.36	5,854,400
	정5품	17	1	—	92.12	3,684,800
	종9품	7	1	—	42.12	1,684,800
궁녀	상궁	11	1	—	62.12	2,484,800
	나인	5	1	—	32.12	1,284,800
군인	기병	7	2	9	71.74	2,869,600
	보병	3	—	9	37.5	1,500,000

① (○) '보병'의 연봉은 쌀 3섬에 15냥, 면포 9필에 22냥 5전을 합하면 37.5냥이고 이것의 현재 원화가치는 1,500,000원이다. 1,500,000원 = 37.5냥에서 양변에 2를 곱하면 3,000,000원 = 75냥이고 양변을 75로 나누면 40,000원이 1냥이 된다. 1냥 = 10전 = 100푼이므로 40,000원이 100푼이면 400원이 1푼이 된다.
② (○) 기병이 종9품보다 많은 건 바로 알 수 있고, 쌀 1섬 = 면포 2필이므로 면포를 쌀로 환산하면 기병은 쌀 7 + 4.5 = 11.5섬에 콩 2섬, 정5품은 쌀 17섬에 콩 1섬으로 기병의 연봉이 더 적다.
③ (○) 정1품의 12년치 연봉은 쌀: 25섬 × 5냥 × 12 = 1,500냥, 콩: 3섬 × 약7.1냥 × 12 = 약 256냥이므로 합하면 1,756냥이다. 100칸의 기와집 가격은 약 21.6냥 × 100 = 약 2,160냥이므로 정1품의 12년치 연봉이 더 적다.
④ (×) 상궁의 연봉은 쌀 11섬, 콩 1섬이고 보병의 연봉은 면포를 쌀로 환산하여 계산하면 쌀 7.5섬이다. 따라서 상궁의 연봉은 보병의 2배 이상이 아니다.
⑤ (○) 소고기 1근에 0.7냥, 40근은 0.7 × 40 = 28냥이다. 나인의 연봉은 쌀 5섬에 25냥, 콩 1섬에 7냥 1전 2푼이므로 소고기 40근 이상이다.

18 추론형 문제 풀이법

추론형은 문제의 제시된 항목에 해당하는 것을 바르게 도출해야 하는 유형이다. 우선, 선지 중에서 가장 많이 제시된 것을 답으로 고정시키고 풀이를 하는 것이 요령인데, 이 방법도 이제는 출제자들이 많이 알고 있어서 통하지 않는 경우가 많다.

다른 풀이 요령은 주어진 조건을 보고, 어떤 조건을 먼저 해석하여 풀이를 할 것인가를 정하는 것이다. 이때는 주어진 여러 개의 조건을 선택하는 순서가 중요하다.

예제 1 다음 표는 6개 기관(가 ~ 바)에서 제시한 2018년 경제 전망을 나타낸 자료이다. 〈보고서〉의 설명을 바탕으로 표의 A ~ F에 해당하는 기관을 바르게 짝지은 것은?

기관별 2018년 경제 전망

(단위 : %)

기관	경제 성장률	민간소비 증가율	설비투자 증가율	소비자물가 상승률	실업률
A	4.5	4.1	6.5	3.5	3.5
B	4.2	4.1	8.5	3.2	3.6
C	4.1	3.8	7.6	3.2	3.7
D	4.1	3.9	5.2	3.1	3.7
E	3.8	3.6	5.1	2.8	3.5
F	5.0	4.0	7.0	3.0	3.4

보고서

'가' 기관과 '나' 기관은 2018년 실업률을 동일하게 전망하였으나, '가' 기관이 '나' 기관보다 소비자물가 상승률을 높게 전망하였다. 한편, '마' 기관은 '나' 기관보다 민간소비 증가율이 0.5%p 더 높을 것으로 전망하였으며, '다' 기관은 경제 성장률을 6개 기관 중 가장 높게 전망하였다. 설비투자 증가율을 7% 이상으로 전망한 기관은 '다', '라', '마' 3개 기관이었다.

	A	B	C	D	E	F
①	가	라	마	나	바	다
②	가	마	다	라	나	바
③	가	마	라	바	나	다
④	다	라	나	가	바	마
⑤	마	라	가	나	바	다

|정답| ③

|해설| "선지 중에서 가장 많이 제시된 것을 답으로 고정시키고 풀이를 하는 방법"을 적용해 보자.

예를 들어 ①, ②, ③에 "가" 3개가 있으므로 A를 그냥 "가"라고 가정을 하고 풀이를 하는 것이다. 그렇게 풀이를 하면 시간이 약간 절약된다.

주어진 보고서의 첫 문장을 선택하여 풀이하면 ②, ③, ⑤가 정답이 되고 마지막 문장을 선택하여 풀이하면 ③이 된다.

일반적인 풀이는 다음과 같다.

'다'기관은 경제성장률이 가장 높은 곳이니까 F와 연결된다. F가 '다'인 곳은 ①, ③, ⑤이다. '마'는 '나'에 비해 민간소비증가율이 0.5%p만큼 많은데, 민간소비증가율이 0.5%p 차이가 날 만한 것은 A, B의 4.1%와 E의 3.6%이다. '나'는 E가 되므로 ②, ③이 가능하다. 따라서 공통 요소인 ③이 답이다. ('가' 기관은 실업률에 대해 '나'와 동일한 전망을 했으므로 A가 된다. 그렇다면 '마'는 B라는 말이 된다.)

(예제 2) 다음 표는 2009~2011년 동안 ○○편의점의 판매량 상위 10개 상품에 대한 자료이다. 〈조건〉을 이용하여 표의 B, C, D에 해당하는 상품을 바르게 나열한 것은?

2009~2011년 ○○편의점의 판매량 상위 10개 상품

순위 ＼ 연도	2009	2010	2011
1	바나나우유	바나나우유	바나나우유
2	(A)	(A)	딸기맛사탕
3	딸기맛사탕	딸기맛사탕	(A)
4	(B)	(B)	(D)
5	맥주	맥주	(B)
6	에너지음료	(D)	(E)
7	(C)	(E)	(C)
8	(D)	에너지음료	맥주
9	카라멜	(C)	에너지음료
10	(E)	초콜릿	딸기우유

※ 순위의 숫자가 클수록 순위가 낮음을 의미함

┌─ 조건 ─
• 캔커피와 주먹밥은 각각 2009년과 2010년 사이에 순위 변동이 없다가 모두 2011년에 순위가 하락하였다.
• 오렌지주스와 참치맛밥은 매년 순위가 상승하였다.
• 2010년에는 주먹밥이 오렌지주스보다 판매량이 더 많았지만 2011년에는 오렌지주스가 주먹밥보다 판매량이 더 많았다.
• 생수는 캔커피보다 매년 순위가 낮았다.

	B	C	D
①	주먹밥	생수	오렌지주스
②	주먹밥	오렌지주스	생수
③	캔커피	생수	참치맛밥
④	생수	주먹밥	참치맛밥
⑤	캔커피	오렌지주스	생수

| 정답 | ①

| 해설 | 선지를 보면 B에 주먹밥, 캔커피가 2개씩 있고, C와 D도 마찬가지이다. 이런 경우는 선지를 선택 후 풀이하는 방법으로는 불가능하다.

그럼 일반적인 방법으로 풀이를 해야 한다. 이때에는 조건의 선택 순서가 중요하다.

ⅰ) 2009년과 2010년 사이에 순위의 변동이 없다가 2011년에 순위가 하락한 것은 A와 B이다. 따라서 C, D에 캔커피, 주먹밥이 있는 ④는 제외된다.

ⅱ) 매년 순위가 상승한 것은 D와 E이다. 따라서 C에 오렌지주스가 있는 ②, ⑤는 제외된다.

ⅲ) 만약에 오렌지주스가 E가 된다면 2010, 2011년 모두 주먹밥이 오렌지주스보다 판매량이 많게 되므로 오렌지주스는 D가 되며, 주먹밥은 B가 된다. 따라서 답은 ①이다.

ⅳ) 생수는 ⅰ), ⅱ)를 통해 ②, ④, ⑤가 제외되면서 C로 확정된다.

따라서 A-캔커피, B-주먹밥, C-생수, D-오렌지주스, E-참치맛밥이다.

예제 3   다음 표는 '갑'국의 10대 미래산업 현황에 대한 자료이다. 표와 〈조건〉을 이용하여 B, C, E에 해당하는 산업을 바르게 나열한 것은?

'갑'국의 10대 미래산업 현황

(단위 : 개, 명, 억 원, %)

산업	업체수	종사자수	부가가치액	부가가치율
A	403	7,500	788	33.4
기계	345	3,600	2,487	48.3
B	302	22,500	8,949	41.4
조선	103	1,100	282	37.0
에너지	51	2,300	887	27.7
C	48	2,900	4,002	42.4
안전	15	2,100	1,801	35.2
D	4	2,800	4,268	40.5
E	2	300	113	36.3
F	2	100	61	39.1
전체	1,275	45,200	23,638	40.3

※ 부가가치율(%) = $\dfrac{\text{부가가치액}}{\text{매출액}} \times 100$

조건

- 의료 종사자수는 IT 종사자수의 3배이다.
- 의료와 석유화학의 부가가치액 합은 10대 미래산업 전체 부가가치액의 50% 이상이다.
- 매출액이 가장 낮은 산업은 항공우주이다.
- 철강 업체수는 지식서비스 업체수의 2배이다.

	B	C	E
①	의료	철강	지식서비스
②	의료	석유화학	지식서비스
③	의료	철강	항공우주
④	지식서비스	석유화학	의료
⑤	지식서비스	철강	의료

| 정답 | ②

| 해설 | ⅰ) "의료 종사자수는 IT 종사자수의 3배이다." → 3배 차이가 나려면 A와 B 아니면, E와 F다. 그런데 "의료와 석유화학의 부가가치액 합은 10대 미래산업 전체 부가가치액의 50% 이상이다."라는 진술을 참고하면 의료의 부가가치액이 높아야 한다. 그렇다면 A와 B 중에 A가 의료임을 알 수 있다. ④와 ⑤가 지워진다.

ⅱ) "의료와 석유화학의 부가가치액 합은 10대 미래산업 전체 부가가치액의 50% 이상이다." → 의료가 B로 8,949인데 전체가 23,638로 50%가 되려면 B와 합해서 11,819가 넘어야 한다. 따라서 석유화학은 C 아니면 D다.

ⅲ) "철강 업체수는 지식서비스 업체수의 2배이다." → 업체수 차이가 2배가 되려면 D와 E 아니면 D와 F다. C는 철강이 될 수 없으므로 철강은 D다. 따라서 ①과 ③을 지우면 답은 ②이다.

ⅳ) "매출액이 가장 낮은 산업은 항공우주이다." → 매출액 = $\dfrac{\text{부가가치액}}{\text{부가가치율}} \times 100$에서 분모인 부가가치율은 30 ~ 40으로 비슷한데, 분자가 다른 것에 비해서 현격하게 낮은 F가 항공우주가 된다.

(예제 4) 다음 표는 '갑'국 6개 수종의 기건비중 및 강도에 대한 자료이다. 〈조건〉을 이용하여 A와 C에 해당하는 수종을 바르게 나열한 것은?

6개 수종의 기건비중 및 강도

수종	기건비중 (ton/m³)	강도(N/mm²)			
		압축강도	인장강도	휨강도	전단강도
A	0.53	48	52	88	10
B	0.89	64	125	118	12
C	0.61	63	69	82	9
삼나무	0.37	41	45	72	7
D	0.31	24	21	39	6
E	0.43	51	59	80	7

┌ 조건 ┐
- 전단강도 대비 압축강도 비가 큰 상위 2개 수종은 낙엽송과 전나무이다.
- 휨강도와 압축강도 차가 큰 상위 2개 수종은 소나무와 참나무이다.
- 참나무의 기건비중은 오동나무 기건비중의 2.5배 이상이다.
- 인장강도와 압축강도의 차가 두 번째로 큰 수종은 전나무이다.

	A	C		A	C
①	소나무	낙엽송	②	소나무	전나무
③	오동나무	낙엽송	④	참나무	소나무
⑤	참나무	전나무			

|정답| ①

|해설| 참나무의 기건비중은 오동나무 기건비중의 2.5배 이상이므로 기건비중에서 2.5배 정도 차이날 수 있는 것은 0.89인 B와 0.31인 D이다. 따라서 참나무는 B이고, 오동나무는 D이다. ③, ④, ⑤가 지워진다.

수종	강도(N/mm²)
	| 압축강도 − 휨강도 |
A	40
B	54
C	19
삼나무	31
D	15
E	29

상위 2개는 A와 B이고, 휨강도와 압축강도 차가 큰 상위 2개 수종이 소나무와 참나무이므로 A가 소나무라는 것을 알 수 있다.

수종	강도(N/mm²)
	| 인장강도−압축강도 |
A	4
B	61
C	6
삼나무	4
D	3
E	8

인장강도와 압축강도의 차가 두 번째로 큰 수종은 전나무이므로 E라는 것을 알 수 있다. 따라서 ②가 제외되므로 답은 ①이다.

예제 5 다음 표는 2010년과 2011년 주요 화재장소별 화재건수를 나타낸 것이다. 〈보기〉를 이용하여 A ~ F를 구할 때 A, C, F에 해당하는 화재장소를 바르게 짝지은 것은?

주요 화재장소별 화재건수

(단위 : 건)

구분	계	A	B	C	D	E	F
2011년 8월	2,200	679	1,111	394	4	4	8
2010년 8월	2,535	785	1,265	471	1	7	6
2011년 1 ~ 8월	24,879	7,140	11,355	3,699	24	49	2,612
2010년 1 ~ 8월	23,447	6,664	10,864	4,206	21	75	1,617

┌ 보기 ┐
- 2011년 8월에 전년 동월 대비 화재건수가 증가한 화재장소는 위험물보관소와 임야이다.
- 2011년 1 ~ 8월 동안 화재건수가 많은 상위 두 곳은 사무실과 주택이다.
- 2011년 1 ~ 8월 동안 화재건수가 100건이 넘지 않는 화재장소는 위험물보관소와 선박이다.
- 2011년 1 ~ 8월 동안 주택과 차량에서 발생한 화재건수의 합은 사무실에서 발생한 화재건수보다 적다.

	A	C	F
①	사무실	선박	위험물보관소
②	사무실	차량	임야
③	주택	선박	임야
④	주택	선박	위험물보관소
⑤	주택	차량	임야

| 정답 | ⑤

| 해설 | ⅰ) 2011년 8월에 전년 동월 대비 화재건수가 증가한 화재장소는 위험물보관소와 임야이다. → D, F

ⅱ) 2011년 1 ~ 8월 동안 화재건수가 많은 상위 두 곳은 사무실과 주택이다. → B, A

ⅲ) 2011년 1 ~ 8월 동안 화재건수가 100건이 넘지 않는 화재장소는 위험물보관소와 선박이다. → D, E

ⅳ) 2011년 1 ~ 8월 동안 주택과 차량에서 발생한 화재건수의 합은 사무실에서 발생한 화재건수보다 적다.

이 중에서도 네 번째 조건을 보면, 사무실이 주택보다 많은 것을 알 수 있고 두 번째 조건에 의해 B (사무실) > A (주택)이 되므로 ①, ②는 지워진다.

첫 번째 조건과 세 번째 조건에서 위험물 보관소가 둘 다 나오고 여기에 해당하는 것은 공통 D라는 것을 알 수 있다. F는 임야, E는 선박이 되고, 나머지 C는 차량이 된다.

예제 6 다음은 2015년 A ~ D국의 산업별 기업수와 국내총생산(GDP)에 대한 자료이다. 이와 〈조건〉에 근거하여 A ~ D에 해당하는 국가를 바르게 나열한 것은?

A ~ D국의 산업별 기업수

(단위 : 개)

국가＼산업	전체	제조업	서비스업	기타
A	3,094,595	235,093	2,283,769	575,733
B	3,668,152	396,422	2,742,627	529,103
C	2,975,674	397,171	2,450,288	128,215
D	3,254,196	489,530	2,747,603	17,063

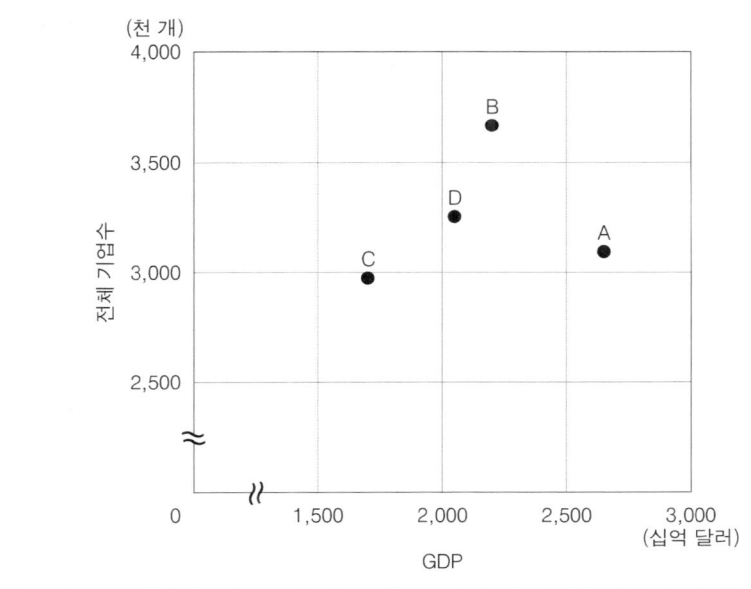

A ~ D국의 전체 기업수와 GDP

조건

• '갑' ~ '정'국 중 전체 기업수 대비 서비스업 기업수의 비중이 가장 큰 국가는 '갑'국이다.
• '정'국은 '을'국보다 제조업 기업수가 많다.
• '을'국은 '병'국보다 전체 기업수는 많지만 GDP는 낮다.

	A	B	C	D
①	갑	정	을	병
②	을	병	정	갑
③	병	을	갑	정
④	병	을	정	갑
⑤	정	을	병	갑

| 정답 | ④

| 해설 | ⅰ) 서비스업 기업수와 전체 기업수의 맨앞 두 자리로만 비교하여도 계산이 가능하다.

A국은 $\dfrac{22}{30}$, B국은 $\dfrac{27}{36}$, C국은 $\dfrac{24}{29}$, D국은 $\dfrac{27}{32}$ → 전체 기업수 대비 서비스업 기업수 비중이 가장 큰 국가는 '갑'이

므로 D가 '갑'이다.

국가 \ 산업	전체	서비스업	전체 기업수 대비 서비스업 기업수의 비중
A	3,094,595	2,283,769	$\dfrac{2,283,769}{3,094,595} = 0.73$
B	3,668,152	2,742,627	0.74
C	2,975,674	2,450,288	0.82
D	3,254,196	2,747,603	0.844

ⅱ) 제조업 기업수는 A국 < B국 < C국이므로 C는 '정'이다.

ⅲ) 전체 기업수는 A국 < B국이다. '병'국 < '을'국이므로 A가 '병', B가 '을'이다. 따라서 답은 ④이다.

예제 7 다음 표는 2008 ~ 2010년 동안 도로화물운송업의 분야별 에너지 효율성에 관한 자료이다. 이에 대한 〈보기〉의 설명 중 옳은 것을 모두 고르면?

도로화물운송업의 분야별 에너지 효율성

(단위 : 리터, 톤·km, 톤·km/리터)

연도 \ 분야 구분	일반화물			개별화물			용달화물		
	A	B	C	A	B	C	A	B	C
2008	4,541	125,153	27.6	1,722	37,642	21.9	761	3,714	4.9
2009	4,285	110,269	25.7	1,863	30,232	16.2	875	4,576	5.2
2010	3,970	107,943	27.2	1,667	18,523	11.1	683	2,790	4.1

※ 1) 도로화물운송업의 분야는 일반화물, 개별화물, 용달화물로 구분됨
 2) a : 화물차 1대당 월평균 에너지 사용량(리터)
   b : 화물차 1대당 월평균 화물운송실적(톤·km)
   c : 화물차 1대당 월평균 에너지 효율성(톤·km/리터) $= \dfrac{b}{a}$

보기

ㄱ. 2008년 화물차 1대당 월평균 에너지 사용량이 가장 적은 분야는 용달화물이다.

ㄴ. 2009년 화물운송실적이 가장 큰 분야는 일반화물이다.

ㄷ. 2010년 화물차 1대당 월평균 에너지 효율성이 큰 분야부터 나열하면 일반화물, 개별화물, 용달화물이다.

ㄹ. 각 분야의 화물차 1대당 월평균 에너지 효율성은 매년 증가하였다.

---

① ㄱ, ㄴ   ② ㄱ, ㄷ
③ ㄱ, ㄹ   ④ ㄴ, ㄷ
⑤ ㄴ, ㄹ

. . . .

|정답| ②

|해설| ㄱ. (○) 2008년 화물차 1대당 월평균 에너지 사용량은 일반화물 : 4,541, 개별화물 : 1,722, 용달화물 : 761로 용달화물이 가장 적다.

ㄴ. (×) 얼핏 110,269로 가장 큰 것 같지만 이 수치는 1대당 운송실적으로, 전체 운송실적은 총 대수를 알 수 없기 때문에 구할 수 없다.

ㄷ. (○) 일반화물(27.2) > 개별화물(11.1) > 용달화물(4.1)

ㄹ. (×) C의 증감추이를 살펴보면 일반화물은 2009년에 감소, 개별화물은 매년 감소, 용달화물은 2010년에 감소했다.

예제8 다음 표는 어느 나라의 세목별 징수세액에 대한 자료이다. 이에 대한 〈조건〉의 설명을 이용하여 A ~ D에 해당하는 세목을 바르게 나열한 것은?

세목별 징수세액

(단위 : 억 원)

세목 \ 연도	1989	1999	2009
소득세	35,569	158,546	344,233
법인세	31,079	93,654	352,514
A	395	4,807	12,207
증여세	1,035	4,205	12,096
B	897	10,173	10,163
C	52,602	203,690	469,915
개별소비세	12,570	27,133	26,420
주세	8,930	20,780	20,641
전화세	2,374	11,914	11,910
D	4,155	13,537	35,339

조건
• 1989년 징수세액이 5,000억 원보다 적은 세목은 상속세, 자산재평가세, 전화세, 증권거래세, 증여세이다.
• 1989년에 비해 1999년에 징수세액이 10배 이상 증가한 세목은 상속세와 자산재평가세이다.
• 1999년에 비해 2009년에 징수세액이 증가한 세목은 법인세, 부가가치세, 상속세, 소득세, 증권거래세, 증여세이다.

	A	B	C	D
①	상속세	자산재평가세	부가가치세	증권거래세
②	상속세	증권거래세	자산재평가세	부가가치세
③	자산재평가세	상속세	부가가치세	증권거래세
④	자산재평가세	부가가치세	상속세	증권거래세
⑤	증권거래세	상속세	부가가치세	자산재평가세

|정답| ①

|해설| ⅰ) 첫 번째 조건에 해당하는 세목은 A, B, D이므로 C가 자산평가세인 ②는 제외된다.
ⅱ) 두 번째 조건에 해당하는 세목은 A와 B이므로 A 또는 B가 상속세와 자산재평가세가 아닌 ②, ④, ⑤가 제외된다.
ⅲ) A와 B 중에 1999년에 비해 2009년 세액이 올라간 것은 A이므로 세 번째 조건에 의해 A가 상속세이다. 따라서 답은 ①이다.

예제 9 다음 표는 2015년 9개 국가의 실질세부담률에 관한 자료이다. 표와 〈조건〉에 근거하여 A ~ D에 해당하는 국가를 바르게 나열한 것은?

2015년 국가별 실질세부담률

구분\국가	독신 가구 실질세부담률(%)			다자녀 가구 실질세부담률(%)	독신 가구와 다자녀 가구의 실질세부담률 차이(%p)
		2005년 대비 증감 (%p)	전년 대비 증감 (%p)		
A	55.3	−0.20	−0.28	40.5	14.8
일본	32.2	4.49	0.26	26.8	5.4
B	39.0	−2.00	−1.27	38.1	0.9
C	42.1	5.26	0.86	30.7	11.4
한국	21.9	4.59	0.19	19.6	2.3
D	31.6	−0.23	0.05	18.8	12.8
멕시코	19.7	4.98	0.20	19.7	0.0
E	39.6	0.59	−1.16	33.8	5.8
덴마크	36.4	−2.36	0.21	26.0	10.4

┌─ 조건 ─
- 2015년 독신 가구와 다자녀 가구의 실질세부담률 차이가 덴마크보다 큰 국가는 캐나다, 벨기에, 포르투갈이다.
- 2015년 독신 가구 실질세부담률이 전년 대비 감소한 국가는 벨기에, 그리스, 스페인이다.
- 스페인의 2015년 독신 가구 실질세부담률은 그리스의 2015년 독신 가구 실질세부담률보다 높다.
- 2005년 대비 2015년 독신 가구 실질세부담률이 가장 큰 폭으로 증가한 국가는 포르투갈이다.

A	B	C	D
① 벨기에	그리스	포르투갈	캐나다
② 벨기에	스페인	캐나다	포르투갈
③ 벨기에	스페인	포르투갈	캐나다
④ 캐나다	그리스	스페인	포르투갈
⑤ 캐나다	스페인	포르투갈	벨기에

|정답| ①

|해설|
ⅰ) A, C, D 세 국가임을 알 수 있다.
ⅱ) A, B, E 세 국가임을 알 수 있다.
ⅲ) A가 그리스가 아니고, D도 스페인이 아님을 알 수 있다.
ⅳ) C는 포르투갈이다.
주어진 조건들을 조합해 풀어보면 다음과 같다.
ⅰ)과 ⅱ)를 동시에 만족시키는 A국가는 '벨기에'이다. 따라서는 D는 '캐나다'가 된다. 이에 따라 ⅱ)의 B, E국가로 그리스 또는 스페인이 결정되는데, ⅲ)의 "스페인의 2015년 독신 가구 실질세부담률은 그리스의 2015년 독신 가구 실질세부담률보다 높다."에 따라 E가 스페인이 되고, B는 그리스가 된다.
따라서 A는 벨기에, B는 그리스, C는 포르투갈, D는 캐나다가 된다.

예제 10 다음 표는 1996 ~ 2015년 생명공학기술의 기술분야별 특허건수와 점유율에 관한 자료이다. 표와 〈조건〉에 근거하여 A ~ D에 해당하는 기술분야를 바르게 나열한 것은?

1996 ~ 2015년 생명공학기술의 기술분야별 특허건수와 점유율

(단위 : 건, %)

구분 기술분야	전 세계 특허건수	미국 점유율	한국 특허건수	한국 점유율
생물공정기술	75,823	36.8	4,701	6.2
A	27,252	47.6	1,880	( )
생물자원탐색기술	39,215	26.1	6,274	16.0
B	170,855	45.6	7,518	( )
생물농약개발기술	8,122	42.8	560	6.9
C	20,849	8.1	4,295	( )
단백질체기술	68,342	35.1	3,622	5.3
D	26,495	16.8	7,127	( )

※ 해당국의 점유율(%) = $\dfrac{\text{해당국의 특허건수}}{\text{전세계 특허건수}} \times 100$

조건

- '발효식품개발기술'과 '환경생물공학기술'은 미국보다 한국의 점유율이 높다.
- '동식물세포배양기술'에 대한 미국 점유율은 '생물농약개발기술'에 대한 미국 점유율보다 높다.
- '유전체기술'에 대한 한국 점유율과 미국 점유율의 차이는 41%p 이상이다.
- '환경생물공학기술'에 대한 한국의 점유율은 25% 이상이다.

	A	B	C	D
①	동식물세포배양기술	유전체기술	발효식품개발기술	환경생물공학기술
②	동식물세포배양기술	유전체기술	환경생물공학기술	발효식품개발기술
③	발효식품개발기술	유전체기술	동식물세포배양기술	환경생물공학기술
④	유전체기술	동식물세포배양기술	발효식품개발	기술환경생물공학기술
⑤	유전체기술	동식물세포배양기술	환경생물공학기술	발효식품개발기술

|정답| ①

|해설|

기술분야 \ 구분	전 세계 특허건수	미국 점유율	한국 특허건수	한국 점유율
생물공정기술	75,823	36.8	4,701	6.2
A 동식물세포배양기술	27,252	47.6	1,880	(6.8)
생물자원탐색기술	39,215	26.1	6,274	16.0
B 유전체기술	170,855	45.6	7,518	(4.4)
생물농약개발기술	8,122	42.8	560	6.9
C 발효식품개발기술	20,849	8.1	4,295	(20.6)
단백질체기술	68,342	35.1	3,622	5.3
D 환경생물공학기술	26,495	16.8	7,127	(26.89)

ⅰ) 발효와 환경은 미국 점유율보다 한국 점유율이 더 높은데, A는 미국 점유율이 47.6%이고 한국 점유율은 10% 미만이므로 발효, 환경 둘다 안 된다. 따라서 발효, 환경은 C, D이고 ③을 소거한다.

환경은 한국 점유율이 25% 이상인데, 한국건수에 4를 곱해서 전 세계건수와 비교하면 C와 D 중에서 D의 한국 점유율만 25% 이상임을 확인할 수 있다.

ⅱ) A, B 모두 미국 점유율이 생물농약 미국 점유율보다 높아서 의미 없고, ⅲ)을 봐야 한다.

ⅲ) A의 미국 점유율은 47.6%, B의 미국 점유율은 45.6%인데, 한국 점유율을 빼서 41%p 이상이 나오려면 A의 한국 점유율이 6.6% 미만, B의 한국 점유율이 4.6% 미만이 나와야 한다. 전 세계건수의 1%를 A는 273, B는 1,709로 놓고 각각 6.6과 4.6을 곱해서 A, B의 한국건수보다 크면 한국 점유율이 작은 것이다. 하나만 계산하면 답을 알 수 있다.

ⅳ) A는 273 × 6.6 = 1801.8로 A의 한국건수 1,880보다 작다. A의 한국 점유율은 6.6%보다 크다고 볼 수 있고, 미국 점유율과 한국 점유율의 차이는 41%p보다 작다. 따라서 A는 유전체가 아니고 B가 유전체이므로 답은 ①이다.

예제 11 다음 표는 2016 ~ 2018년 '갑'국 매체 A ~ D의 종사자 현황 자료이다. 이와 〈조건〉을 근거로 2018년 전체 종사자가 많은 것부터 순서대로 나열하면?

매체 A ~ D의 종사자 현황

(단위 : 명)

연도	매체	구분	정규직			비정규직		
			여성	남성	소계	여성	남성	소계
2016	A		6,530	15,824	22,354	743	1,560	2,303
	B		3,944	12,811	16,755	1,483	1,472	2,955
	C		3,947	7,194	11,141	900	1,650	2,550
	D		407	1,226	1,633	31	57	88
2017	A		5,957	14,110	20,067	1,017	2,439	3,456
	B		2,726	11,280	14,006	1,532	1,307	2,839
	C		3,905	6,338	10,243	1,059	2,158	3,217
	D		370	1,103	1,473	41	165	206
2018	A		6,962	17,279	24,241	966	2,459	3,425
	B		4,334	13,002	17,336	1,500	1,176	2,676
	C		6,848	10,000	16,848	1,701	2,891	4,592
	D		548	1,585	2,133	32	593	625

조건
• 2017년과 2018년 '통신'의 비정규직 종사자는 전년 대비 매년 증가하였다.
• 2017년 여성 종사자가 가장 많은 매체는 '종이신문'이다.
• 2018년 '방송'의 정규직 종사자 수 대비 비정규직 종사자 수의 비율은 20% 미만이다.
• 2016년에 비해 2017년에 남성 종사자가 감소했고 여성 종사자가 증가한 매체는 '인터넷신문'이다.

① 종이신문 － 방송 － 인터넷신문 － 통신
② 종이신문 － 인터넷신문 － 방송 － 통신
③ 통신 － 종이신문 － 인터넷신문 － 방송
④ 통신 － 인터넷신문 － 종이신문 － 방송
⑤ 인터넷신문 － 방송 － 종이신문 － 통신

|정답| ②

|해설| 본 문제는 발문을 잘못하면 틀리기 쉬운 문제이다. A, B, C, D 순서대로 배열을 하면 안 되고 "2018년 전체 종사자가 많은 것부터 순서대로 나열" 해야 한다.

먼저 A, B, C, D를 2018년 전체 종사자가 많은 순서대로 배열하면 A > C > B > D이다. A, B, C, D가 각각 무슨 매체인지 찾은 뒤에 A, B, C, D의 순서로 재배열하면 된다. 선택지를 보고 단순히 A, B, C, D로 배열하면 된다고 생각하면 함정에 빠진 것이다. 함정에 맞는 선택지도 준비되어 있다.

풀이의 편의를 위해 연도 경계마다 실선을 길게 긋고, 선택지 위에 A, B, C, D로 써놓고 시작한다.

ⅰ) 첫 번째 조건에 해당하는 것은 C와 D인데, 선택지상 C가 될 항목에는 통신이 없으므로 통신은 D이다. ③, ④를 소거한다.

ⅱ) 2017년 여성종사자가 가장 많은 매체는 A이므로 A는 종이신문이다. ⑤를 소거한다.

ⅲ) B와 C가 남았다. 2018년 방송의 정규직 대비 비정규직 비율이 20% 미만인 것은 $\frac{2,676}{17,336}$ 인 B이므로 B가 방송이다. 따라서 답은 ②이다.

ⅳ) C는 2016년보다 2017년에 남성 종사자가 감소했고, 여성 종사자가 증가하였으므로 인터넷신문이다.

(예제 12) 다음 표는 2010 ~ 2012년 남아공, 멕시코, 브라질, 사우디, 캐나다, 한국의 이산화탄소 배출량에 대한 자료이다. 다음 〈조건〉을 근거로 하여 A ~ D에 해당하는 국가를 바르게 나열한 것은?

2010 ~ 2012년 국가별 이산화탄소 배출량

(단위: 천만 톤, 톤/인)

국가 \ 구분 \ 연도		2010	2011	2012
한국	총배출량	56.45	58.99	59.29
	1인당 배출량	11.42	11.85	11.86
멕시코	총배출량	41.79	43.25	43.58
	1인당 배출량	3.66	3.74	3.75
A	총배출량	37.63	36.15	37.61
	1인당 배출량	7.39	7.01	7.20
B	총배출량	41.49	42.98	45.88
	1인당 배출량	15.22	15.48	16.22
C	총배출량	53.14	53.67	53.37
	1인당 배출량	15.57	15.56	15.30
D	총배출량	38.85	40.80	44.02
	1인당 배출량	1.99	2.07	2.22

※ 1인당 배출량(톤/인) = $\dfrac{\text{총배출량}}{\text{인구}}$

조건

• 1인당 이산화탄소 배출량이 2011년과 2012년 모두 전년 대비 증가한 국가는 멕시코, 브라질, 사우디, 한국이다.
• 2010 ~ 2012년 동안 매년 인구가 1억 명 이상인 국가는 멕시코와 브라질이다.
• 2012년 인구는 남아공이 한국보다 많다.

	A	B	C	D
①	남아공	사우디	캐나다	브라질
②	남아공	브라질	캐나다	사우디
③	캐나다	사우디	남아공	브라질
④	캐나다	브라질	남아공	사우디
⑤	캐나다	남아공	사우디	브라질

| 정답 | ①

| 해설 | ⅰ) A, C 국가는 1인당 이산화탄소 배출량이 2011, 2012년 모두 전년 대비 증가했다는 조건을 충족하지 못하지만 사우디는 충족하므로 A, C가 아니다. ⑤는 소거한다.

ⅱ) 인구 = $\dfrac{\text{총 배출량(천만 톤)}}{\text{1인당 배출량(톤)}}$ 에서 인구가 1억 명이 넘는 국가는 A ~ D 중 D가 유일하다.

따라서 D는 브라질이고 ②, ④는 소거한다.

ⅲ) 남아공은 A 또는 C여야 하고 한국 = $\dfrac{56}{11}$, A = $\dfrac{37}{7}$, C = $\dfrac{53}{15}$ 이므로 한국보다 인구가 많은 나라는 A이고 남아공임을 알 수 있다.

따라서 답은 ①이다.

19 3개 이상의 자료제시 유형 풀이법

3개 이상의 자료가 제시되어 문제를 푸는 유형으로, 선지에서 요구하는 자료가 어디에 있는지 정확하고 빠르게 찾아야 한다. 난이도가 높은 유형이 많기 때문에 시간이 많이 소요된다.

예제 1 다음 표는 2004 ~ 2011년 참여공동체 및 참여어업인 현황에 대한 자료이다. 이에 대한 설명 중 옳지 않은 것은?

〈표 1〉 어업유형별 참여공동체 현황

(단위: 개소)

어업유형＼연도	2004	2005	2006	2007	2008	2009	2010	2011
마을어업	32	61	159	294	341	391	438	465
양식어업	11	15	46	72	78	80	85	89
어선어업	8	29	52	102	115	135	156	175
복합어업	12	17	43	94	102	124	143	153
내수면어업	0	0	8	17	23	28	41	50
전체	63	122	308	579	659	758	863	932

〈표 2〉 지역별 참여공동체 현황

(단위: 개소)

지역＼연도	2004	2005	2006	2007	2008	2009	2010	2011
부산	1	4	5	15	15	18	21	25
인천	6	7	13	25	29	36	40	43
울산	1	3	10	15	15	16	18	20
경기	2	5	12	23	24	24	29	32
강원	7	15	21	39	47	58	71	82
충북	0	0	5	7	8	12	16	17
충남	4	10	27	49	50	63	74	82
전북	5	9	25	38	41	41	41	44
전남	20	32	99	184	215	236	258	271
경북	7	15	37	69	73	78	87	91
경남	8	16	33	76	100	134	163	177
제주	2	6	21	39	42	42	45	48
전체	63	122	308	579	659	758	863	932

〈표 3〉 참여어업인 현황

(단위 : 명)

연도\구분	2004	2005	2006	2007	2008	2009	2010	2011
참여어업인	5,107	10,765	24,805	44,061	50,728	56,100	60,902	63,860

① 참여어업인은 매년 증가하였다.

② 2005년 전체 참여공동체 중 전남지역 참여공동체가 차지하는 비율은 30% 이상이다.

③ 충북지역을 제외하고, 2004년 대비 2011년 참여공동체 증가율이 가장 낮은 지역은 인천이다.

④ 2006년 이후 각 어업유형에서 참여공동체는 매년 증가하였다.

⑤ 참여공동체가 많은 지역부터 나열하면, 충남지역의 순위는 2009년과 2010년이 동일하다.

|정답| ②

|해설| ① (○) 〈표 3〉에서 확인할 수 있다.

② (×) 〈표 2〉에서 2005년 전남지역 참여공동체의 수치는 32이다. 전체수치가 122이므로 $\frac{32}{122} \times 100\% =$ 26.23% 정도로, 30% 이상이라는 진술은 틀렸다.

③ (○) 인천지역은 $\frac{43-6}{6} \times 100\% ≒ 617\%$로 다른 지역에 비해 증가율이 가장 낮다. 조금 더 단순하게 비교하면 〈표 2〉에서 2004년의 수치에 ×7을 해서 2011년도 수치와 비교해보면 된다. 대부분은 ×7 이상을 훌쩍 넘는다.

④ (○) 〈표 1〉의 2006년 이후를 비교해보면 확인할 수 있다.

⑤ (○) 1위 전남, 2위 경남, 3위 경북, 그리고 충남이 4위로 2009년과 2010년의 순위가 같다.

예제 2 다음 표는 A국에 출원된 의약품 특허출원에 관한 자료이다. 이를 바탕으로 작성된 〈보고서〉의 내용 중 옳은 것을 모두 고르면?

의약품별 특허출원 현황

(단위: 건)

연도 구분	2008	2009	2010
완제의약품	7,137	4,394	2,999
원료의약품	1,757	797	500
기타 의약품	2,236	1,517	1,220
계	11,130	6,708	4,719

의약품별 특허출원 중 다국적기업 출원 현황

(단위: 건)

연도 구분	2008	2009	2010
완제의약품	404	284	200
원료의약품	274	149	103
기타 의약품	215	170	141
계	893	603	444

완제의약품 특허출원 중 다이어트제 출원 현황

(단위: 건)

연도 구분	2008	2009	2010
출원건수	53	32	22

보고서

㉠ 2008년부터 2010년까지 의약품의 특허출원은 매년 감소하였다. 그러나 기타 의약품이 전체 의약품 특허출원에서 차지하는 비중은 매년 증가하여 ㉡ 2010년 전체 의약품 특허출원의 30% 이상이 기타 의약품 특허출원이었다. 다국적 기업의 의약품 특허출원 현황을 보면, 원료의약품에서 다국적기업 특허출원이 차지하는 비중이 다른 의약품에 비해 매년 높아 ㉢ 2010년 원료의약품 특허출원의 20% 이상이 다국적기업 특허출원이었다. 한편, ㉣ 2010년 다국적기업에서 출원한 완제의약품 특허출원 중 다이어트제 특허출원은 11%였다.

① ㉠, ㉡ 　　② ㉠, ㉢ 　　③ ㉡, ㉣
④ ㉠, ㉢, ㉣ 　　⑤ ㉡, ㉢, ㉣

|정답| ②

|해설| ㉠ (○) 11,130에서 6,708로 증가하였다가 다시 4,719로 감소하였다.

㉡ (×) 2010년에 $\frac{1,220}{4,719} \times 100 \fallingdotseq 25.91$%로 30%는 안 된다.

㉢ (○) $\frac{103}{500} \times 100 \fallingdotseq 20.6$(%)이므로 20% 이상이라는 말은 맞다.

㉣ (×) 다국적기업에서 출원한 완제의약품 특허출원이라고 하여 $\frac{22}{200}$으로 생각하여 11%라고 생각하면 안 된다.

세 번째 표의 제목을 보면 "완제의약품 특허출원 중 다이어트제 출원 현황"이라고 되어 있다. 다이어트제 출원 현황은 완제품 전체의 내용이기 때문에 다국적기업의 출원 건수만을 뽑아 낼 수가 없으므로 정확하게 몇 %인지 계산이 불가능하다.

예제 3 다음 표는 '갑'패스트푸드점의 메인·스낵·음료 메뉴의 영양성분에 관한 자료이다. 이에 대한 설명으로 옳은 것은?

메인 메뉴 단위당 영양성분표

메뉴 \ 구분	중량(g)	열량(kcal)	성분함량			
			당(g)	단백질(g)	포화지방(g)	나트륨(mg)
치즈버거	114	297	7	15	7	758
햄버거	100	248	6	13	5	548
새우버거	197	395	9	15	5	882
치킨버거	163	374	6	15	5	719
불고기버거	155	399	13	16	2	760
칠리버거	228	443	7	22	5	972
베이컨버거	242	513	15	26	13	1,197
스페셜버거	213	505	8	26	12	1,059

스낵 메뉴 단위당 영양성분표

메뉴 \ 구분	중량(g)	열량(kcal)	성분함량			
			당(g)	단백질(g)	포화지방(g)	나트륨(mg)
감자튀김	114	352	0	4	4	181
조각치킨	68	165	0	10	3	313
치즈스틱	47	172	0	6	6	267

음료 메뉴 단위당 영양성분표

메뉴 \ 구분	중량(g)	열량(kcal)	성분함량			
			당(g)	단백질(g)	포화지방(g)	나트륨(mg)
콜라	425	143	34	0	0	19
커피	400	10	0	0	0	0
우유	200	130	9	6	5	100
오렌지주스	175	84	18	0	0	5

① 중량 대비 열량의 비율이 가장 낮은 메인 메뉴는 새우버거이다.
② 모든 메인 메뉴는 나트륨 함량이 당 함량의 50배 이상이다.
③ 서로 다른 두 메인 메뉴를 한 단위씩 주문한다면, 총 단백질 함량은 항상 총 포화지방 함량의 두 배 이상이다.
④ 메인 메뉴 각각의 단위당 중량은 모든 스낵 메뉴의 단위당 중량 합보다 작다.
⑤ 메인 메뉴, 스낵 메뉴 및 음료 메뉴 각각 한 단위씩 주문하여 총 열량이 500kcal 이하가 되도록 할 때 주문할 수 있는 음료 메뉴는 커피뿐이다.

|정답| ③

|해설| ① (×) 중량 대비 열량비율은 $\dfrac{열량}{중량}$으로 계산한다. 새우버거는 $\dfrac{395}{197}$로 약 2이다. 2가 안 되는 메인 메뉴를 찾아보면

칠리버거인 $\dfrac{443}{228}$이다.

② (×) 수치비교이므로 1g $=$ 1,000mg로 계산해야 한다.

③ (○) 메인 메뉴 중 $\dfrac{단백질}{포화지방}$이 가장 작은 것이 베이컨버거로 $\dfrac{26}{13}=$ 2이다. 따라서 어떤 메인 메뉴 두 개를

주문해도 항상 단백질 함량이 포화지방 함량보다 두 배 이상이다.

④ (×) 메인 메뉴 중 단위당 중량이 가장 큰 것은 베이컨버거로 242g이다. 스낵 메뉴 단위당 중량의 합은 114
$+$68$+$47 $=$ 110$+$70$+$50$+$4$-$2$-$3 $=$ 229g이므로 스낵 메뉴 중량의 합이 더 작다.

⑤ (×) 햄버거(248) $+$ 조각치킨(165) $=$ 413칼로리이므로 87칼로리의 음료를 포함할 수 있다. 따라서 오렌지주스도 주문이 가능하다.

[예제 4] 다음 표는 1901~2010년 동안 A상의 수상 결과와 1981~2010년 동안 분야별 수상자 현황을 나타낸 자료이다. 표의 내용을 바탕으로 〈보기〉의 ㄱ~ㄷ에 해당하는 값을 바르게 나열한 것은?

〈표 1〉 1901~2010년 기간별 · 분야별 A상의 수상 결과

(단위: 회, %)

구분 / 기간	전체 수상 횟수	분야별 공동		수상 횟수		공동 수상 비율
		생리·의학상	물리학상	화학상	합	
1901 ~ 1910	30	2	3	0	5	16.7
1911 ~ 1920	15	0	1	1	2	13.3
1921 ~ 1930	27	3	2	1	6	22.2
1931 ~ 1940	24	3	3	4	10	41.7
1941 ~ 1950	24	6	0	2	8	33.3
1951 ~ 1960	30	6	8	3	17	56.7
1961 ~ 1970	( )	9	5	4	18	60.0
1971 ~ 1980	30	9	9	5	23	76.7
1981 ~ 1990	30	8	8	6	22	73.3
1991 ~ 2000	30	8	8	6	22	73.3
2001 ~ 2010	( )	9	10	8	27	90.0
계	300	63	57	40	160	( )

※ 1) 공동 수상 비율(%) = $\dfrac{\text{공동 수상 횟수}}{\text{전체 수상 횟수}} \times 100$

2) 공동 수상 비율은 소수점 아래 둘째 자리에서 반올림한 값임

3) 모든 수상자는 연도 및 분야에 관계없이 1회만 수상함

〈표 2〉 1901~2010년 분야별 A상의 공동 수상 결과

(단위: 회)

구분		수상분야			합
		생리·의학상	물리학상	화학상	
전체 수상 횟수		100	100	100	300
공동 수상 횟수	2인 공동 수상	31	29	22	82
	3인 공동 수상	32	28	18	78
	소계	63	57	40	160

〈표 3〉 1981~2010년 기간별 · 분야별 A상의 수상자 현황

(단위: 명)

구분 기간	분야별 수상자 수			합
	생리·의학상	물리학상	화학상	
1981 ~ 1990	23	23	19	65
1991 ~ 2000	21	22	20	63
2001 ~ 2010	27	29	25	81
계	71	74	64	209

> **보기**
> ㄱ. 1981~1990년 동안 전체 공동 수상자 수
> ㄴ. 2001~2010년 동안 전체 단독 수상자 수
> ㄷ. 1901~2010년 동안 물리학상 전체 수상자

	ㄱ	ㄴ	ㄷ
①	55	3	189
②	57	5	185
③	55	5	189
④	57	3	189
⑤	57	3	185

|정답| ⑤

|해설| ㄱ. 〈표 1〉과 〈표 3〉을 통해 1981 ~ 1990년 동안 전체 공동 수상자 수를 구하면, 〈표 3〉에서 1981 ~ 1990년의 총 수상자 수는 65명이 되는데 여기에서 〈표 1〉을 통해 도출할 수 있는 단독 수상자의 수인 8명(30 − 22 = 8명)을 빼면 이 기간 동안의 전체 공동 수상자의 수는 57명이 된다.

ㄴ. 〈표 1〉에서 2001 ~ 2010년 동안 전체 단독 수상자 수를 구하면, 우선 공동 수상 비율이 90%이기 때문에 전체 수상 횟수는 $\frac{27}{0.9}$ = 30회가 되고, 단독 수상자 수는 전체 수상 횟수에서 공동 수상 횟수를 빼면 되므로 30 − 27 = 3(회)가 되어 전체 단독 수상자 수는 1인×3회 = 3(명)이 된다.

ㄷ. 〈표 2〉를 통해 1901 ~ 2010년 동안 물리학상 전체 수상자 수를 구하면, 단독 수상이 43회, 2인 공동 수상이 29회, 3인 공동 수상이 28회이므로 1인×43회 + 2인×29회 + 3인×28회 = 185(명)이 된다.

예제 5 다음 표는 2013 ~ 2017년 A ~ E국의 건강보험 진료비에 관한 자료이다. 이에 대한 〈보기〉의 설명 중 옳은 것만을 모두 고르면?

A국의 건강보험 진료비 발생 현황

(단위 : 억 원)

구분	연도	2013	2014	2015	2016	2017
의료기관	소계	341,410	360,439	390,807	419,353	448,749
	입원	158,365	160,791	178,911	190,426	207,214
	외래	183,045	199,648	211,896	228,927	241,534
약국	소계	120,969	117,953	118,745	124,897	130,844
	처방	120,892	117,881	118,678	124,831	130,775
	직접조제	77	72	66	66	69
계		462,379	478,392	509,552	544,250	579,593

A국의 건강보험 진료비 부담 현황

(단위 : 억 원)

구분 \ 연도	2013	2014	2015	2016	2017
공단부담	345,652	357,146	381,244	407,900	433,448
본인부담	116,727	121,246	128,308	136,350	146,145
계	462,379	478,392	509,552	544,250	579,593

국가별 건강보험 진료비의 전년 대비 증가율

(단위 : %)

구분 \ 연도	2013	2014	2015	2016	2017
B	16.3	3.6	5.2	4.5	5.2
C	10.2	8.6	7.8	12.1	7.3
D	4.5	3.5	1.8	0.3	2.2
E	5.4	− 0.6	7.6	6.3	5.5

보기
ㄱ. 2016년 건강보험 진료비의 전년 대비 증가율은 A국이 C국보다 크다.
ㄴ. 2014 ~ 2017년 동안 A국의 건강보험 진료비 중 약국의 직접조제 진료비가 차지하는 비중은 전년 대비 매년 감소한다.
ㄷ. 2013 ~ 2017년 동안 A국 의료기관의 입원 진료비 중 공단부담 금액은 매년 3조 8천억 원 이상이다.
ㄹ. B국의 2012년 대비 2014년 건강보험 진료비의 비율은 1.2 이상이다.

① ㄱ, ㄴ ② ㄴ, ㄷ
③ ㄷ, ㄹ ④ ㄱ, ㄴ, ㄹ
⑤ ㄴ, ㄷ, ㄹ

|정답| ⑤

|해설| ㄱ. (×) 2016년 건강보험 진료비 전년 대비 증가율은 C국이 12.1%, A국은 509 → 544로 10% 미만이다.

ㄴ. (○) 2014 ~ 2016년은 약국 직접조제가 감소하거나 동결되었지만 건강보험 진료비 총계는 증가하였으므로 비율감소는 명확하다. 2017년은 직접조제가 66 → 69로 증가하고 총계는 544 → 579로 증가하였다. $\frac{66}{544}$ 와 $\frac{69}{579}$ 를 분모분자차이법으로 비교하면 69 − 66 = 3, 579 − 544 = 35이므로 $\frac{66}{544} > \frac{3}{35}$ 이다. 따라서 2017년도 진료비 대비 직접조제 비중이 감소하였다.

ㄹ. (○) 어림산 계산 시 1.163 × 1.036 = 1.2048680이므로 1.2배 이상 증가하였다.

ㄷ. (○) 최소교집합 문제이다. 2017년의 경우 의료기관 입원비 207,214억 원에서 모든 비용이 본인부담이라고 가정을 한다면 207,214억 원 − 146,145억 원 = 61,069(억 원)이 된다. 최소교집합 공식(A + B − N)으로 풀이를 하면 207,214억 원 + 433,448억 원 − 579,593억 원 = 61,069(억 원)이 된다. 즉 공단부담은 최소 6조 1천억 원이 된다. 2013년부터 2016년도 같은 방법으로 계산을 하면 모두 3조 8천억 원이 넘는다.

20 "이상"·"이하" 유형 풀이법

"이상" 또는 "이하"가 조건으로 들어가는 문제를 풀이하는 과정에서 혼란이 일어나는 경우가 있다. 특히 "$\frac{1}{3}$이나 3배 이상/이하이냐"를 묻는 경우 특히 풀이가 어렵다. 그럴 경우 선지에 부등호를 표시해서 부등호 방향을 비교하는 방법으로 풀이를 하면 좀 더 용이한 풀이가 가능하다.

(예제) 다음 표는 지역별 마약류 단속에 관한 자료이다. 이에 대한 설명으로 옳은 것은?

지역별 마약류 단속 건수

(단위 : 건, %)

지역＼마약류	대마	마약	향정신성 의약품	합	비중
서울	49	18	323	390	22.1
인천·경기	55	24	552	631	35.8
부산	6	6	166	178	10.1
울산·경남	13	4	129	146	8.3
대구·경북	8	1	138	147	8.3
대전·충남	20	4	101	125	7.1
강원	13	0	35	48	2.7
전북	1	4	25	30	1.7
광주·전남	2	4	38	44	2.5
충북	0	0	21	21	1.2
제주	0	0	4	4	0.2
전체	167	65	1,532	1,764	100.0

※ 1) 수도권은 서울과 인천·경기를 합한 지역임
　 2) 마약류는 대마, 마약, 향정신성의약품으로만 구성됨

① 대마 단속 전체 건수는 마약 단속 전체 건수의 3배 이상이다.
② 수도권의 마약류 단속 건수는 마약류 단속 전체 건수의 50% 이상이다.
③ 마약 단속 건수가 없는 지역은 5곳이다.
④ 향정신성의약품 단속 건수는 대구·경북 지역이 광주·전남 지역의 4배 이상이다.
⑤ 강원 지역은 향정신성의약품 단속 건수가 대마 단속 건수의 3배 이상이다.

|정답| ②

|해설| 풀이를 할 때 해당 부등호를 문제에 표기를 해서 부등호 방향만 체크를 한다.

① (×) "대마 단속 전체 건수 > 마약 단속 전체 건수×3" 이렇게 부등호를 표시하고 풀이를 한다.

지역＼마약류	대마	마약	비고	
전체	167	65×3 = 195	선지: > 정답: < 선지와 정답 일치하지 않음	

② (○) 수도권(서울 + 인천·경기)의 마약류 단속 건수(390 + 631 = 1,021건)는 마약류 단속 전체 건수(1,764건)의 약 57.9%가 되므로 옳은 설명이다.

③ (×) 마약 단속 건수가 없는 지역은 3곳이다.

④ (×)

지역＼마약류	향정신성의약품	비고	
대구·경북	138	선지: 138 > 38×4	
광주·전남	38	정답: 138 < 38×4 = 152 선지와 불일치하므로 정답 아님	

⑤ (×)

지역＼마약류	대마	향정신성의약품	비고	
강원	13	35	선지: 13×3 < 35 정답: 13×3 = 39 > 35 선지와 불일치하므로 정답 아님	

1. 계산을 최소화하기 위하여 나눗셈은 곱셈으로, 덧셈과 뺄셈은 가로로 풀이한다.
   (사칙연산, 비율, 증감율 등의 문제는 빠르고 정확하게 계산)

2. 암기해야 할 공식들은 모두 암기한다. (상대비 요약표, 분수표 등)

3. 사칙연산을 무한대로 연습한다. (계산문제 어플 등을 활용한다. → 웹스토어에서 ANT나 VITAMIN 등 설치)

4. ① ~ ⑤번으로 선지가 나오는 경우 ⑤번 또는 ③번 선지부터 풀이한다.
   (출제자의 의도를 파악하는 문제는 해당 선지를 우선으로 풀이하고, 각주가 나오는 문제는 각주 선지부터 풀이한다.)

5. 수험 목적상 ⑤번부터 풀이를 권장한다. ⑤번 선지가 일반적으로 가장 어렵기 때문에 ⑤번부터 풀이하는 접근법을 익히는 것이 좋다.

6. ㄱ, ㄴ, ㄷ, ㄹ에서 정답을 선택하는 유형은 ㄱ부터 풀이한다.

7. 수치를 단순비교하는 문제의 경우 정답이 아닐 경우가 많다.

8. 수치와 구성비(%)를 모두 구하는 문제에서는 구성비 문제를 우선으로 풀이하고, 구성비 문제에서는 낚시를 주의한다.

9. 비중, 증가율 문제, '~ 등, ~ 대비'와 같은 유형의 복잡한 문제를 많이 풀어본다.
   • 단순 수치 비교 문제인지 살펴본다.
   • 비중, 증가율이라는 단어를 본다.
   • 비중, 증가율이 증가하고 있는지 파악한다.
   • 비중, 증가율이 가장 큰 해 또는 가장 작은 해를 파악한다.

10. 쉬운 문제보다는 어려운 문제를 많이 풀어보는 것이 실력 향상에 도움이 된다.

11. 단위는 무시하고 풀이를 하되 단위를 맞춰야 하는 경우도 있기 때문에 단위변환에 대해 숙지해야 한다. (천 단위, 백만 원 단위, 십억 단위)

12. A and B로 구성되어 있는 선지의 경우 B부터 풀이한다.

13. 덧셈 양이 극단적으로 많은 지문은 PASS한다.

14. 풀이 과정에서 PASS해야 할 선지 등을 빨리 구별할 수 있는 실력이 필요하다.

15. 4지선다형은 3개, 5지선다형은 4개의 형광펜을 준비한다. ① ~ ⑤번 선지를 각각 다른 색의 형광펜으로 칠하면 자료를 중복으로 찾는 오류가 적어진다.

16. 최근 10년 기출문제를 3회독 풀이해보는 것이 무엇보다도 중요하다.

NCS
PSAT
필수교재

이론부터 문제까지, 자료해석의 끝을 보다

자료
해석
끝.

자료해석
문제의 끝

01 기본문제

기본문제는 난이도가 하와 중 사이인 문제로, 빠른 계산과 접근법이 동시에 필요하다. 접근법이란 문제의 난이도를 파악하여 풀 것인지 말 것인지를 선택하는 것과, 조건이나 선지를 바탕으로 어떤 선지를 우선적으로 풀이를 할 것인지를 결정하는 것이다. 또한 질의하는 내용을 자료에서 빠르게 찾는 방법과 문제에서 제공하고 있는 그래프나 도표 또는 공식을 적절하게 활용하여 문제를 해결해 나가는 것을 포함한다. 이를 통해 문제 풀이에 걸리는 시간을 절약할 수 있다.

01 다음 표는 산림경영단지 A ~ E의 임도 조성 현황에 관한 자료이다. 이 경우 면적이 가장 넓은 산림경영단지는?

산림경영단지 A ~ E의 임도 조성 현황

(단위 : %, km, km/ha)

산림경영단지＼구분	작업임도 비율	간선임도 길이	임도 밀도
A	30	70	15
B	20	40	10
C	30	35	20
D	50	20	10
E	40	60	20

※ 1) 임도 길이(km) = 작업임도 길이 + 간선임도 길이

2) 작업임도 비율(%) = $\dfrac{\text{작업임도 길이}}{\text{임도 길이}} \times 100$

3) 간선임도 비율(%) = $\dfrac{\text{간선임도 길이}}{\text{임도 길이}} \times 100$

4) 임도 밀도(km/ha) = $\dfrac{\text{임도 길이}}{\text{산림경영단지 면적}}$

① A
② B
③ C
④ D
⑤ E

02 다음 표는 2021 ~ 2027년 시스템반도체 중 인공지능반도체의 세계 시장규모 전망이다. 이에 대한 〈보기〉의 설명 중 옳은 것만을 모두 고르면?

시스템반도체 중 인공지능반도체의 세계 시장규모 전망

(단위 : 억 달러, %)

구분 ＼ 연도	2021	2022	2023	2024	2025	2026	2027
시스템반도체	2,500	2,310	2,686	2,832	( )	3,525	( )
인공지능반도체	70	185	325	439	657	927	1,179
비중	2.8	8.0	( )	15.5	19.9	26.3	31.3

┌ 보기 ┐

ㄱ. 인공지능반도체 비중은 매년 증가한다.

ㄴ. 2027년 시스템반도체 시장규모는 2021년보다 1,000억 달러 이상 증가한다.

ㄷ. 2022년 대비 2025년의 시장규모 증가율은 인공지능반도체가 시스템반도체의 5배 이상이다.

① ㄷ   ② ㄱ, ㄴ

③ ㄱ, ㄷ   ④ ㄴ, ㄷ

⑤ ㄱ, ㄴ, ㄷ

03   다음은 2020년 A 대학 6개 계열의 학과별 남·여 졸업생 월평균소득, 취업률을 인문계열 기준으로 비교한 자료이다. 이에 대한 〈보기〉의 설명 중 옳은 것만을 고르면?

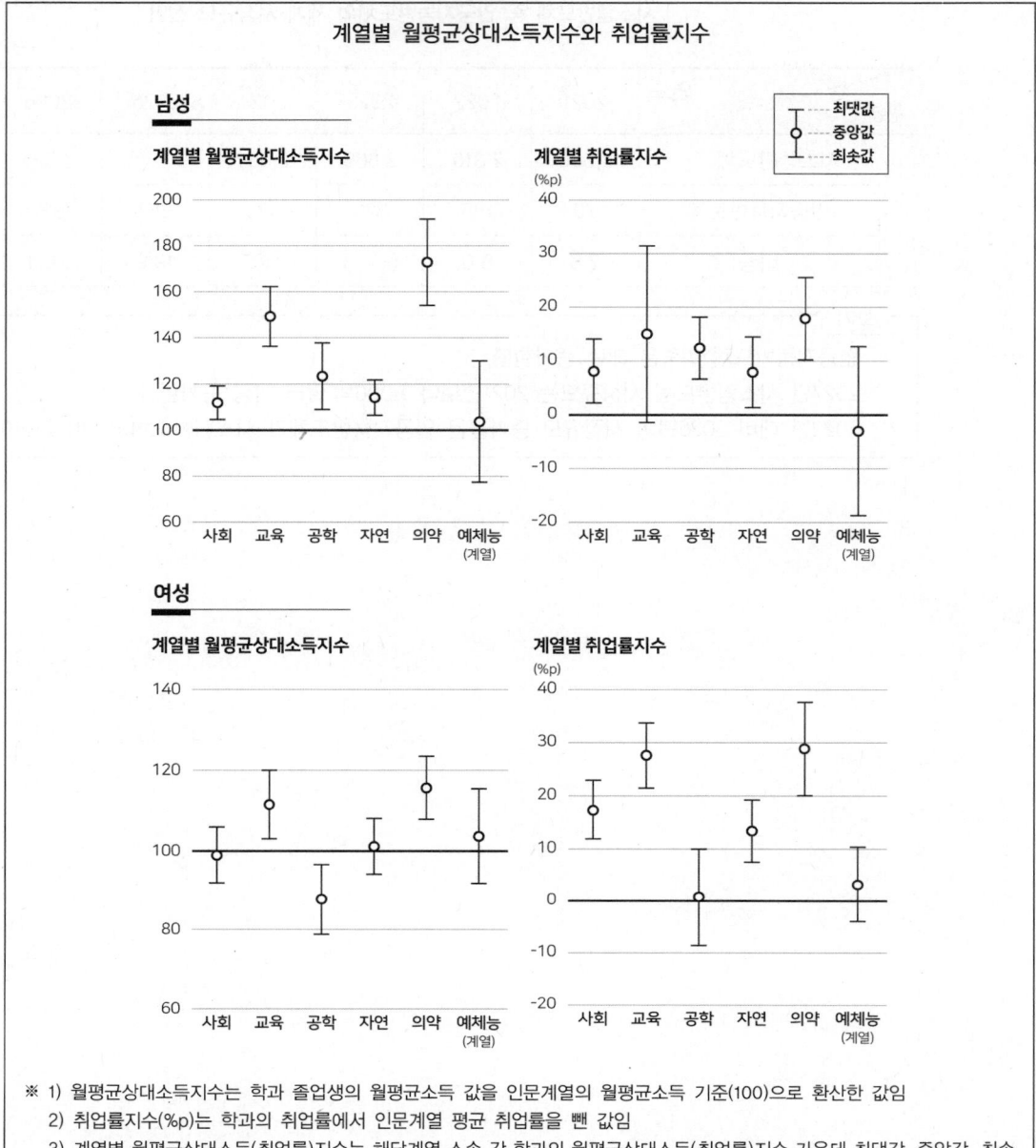

※ 1) 월평균상대소득지수는 학과 졸업생의 월평균소득 값을 인문계열의 월평균소득 기준(100)으로 환산한 값임
2) 취업률지수(%p)는 학과의 취업률에서 인문계열 평균 취업률을 뺀 값임
3) 계열별 월평균상대소득(취업률)지수는 해당계열 소속 각 학과의 월평균상대소득(취업률)지수 가운데 최댓값, 중앙값, 최솟값을 그래프로 표시함

┌─ 보기 ┐

ㄱ. 인문계열을 제외하고 계열별 월평균상대소득지수의 최댓값이 네 번째로 큰 계열은 남성과 여성이 같다.

ㄴ. 교육계열 월평균상대소득지수의 최댓값과 최솟값의 차이는 여성이 남성보다 크다.

ㄷ. 취업률이 인문계열 평균 취업률과 차이가 가장 큰 학과가 소속된 계열은 남성과 여성이 다르다.

ㄹ. 취업률이 인문계열 평균 취업률보다 낮은 학과가 소속된 계열의 개수는 남성과 여성이 같다.

① ㄱ, ㄴ   ② ㄱ, ㄷ

③ ㄴ, ㄷ   ④ ㄴ, ㄹ

⑤ ㄷ, ㄹ

04 다음 표는 2014 ~ 2018년 독립유공자 포상 인원에 관한 자료이다. 이에 대한 〈보기〉의 설명 중 옳은 것만을 모두 고르면?

연도별 독립유공자 포상 인원

(단위 : 명)

훈격 / 연도	전체	건국훈장	독립장	애국장	애족장	건국포장	대통령표창
2014	341(10)	266(2)	4(0)	111(1)	151(1)	30(2)	45(6)
2015	510(21)	326(3)	2(0)	130(0)	194(3)	74(5)	110(13)
2016	312(14)	204(4)	0(0)	87(0)	117(4)	36(2)	72(8)
2017	269(11)	152(8)	1(0)	43(0)	108(8)	43(1)	74(2)
2018	355(60)	150(11)	0(0)	51(2)	99(9)	51(9)	154(40)

※ ( ) 안은 포상 인원 중 여성 포상 인원임

> **보기**
>
> ㄱ. 여성 건국훈장 포상 인원은 매년 증가한다.
> ㄴ. 매년 건국훈장 포상 인원은 전체 포상 인원의 절반 이상이다.
> ㄷ. 남성 애국장 포상 인원과 남성 애족장 포상 인원의 차이가 가장 큰 해는 2015년이다.
> ㄹ. 건국포장 포상 인원 중 여성 비율이 가장 낮은 해에는 대통령표창 포상 인원 중 여성 비율도 가장 낮다.

① ㄱ, ㄴ   ② ㄱ, ㄹ
③ ㄴ, ㄷ   ④ ㄱ, ㄷ, ㄹ
⑤ ㄴ, ㄷ, ㄹ

05 다음은 OECD 회원국 중 5개국의 2018년 가정용, 산업용 전기요금 지수를 나타낸 것이다. 이에 대한 〈보기〉의 설명 중 옳은 것만을 모두 고르면?

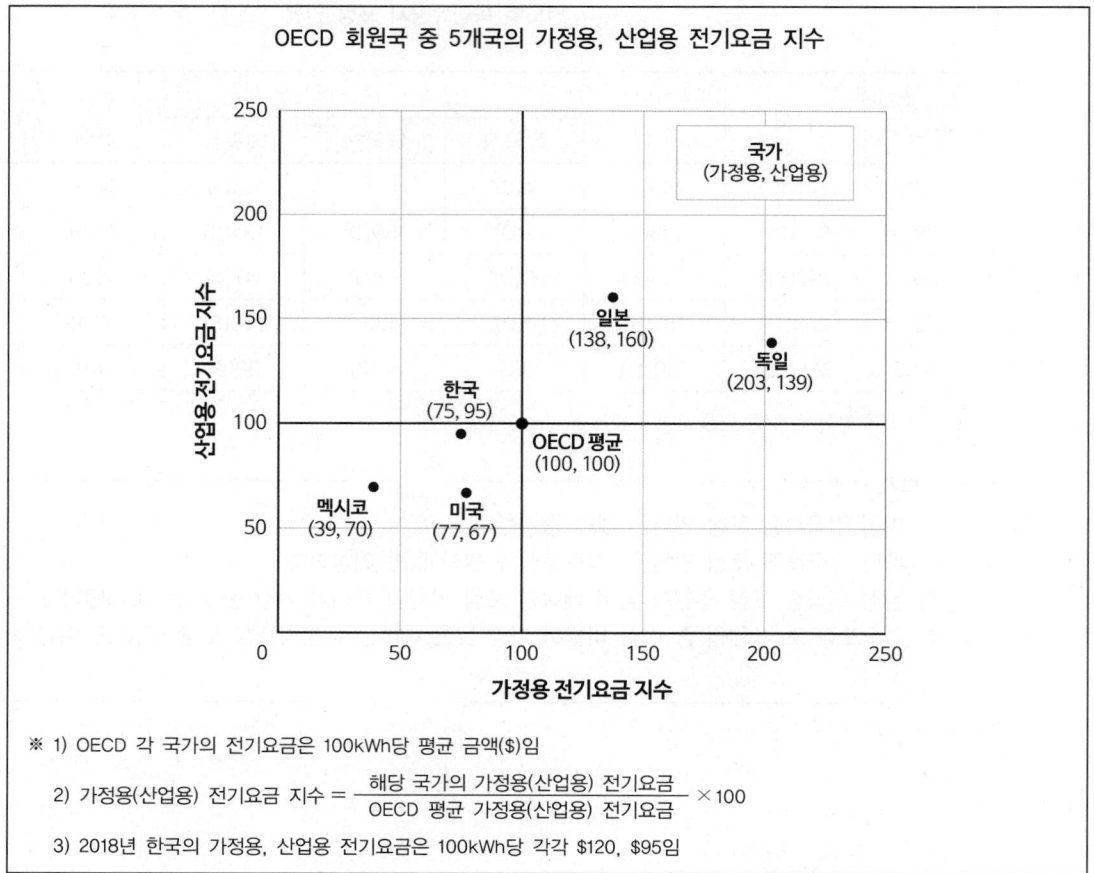

OECD 회원국 중 5개국의 가정용, 산업용 전기요금 지수

※ 1) OECD 각 국가의 전기요금은 100kWh당 평균 금액($)임

2) 가정용(산업용) 전기요금 지수 = $\dfrac{\text{해당 국가의 가정용(산업용) 전기요금}}{\text{OECD 평균 가정용(산업용) 전기요금}} \times 100$

3) 2018년 한국의 가정용, 산업 전기요금은 100kWh당 각각 $120, $95임

┌─ 보기 ┐

ㄱ. 산업용 전기요금은 일본이 가장 비싸고 가정용 전기요금은 독일이 가장 비싸다.
ㄴ. OECD 평균 전기요금은 가정용이 산업용의 1.5배 이상이다.
ㄷ. 가정용 전기요금이 한국보다 비싼 국가는 산업용 전기요금도 한국보다 비싸다.
ㄹ. 일본은 산업용 전기요금이 가정용 전기요금보다 비싸다.

① ㄱ, ㄴ   ② ㄱ, ㄷ
③ ㄴ, ㄹ   ④ ㄷ, ㄹ
⑤ ㄱ, ㄴ, ㄹ

06 다음 표는 2020년 1 ~ 4월 애니메이션을 등록한 회사의 애니메이션 등록 현황에 관한 자료이다. 이에 대한 〈보기〉의 설명 중 옳은 것만을 모두 고르면?

〈표 1〉 월별 애니메이션 등록 회사와 유형별 애니메이션 등록 현황

(단위 : 개사, 편)

월 \ 회사 \ 유형	회사	국내단독	국내합작	해외합작	전체
1	13	6	6	2	14
2	6	4	0	2	6
3	( )	6	4	1	11
4	7	3	5	0	8

※ 애니메이션 1편당 등록 회사는 1개사임

〈표 2〉 1 ~ 4월 동안 2편 이상의 애니메이션을 등록한 회사의 월별 애니메이션 등록 현황

(단위 : 편)

회사	유형	1	2	3	4
아트팩토리	국내단독	0	1	1	0
꼬꼬지	국내단독	1	1	0	0
코닉스	국내단독	0	0	1	1
제이와이제이	국내합작	1	0	0	1
유이락	국내단독	2	0	3	1
한스튜디오	국내합작	1	0	1	2

┌ 보기 ┐
ㄱ. 1 ~ 4월 동안 1편의 애니메이션만 등록한 회사는 20개사 이상이다.
ㄴ. 1월에 국내단독 유형인 애니메이션을 등록한 회사는 5개사이다.
ㄷ. 3월에 애니메이션을 등록한 회사는 9개사이다.

① ㄱ
② ㄴ
③ ㄱ, ㄴ
④ ㄴ, ㄷ
⑤ ㄱ, ㄴ, ㄷ

07 다음 표는 A 프로세서 성능 평가를 위한 8개 프로그램 수행 결과에 관한 자료이다. 이에 대한 설명으로 옳은 것은?

A 프로세서 성능 평가를 위한 8개 프로그램 수행 결과

(단위: 십억 개, 초)

프로그램 \ 항목	명령어 수	CPI	수행시간	기준시간	성능지표
숫자 정렬	2,390	0.70	669	9,634	14.4
문서 편집	221	2.66	235	9,120	38.8
인공지능 바둑	1,274	1.10	( )	10,490	18.7
유전체 분석	2,616	0.60	628	9,357	14.9
인공지능 체스	1,948	0.80	623	12,100	19.4
양자 컴퓨팅	659	0.44	116	20,720	178.6
영상 압축	3,793	0.50	759	22,163	29.2
내비게이션	1,250	1.00	500	7,020	( )

※ 1) CPI(clock cycles per instruction) $= \dfrac{\text{클럭 사이클 수}}{\text{명령어 수}}$

2) 성능지표 $= \dfrac{\text{기준시간}}{\text{수행시간}}$

① 명령어 수가 많은 프로그램일수록 수행시간이 길다.
② CPI가 가장 낮은 프로그램은 기준시간이 가장 길다.
③ 수행시간은 인공지능 바둑이 내비게이션보다 짧다.
④ 기준시간이 짧은 프로그램일수록 클럭 사이클 수가 적다.
⑤ 성능지표가 가장 낮은 프로그램은 내비게이션이다.

08 다음 표는 우리나라 7개 도시의 공원 현황을 나타낸 자료이다. 표와 〈조건〉을 바탕으로 '가' ∼ '라' 도시를 바르게 나열한 것은?

우리나라 7개 도시의 공원 현황

구분	개소	결정면적 (백만 m²)	조성면적 (백만 m²)	활용률 (%)	1인당 결정면적(m²)
전국	20,389	1,020.1	412.0	40.4	22.0
서울	2,106	143.4	86.4	60.3	14.1
(가)	960	69.7	29.0	41.6	25.1
(나)	586	19.6	8.7	44.2	13.4
부산	904	54.0	17.3	29.3	16.7
(다)	619	22.2	12.3	49.6	15.5
대구	755	24.6	11.2	45.2	9.8
(라)	546	35.9	11.9	33.2	31.4

조건
• 결정면적이 전국 결정면적의 3% 미만인 도시는 광주, 대전, 대구이다.
• 활용률이 전국 활용률보다 낮은 도시는 부산과 울산이다.
• 1인당 조성면적이 1인당 결정면적의 50% 이하인 도시는 부산, 대구, 광주, 인천, 울산이다.

	가	나	다	라
①	울산	광주	대전	인천
②	울산	대전	광주	인천
③	인천	광주	대전	울산
④	인천	대전	광주	울산
⑤	인천	울산	광주	대전

09 다음 표와 〈대화〉는 4월 4일 기준 지자체별 자가격리자 및 모니터링 요원에 관한 자료이다. 표와 〈대화〉를 근거로 C와 D에 해당하는 지자체를 바르게 나열한 것은?

지자체별 자가격리자 및 모니터링 요원 현황(4월 4일 기준)

(단위 : 명)

구분	지자체	A	B	C	D
내국인	자가격리자	9,778	1,287	1,147	9,263
	신규 인원	900	70	20	839
	해제 인원	560	195	7	704
외국인	자가격리자	7,796	508	141	7,626
	신규 인원	646	52	15	741
	해제 인원	600	33	5	666
모니터링 요원		10,142	710	196	8,898

※ 해당일 기준 자가격리자 = 전일 기준 자가격리자 + 신규 인원 − 해제 인원

┌─ 대화 ─┐

갑 : 감염병 확산에 대응하기 위한 회의를 시작합시다. 오늘은 대전, 세종, 충북, 충남의 4월 4일 기준 자가격리자 및 모니터링 요원 현황을 보기로 했는데, 각 지자체의 상황이 어떤가요?

을 : 4개 지자체 중 세종을 제외한 3개 지자체에서 4월 4일 기준 자가격리자가 전일 기준 자가격리자보다 늘어났습니다.

갑 : 모니터링 요원의 업무 부담과 관련된 통계 자료도 있나요?

을 : 4월 4일 기준으로 대전, 세종, 충북은 모니터링 요원 대비 자가격리자의 비율이 1.8 이상입니다.

갑 : 지자체에 모니터링 요원을 추가로 배치해야 할 것 같습니다. 자가격리자 중 외국인이 차지하는 비중이 4개 지자체 가운데 대전이 가장 높으니, 외국어 구사가 가능한 모니터링 요원을 대전에 우선 배치하는 방향으로 검토해 봅시다.

    <u>C</u>   <u>D</u>
① 충북   충남
② 충북   대전
③ 충남   충북
④ 세종   대전
⑤ 대전   충북

10 다음 표는 2019년 기관 A ~ D 소속 퇴직예정공직자의 재취업을 위한 직무관련성 심사결과에 대한 자료이다. 표와 〈조건〉을 근거로 A ~ D에 해당하는 기관을 바르게 나열한 것은?

직무관련성 심사결과

(단위 : 건)

기관 ＼ 구분	관련있음	관련없음	각하	전체
A	8	33	4	45
B	17	77	3	97
C	99	350	59	508
D	0	9	0	9

조건
- 우주청의 전체 심사결과 중 '관련없음'의 비중은 혁신청의 전체 심사결과 중 '관련없음'의 비중보다 작다.
- 기관별 전체 심사결과 중 '관련없음'의 비중은 문화청이 가장 크다.
- '각하' 건수는 과학청이 혁신청보다 많다.
- '관련없음' 대비 '관련있음' 건수의 비는 과학청이 우주청보다 높다.

	A	B	C	D
①	과학청	문화청	혁신청	우주청
②	과학청	혁신청	우주청	문화청
③	문화청	혁신청	우주청	과학청
④	우주청	혁신청	과학청	문화청
⑤	혁신청	우주청	과학청	문화청

11 다음은 2014 ~ 2018년 A~C 국의 GDP 및 조세부담률을 나타낸 자료이다. 이에 대한 설명으로 옳지 않은 것은?

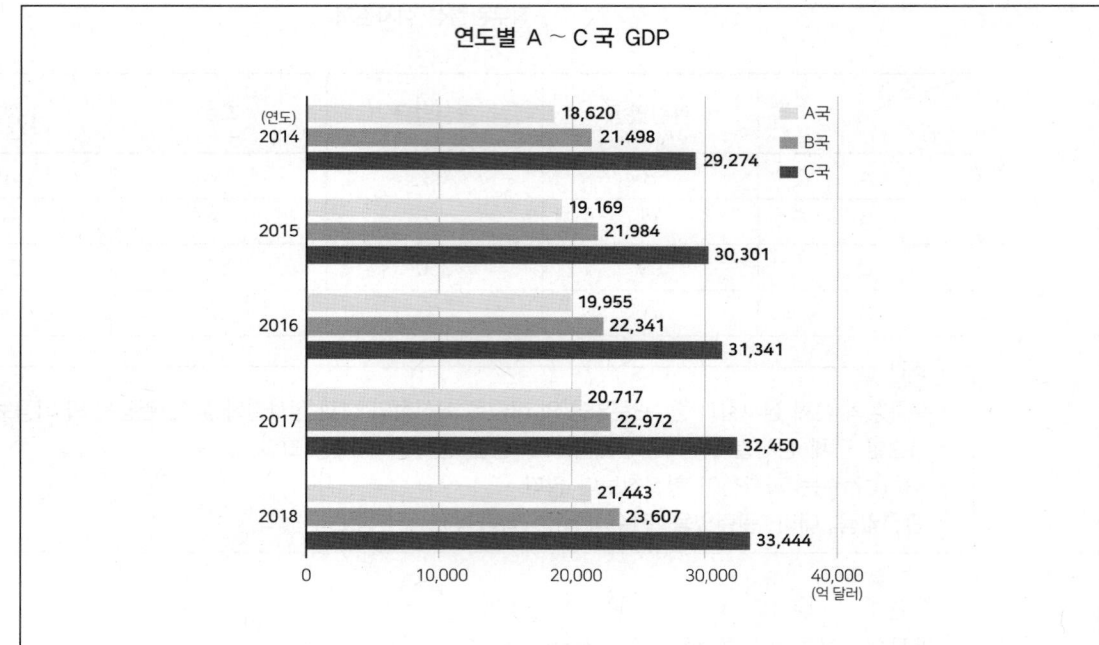

연도별 A ~ C 국 GDP

연도별 A ~ C 국 조세부담률

(단위 : %)

연도	구분	A	B	C
2014	국세	24.1	16.4	11.4
	지방세	1.6	5.9	11.3
2015	국세	24.4	15.1	11.3
	지방세	1.6	6.0	11.6
2016	국세	24.8	15.1	11.2
	지방세	1.6	6.1	12.1
2017	국세	25.0	15.9	11.1
	지방세	1.6	6.2	12.0
2018	국세	25.0	15.6	11.4
	지방세	1.6	6.2	12.5

※ 1) 조세부담률 = 국세부담률 + 지방세부담률

2) 국세(지방세)부담률(%) = $\dfrac{\text{국세(지방세) 납부액}}{\text{GDP}} \times 100$

① 2016년에는 전년 대비 GDP 성장률이 가장 높은 국가가 조세부담률도 가장 높다.

② B국은 GDP가 증가한 해에 조세부담률도 증가한다.

③ 2017년 지방세 납부액은 B국이 A국의 4배 이상이다.

④ 2018년 A국의 국세 납부액은 C국의 지방세 납부액보다 많다.

⑤ C국의 국세 납부액은 매년 증가한다.

12 다음은 A사 플라스틱 제품의 제조공정도이다. 1,000kg의 재료가 '혼합' 공정에 투입되는 경우, '폐기처리' 공정에 전달되어 투입되는 재료의 총량은 몇 kg인가?

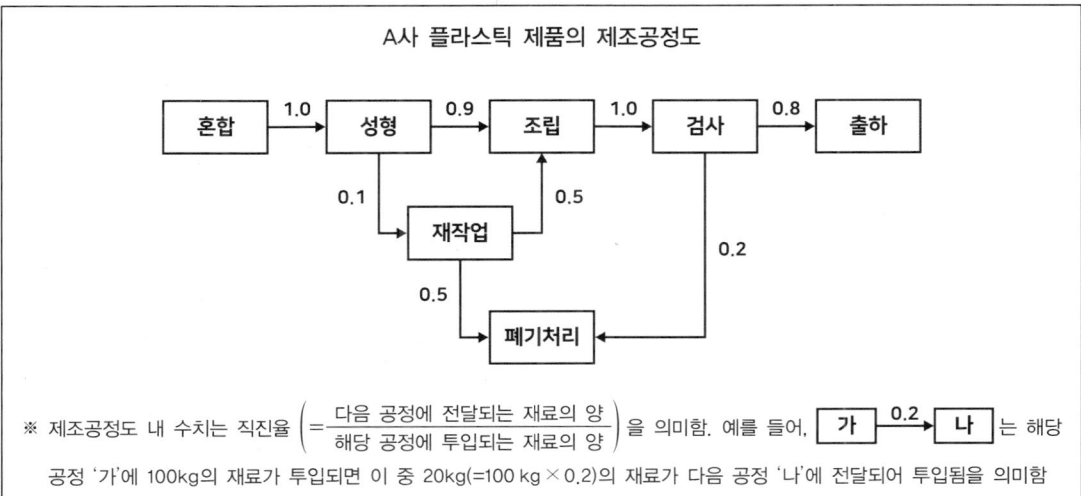

A사 플라스틱 제품의 제조공정도

※ 제조공정도 내 수치는 직진율 $\left(= \dfrac{\text{다음 공정에 전달되는 재료의 양}}{\text{해당 공정에 투입되는 재료의 양}} \right)$ 을 의미함. 예를 들어, 가 —0.2→ 나 는 해당 공정 '가'에 100kg의 재료가 투입되면 이 중 20kg(=100 kg × 0.2)의 재료가 다음 공정 '나'에 전달되어 투입됨을 의미함

① 50   ② 190
③ 230   ④ 240
⑤ 280

13 다음은 A ~ E 학교의 장학금에 대한 자료이다. 이를 근거로 해당 학교의 전체 학생 중 장학금 수혜자 비율이 가장 큰 학교부터 순서대로 나열한 것은?

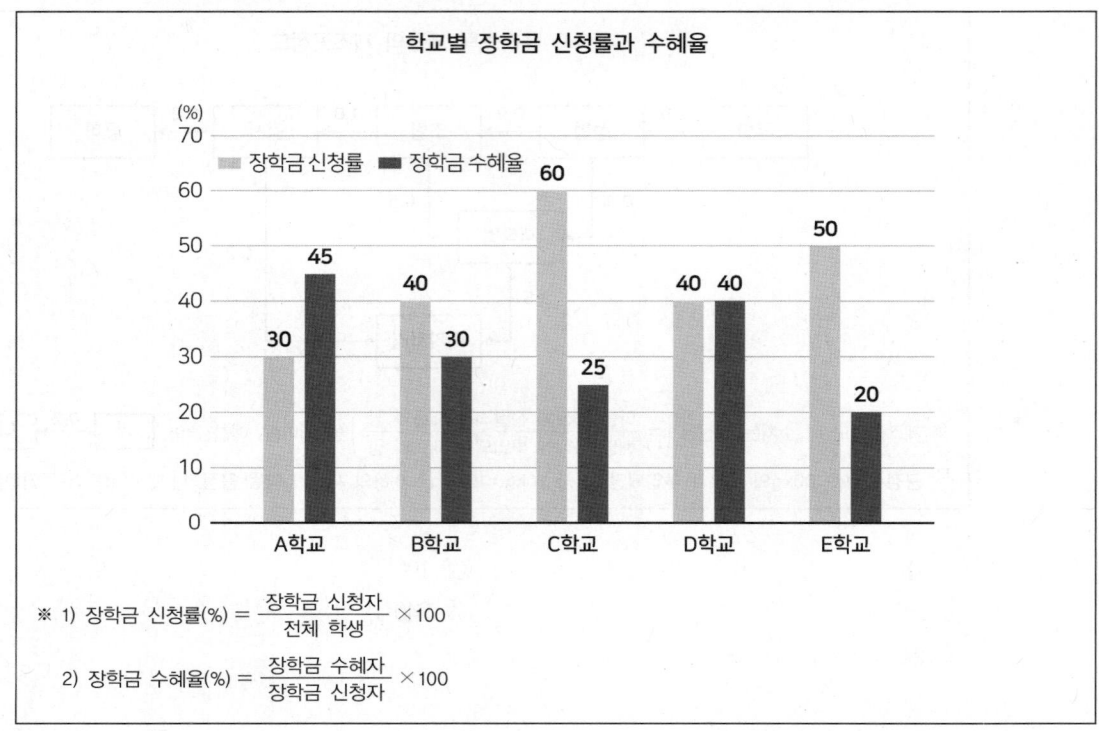

※ 1) 장학금 신청률(%) = $\dfrac{\text{장학금 신청자}}{\text{전체 학생}} \times 100$

   2) 장학금 수혜율(%) = $\dfrac{\text{장학금 수혜자}}{\text{장학금 신청자}} \times 100$

① A, B, D, E, C
② A, D, B, C, E
③ C, E, B, D, A
④ D, C, A, B, E
⑤ E, D, C, A, B

14 다음은 4대 곡물 세계 수입 현황에 대한 자료이다. 이에 대한 설명으로 옳지 않은 것은?

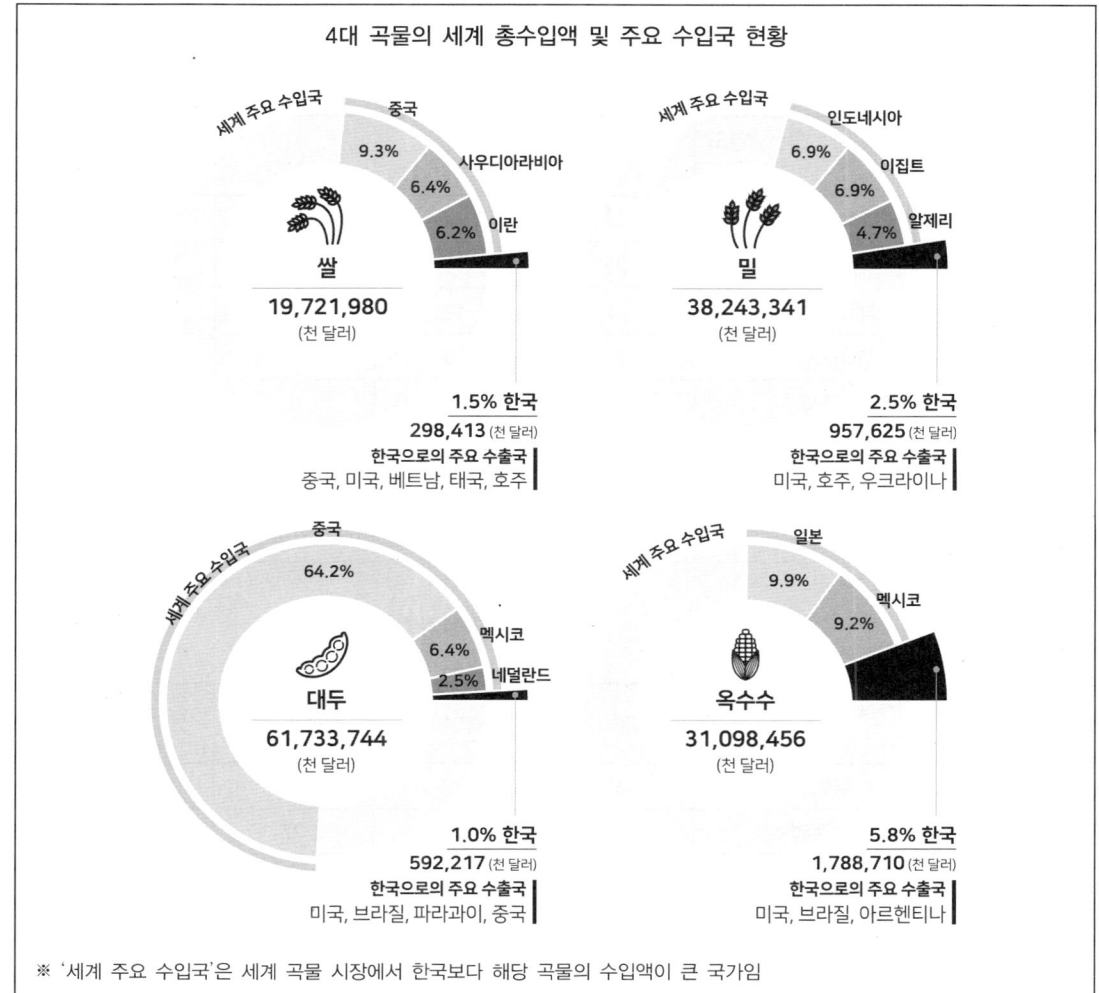

4대 곡물의 세계 총수입액 및 주요 수입국 현황

쌀 19,721,980 (천 달러)
세계 주요 수입국: 중국 9.3%, 사우디아라비아 6.4%, 이란 6.2%
1.5% 한국 298,413 (천 달러)
한국으로의 주요 수출국: 중국, 미국, 베트남, 태국, 호주

밀 38,243,341 (천 달러)
세계 주요 수입국: 인도네시아 6.9%, 이집트 6.9%, 알제리 4.7%
2.5% 한국 957,625 (천 달러)
한국으로의 주요 수출국: 미국, 호주, 우크라이나

대두 61,733,744 (천 달러)
세계 주요 수입국: 중국 64.2%, 멕시코 6.4%, 네덜란드 2.5%
1.0% 한국 592,217 (천 달러)
한국으로의 주요 수출국: 미국, 브라질, 파라과이, 중국

옥수수 31,098,456 (천 달러)
세계 주요 수입국: 일본 9.9%, 멕시코 9.2%
5.8% 한국 1,788,710 (천 달러)
한국으로의 주요 수출국: 미국, 브라질, 아르헨티나

※ '세계 주요 수입국'은 세계 곡물 시장에서 한국보다 해당 곡물의 수입액이 큰 국가임

① 한국의 밀 수입액은 쌀 수입액의 3배 이상이다.
② 중국이 수입한 4대 곡물 총수입액은 세계 밀 총수입액보다 크다.
③ 브라질은 4대 곡물 중 2개에서 '한국으로의 주요 수출국'이다.
④ 4대 곡물을 한국의 수입액이 큰 곡물부터 순서대로 나열하면 옥수수, 밀, 대두, 쌀 순이다.
⑤ 이란의 쌀 수입액은 알제리의 밀 수입액보다 크다.

15 다음 표는 2015 ~ 2019년 '갑'국의 가스사고 현황에 관한 자료이다. 이에 대한 〈보기〉의 설명 중 옳은 것만을 모두 고르면?

〈표 1〉 원인별 사고건수

(단위 : 건)

연도 원인	2015	2016	2017	2018	2019
사용자 취급부주의	41	41	41	38	31
공급자 취급부주의	23	16	22	26	29
제품노후	4	12	19	12	18
고의사고	21	16	16	12	9
타공사	2	6	4	8	7
자연재해	12	9	5	3	3
시설미비	18	20	11	23	24
전체	121	120	118	122	121

〈표 2〉 사용처별 사고건수

(단위 : 건)

연도 사용처	2015	2016	2017	2018	2019
주택	48	50	39	42	47
식품접객업소	21	10	27	14	20
특수허가업소	14	14	16	16	12
공급시설	3	7	5	5	6
차량	4	5	4	5	6
제1종 보호시설	3	8	6	8	5
공장	9	6	7	6	4
다중이용시설	0	0	0	0	1
야외	19	20	14	26	20
전체	121	120	118	122	121

보기
ㄱ. 2015년 대비 2019년 사고건수의 증가율은 '공급자 취급부주의'가 '시설미비'보다 작다.
ㄴ. '주택'과 '차량'의 연도별 사고건수 증감방향은 같다.
ㄷ. 2016년에는 사고건수 기준 상위 2가지 원인에 의한 사고건수의 합이 나머지 원인에 의한 사고건수의 합보다 적다.
ㄹ. 전체 사고건수에서 '주택'이 차지하는 비중은 매년 35% 이상이다.

① ㄱ, ㄴ ② ㄱ, ㄹ
③ ㄴ, ㄷ ④ ㄱ, ㄷ, ㄹ
⑤ ㄴ, ㄷ, ㄹ

16 다음은 개발원조위원회 29개 회원국 중 공적개발원조액 상위 15개국과 국민총소득 대비 공적개발원 조액 비율 상위 15개국 자료이다. 이에 대한 〈보기〉의 설명 중 옳은 것만을 모두 고르면?

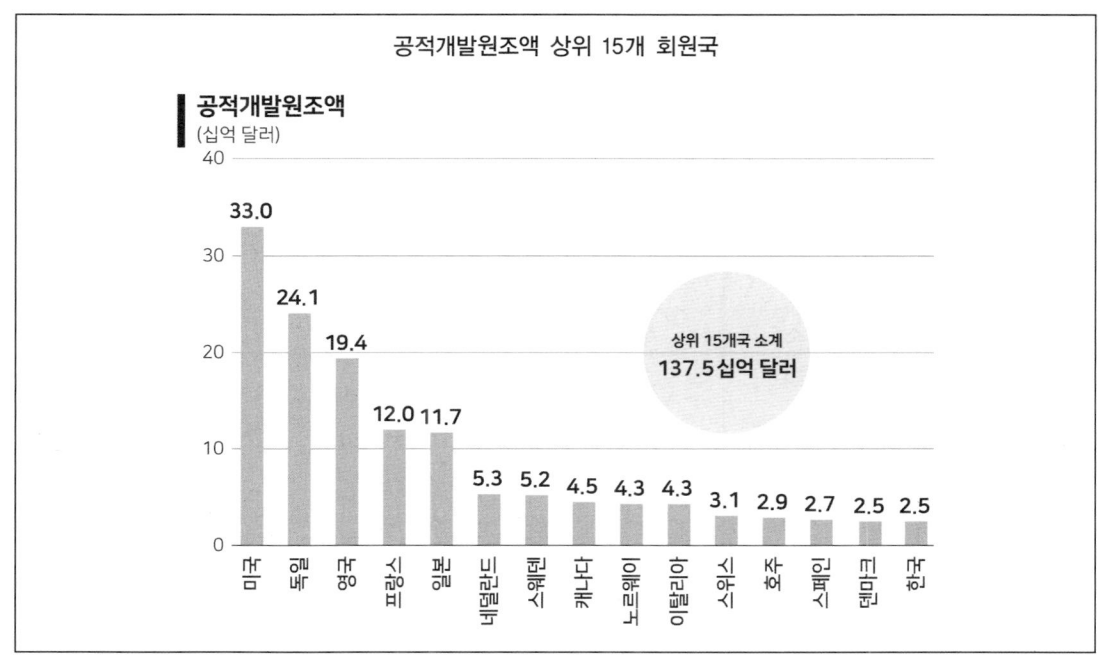

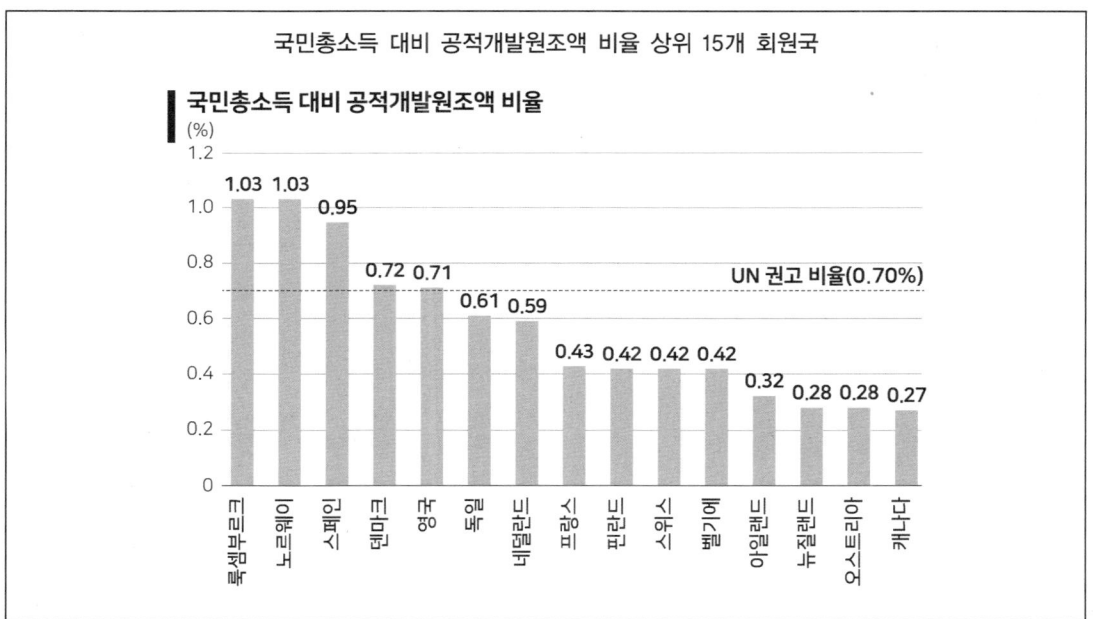

<보기>

ㄱ. 국민총소득 대비 공적개발원조액 비율이 UN 권고 비율보다 큰 국가의 공적개발원조액 합은 250억 달러 이상이다.

ㄴ. 공적개발원조액 상위 5국의 공적개발원조액 합은 개발원조위원회 29개 회원국 공적개발원조액 합 의 50% 이상이다.

ㄷ. 독일이 공적개발원조액만 30억 달러 증액하면 독일의 국민총소득 대비 공적개발원조액 비율은 UN 권고 비율 이상이 된다.

① ㄱ
② ㄷ
③ ㄱ, ㄴ
④ ㄴ, ㄷ
⑤ ㄱ, ㄴ, ㄷ

17 다음 표는 '갑'국의 2020년 농업 생산액 현황 및 2021 ~ 2023년의 전년 대비 생산액 변화율 전망치에 관한 자료이다. 이에 대한 〈보기〉의 설명 중 옳은 것만을 모두 고르면?

농업 생산액 현황 및 변화율 전망치

(단위 : 십억 원, %)

구분			2020년 생산액	전년 대비 생산액 변화율 전망치		
				2021년	2022년	2023년
농업			50,052	0.77	0.02	1.38
	재배업		30,270	1.50	−0.42	0.60
	축산업		19,782	−0.34	0.70	2.57
		소	5,668	3.11	0.53	3.51
		돼지	7,119	−3.91	0.20	1.79
		닭	2,259	1.20	−2.10	2.82
		달걀	1,278	5.48	3.78	3.93
		우유	2,131	0.52	1.12	0.88
		오리	1,327	−5.58	5.27	3.34

※ 축산업은 소, 돼지, 닭, 달걀, 우유, 오리의 6개 세부항목으로만 구성됨

┌ 보기 ┐
ㄱ. 2021년 '오리' 생산액 전망치는 1.2조 원 이상이다.
ㄴ. 2021년 '돼지' 생산액 전망치는 같은 해 '농업' 생산액 전망치의 15% 이상이다.
ㄷ. '축산업' 중 전년 대비 생산액 변화율 전망치가 2022년보다 2023년이 낮은 세부항목은 2개이다.
ㄹ. 2020년 생산액 대비 2022년 생산액 전망치의 증감폭은 '재배업'이 '축산업'보다 크다.

① ㄱ, ㄴ   ② ㄱ, ㄷ
③ ㄴ, ㄹ   ④ ㄱ, ㄷ, ㄹ
⑤ ㄴ, ㄷ, ㄹ

18 다음은 가구 A ~ L의 2020년 1월 주거비와 식비, 필수생활비에 관한 자료이다. 이에 대한 설명으로 옳은 것은?

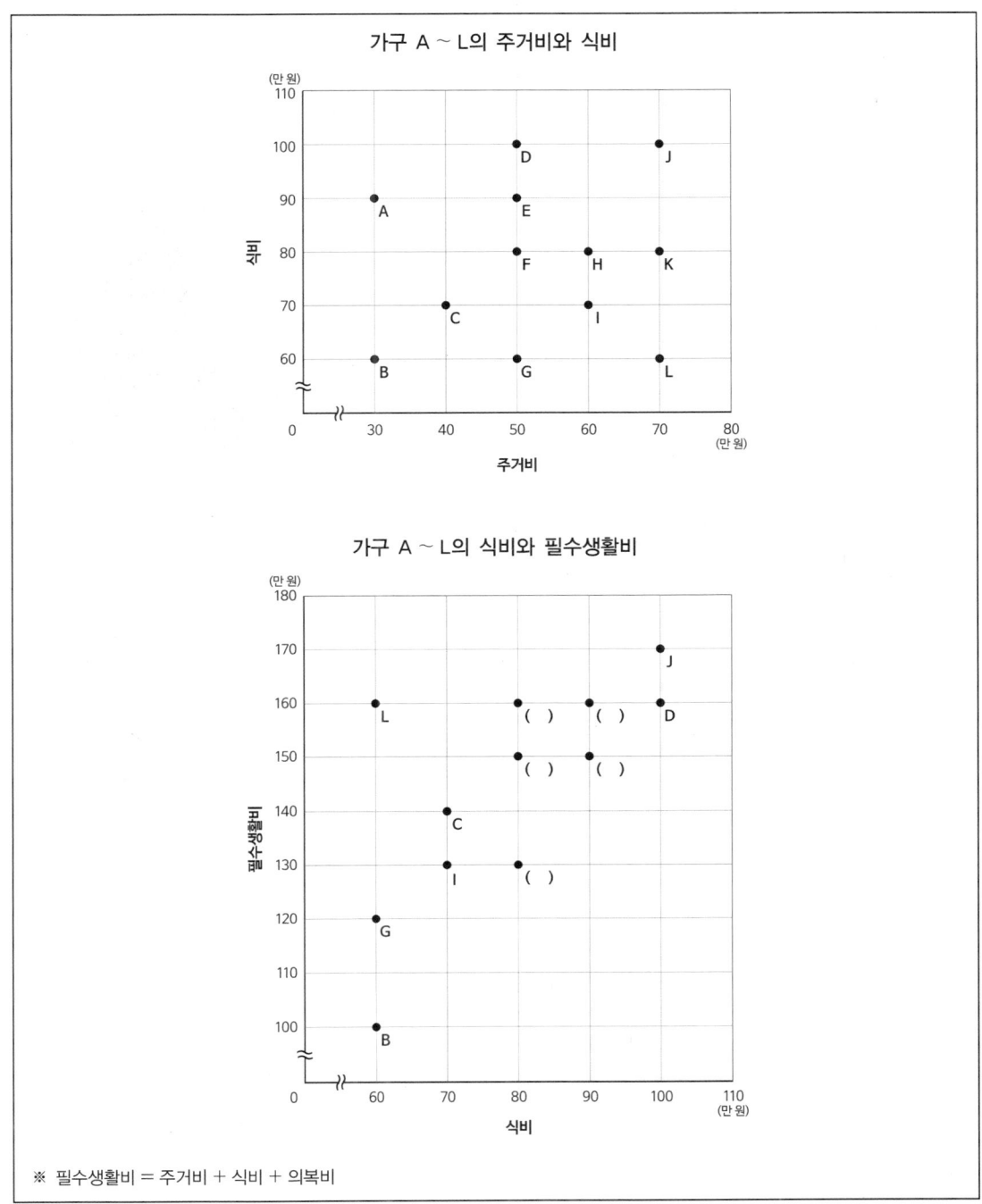

① 의복비는 가구 A가 가구 B보다 작다.
② 의복비가 0원인 가구는 1곳이다.
③ 주거비가 40만 원 이하인 가구의 의복비는 각각 10만 원 이상이다.
④ 식비 하위 3개 가구 의복비의 합은 60만 원 이상이다.
⑤ 식비가 80만 원이면서 필수생활비가 130만 원인 가구는 K이다.

19 다음은 2020년 기준 A 공제회 현황에 관한 자료이다. 이에 대한 설명으로 옳지 않은 것은?

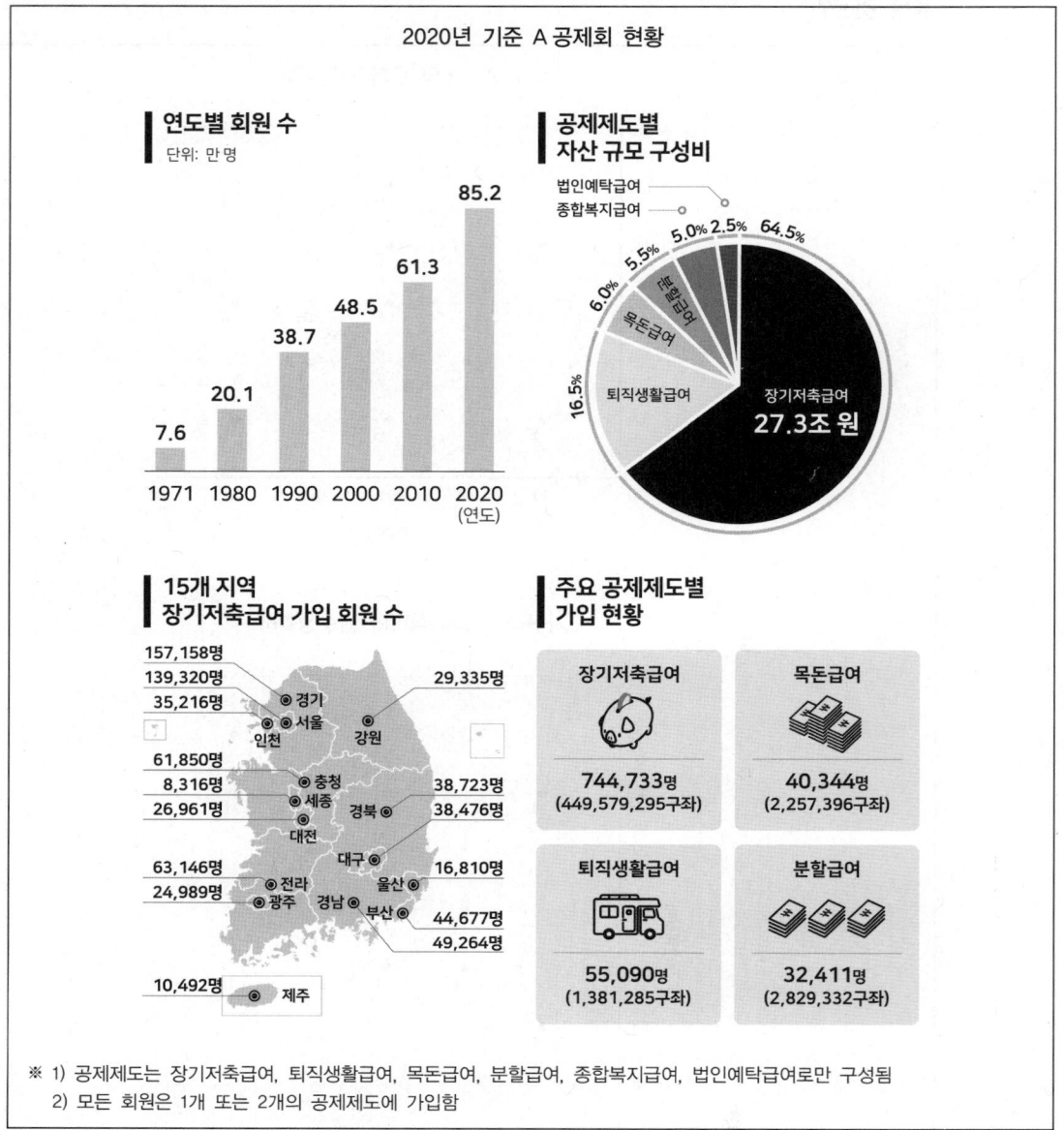

① 장기저축급여 가입 회원 수는 전체 회원의 85% 이하이다.
② 공제제도의 총자산 규모는 40조 원 이상이다.
③ 자산 규모 상위 4개 공제제도 중 2개의 공제제도에 가입한 회원은 2만 명 이상이다.
④ 충청의 장기저축급여 가입 회원 수는 15개 지역 평균 장기저축급여 가입 회원 수보다 많다.
⑤ 공제제도별 1인당 구좌 수는 장기저축급여가 분할급여의 5배 이상이다.

20 다음 표는 소프트웨어 경쟁력 종합점수 산출을 위한 영역별 가중치와 소프트웨어 경쟁력 종합순위 1 ~ 10위 국가의 영역별 순위 및 원점수에 관한 자료이다. 이에 대한 설명으로 옳지 않은 것은?

〈표 1〉 소프트웨어 경쟁력 종합점수 산출을 위한 영역별 가중치

영역	환경	인력	혁신	성과	활용
가중치	0.15	0.20	0.25	0.15	0.25

〈표 2〉 소프트웨어 경쟁력 평가대상 국가 중 종합순위 1 ~ 10위 국가의 영역별 순위 및 원점수

(단위 : 점)

종합순위	종합점수	국가	환경		인력		혁신		성과		활용	
			순위	원점수	순위	원점수	순위	원점수	순위	원점수	순위	원점수
1	72.41	미국	1	67.1	1	89.6	1	78.5	2	54.8	2	66.3
2	47.04	중국	28	20.9	8	35.4	2	66.9	18	11.3	1	73.6
3	41.48	일본	6	50.7	10	34.0	3	44.8	19	10.5	7	57.2
4	( )	호주	5	51.6	6	37.9	7	33.1	22	9.2	3	62.8
5	( )	캐나다	17	37.7	15	29.5	4	42.9	16	13.3	6	57.6
6	38.35	스웨덴	9	42.6	5	38.9	8	28.1	3	26.5	10	52.7
7	38.12	영국	12	40.9	3	46.3	12	20.3	6	23.3	8	56.6
8	( )	프랑스	11	41.9	2	53.6	11	22.5	15	13.8	11	49.3
9	( )	핀란드	10	42.5	14	30.5	10	22.6	4	24.9	4	59.4
10	( )	한국	2	62.9	19	27.5	5	41.5	25	6.7	21	41.1

※ 1) 점수가 높을수록 순위가 높음
 2) 영역점수 = 영역 원점수 × 영역 가중치
 3) 종합점수는 5개 영역점수의 합임

① 종합순위가 한국보다 낮은 국가 중에 '성과' 영역 원점수가 한국의 8배 이상인 국가가 있다.
② 종합순위 3 ~ 10위 국가의 종합점수 합은 320점 이하이다.
③ 소프트웨어 경쟁력 평가대상 국가는 28개국 이상이다.
④ 한국은 5개 영역점수 중 '혁신' 영역점수가 가장 높다.
⑤ 일본의 '활용' 영역 원점수가 중국의 '활용' 영역 원점수와 같아지면 국가별 종합순위는 바뀐다.

21 다음 표는 학생 '갑' ~ '무'의 중간고사 3개 과목 점수에 관한 자료이다. 이에 대한 〈보기〉의 설명 중 옳은 것만을 모두 고르면?

'갑' ~ '무'의 중간고사 3개 과목 점수

(단위: 점)

과목	학생 성별	갑 남	을 여	병 ( )	정 여	무 남
국어		90	85	60	95	75
영어		90	85	100	65	100
수학		75	70	85	100	100

┌ 보기 ┐
ㄱ. 국어 평균 점수는 80점 이상이다.
ㄴ. 3개 과목 평균 점수가 가장 높은 학생과 가장 낮은 학생의 평균 점수 차이는 10점 이하이다.
ㄷ. 국어, 영어, 수학 점수에 각각 0.4, 0.2, 0.4의 가중치를 곱한 점수의 합이 가장 큰 학생은 '정'이다.
ㄹ. '갑' ~ '무'의 성별 수학 평균 점수는 남학생이 여학생보다 높다.

① ㄱ, ㄷ   ② ㄱ, ㄹ
③ ㄴ, ㄷ   ④ ㄱ, ㄷ, ㄹ
⑤ ㄴ, ㄷ, ㄹ

22 다음 표는 '갑'회사의 생산직 근로자 133명과 사무직 근로자 87명이 직무스트레스 조사에 응답한 결과이다. 이에 대한 〈보기〉의 설명 중 옳은 것만을 모두 고르면?

〈표 1〉 생산직 근로자의 직무스트레스 수준 응답 구성비

(단위 : %)

항목 \ 스트레스 수준	상위		하위	
	매우 높음	높음	낮음	매우 낮음
업무과다	9.77	67.67	22.56	0.00
직위불안	10.53	64.66	24.06	0.75
관계갈등	10.53	67.67	20.30	1.50
보상부적절	10.53	60.15	27.82	1.50

〈표 2〉 사무직 근로자의 직무스트레스 수준 응답 구성비

(단위 : %)

항목 \ 스트레스 수준	상위		하위	
	매우 높음	높음	낮음	매우 낮음
업무과다	10.34	67.82	20.69	1.15
직위불안	12.64	58.62	27.59	1.15
관계갈등	10.34	64.37	24.14	1.15
보상부적절	10.34	64.37	20.69	4.60

┌ 보기 ┐
ㄱ. 항목별 직무스트레스 수준이 '상위'에 해당하는 근로자의 비율은 각 항목에서 사무직이 생산직보다 높다.
ㄴ. '직위불안' 항목에서 '낮음'으로 응답한 근로자는 생산직이 사무직보다 많다.
ㄷ. '관계갈등' 항목에서 '매우 높음'으로 응답한 생산직 근로자는 '매우 낮음'으로 응답한 생산직 근로자보다 11명 많다.
ㄹ. '보상부적절' 항목에서 '높음'으로 응답한 근로자는 사무직이 생산직보다 적다.

① ㄱ
② ㄹ
③ ㄱ, ㄷ
④ ㄴ, ㄷ
⑤ ㄴ, ㄹ

23 다음은 2020년 '갑'시의 교통사고에 관한 자료이다. 이에 대한 〈보기〉의 설명 중 옳은 것만을 모두 고르면?

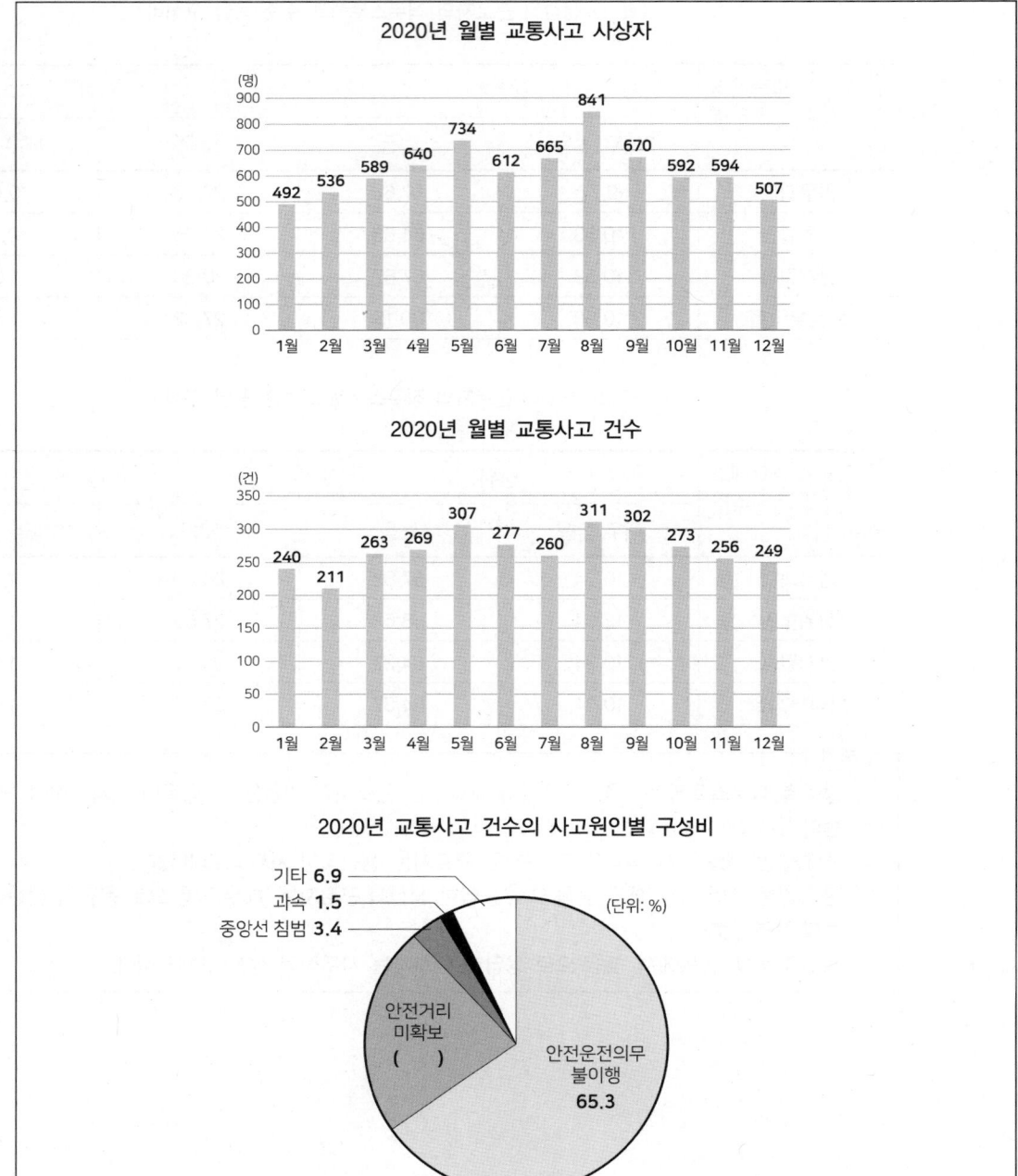

2020년 월별 교통사고 사상자

2020년 월별 교통사고 건수

2020년 교통사고 건수의 사고원인별 구성비

┌─ 보기 ───┐
ㄱ. 월별 교통사고 사상자는 가장 적은 달이 가장 많은 달의 60% 이하이다.

ㄴ. 2020년 교통사고 건당 사상자는 1.9명 이상이다.

ㄷ. '안전거리 미확보'가 사고원인인 교통사고 건수는 '중앙선 침범'이 사고원인인 교통사고 건수의 7배 이상이다.

ㄹ. 사고원인이 '안전운전의무 불이행'인 교통사고 건수는 2,000건 이하이다.
└──┘

① ㄱ, ㄴ   ② ㄱ, ㄷ   ③ ㄴ, ㄷ

④ ㄷ, ㄹ   ⑤ ㄱ, ㄴ, ㄹ

24 다음 표는 2019년 주요 7개 지역(A ~ G)의 재해 피해 현황이다. 이에 대한 설명으로 옳지 않은 것은?

2019년 주요 7개 지역의 재해 피해 현황

지역 \ 구분	피해액(천 원)	행정면적(km²)	인구(명)	1인당 피해액(원)
전국	187,282,994	100,387	51,778,544	3,617
A	2,898,417	1,063	2,948,542	983
B	2,883,752	10,183	12,873,895	224
C	3,475,055	10,540	3,380,404	1,028
D	7,121,830	16,875	1,510,142	4,716
E	24,482,562	8,226	2,116,770	11,566
F	86,648,708	19,031	2,691,706	32,191
G	( )	7,407	1,604,432	36,199

※ 피해밀도(원/km²) = $\dfrac{\text{피해액}}{\text{행정면적}}$

① G지역의 피해액은 전국 피해액의 35% 이하이다.
② 주요 7개 지역을 합친 지역의 1인당 피해액은 나머지 전체 지역의 1인당 피해액보다 크다.
③ D지역과 F지역을 합친 지역의 1인당 피해액은 전국 1인당 피해액의 5배 이상이다.
④ 피해밀도는 A지역이 B지역의 9배 이상이다.
⑤ 주요 7개 지역 중 피해밀도가 가장 낮은 지역은 D지역이다.

25 다음 표와 〈정보〉는 A ~ J 지역의 지역발전 지표에 관한 자료이다. 이를 근거로 '가' ~ '라'에 들어갈 수 있는 값으로만 나열한 것은?

A ~ J 지역의 지역발전 지표

(단위 : %, 개)

지역＼지표	재정 자립도	시가화 면적 비율	10만 명당 문화시설수	10만 명당 체육시설수	주택 노후화율	주택 보급률	도로 포장률
A	83.8	61.2	4.1	111.1	17.6	105.9	92.0
B	58.5	24.8	3.1	(다)	22.8	93.6	98.3
C	65.7	35.7	3.5	103.4	13.5	91.2	97.4
D	48.3	25.3	4.3	128.0	15.8	96.6	100.0
E	(가)	20.7	3.7	133.8	12.2	100.3	99.0
F	69.5	22.6	4.1	114.0	8.5	91.0	98.1
G	37.1	22.9	7.7	110.2	20.5	103.8	91.7
H	38.7	28.8	7.8	102.5	19.9	(라)	92.5
I	26.1	(나)	6.9	119.2	33.7	102.5	89.6
J	32.6	21.3	7.5	113.0	26.9	106.1	87.9

정보
- 재정자립도가 E보다 높은 지역은 A, C, F임
- 시가화 면적 비율이 가장 낮은 지역은 주택노후화율이 가장 높은 지역임
- 10만 명당 문화시설수가 가장 적은 지역은 10만 명당 체육시설수가 네 번째로 많은 지역임
- 주택보급률이 도로포장률보다 낮은 지역은 B, C, D, F임

	가	나	다	라
①	58.6	20.9	100.9	92.9
②	60.8	19.8	102.4	92.5
③	63.5	20.1	115.7	92.0
④	65.2	20.3	117.1	92.6
⑤	65.8	20.6	118.7	93.7

26 다음 표는 A사에서 실시한 철근강도 평가 샘플 수 및 합격률에 관한 자료이다. 이에 대한 설명으로 옳은 것은?

철근강도 평가 샘플 수 및 합격률

(단위 : 개, %)

구분 \ 종류		SD400	SD500	SD600	전체
샘플 수		35	( )	25	( )
평가항목별 합격률	항복강도	100.0	95.0	92.0	96.0
	인장강도	100.0	100.0	88.0	( )
최종 합격률		100.0	( )	84.0	( )

※ 1) 평가한 철근 종류는 SD400, SD500, SD600뿐임
   2) 항복강도와 인장강도 평가에서 모두 합격한 샘플만 최종 합격임
   3) 합격률(%) = $\dfrac{\text{합격한 샘플 수}}{\text{샘플 수}} \times 100$
   4) 평가 결과는 합격 또는 불합격임

① SD500 샘플 수는 50개 이상이다.
② 인장강도 평가에서 합격한 SD600 샘플은 항복강도 평가에서도 모두 합격하였다.
③ 항복강도 평가에서 불합격한 SD500 샘플 수는 4개이다.
④ 최종 불합격한 전체 샘플 수는 5개 이하이다.
⑤ 항복강도 평가에서 불합격한 SD600 샘플 수는 최종 불합격한 SD500 샘플 수와 같다.

27 다음은 국가 A ~ J의 1인당 GDP와 1인당 의료비지출액을 나타낸 것이다. 이에 대한 〈보기〉의 설명 중 옳은 것만을 모두 고르면?

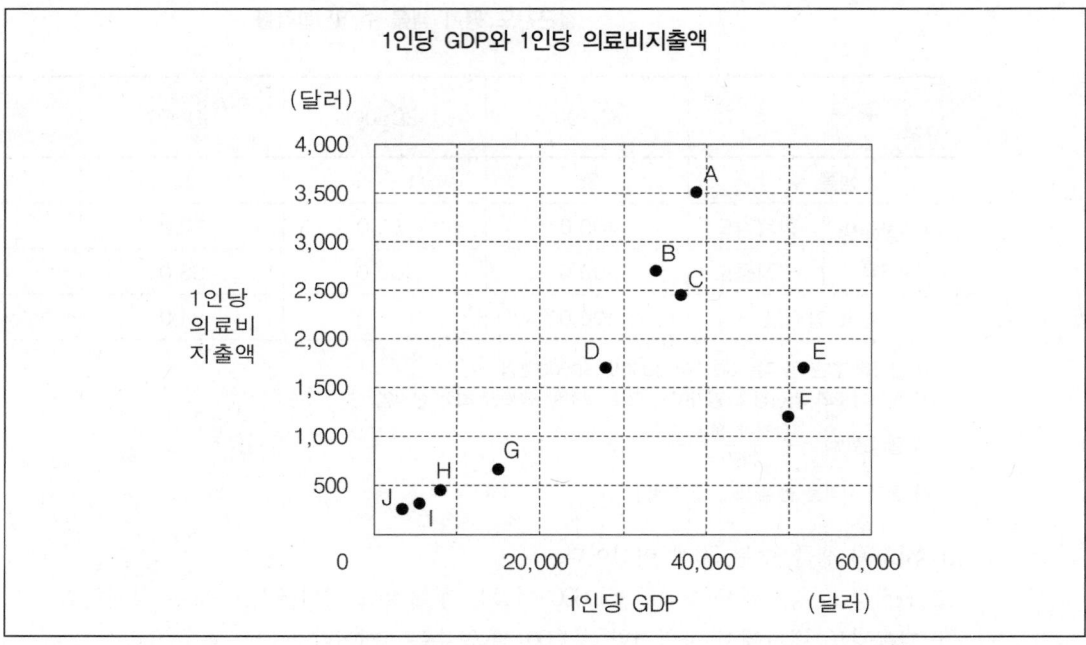

보기
ㄱ. 1인당 GDP가 2만 달러 이상인 국가의 1인당 의료비지출액은 1천 달러 이상이다.
ㄴ. 1인당 의료비지출액이 가장 많은 국가와 가장 적은 국가의 1인당 의료비지출액 차이는 3천 달러 이상이다.
ㄷ. 1인당 GDP가 가장 높은 국가와 가장 낮은 국가의 1인당 의료비지출액 차이는 2천 달러 이상이다.
ㄹ. 1인당 GDP 상위 5개 국가의 1인당 의료비지출액 합은 1인당 GDP 하위 5개 국가의 1인당 의료비지출액 합의 5배 이상이다.

① ㄱ, ㄴ
② ㄱ, ㄷ
③ ㄷ, ㄹ
④ ㄱ, ㄴ, ㄹ
⑤ ㄴ, ㄷ, ㄹ

28 다음 표는 2004 ~ 2011년 우리나라 연령대별 여성취업자에 관한 자료 중 일부이다. 이에 대한 설명으로 옳지 않은 것은?

연령대별 여성취업자

(단위: 천 명)

구분	전체 여성취업자	연령대		
		20대	50대	60대 이상
2004	9,364	2,233	1,283	993
2005	9,526	2,208	1,407	1,034
2006	9,706	2,128	1,510	1,073
2007	9,826	2,096	1,612	1,118
2008	9,874	2,051	1,714	1,123
2009	9,772	1,978	1,794	1,132
2010	9,914	1,946	1,921	1,135
2011	10,091	1,918	2,051	1,191

① 20대 여성취업자는 매년 감소하였다.

② 2011년 20대 여성취업자는 전년 대비 3% 이상 감소하였다.

③ 50대 여성취업자가 20대 여성취업자보다 많은 연도는 2011년 한 해이다.

④ 2007 ~ 2010년 동안 전체 여성취업자의 전년 대비 증감폭은 2010년이 가장 크다.

⑤ 전체 여성취업자 중 50대 여성취업자가 차지하는 비율은 2011년이 2005년보다 높다.

29 다음은 20개 국가(A ~ T)의 1인당 GDP와 자살률의 관계를 나타낸 것이다. 이에 대한 설명으로 옳은 것은?

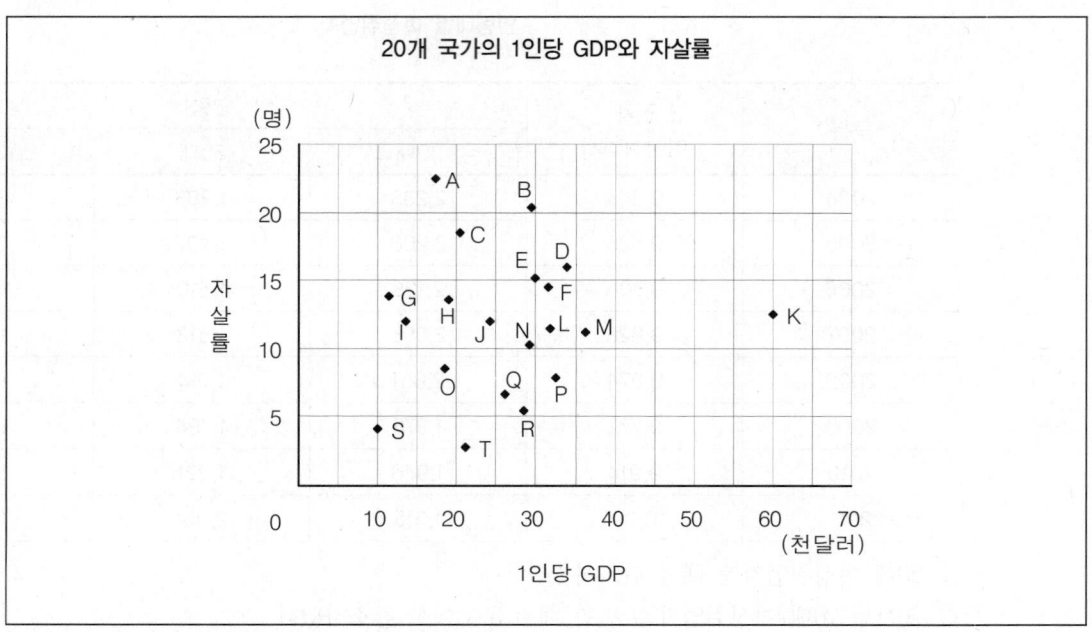

① 1인당 GDP가 가장 낮은 국가는 자살률도 가장 낮다.

② 1인당 GDP가 4만 달러 이상인 국가의 자살률은 10명 미만이다.

③ 자살률이 가장 높은 국가와 가장 낮은 국가의 자살률 차이는 15명 이하이다.

④ 자살률이 가장 높은 국가의 1인당 GDP는 자살률이 두 번째로 높은 국가의 1인당 GDP의 50% 이상이다.

⑤ C국보다 자살률과 1인당 GDP가 모두 낮은 국가의 수는 C국보다 자살률과 1인당 GDP가 모두 높은 국가의 수와 같다.

30 다음은 저탄소 녹색성장 10대 기술 분야의 특허 출원 및 등록 현황에 대한 자료이다. 이에 대한 설명으로 옳지 않은 것을 〈보기〉에서 모두 고르면?

저탄소 녹색성장 10대 기술 분야의 특허 출원 및 등록 현황

(단위 : 건)

연도 / 기술 분야	2016		2017		2018	
구분	출원	등록	출원	등록	출원	등록
태양광/열/전지	1,079	1,534	898	1,482	1,424	950
수소바이오/연료전지	1,669	900	1,527	1,227	1,393	805
CO_2포집저장처리	552	478	623	409	646	371
그린홈/빌딩/시티	792	720	952	740	867	283
원전플랜트	343	294	448	324	591	282
전력 IT	502	217	502	356	484	256
석탄가스화	107	99	106	95	195	88
풍력	133	46	219	85	363	87
수력 및 해양에너지	126	25	176	45	248	33
지열	15	7	23	15	36	11
전체	5,318	4,320	5,474	4,778	6,247	3,166

┌─ 보기 ─
│ ㄱ. 2016 ~ 2018년 동안 출원건수와 등록건수가 모두 매년 증가한 기술 분야는 없다.
│ ㄴ. 2017년에 전년 대비 출원건수가 감소한 기술 분야에서는 2018년 전년 대비 등록건수도 감소하였다.
│ ㄷ. 2018년 등록건수가 많은 상위 3개 기술 분야의 등록건수 합은 2018년 전체 등록건수의 70% 이상을
│   차지한다.
└─

① ㄱ   ② ㄱ, ㄴ
③ ㄱ, ㄷ   ④ ㄴ, ㄷ
⑤ ㄱ, ㄴ, ㄷ

31 다음은 1 ~ 7월 동안 A사 주식의 이론가격과 시장가격의 관계에 대해 나타낸 자료이다. 이에 대한 〈보기〉의 설명 중 옳은 것만을 모두 고르면?

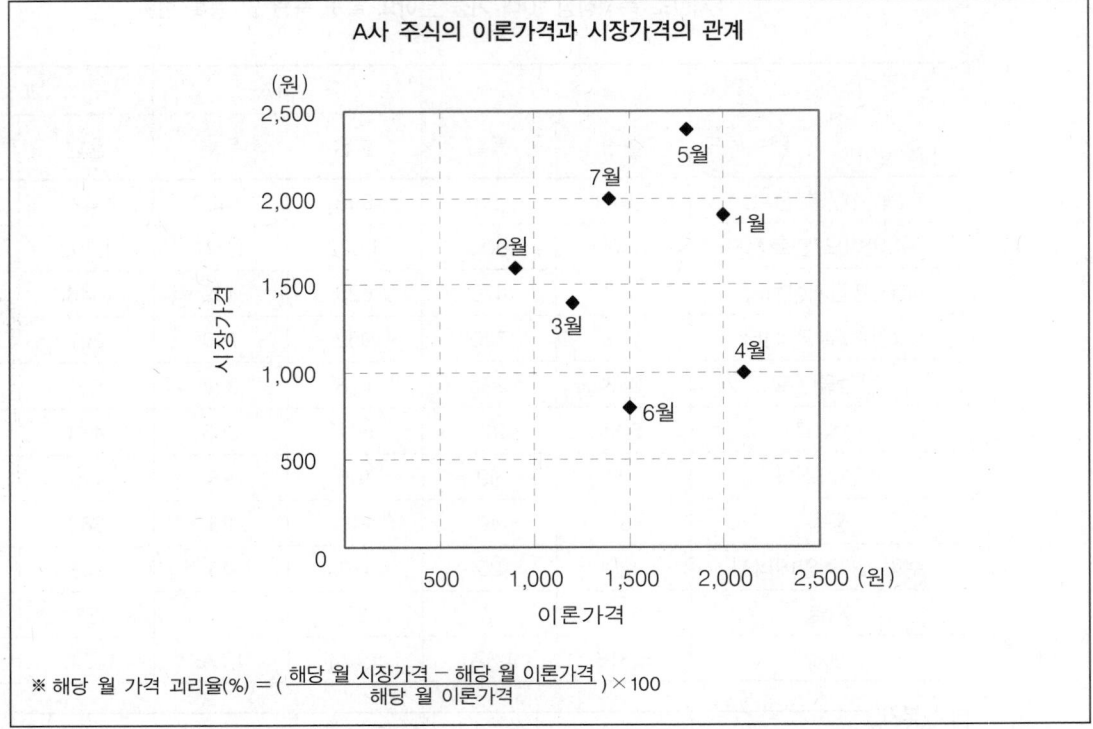

A사 주식의 이론가격과 시장가격의 관계

※ 해당 월 가격 괴리율(%) = ($\dfrac{\text{해당 월 시장가격} - \text{해당 월 이론가격}}{\text{해당 월 이론가격}}$) × 100

┌─ 보기 ┐
ㄱ. 가격 괴리율이 0% 이상인 달은 4개이다.
ㄴ. 전월 대비 이론가격이 증가한 달은 3월, 4월, 7월이다.
ㄷ. 전월 대비 가격 괴리율이 증가한 달은 3개이다.
ㄹ. 전월 대비 시장가격이 가장 큰 폭으로 증가한 달은 6월이다.

① ㄱ, ㄴ   ② ㄱ, ㄷ
③ ㄷ, ㄹ   ④ ㄱ, ㄴ, ㄹ
⑤ ㄴ, ㄷ, ㄹ

32 다음은 서로 다른 4개 물질 A ~ D에 대하여 4개의 실험기관이 각각 농도를 측정한 결과이다. 이에 대한 설명으로 옳지 않은 것은?

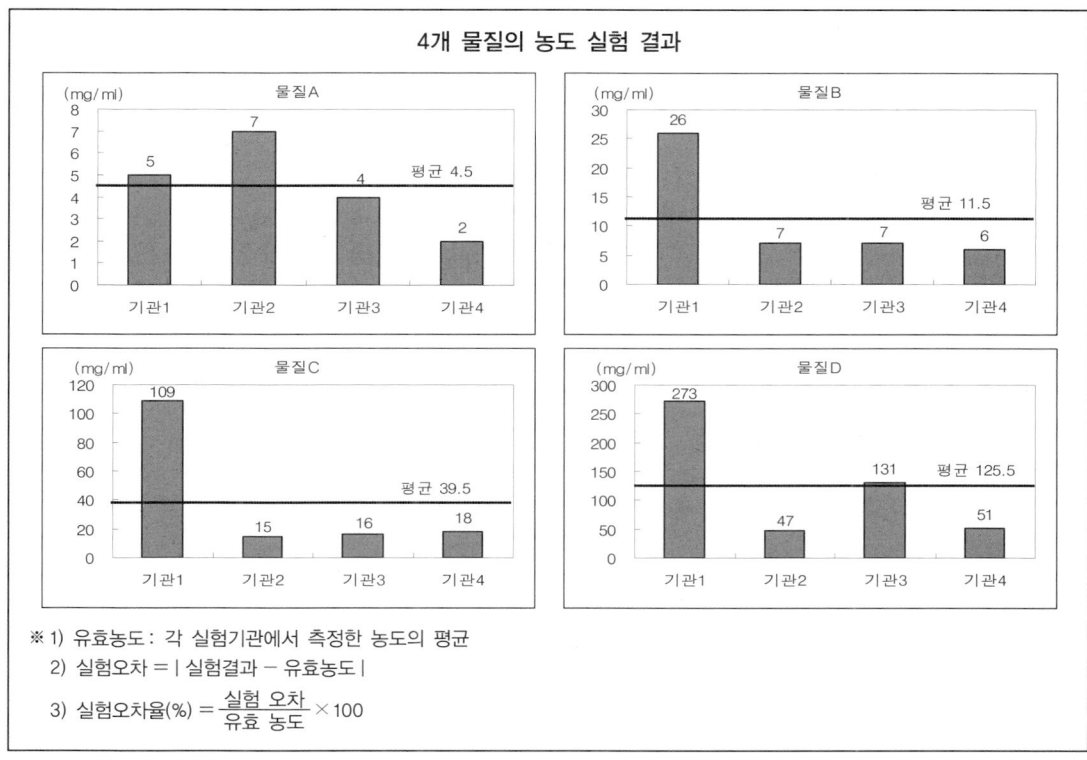

① 물질 A에 대한 기관 2와 기관 4의 실험오차율은 동일하다.
② 물질 C에 대한 실험오차율은 기관 1이 가장 크다.
③ 물질 A에 대한 기관 2의 실험오차율은 물질 B에 대한 기관 1의 실험오차율보다 작다.
④ 물질 B에 대한 기관 1의 실험오차율은 물질 B에 대한 기관 2, 3, 4의 실험오차율 합보다 크다.
⑤ 기관 1의 실험 결과를 제외하면, 4개 물질의 유효농도 값은 제외하기 이전보다 모두 작아진다.

33 다음 표는 조선시대의 화포인 총통의 종류별 제원에 관한 자료이다. 이에 대한 설명으로 옳지 않은 것은?

총통의 종류별 제원

재원 \ 종류		천자총통	지자총통	현자총통	황자총통
전체 길이(cm)		129.0	89.5	79.0	50.4
약통 길이(cm)		35.0	25.1	20.3	13.5
구경	내경(cm)	17.6	10.5	7.5	4.0
	외경(cm)	22.5	15.5	13.2	9.4
사정거리		900보 (1.14km)	800보 ( )	800보 ( )	1,100보 (1.39km)
사용되는 화약 무게		30냥 (1.125kg)	22냥 (825g)	16냥 (600g)	12냥 ( )
총통 무게		452근 8냥 (271.5kg)	155근 (93.0kg)	89근 (53.5kg)	36근 (21.6kg)
제조년도		1555년	1557년	1566년	1587년

① 황자총통에 사용되는 화약 무게는 450g이다.
② 일찍 제작된 총통일수록 약통의 길이가 길다.
③ 지자총통과 현자총통의 사정거리는 0.8km 이하이다.
④ 약통 길이 대비 전체 길이의 비율이 가장 큰 총통은 현자총통이다.
⑤ 총통 무게가 가벼울수록 사용되는 화약의 무게가 가볍다.

34 다음은 A국의 부모 세대와 자녀 세대의 주관적 계층 의식과 소득에 따른 실제 계층구성비를 나타낸 자료이다. 두 개의 표를 올바르게 분석한 것은?

부모 세대

(단위 : %)

구분		주관적 계층 의식			
		상층	중층	하층	계
소득에 따른 실제 계층	상층	3	7	14	24
	중층	3	10	22	35
	하층	4	12	25	41
	계	10	29	61	100

자녀 세대

(단위 : %)

구분		주관적 계층 의식			
		상층	중층	하층	계
소득에 따른 실제 계층	상층	4	8	13	25
	중층	8	8	24	40
	하층	9	15	11	35
	계	21	31	48	100

① 소득에 따른 실제 계층보다 주관적으로 더 높은 수준의 계층 의식을 가지고 있는 사람의 비율은 부모 세대가 자녀 세대보다 더 높다.

② 소득에 따른 실제 계층과 주관적 계층 의식이 일치하는 사람의 비율은 부모 세대와 자녀 세대에서 각각 실제 계층이 높을수록 적다.

③ 주관적 계층 의식의 세습보다 실제 계층의 세습 정도가 더욱 강하다.

④ 소득에 따른 실제 계층 구조는 자녀 세대보다 부모 세대에서 더 안정적인 형태를 보인다.

⑤ 소득에 따른 실제 계층과 주관적 계층이 일치하지 않는 사람의 비율은 부모 세대보다 자녀 세대가 더 적다.

35 다음은 1970년과 1980년의 한국과 주요국 간 공업제품의 수출입에 관한 것이다. 이에 대한 설명으로 적절한 것을 〈보기〉에서 모두 고르면?

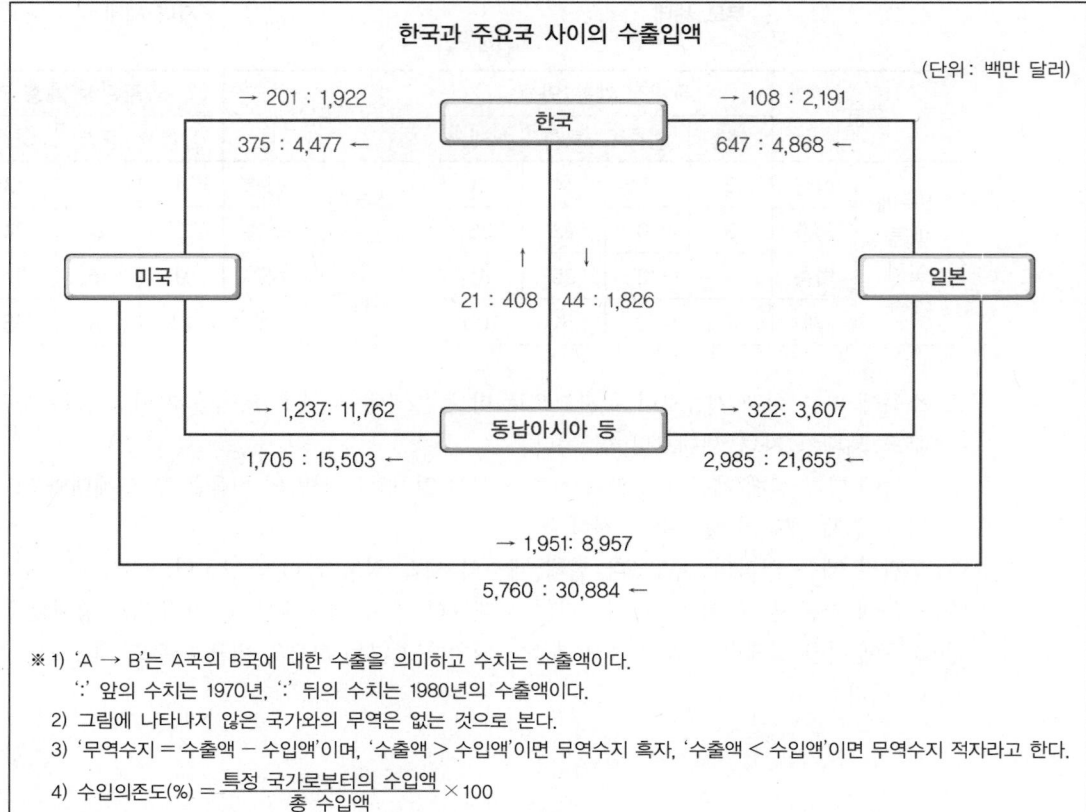

한국과 주요국 사이의 수출입액

(단위 : 백만 달러)

→ 201 : 1,922
375 : 4,477 ←

→ 108 : 2,191
647 : 4,868 ←

한국

미국

일본

↑ 21 : 408   ↓ 44 : 1,826

→ 1,237: 11,762
1,705 : 15,503 ←

→ 322: 3,607
2,985 : 21,655 ←

동남아시아 등

→ 1,951: 8,957
5,760 : 30,884 ←

※ 1) 'A → B'는 A국의 B국에 대한 수출을 의미하고 수치는 수출액이다.
  ':' 앞의 수치는 1970년, ':' 뒤의 수치는 1980년의 수출액이다.
 2) 그림에 나타나지 않은 국가와의 무역은 없는 것으로 본다.
 3) '무역수지 = 수출액 – 수입액'이며, '수출액 > 수입액'이면 무역수지 흑자, '수출액 < 수입액'이면 무역수지 적자라고 한다.
 4) 수입의존도(%) = $\dfrac{\text{특정 국가로부터의 수입액}}{\text{총 수입액}} \times 100$

┌ 보기 ┐
ㄱ. 1970년 한국의 대일 수입의존도는 50%를 넘는다.
ㄴ. 1980년의 한국의 대일 수출액은 1970년에 비해 10배 이상이 되었다.
ㄷ. 한국의 대미 무역수지는 1970년과 1980년 모두 적자이다.
ㄹ. 1980년의 한국의 대일 무역수지 적자는 30억 달러를 넘는다.

① ㄱ, ㄴ   ② ㄱ, ㄷ
③ ㄴ, ㄷ   ④ ㄴ, ㄹ
⑤ ㄷ, ㄹ

36 다음은 창업보육센터의 현황에 대한 자료이다. 이에 대한 〈보기〉의 설명 중 옳지 않은 것을 모두 고르면?

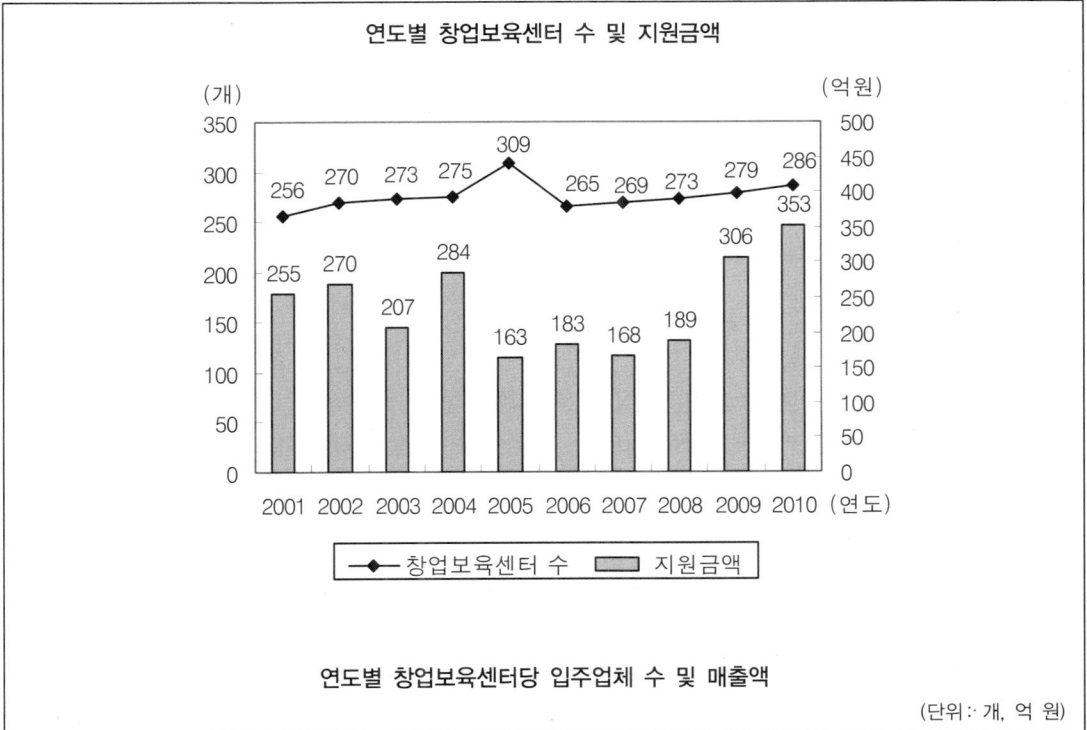

연도별 창업보육센터 수 및 지원금액

연도별 창업보육센터당 입주업체 수 및 매출액

(단위 : 개, 억 원)

구분	2008	2009	2010
창업보육센터당 입주업체 수	16.6	17.1	16.8
창업보육센터당 입주업체 매출액	85.0	91.0	86.7

※ 한 업체는 1개의 창업보육센터에만 입주함

┌ 보기 ┐

ㄱ. 2010년 전년 대비 창업보육센터 지원금액 증가율은 2010년 전년 대비 창업보육센터 수 증가율의 5배 이상이다.

ㄴ. 2010년 창업보육센터의 전체 입주업체 수는 전년보다 적다.

ㄷ. 창업보육센터당 지원금액이 가장 적은 해는 2005년이며 가장 많은 해는 2010년이다.

ㄹ. 창업보육센터 입주업체의 전체 매출액은 2008년 이후 매년 증가하였다.

① ㄱ, ㄴ   ② ㄱ, ㄷ
③ ㄴ, ㄷ   ④ ㄴ, ㄹ
⑤ ㄷ, ㄹ

37 다음 표는 2006 ~ 2010년 '갑'국 연구개발비에 관한 자료이다. 이에 대한 설명으로 옳은 것은?

연도별 연구개발비

구분	2006	2007	2008	2009	2010
연구개발비(십억 원)	27,346	31,301	34,498	37,929	43,855
전년 대비 증가율(%)	13.2	14.5	10.2	9.9	15.6
공공부담 비중(%)	24.3	26.1	26.8	28.7	28.0
인구 만 명당 연구개발비(백만 원)	5,662	6,460	7,097	7,781	8,452

※ 연구개발비 = 공공부담 연구개발비 + 민간부담 연구개발비

① 연구개발비의 공공부담 비중은 매년 증가하였다.

② 전년에 비해 인구 만 명당 연구개발비 증가율이 가장 큰 해는 2010년이다.

③ 2009년에 비해 2010년 '갑'국 인구는 증가하였다.

④ 전년 대비 연구개발비 증가액이 가장 적은 해는 2009년이다.

⑤ 연구개발비의 전년 대비 증가율이 가장 낮은 해와 연구개발비의 민간부담 비중이 가장 큰 해는 같다.

38 다음은 2012년 3개 기관의 분야별 연구개발비 비중을 나타낸 자료이다. 이에 대한 〈보기〉의 설명 중 옳은 것을 모두 고르면?

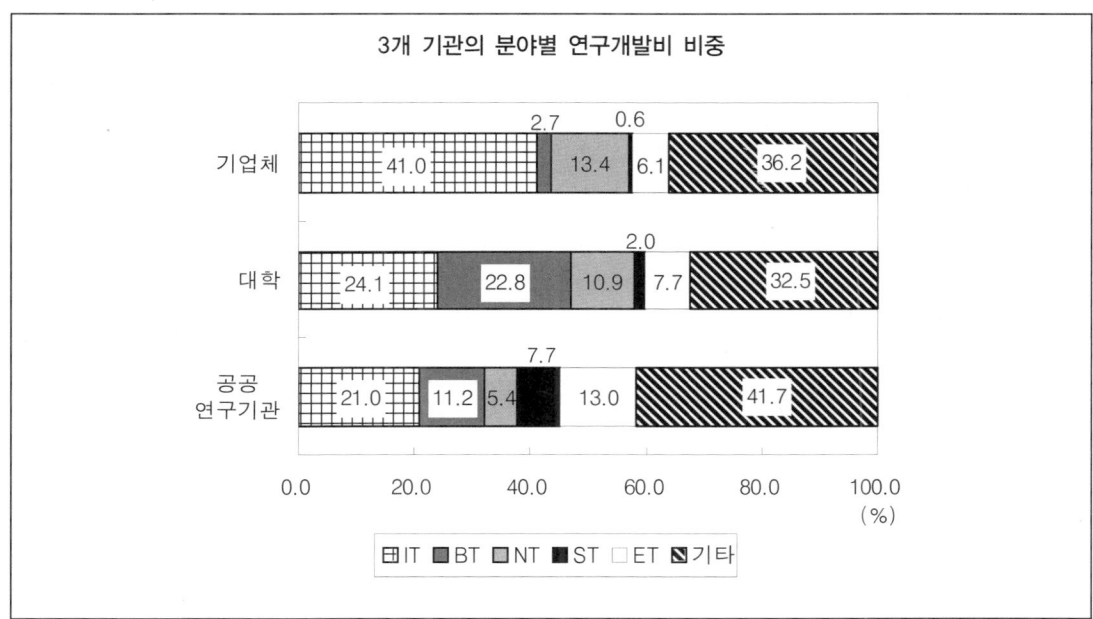

3개 기관의 분야별 연구개발비 비중

┌─ 보기 ┐

ㄱ. 공공연구기관의 연구개발비는 BT분야가 NT분야의 2배 이상이다.
ㄴ. 기업체의 IT, NT분야 연구개발비 합은 기업체 전체 연구개발비의 50% 이상이다.
ㄷ. 3개 기관 중 ET분야 연구개발비는 공공연구기관이 가장 많다.
ㄹ. 공공연구기관의 ST분야 연구개발비는 기업체와 대학의 ST분야 연구개발비 합보다 크다.
ㅁ. 기타를 제외하고 연구개발비 비중이 가장 작은 분야는 3개 기관에서 모두 동일하다.

① ㄱ, ㄴ
② ㄴ, ㄹ
③ ㄱ, ㄴ, ㄷ
④ ㄱ, ㄴ, ㄹ
⑤ ㄷ, ㄹ, ㅁ

39 다음 표는 2008 ~ 2012년 커피 수입 현황에 대한 자료이다. 〈보고서〉 내용 중 표와 일치하는 것만을 모두 고르면?

2008 ~ 2012년 커피 수입 현황

(단위: 톤, 천 달러)

구분		2008	2009	2010	2011	2012
생두	중량	97.8	96.9	107.2	116.4	100.2
	금액	252.1	234.0	316.1	528.1	365.4
원두	중량	3.1	3.5	4.5	5.4	5.4
	금액	37.1	42.2	55.5	90.5	109.8
커피 조제품	중량	6.3	5.0	5.5	8.5	8.9
	금액	42.1	34.6	44.4	98.8	122.4

※ 1) 커피는 생두, 원두, 커피 조제품으로만 구분됨

2) 수입단가 = $\dfrac{금액}{중량}$

┌ 보고서 ┐
- 커피 전체
  - ㉠ 커피 수입금액은 2008년부터 2011년까지 매년 증가하다가 2012년에 감소
  - 커피 수입중량은 2012년에 전년 대비 12.1% 감소
- 생두
  - 2011년 생두 수입금액은 전년 대비 증가했으나 2012년에는 전년 대비 30.8% 감소
  - ㉡ 2012년 원두 수입중량 대비 생두 수입중량 비율은 2008년에 비해 감소
  - ㉢ 생두 수입단가는 2011년에 전년 대비 50% 이상 상승한 후 2012년에 전년 대비 하락
- 원두
  - ㉣ 2009 ~ 2012년 동안 원두 수입금액의 전년 대비 증가율은 2011년에 최대
  - 원두 수입단가는 원두 고급화로 인해 매년 상승
- 커피 조제품
  - 전년 대비 커피 조제품 수입금액은 2009년 감소했다가 2010년 증가 후, 2011년 전년 대비 222.5%가 되었음
  - ㉤ 2012년 커피 조제품 수입단가는 2008년 대비 200% 이상의 증가율을 보임

① ㉠, ㉡   ② ㉠, ㉣
③ ㉢, ㉤   ④ ㉡, ㉢, ㉣
⑤ ㉡, ㉣, ㉤

40 다음은 2015년 휴일과 평일의 가족여가 활동 순위를 정리한 자료이다. 이에 대한 설명으로 옳지 않은 것은? (단, 계산 시 소수점 이하 둘째 자리에서 반올림한다.)

2015년 가족여가 활동

(단위: 천 명)

구분	휴일		평일	
	1순위	2순위	1순위	2순위
TV 또는 비디오관람	(가)	5,557	33,639	3,036
문화예술관람	2,367	2,830	577	2,138
게임	926	1,499	966	3,966
쇼핑	2,547	4,406	637	4,377
놀이공원가기	657	714	51	184
산책	2,212	6,161	1,509	(나)
스포츠활동	1,344	1,103	766	1,454
스포츠 경기관람	189	518	83	591
등산	1,660	2,168	241	636
여행	1,634	1,976	126	327
종교생활	3,802	1,456	389	703
주말농장	226	418	59	94
목욕/사우나/찜질방	1,554	3,066	344	1,787
자원봉사활동	57	123	45	91
기타	446	644	(라)	835
전체	39,980	(다)	39,979	28,176

① 휴일 1순위로 TV 또는 비디오관람 여가 활동을 한 사람의 비율은 50%가 넘는다.
② 평일 2순위로 산책을 한 사람은 7,957천 명이다.
③ 휴일 2순위를 선택한 사람의 수는 32,639천 명이다.
④ 휴일 1순위로 종교생활을 한 사람은 10% 미만이다.
⑤ 평일 2순위로 산책을 선택한 사람의 비율은 30% 이상이다.

Chapter

02 심화문제

심화문제는 계산을 빠르게 하는 것도 중요하지만, 빠른 계산을 위해 문제 내에서 정보를 어떻게 찾고 어떻게 이용하는지 아는 것이 중요하다. 선지를 풀이하기 위한 표의 자료나 조건, 그래프의 해석, 주어진 공식을 어떻게 활용할 것인지를 고민하면서 문제를 해결해 나가야 한다.

01 다음 표는 2014 ~ 2018년 '갑'국의 예산 및 세수 실적과 2018년 세수항목별 세수 실적에 관한 자료이다. 이에 대한 설명으로 옳지 않은 것은?

2014 ~ 2018년 '갑'국의 예산 및 세수 실적

(단위: 십억 원)

연도 \ 구분	예산액	징수결정액	수납액	불납결손액
2014	175,088	198,902	180,153	7,270
2015	192,620	211,095	192,092	8,200
2016	199,045	208,745	190,245	8
2017	204,926	221,054	195,754	2,970
2018	205,964	237,000	208,113	2,321

2018년 '갑'국의 세수항목별 세수 실적

(단위: 십억 원)

세수항목 \ 구분	예산액	징수결정액	수납액	불납결손액
총 세수	205,964	237,000	208,113	2,321
내국세	183,093	213,585	185,240	2,301
교통·에너지·환경세	13,920	14,110	14,054	10
교육세	5,184	4,922	4,819	3
농어촌특별세	2,486	2,674	2,600	1
종합부동산세	1,281	1,709	1,400	6

※ 1) 미수납액 = 징수결정액 − 수납액 − 불납결손액

2) 수납비율(%) = $\frac{수납액}{예산액} \times 100$

① 미수납액이 가장 큰 연도는 2018년이다.
② 수납비율이 가장 높은 연도는 2014년이다.
③ 2018년 내국세 미수납액은 총 세수 미수납액의 95% 이상을 차지한다.
④ 2018년 세수항목 중 수납비율이 가장 높은 항목은 종합부동산세이다.
⑤ 2018년 교통·에너지·환경세 미수납액은 교육세 미수납액보다 크다.

02 다음 표는 2011 ~ 2015년 군 장병 1인당 1일 급식비와 조리원 충원인원에 관한 자료이다. 이에 대한 설명으로 옳지 않은 것은?

군 장병 1인당 1일 급식비와 조리원 충원인원

구분 \ 연도	2011	2012	2013	2014	2015
1인당 1일 급식비(원)	5,820	6,155	6,432	6,848	6,984
조리원 충원인원(명)	1,767	1,924	2,024	2,123	2,195
전년 대비 물가상승률(%)	5	5	5	5	5

※ 2011 ~ 2015년 동안 군 장병 수는 동일함

① 2012년 이후 군 장병 1인당 1일 급식비의 전년 대비 증가율이 가장 큰 해는 2014년이다.

② 2012년의 조리원 충원인원이 목표 충원인원의 88%라고 할 때, 2012년의 조리원 목표 충원인원은 2,100명보다 많다.

③ 2012년 이후 조리원 충원인원의 전년 대비 증가율은 매년 감소한다.

④ 2011년 대비 2015년의 군 장병 1인당 1일 급식비의 증가율은 2011년 대비 2015년의 물가상승률보다 낮다.

⑤ 군 장병 1인당 1일 급식비의 5년(2011 ~ 2015년) 평균은 2013년 군 장병 1인당 1일 급식비보다 작다.

03 다음은 '갑'국 맥주 소비량 및 매출액 현황에 관한 자료이다. 이에 대한 아래 〈보고서〉의 설명 중 옳지 않은 것은?

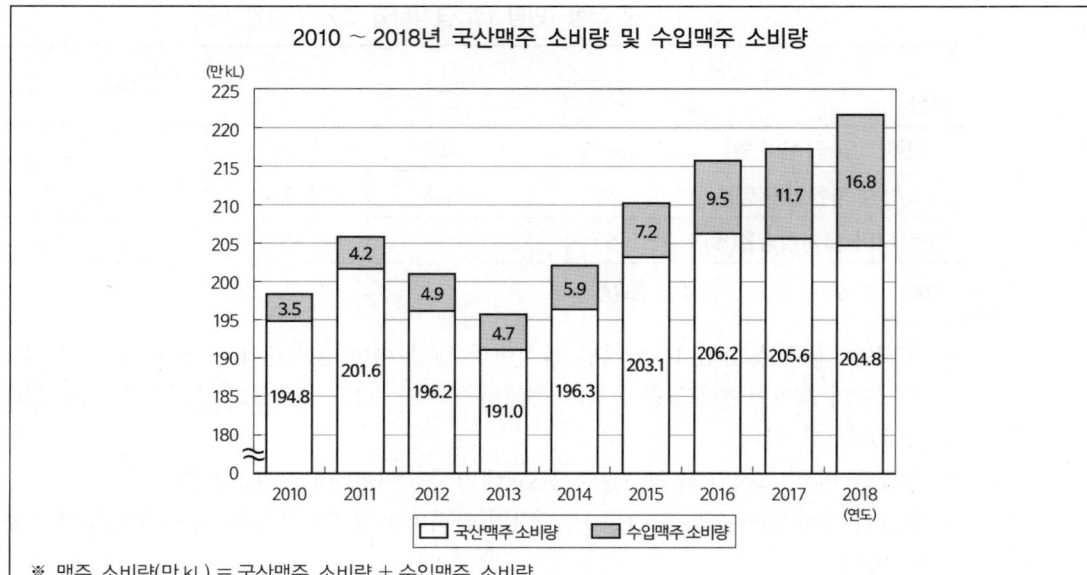

2010 ~ 2018년 국산맥주 소비량 및 수입맥주 소비량

※ 맥주 소비량(만 kL) = 국산맥주 소비량 + 수입맥주 소비량

'갑'국 전체 맥주 매출액 대비 브랜드별 맥주 매출액 비중 순위

(단위 : %)

순위	2017년			2018년		
	브랜드명	비중	비고	브랜드명	비중	비고
1	파아스	37.4	국산	파아스	32.3	국산
2	하이프	15.6	국산	하이프	15.4	국산
3	드로이C	7.1	국산	클라우스	8.0	국산
4	막스	6.6	국산	막스	4.7	국산
5	프라이	6.5	국산	프라이	4.3	국산
6	아사리	3.3	수입	드로이C	4.1	국산
7	하이네펜	3.2	수입	R맥주	4.0	수입
8	R맥주	3.0	수입	아사리	3.8	수입
9	호가튼	2.0	수입	하이네펜	3.4	수입
10	갓포로	1.3	수입	파울러나	1.9	수입

〈보고서〉

㉠ '갑'국 맥주 소비량은 2014년 이후 매년 꾸준하게 증가하여, 2013년 총 195만 7천 kL였던 맥주 소비량이 2018년에는 221만 6천 kL에 이르렀다. 이는 수입맥주 소비량의 증가가 주요 원인 중 한 가지로 파악된다.
㉡ 2010년 '갑'국 맥주 소비량 중 2% 미만이었던 수입맥주 소비량 비중이 2018년에는 7% 이상이 되었다.
㉢ 2014 ~ 2018년 '갑'국 수입맥주 소비량의 전년 대비 증가율 역시 매년 높아지고 있다.
2017년과 2018년 브랜드별 '갑'국 맥주시장 매출액 비중순위를 살펴보면, 국산맥주 브랜드가 1 ~ 5위를 차지하여 매출액 비중 순위에서 강세를 나타냈다. 그럼에도 불구하고 ㉣ 맥주 매출액 상위 10개 브랜드 중 수입맥주 브랜드가 '갑'국 전체 맥주 매출액에서 차지하는 비중은 2017년보다 2018년에 커졌다. 그리고 ㉤ '갑'국 전체 맥주 매출액에서 상위 5개 브랜드가 차지하는 비중은 2017년에 비해 2018년에 작아졌다.

① ㉠   ② ㉡   ③ ㉢
④ ㉣   ⑤ ㉤

04 다음은 2010 ~ 2014년 '갑'국 상업용 무인기의 국내 시장 판매량 및 수출입량과 '갑'국 A사의 상업용 무인기 매출액에 대한 자료이다. 이에 대한 〈보기〉의 설명 중 옳은 것만을 모두 고르면?

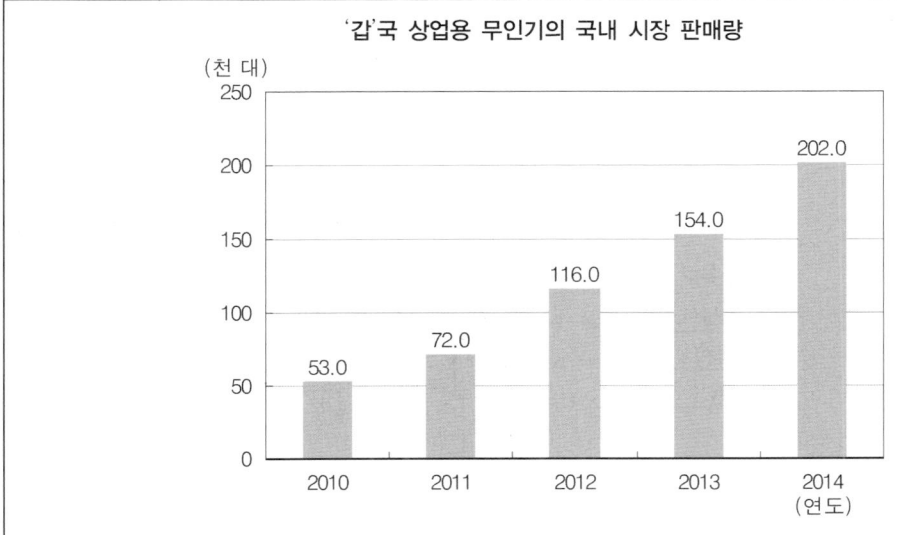

'갑'국 상업용 무인기의 국내 시장 판매량

'갑'국 상업용 무인기 수출입량

(단위 : 천 대)

구분 \ 연도	2010	2011	2012	2013	2014
수출량	1.2	2.5	18.0	67.0	240.0
수입량	1.1	2.0	3.5	4.2	5.0

※ 1) 수출량은 국내 시장 판매량에 포함되지 않음
   2) 수입량은 당해 연도 국내 시장에서 모두 판매됨

'갑'국 A사의 상업용 무인기 매출액

(단위 : 백만 달러)

연도	2010	2011	2012	2013	2014
매출액	4.3	43.0	304.4	1,203.1	4,348.4

┌ 보기 ┐
ㄱ. 2014년 상업용 무인기의 국내 시장 판매량 대비 수입량의 비율은 3.0% 이하이다.
ㄴ. 2011~2014년 동안 상업용 무인기 국내 시장 판매량의 전년 대비 증가율이 가장 큰 해는 2012년이다.
ㄷ. 2011~2014년 동안 상업용 무인기 수입량의 전년 대비 증가율이 가장 작은 해에는 상업용 무인기 수출량의 전년 대비 증가율이 가장 크다.
ㄹ. 2012년 '갑'국 상업용 무인기 수출량의 전년 대비 증가율과 2012년 '갑'국 A사의 상업용 무인기 매출액의 전년 대비 증가율의 차이는 30%p 이하이다.

① ㄱ, ㄴ
② ㄷ, ㄹ
③ ㄱ, ㄴ, ㄷ
④ ㄱ, ㄴ, ㄹ
⑤ ㄴ, ㄷ, ㄹ

05 다음은 우리나라의 지역별 한옥건설업체 수 현황이다. 이에 대한 〈보기〉의 설명 중 옳은 것만을 모두 고르면?

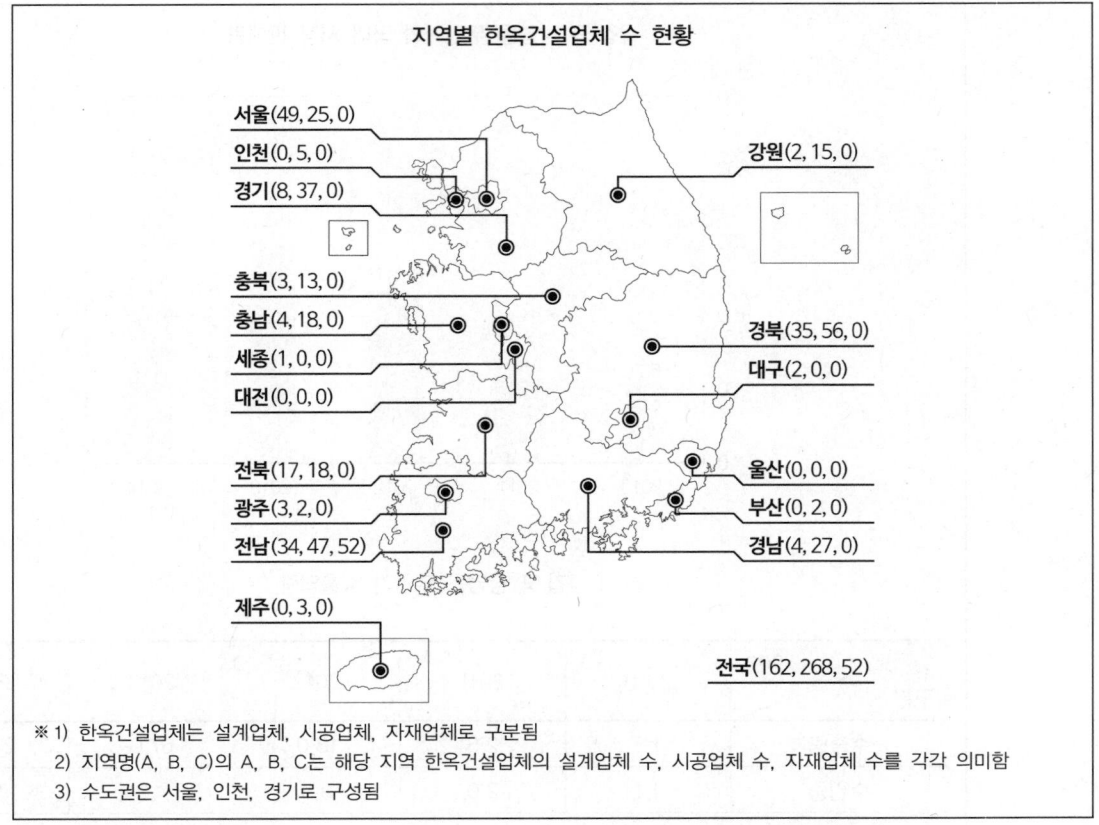

지역별 한옥건설업체 수 현황

서울(49, 25, 0)
인천(0, 5, 0)
경기(8, 37, 0)
강원(2, 15, 0)
충북(3, 13, 0)
충남(4, 18, 0)
세종(1, 0, 0)
대전(0, 0, 0)
경북(35, 56, 0)
대구(2, 0, 0)
전북(17, 18, 0)
광주(3, 2, 0)
전남(34, 47, 52)
울산(0, 0, 0)
부산(0, 2, 0)
경남(4, 27, 0)
제주(0, 3, 0)
전국(162, 268, 52)

※ 1) 한옥건설업체는 설계업체, 시공업체, 자재업체로 구분됨
   2) 지역명(A, B, C)의 A, B, C는 해당 지역 한옥건설업체의 설계업체 수, 시공업체 수, 자재업체 수를 각각 의미함
   3) 수도권은 서울, 인천, 경기로 구성됨

┌─ 보기 ─
ㄱ. 설계업체 수가 시공업체 수보다 많은 지역의 수는 한옥건설업체가 없는 지역의 수보다 많다.
ㄴ. 전국의 설계업체 수는 시공업체 수보다 많다.
ㄷ. 수도권 시공업체 중 서울 시공업체가 차지하는 비중은 전국 설계업체 중 수도권 설계업체가 차지하는 비중보다 크다.
ㄹ. 설계업체 수 기준, 상위 2개 지역의 설계업체 수 합은 전국 설계업체 수의 50% 미만이다.

① ㄱ, ㄴ
② ㄱ, ㄷ
③ ㄴ, ㄹ
④ ㄱ, ㄷ, ㄹ
⑤ ㄴ, ㄷ, ㄹ

06 다음은 2010년과 2011년의 갑 회사 5개 품목(A ~ E)별 매출액, 시장점유율 및 이익률을 나타내는 그래프이다. 이에 대한 〈보기〉의 설명 중 옳은 것을 모두 고르면?

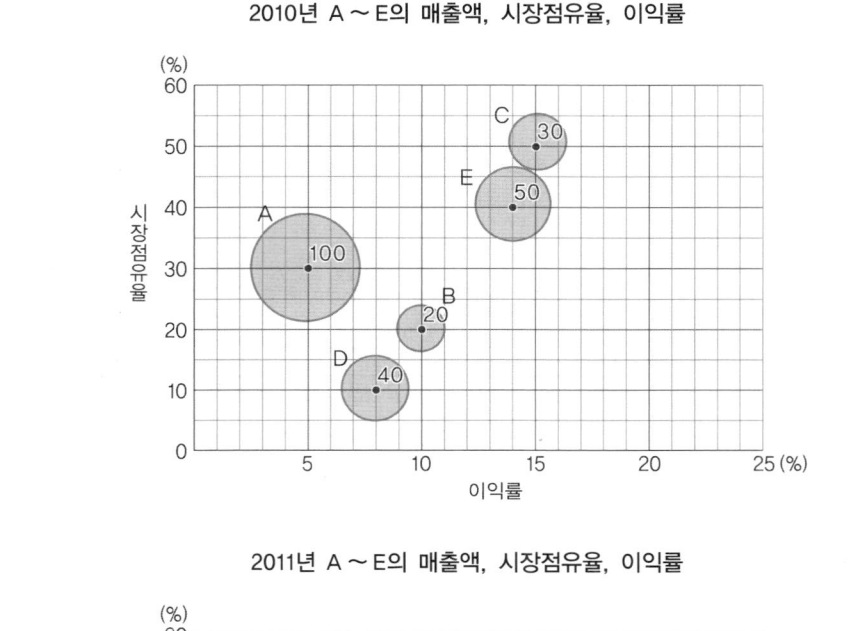

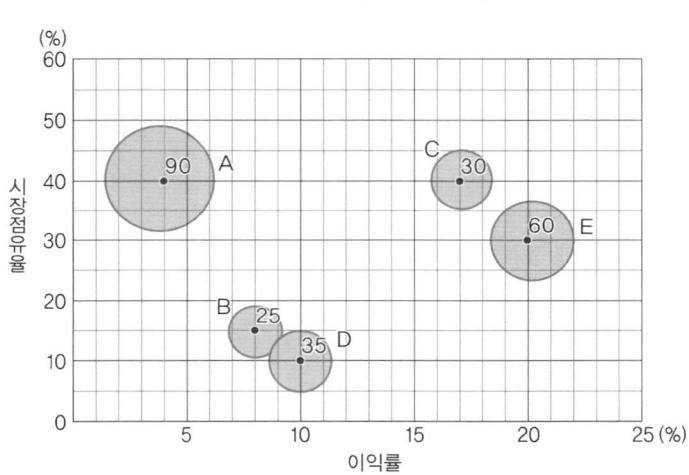

※ 1) 원의 중심좌표는 각각 이익률과 시장점유율을 나타내고, 원 내부값은 매출액(억 원)을 의미하며, 원의 면적은 매출액에 비례함

2) 이익률(%) = $\dfrac{이익}{매출액} \times 100$

3) 시장점유율(%) = $\dfrac{매출액}{시장 규모} \times 100$

┌─ 보기 ┐

ㄱ. 2010년보다 2011년 매출액, 이익률, 시장점유율 3개 항목이 모두 큰 품목은 없다.

ㄴ. 2010년보다 2011년 이익이 큰 품목은 3개이다.

ㄷ. 2011년 A품목의 시장규모는 2010년보다 크다.

ㄹ. 2011년 시장규모가 가장 큰 품목은 전년보다 이익이 작다.

① ㄱ, ㄴ
② ㄱ, ㄷ
③ ㄴ, ㄹ
④ ㄷ, ㄹ
⑤ ㄱ, ㄴ, ㄷ

07 다음은 연도별 의약품 국내시장 현황과 세계 지역별 의약품 시장규모에 관한 자료이다. 이에 대한 〈보기〉의 설명 중 옳은 것만을 모두 고르면?

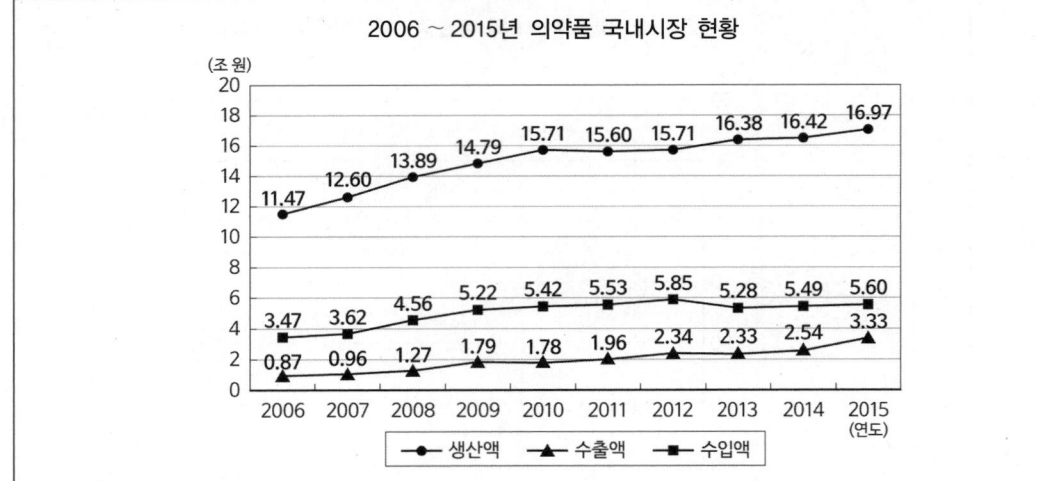

2006 ~ 2015년 의약품 국내시장 현황

(조 원)

※ 국내시장규모 = 생산액 − 수출액 + 수입액

2013 ~ 2014년 세계 지역별 의약품 시장규모

(단위: 십억 달러, %)

지역 \ 연도 구분	2013 시장규모	2013 비중	2014 시장규모	2014 비중
북미	362.8	38.3	405.6	39.5
유럽	219.8	( )	228.8	22.3
아시아(일본 제외), 호주, 아프리카	182.6	19.3	199.2	19.4
일본	80.5	8.5	81.6	7.9
라틴 아메리카	64.5	( )	72.1	7.0
기타	37.4	3.9	39.9	3.9
전체	947.6	100.0	( )	100.0

> **보기**
>
> ㄱ. 2013년 의약품 국내시장규모에서 수입액이 차지하는 비중은 전년 대비 감소하였다.
> ㄴ. 2008 ~ 2015년 동안 의약품 국내시장규모는 전년 대비 매년 증가하였다.
> ㄷ. 2014년 의약품 세계 전체 시장규모에서 유럽이 차지하는 비중은 전년 대비 감소하였다.
> ㄹ. 2014년 의약품 세계 전체 시장규모는 전년 대비 5% 이상 증가하였다.

① ㄱ, ㄴ   ② ㄱ, ㄹ
③ ㄱ, ㄴ, ㄷ   ④ ㄱ, ㄷ, ㄹ
⑤ ㄴ, ㄷ, ㄹ

08 다음 표는 '갑'국 A ~ J 지역의 대형종합소매업 현황에 대한 자료이다. 이에 대한 〈보기〉의 설명 중 옳은 것만을 모두 고르면?

지역별 대형종합소매업 현황

지역＼구분	사업체 수(개)	종사자 수(명)	매출액(백만 원)	건물 연면적(m²)
A	47	6,731	4,878,427	1,683,092
B	33	4,173	2,808,881	1,070,431
C	35	4,430	3,141,552	1,772,698
D	18	2,247	1,380,511	677,288
E	22	3,152	1,804,262	765,096
F	19	2,414	1,473,698	633,497
G	147	18,287	11,625,278	5,032,741
H	17	1,519	861,094	364,296
I	19	2,086	1,305,468	535,880
J	16	1,565	879,172	326,373
전체	373	46,604	30,158,343	12,861,392

〔보기〕
ㄱ. 사업체당 종사자 수가 100명 미만인 지역은 모두 2개이다.
ㄴ. 사업체당 매출액은 G지역이 가장 크다.
ㄷ. I지역의 종사자당 매출액은 E지역의 종사자당 매출액보다 크다.
ㄹ. 건물 연면적이 가장 작은 지역이 매출액도 가장 작다.

① ㄱ, ㄷ   ② ㄱ, ㄹ
③ ㄴ, ㄷ   ④ ㄴ, ㄹ
⑤ ㄱ, ㄴ, ㄷ

09 다음 표는 국방비 관련 자료이다. 이에 대한 〈보기〉의 설명 중 옳은 것을 모두 고르면?

〈표 1〉 국가별 국방비 현황

국가	GDP (억$)	국방비 (억$)	GDP 대비 국방비(%)	병력 (천 명)	1인당 군사비(억$)
A	92,000	2,831	3.1	1,372	1,036
B	43,000	404	0.9	243	319
C	19,000	311	1.6	333	379
D	14,000	379	2.7	317	640
E	11,000	568	5.2	1,004	380
F	14,000	369	2.6	212	628
G	2,830	54	1.9	71	148
H	7,320	399	5.5	2,820	32
I	990	88	8.9	174	1,465
J	840	47	5.6	73	1,174
K	150	21	14.0	1,055	98

〈표 2〉 한국의 연도별 국방비

(단위 : 억 원, %)

구분＼연도	2000	2005	2008	2009	2010	2011
국방비	66,378	110,744	138,000	137,490	144,774	153,884
재정 대비 국방비 구성비	24.2	21.3	18.3	16.4	16.3	15.5
GDP 대비 국방비 구성비	3.7	3.1	2.9	2.8	2.7	2.6

〈표 3〉 한국의 연도별 국방비 구성

(단위 : 억 원, %)

연도	국방비		경상운영비			전략투자비		
	금액	증가율	금액	증가율	구성비	금액	증가율	구성비
2005	110,744	9.9	71,032	9.9	64.1	39,712	1.00	35.9
2006	122,434	10.6	79,772	12.3	65.2	42,662	7.4	34.8
2007	137,865	12.6	86,032	7.8	62.4	51,833	21.5	37.6
2008	138,000	0.1	87,098	1.2	63.1	50,902	−1.8	36.9
2009	137,490	−0.4	85,186	−2.2	62.0	52,304	2.8	38.0
2010	144,774	5.3	91,337	7.2	63.1	53,437	2.2	36.9
2011	153,884	6.3	101,743	11.4	66.1	52,141	−2.4	33.9

┌─ 보기 ───┐

ㄱ. 국방비가 많은 나라일수록 1인당 군사비가 높다.

ㄴ. 한국의 2011년도 국방비와 경상운영비 모두 전년 대비 증가했으나 전략투자비는 전년에 비해 감소했다.

ㄷ. 2008 ~ 2011년 사이 한국의 국방비 증가율이 전년보다 높은 해에는 경상운영비의 증가율도 전년보다 높았다.

ㄹ. 2000년 이후 한국의 GDP 대비 국방비 구성비와 재정 대비 국방비 구성비 모두 지속적으로 감소하였다.

ㅁ. GDP 대비 국방비의 비율이 높은 나라일수록 1인당 군사비가 높다.

└──┘

① ㄱ, ㄷ   ② ㄱ, ㅁ

③ ㄴ, ㄷ, ㄹ   ④ ㄴ, ㄹ, ㅁ

⑤ ㄷ, ㄹ, ㅁ

10 다음은 A업체에서 판매한 전체 주류와 주세에 관한 자료이다. 이에 대한 〈보기〉의 설명 중 옳은 것만을 모두 고르면?

주류별 판매량과 판매가격

(단위: 천 병, 원)

구분＼주류	탁주	청주	과실주
판매량	1,500	1,000	1,600
병당 판매가격	1,500	1,750	1,000

주세 계산 시 주류별 공제금액과 세율

(단위: 백만 원, %)

구분＼주류	탁주	청주	과실주
공제금액	450	350	400
세율	10	20	15

※ 주류별 세율(%) = $\dfrac{\text{주류별 주세}}{\text{주류별 판매액} - \text{주류별 공제금액}} \times 100$

┌── 보기 ──
ㄱ. 탁주, 청주의 판매량과 병당 판매가격이 각각 10% 증가하고 과실주의 판매량과 판매가격에는 변화가 없다면, A업체의 주류별 판매액 합은 15% 증가한다.
ㄴ. 탁주의 주세는 과실주의 주세보다 높다.
ㄷ. 각 주류의 판매량과 공제금액이 각각 10% 증가할 경우, A업체의 주류별 주세 합은 708백만 원이다.
ㄹ. 각 주류의 판매량이 각각 10% 증가하고 각 주류의 병당 판매가격이 각각 10% 하락한 경우, A업체의 주류별 판매액 합은 5,544백만 원이다.

① ㄱ, ㄴ   ② ㄱ, ㄷ
③ ㄱ, ㄹ   ④ ㄴ, ㄷ
⑤ ㄷ, ㄹ

11 다음은 A시와 B시의 시민단체 사회연결망 분석도이다. 이에 대한 〈보기〉의 설명 중 옳은 것만을 모두 고르면?

A시와 B시의 시민단체 사회연결망 분석도

A시	B시
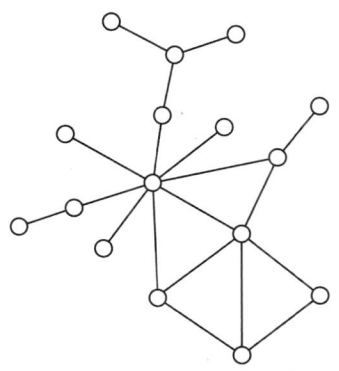	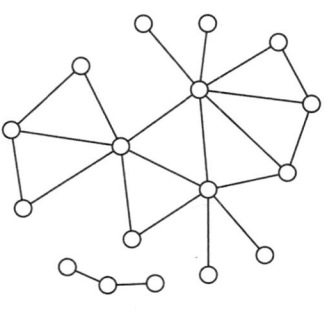

※ 1) 'O——O'에서 'O'는 시민단체, '——'은 두 시민단체 간 직접연결을 나타냄
   2) 각 시민단체의 연결중심성은 해당 시민단체에 직접 연결된 다른 시민단체수임
   3) 각 시의 연결망 밀도 = $\dfrac{2 \times \text{해당 시의 직접 연결 개수 총합}}{\text{해당 시의 시민단체수} \times (\text{해당 시의 시민단체수} - 1)}$

보기

ㄱ. 연결중심성이 가장 큰 시민단체는 A시에 있다.
ㄴ. 연결중심성이 1인 시민단체수는 A시가 B시보다 많다.
ㄷ. 시민단체수는 A시가 B시보다 많다.
ㄹ. 연결망 밀도는 A시가 B시보다 크다.

① ㄱ, ㄴ
② ㄱ, ㄹ
③ ㄴ, ㄷ
④ ㄱ, ㄴ, ㄹ
⑤ ㄴ, ㄷ, ㄹ

12 다음은 우리나라의 직장어린이집 수에 대한 자료이다. 이에 대한 설명으로 옳은 것은?

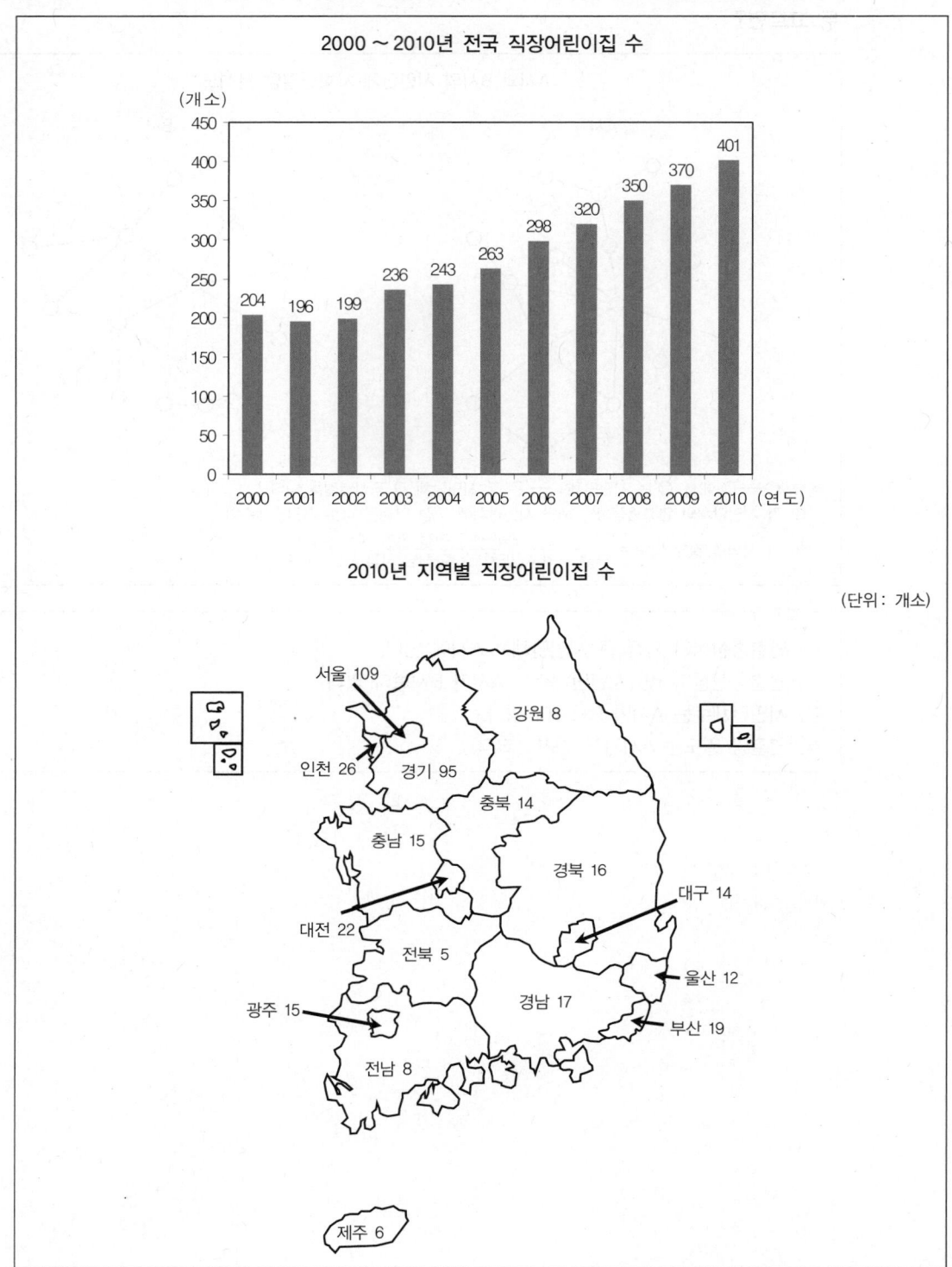

2000 ~ 2010년 전국 직장어린이집 수

2010년 지역별 직장어린이집 수

(단위 : 개소)

① 2000 ~ 2010년 동안 전국 직장어린이집 수는 매년 증가하였다.
② 2006년 대비 2008년 전국 직장어린이집 수는 20% 이상 증가하였다.
③ 2010년 인천 지역 직장어린이집 수는 2010년 전국 직장어린이집 수의 5% 이하이다.
④ 2000 ~ 2010년 동안 전국 직장어린이집 수의 전년 대비 증가율이 10% 이상인 연도는 2003년뿐이다.
⑤ 2010년 서울과 경기 지역 직장어린이집 수의 합은 2010년 전국 직장어린이집 수의 절반 이상이다.

13 다음 표는 2018년 5~6월 A군의 휴대폰 모바일 앱별 데이터 사용량에 관한 자료이다. 이에 대한 설명으로 옳은 것은?

2018년 5~6월 모바일 앱별 데이터 사용량

앱 이름 ＼ 월	5월	6월
G인터넷	5.3 GB	6.7 GB
HS쇼핑	1.8 GB	2.1 GB
톡톡	2.4 GB	1.5 GB
앱가게	2.0 GB	1.3 GB
뮤직플레이	94.6 MB	570.0 MB
위튜브	836.0 MB	427.0 MB
쉬운지도	321.0 MB	337.0 MB
JJ멤버십	45.2 MB	240.0 MB
영화예매	77.9 MB	53.1 MB
날씨정보	42.8 MB	45.3 MB
가계부	−	27.7 MB
17분운동	−	14.8 MB
NEC뱅크	254.0 MB	9.7 MB
알람	10.6 MB	9.1 MB
지상철	5.0 MB	7.8 MB
어제뉴스	2.7 MB	1.8 MB
S메일	29.7 MB	0.8 MB
JC카드	−	0.7 MB
카메라	0.5 MB	0.3 MB
일정관리	0.3 MB	0.2 MB

※ 1) '−'는 해당 월에 데이터 사용량이 없음을 의미함
　 2) 제시된 20개의 앱 외 다른 앱의 데이터 사용량은 없음
　 3) 1GB(기가바이트)는 1,024MB(메가바이트)에 해당함

① 5월과 6월에 모두 데이터 사용량이 있는 앱 중 5월 대비 6월 데이터 사용량의 증가량이 가장 큰 앱은 '뮤직플레이'이다.
② 5월과 6월에 모두 데이터 사용량이 있는 앱 중 5월 대비 6월 데이터 사용량이 감소한 앱은 9개이고 증가한 앱은 8개이다.
③ 6월에만 데이터 사용량이 있는 모든 앱의 총 데이터 사용량은 '날씨정보' 앱의 6월 데이터 사용량보다 많다.
④ 'G인터넷'과 'HS쇼핑'의 5월 데이터 사용량의 합은 나머지 앱의 5월 데이터 사용량의 합보다 많다.
⑤ 5월과 6월에 모두 데이터 사용량이 있는 앱 중 5월 대비 6월 데이터 사용량 변화율이 가장 큰 앱은 'S메일'이다.

14 다음은 '갑'국 정당 A ~ D의 지방의회 의석수에 관한 자료이다. 이에 대한 〈보기〉의 설명 중 옳은 것만을 모두 고르면?

정당별 전국 지방의회 의석수

(단위 : 석)

연도 〉〉 정당	A	B	C	D	합
2010	224	271	82	39	616
2014	252	318	38	61	669

정당별 수도권 지방의회 의석수

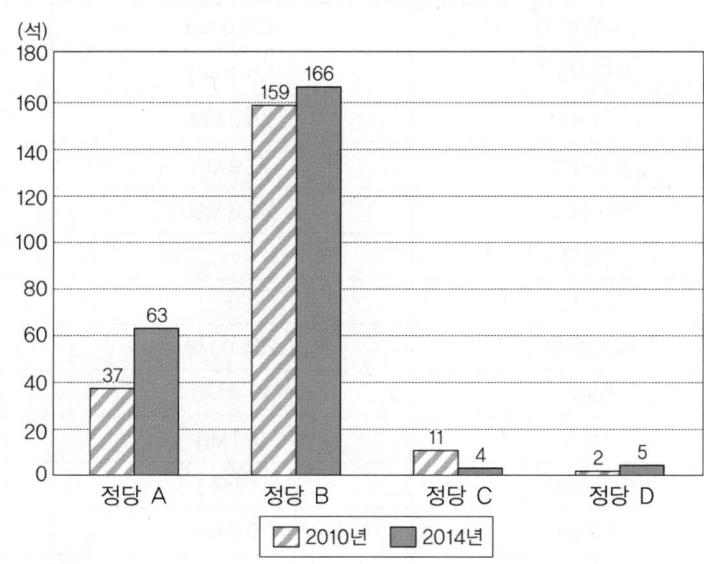

※ 1) '갑'국 지방의회 의원은 정당 A, B, C, D 소속만 있고, 무소속은 없음
2) 전국 지방의회 의석수 = 수도권 지방의회 의석수 + 비수도권 지방의회 의석수
3) 정당별 지방의회 의석점유율(%) = $\dfrac{\text{정당별 지방의회 의석수}}{\text{지방의회 의석수}} \times 100$

┌ 보기 ┐

ㄱ. 정당 D의 전국 지방의회 의석점유율은 2014년이 2010년보다 높다.

ㄴ. 2010년에 비해 2014년 모든 정당의 전국 지방의회 의석수는 증가하였다.

ㄷ. 2014년 비수도권 지방의회 의석수는 정당 B가 정당 A보다 많다.

ㄹ. 정당 B의 수도권 지방의회 의석점유율은 2014년이 2010년보다 낮다.

① ㄱ, ㄴ   ② ㄱ, ㄹ

③ ㄴ, ㄷ   ④ ㄱ, ㄷ, ㄹ

⑤ ㄴ, ㄷ, ㄹ

15 다음은 국가 A ~ D의 정부신뢰에 관한 자료이다. 제시된 자료와 아래의 〈조건〉에 근거하여 A ~ D에 해당하는 국가를 바르게 나열한 것은?

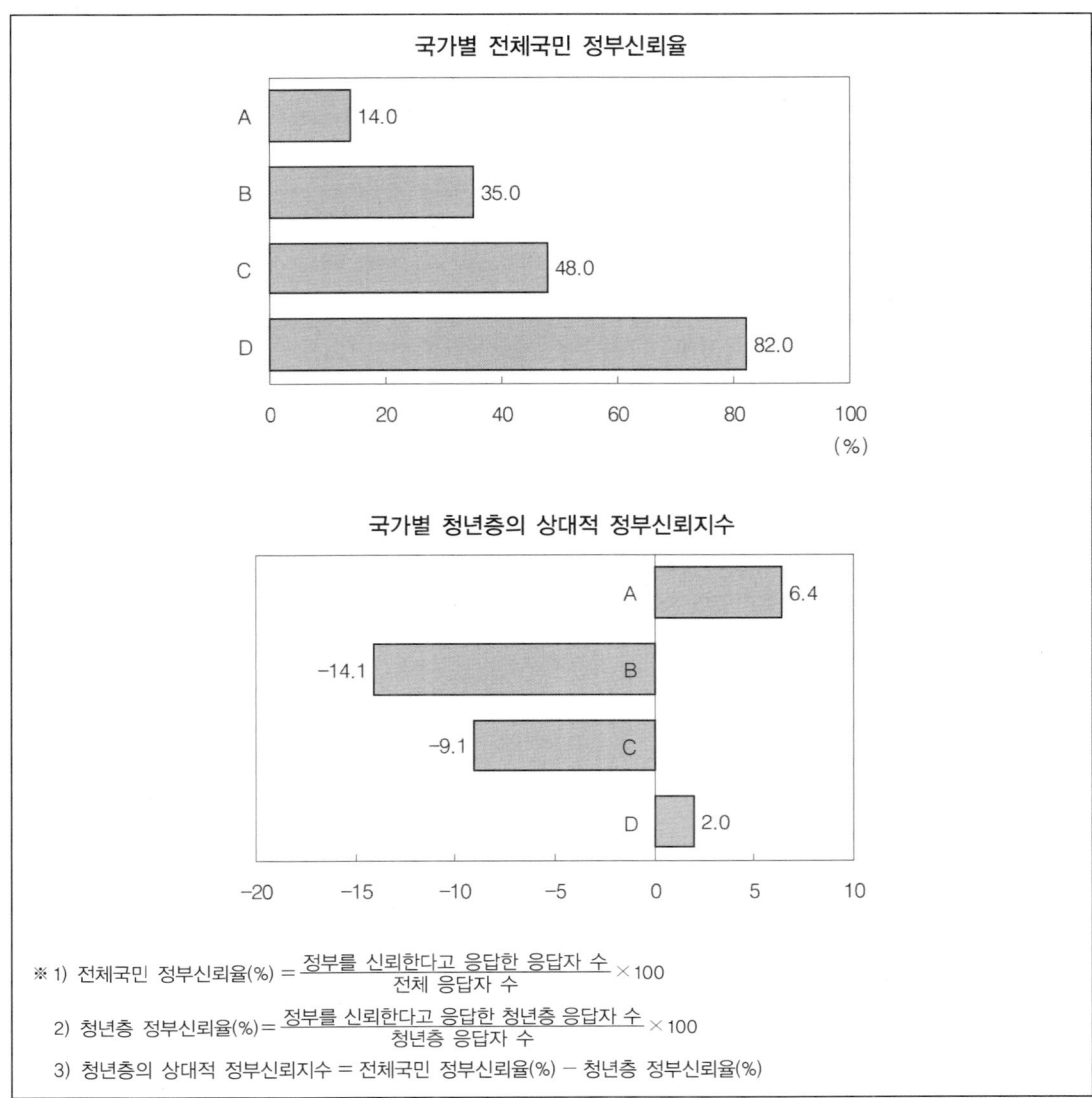

※ 1) 전체국민 정부신뢰율(%) $= \dfrac{\text{정부를 신뢰한다고 응답한 응답자 수}}{\text{전체 응답자 수}} \times 100$

2) 청년층 정부신뢰율(%) $= \dfrac{\text{정부를 신뢰한다고 응답한 청년층 응답자 수}}{\text{청년층 응답자 수}} \times 100$

3) 청년층의 상대적 정부신뢰지수 = 전체국민 정부신뢰율(%) − 청년층 정부신뢰율(%)

┌ 조건 ┐
- 청년층 정부신뢰율은 스위스가 그리스의 10배 이상이다.
- 영국과 미국에서는 청년층 정부신뢰율이 전체국민 정부신뢰율보다 높다.
- 청년층 정부신뢰율은 미국이 스위스보다 30%p 이상 낮다.

	A	B	C	D
①	그리스	영국	미국	스위스
②	스위스	영국	미국	그리스
③	스위스	미국	영국	그리스
④	그리스	미국	영국	스위스
⑤	영국	그리스	미국	스위스

16 다음 표는 '갑'국 6개 수종의 기건비중 및 강도에 대한 자료이다. 〈조건〉을 이용하여 A와 C에 해당하는 수종을 바르게 나열한 것은?

6개 수종의 기건비중 및 강도

수종	기건비중 (ton/m³)	강도(N/mm²)			
		압축강도	인장강도	휨강도	전단강도
A	0.53	48	52	88	10
B	0.89	64	125	118	12
C	0.61	63	69	82	9
삼나무	0.37	41	45	72	7
D	0.31	24	21	39	6
E	0.43	51	59	80	7

조건
- 전단강도 대비 압축강도 비가 큰 상위 2개 수종은 낙엽송과 전나무이다.
- 휨강도와 압축강도 차가 큰 상위 2개 수종은 소나무와 참나무이다.
- 참나무의 기건비중은 오동나무 기건비중의 2.5배 이상이다.
- 인장강도와 압축강도의 차가 두 번째로 큰 수종은 전나무이다.

	A	C
①	소나무	낙엽송
②	소나무	전나무
③	오동나무	낙엽송
④	참나무	소나무
⑤	참나무	전나무

17 다음 자료는 2009 ~ 2012년 도시폐기물량 상위 10개국의 도시폐기물량지수와 한국의 도시폐기물량을 나타낸 것이다. 이에 대한 〈보기〉의 설명 중 옳은 것만을 모두 고르면?

도시폐기물량 상위 10개국의 도시폐기물량지수

순위	2009년		2010년		2011년		2012년	
	국가	지수	국가	지수	국가	지수	국가	지수
1	미국	12.05	미국	11.94	미국	12.72	미국	12.73
2	러시아	3.40	러시아	3.60	러시아	3.87	러시아	4.51
3	독일	2.54	브라질	2.85	브라질	2.97	브라질	3.24
4	일본	2.53	독일	2.61	독일	2.81	독일	2.78
5	멕시코	1.98	일본	2.49	일본	2.54	일본	2.53
6	프랑스	1.83	멕시코	2.06	멕시코	2.30	멕시코	2.35
7	영국	1.76	프랑스	1.86	프랑스	1.96	프랑스	1.91
8	이탈리아	1.71	영국	1.75	이탈리아	1.76	터키	1.72
9	터키	1.50	이탈리아	1.73	영국	1.74	영국	1.70
10	스페인	1.33	터키	1.63	터키	1.73	이탈리아	1.40

※ 도시폐기물량지수 = $\dfrac{\text{해당년도 해당 국가의 도시폐기물량}}{\text{해당년도 한국의 도시폐기물량}}$

한국의 도시폐기물량

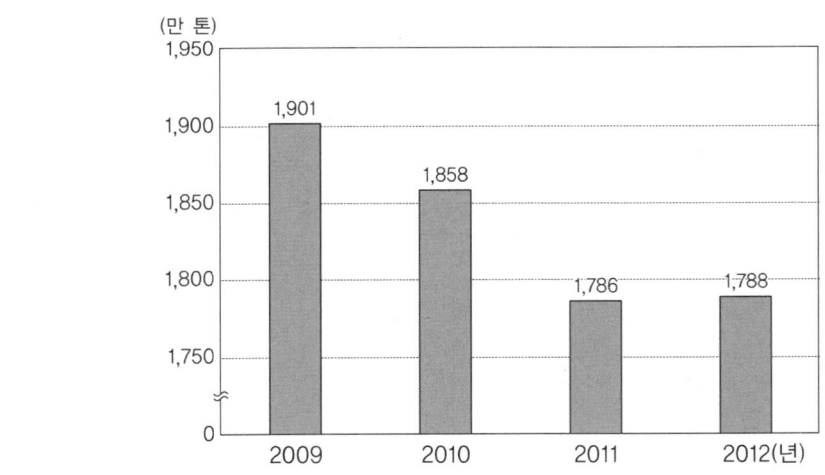

┌ 보기 ┐
ㄱ. 2012년 도시폐기물량은 미국이 일본의 4배 이상이다.
ㄴ. 2011년 러시아의 도시폐기물량은 8,000만 톤 이상이다.
ㄷ. 2012년 스페인의 도시폐기물량은 2009년에 비해 감소하였다.
ㄹ. 영국의 도시폐기물량은 터키의 도시폐기물량보다 매년 많다.

① ㄱ, ㄷ   ② ㄱ, ㄹ
③ ㄴ, ㄷ   ④ ㄱ, ㄴ, ㄹ
⑤ ㄴ, ㄷ, ㄹ

18 다음은 '갑'시에서 '을'시로의 이동에 대한 자료이다. 이와 다음 〈계산식〉을 적용하여 이동방법 A, B, C를 이동비용이 적은 것부터 순서대로 나열하면?

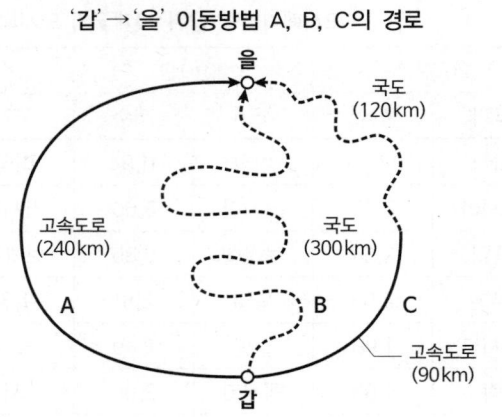

'갑'→'을' 이동방법 A, B, C의 경로

'갑'→'을' 이동방법별 주행관련 정보

구분 \ 이동방법 \ 이용도로	A	B	C	
	고속도로	국도	고속도로	국도
거리(km)	240	300	90	120
평균속력(km/시간)	120	60	90	60
주행시간(시간)	2.0	( )	1.0	( )
평균연비(km/L)	12	15	12	15
연료소비량(L)	( )	20.0	7.5	( )
휴식시간(시간)	1.0	1.5	0.5	0.5
통행료(원)	8,000	0	5,000	0

계산식
- 이동비용 = 시간가치 + 연료비 + 통행료
- 시간가치 = 소요시간(시간) × 1,500(원/시간)
- 소요시간 = 주행시간 + 휴식시간
- 연료비 = 연료소비량(L) × 1,500(원/L)

① A, B, C
② B, A, C
③ B, C, A
④ C, A, B
⑤ C, B, A

19 다음 〈보고서〉와 표는 '갑'국의 부동산 투기 억제 정책과 세대유형별 주택담보대출에 관한 자료이다. 이에 대한 〈보기〉의 내용 중 옳은 것만을 모두 고르면?

┌ 보고서 ┐
'갑'국 정부는 심화되는 부동산 투기를 억제하고자 2017년 8월 2일에 부동산 대책을 발표하였다. 부동산 대책에 의해 투기지역의 주택을 구매할 때 구매 시점부터 적용되는 세대유형별 주택담보대출비율(LTV)과 총부채상환비율(DTI)은 2017년 8월 2일부터 〈표 1〉과 같이 변경 적용되며, 2018년 4월 1일부터는 DTI 산출 방식이 변경 적용된다.

〈표 1〉 세대유형별 LTV, DTI 변경 내역

(단위 : %)

구분 세대유형	LTV		DTI	
	변경 전	변경 후	변경 전	변경 후
서민 실수요 세대	70	50	60	50
주택담보대출 미보유 세대	60	40	50	40
주택담보대출 보유 세대	50	30	40	30

※ 1) 구매하고자 하는 주택을 담보로 한 신규 주택담보대출 최대금액은 LTV에 따른 최대금액과 DTI에 따른 최대금액 중 작은 금액임

2) $LTV(\%) = \dfrac{\text{신규 주택담보대출 최대금액}}{\text{주택공시가격}} \times 100$

3) 2018년 3월 31일까지의 DTI 산출방식

$DTI(\%) = \dfrac{\text{신규 주택담보대출 최대금액의 연 원리금 상환액 + 기타 대출 연 이자 상환액}}{\text{연간소득}} \times 100$

4) 2018년 4월 1일부터의 DTI 산출방식

$DTI(\%) = \left(\dfrac{\substack{\text{신규 주택담보대출 최대금액의 연 원리금 상환액+} \\ \text{기 주택담보대출 연 원리금 상환액+기타 대출 연 이자 상환액}}}{\text{연간소득}} \right) \times 100$

〈표 2〉 A ~ C세대의 신규 주택담보대출 금액산출 근거

(단위 : 만 원)

세대	세대유형	기 주택담보 대출 연 원리금 상환액	기타 대출 연 이자 상환액	연간소득
A	서민 실수요 세대	0	500	3,000
B	주택담보대출 미보유 세대	0	0	6,000
C	주택담보대출 보유 세대	1,200	100	10,000

※ 1) 신규 주택담보대출 최대금액의 연 원리금 상환액은 신규 주택담보대출 최대금액의 10%임

2) 기 주택담보대출 연 원리금 상환액, 기타 대출 연 이자상환액, 연간소득은 변동 없음

┌ 보기 ┐
ㄱ. 투기지역의 공시가격 4억 원인 주택을 2017년 10월에 구매하는 A세대가 구매 시점에 적용받는 신규 주택담보대출 최대금액은 2억 원이다.
ㄴ. 투기지역의 공시가격 4억 원인 주택을 2017년 10월에 구매하는 B세대가 2017년 6월에 구매할 때와 비교하여 구매 시점에 적용받는 신규 주택담보대출 최대금액의 감소폭은 1억 원 미만이다.
ㄷ. 투기지역의 공시가격 4억 원인 주택을 구매하는 C세대가 2018년 10월 구매 시점에 적용받는 신규 주택담보대출 최대금액은 2017년 10월 구매 시점에 적용받는 신규 주택담보대출 최대금액보다 적다.

① ㄱ
② ㄴ
③ ㄱ, ㄷ
④ ㄴ, ㄷ
⑤ ㄱ, ㄴ, ㄷ

20 다음 표는 2014~2018년 '갑'국의 범죄 피의자 처리 현황에 대한 자료이다. 이에 대한 설명으로 옳은 것은?

범죄 피의자 처리 현황

(단위 : 명)

연도＼구분	처리	처리 결과		기소 유형	
		기소	불기소	정식재판기소	약식재판기소
2014	33,654	14,205	( )	( )	12,239
2015	26,397	10,962	15,435	1,972	( )
2016	28,593	12,287	( )	( )	10,050
2017	31,096	12,057	19,039	2,619	( )
2018	38,152	( )	( )	3,513	10,750

※ 1) 모든 범죄 피의자는 당해년도에 처리됨
   2) 범죄 피의자에 대한 처리 결과는 기소와 불기소로만 구분되며, 기소 유형은 정식재판기소와 약식재판기소로만 구분됨
   3) 기소율(%) = $\dfrac{기소 \ 인원}{처리 \ 인원} \times 100$

① 2015년 이후 처리 인원이 전년 대비 증가한 연도에는 기소 인원도 전년 대비 증가한다.
② 2018년 기소 인원과 기소율은 2014년보다 모두 증가하였다.
③ 2017년 불기소 인원은 2018년보다 많다.
④ 2014년 불기소 인원은 정식재판기소 인원의 10배 이상이다.
⑤ 처리 인원 중 정식재판기소 인원과 약식재판기소 인원의 합이 차지하는 비율은 매년 50% 미만이다.

21 다음 표는 2015~2017년 A대학 재학생의 교육에 관한 영역별 만족도와 중요도 점수이다. 이에 대한 〈보기〉의 설명 중 옳은 것만을 모두 고르면?

2015~2017년 영역별 만족도 점수

(단위 : 점)

영역＼연도	2015	2016	2017
교과	3.60	3.41	3.45
비교과	3.73	3.50	3.56
교수활동	3.72	3.52	3.57
학생복지	3.39	3.27	3.31
교육환경 및 시설	3.66	3.48	3.56
교육지원	3.57	3.39	3.41

2015~2017년 영역별 중요도 점수

(단위 : 점)

영역＼연도	2015	2016	2017
교과	3.74	3.54	3.57
비교과	3.77	3.61	3.64
교수활동	3.89	3.82	3.81
학생복지	3.88	3.73	3.77
교육환경 및 시설	3.84	3.69	3.73
교육지원	3.78	3.63	3.66

※ 해당영역별 요구충족도(%) = $\dfrac{\text{해당영역 만족도 점수}}{\text{해당영역 중요도 점수}} \times 100$

┌─ 보기 ─┐

ㄱ. 중요도 점수가 높은 영역부터 차례대로 나열하면 그 순서는 매년 동일하다.
ㄴ. 2017년 만족도 점수는 각 영역에서 전년보다 높다.
ㄷ. 만족도 점수가 가장 높은 영역과 가장 낮은 영역의 만족도 점수 차이는 2016년이 2015년보다 크다.
ㄹ. 2017년 요구충족도가 가장 높은 영역은 교과 영역이다.

① ㄱ, ㄴ　　　　　　　② ㄱ, ㄷ
③ ㄷ, ㄹ　　　　　　　④ ㄱ, ㄴ, ㄹ
⑤ ㄴ, ㄷ, ㄹ

22 다음 표는 한국전쟁 당시 참전한 유엔군의 참전현황 및 피해인원에 관한 자료이다. 이에 대한 설명으로 옳은 것은?

한국전쟁 당시 참전한 유엔군의 참전현황 및 피해인원

(단위 : 명)

구분 국가	참전현황		피해인원				
	참전인원	참전군	전사·사망	부상	실종	포로	전체
미국	1,789,000	육군, 해군, 공군	36,940	92,134	3,737	4,439	137,250
영국	56,000	육군, 해군	1,078	2,674	179	977	4,908
캐나다	25,687	육군, 해군, 공군	312	1,212	1	32	1,557
터키	14,936	육군	741	2,068	163	244	3,216
호주	8,407	육군, 해군, 공군	339	1,216	3	26	1,584
필리핀	7,420	육군	112	229	16	41	398
태국	6,326	육군, 해군, 공군	129	1,139	5	0	1,273
네덜란드	5,322	육군, 해군	120	645	0	3	768
콜롬비아	5,100	육군, 해군	163	448	0	28	639
그리스	4,992	육군, 공군	192	543	0	3	738
뉴질랜드	3,794	육군, 해군	23	79	1	0	103
에티오피아	3,518	육군	121	536	0	0	657
벨기에	3,498	육군	99	336	4	1	440
프랑스	3,421	육군, 해군	262	1,008	7	12	1,289
남아공	826	공군	34	0	0	9	43
룩셈부르크	83	육군	2	13	0	0	15
계	1,938,330	–	40,667	104,280	4,116	5,815	154,878

① 미국의 참전인원은 다른 모든 국가의 참전인원의 합보다 15배 이상 많다.

② 참전인원 대비 전체 피해인원 비율이 가장 큰 국가는 터키이다.

③ 공군이 참전한 국가 중 해당 국가의 전체 피해인원 대비 '부상' 인원의 비율이 가장 큰 국가는 태국이다.

④ '전사 · 사망' 인원은 육군만 참전한 모든 국가의 합이 공군만 참전한 모든 국가의 합의 30배 이하이다.

⑤ '실종' 인원이 '포로' 인원보다 많은 국가는 4개국이다.

23 다음은 하진이의 10월 모바일 쇼핑 구매내역이다. 이에 대한 설명으로 옳은 것은?

10월 모바일 쇼핑 구매내역

(단위: 원, 포인트)

상품	주문금액	할인금액		결제금액	
요가용품세트	45,400	즉시할인 쿠폰할인	4,540 4,860	신용카드 ＋포인트	32,700 3,300 ＝36,000
가을스웨터	57,200	즉시할인 쿠폰할인	600 7,970	신용카드 ＋포인트	48,370 260 ＝48,630
샴푸	38,800	즉시할인 쿠폰할인	0 ( )	신용카드 ＋포인트	34,300 1,500 ＝35,800
보온병	9,200	즉시할인 쿠폰할인	1,840 0	신용카드 ＋포인트	7,290 70 ＝7,360
전체	150,600	22,810		127,790	

※ 1) 결제금액(원) = 주문금액 − 할인금액

2) 할인율(%) = $\dfrac{\text{할인금액}}{\text{주문금액}} \times 100$

3) 1포인트는 결제금액 1원에 해당함

① 전체 할인율은 15% 미만이다.

② 할인율이 가장 높은 상품은 '보온병'이다.

③ 주문금액 대비 신용카드 결제금액 비율이 가장 낮은 상품은 '요가용품세트'이다.

④ 10월 전체 주문금액의 3%가 11월 포인트로 적립된다면, 10월 구매로 적립된 11월 포인트는 10월 동안 사용한 포인트보다 크다.

⑤ 결제금액 중 포인트로 결제한 금액이 차지하는 비율이 두 번째로 낮은 상품은 '가을스웨터'이다.

24 다음 표는 A무역회사 해외지사의 수출 상담실적에 관한 자료이다. 이에 대한 설명으로 옳지 않은 것은?

A무역회사 해외지사의 수출 상담실적

(단위 : 건, %)

해외지사 ＼ 연도	2008	2009	2010	2011년 1 ~ 11월	
					전년동기 대비 증감률
칠레	352	284	472	644	60.4
싱가포르	136	196	319	742	154.1
독일	650	458	724	810	22.4
태국	3,630	1,995	1,526	2,520	80.0
미국	307	120	273	1,567	526.8
인도	0	2,333	3,530	1,636	−49.4
영국	8	237	786	12,308	1,794.1
합계	5,083	5,623	7,630	20,227	197.3

① 2010년 12월 태국지사 수출 상담실적은 100건 이상이다.

② 2010년에 전년 대비 수출 상담실적 건수가 가장 많이 늘어난 해외지사는 인도지사이다.

③ 2009 ~ 2011년 동안 A무역회사 해외지사의 수출 상담실적 건수 합계는 매년 증가하였다.

④ 2008 ~ 2010년 동안 매년 싱가포르지사와 미국지사의 수출 상담실적 건수의 합은 독일지사의 수출 상담실적 건수보다 적다.

⑤ 2011년 12월 칠레지사 수출 상담실적이 256건이라면, 2011년 연간 칠레지사 수출 상담실적 건수는 전년 대비 100% 이상 증가한다.

25 다음 표는 '갑' 공제회의 회원기금원금, 회원 수 및 1인당 평균 계좌 수, 자산 현황에 관한 자료이다. 이에 대한 〈보기〉의 설명 중 옳지 않은 것을 모두 고르면?

공제회 회원기금원금(연말 기준)

(단위 : 억 원)

원금구분＼연도	2005	2006	2007	2008	2009	2010
회원급여 저축원금	19,361	21,622	21,932	22,030	23,933	26,081
목돈수탁원금	7,761	7,844	6,270	6,157	10,068	12,639
계	27,122	29,466	28,202	28,187	34,001	38,720

공제회 회원 수 및 1인당 평균 계좌 수(연말 기준)

(단위 : 명, 개)

구분＼연도	2005	2006	2007	2008	2009	2010
회원 수	166,346	169,745	162,425	159,398	162,727	164,751
1인당 평균 계좌 수	65.19	64.27	58.02	61.15	67.12	70.93

2010년 공제회 자산 현황(연말 기준)

(단위 : 억 원, %)

구분	금액	비중
회원급여저축총액	37,952	46.8
차입금	17,976	22.1
보조금 등	7,295	9.0
안정기금	5,281	6.5
목돈수탁원금	12,639	15.6
계	81,143	100.0

※ 회원급여저축총액 = 회원급여저축원금 + 누적이자총액

┌─ 보기 ───
│ ㄱ. 회원기금원금은 매년 증가하고 있다.
│ ㄴ. 공제회의 회원 수가 가장 적은 해에 목돈수탁원금도 가장 적다.
│ ㄷ. 2010년에 회원급여저축총액에서 누적이자총액이 차지하는 비중은 50% 이상이다.
│ ㄹ. 1인당 평균 계좌 수가 가장 많은 해에 회원기금원금도 가장 많다.
└───

① ㄱ, ㄴ
② ㄱ, ㄷ
③ ㄴ, ㄷ
④ ㄴ, ㄹ
⑤ ㄱ, ㄷ, ㄹ

26 다음은 국내 7개 시중은행의 경영통계(총자산, 당기순이익, 직원수)를 나타낸 것이다. 이에 대한 〈보기〉의 설명으로 옳은 것을 모두 고르면?

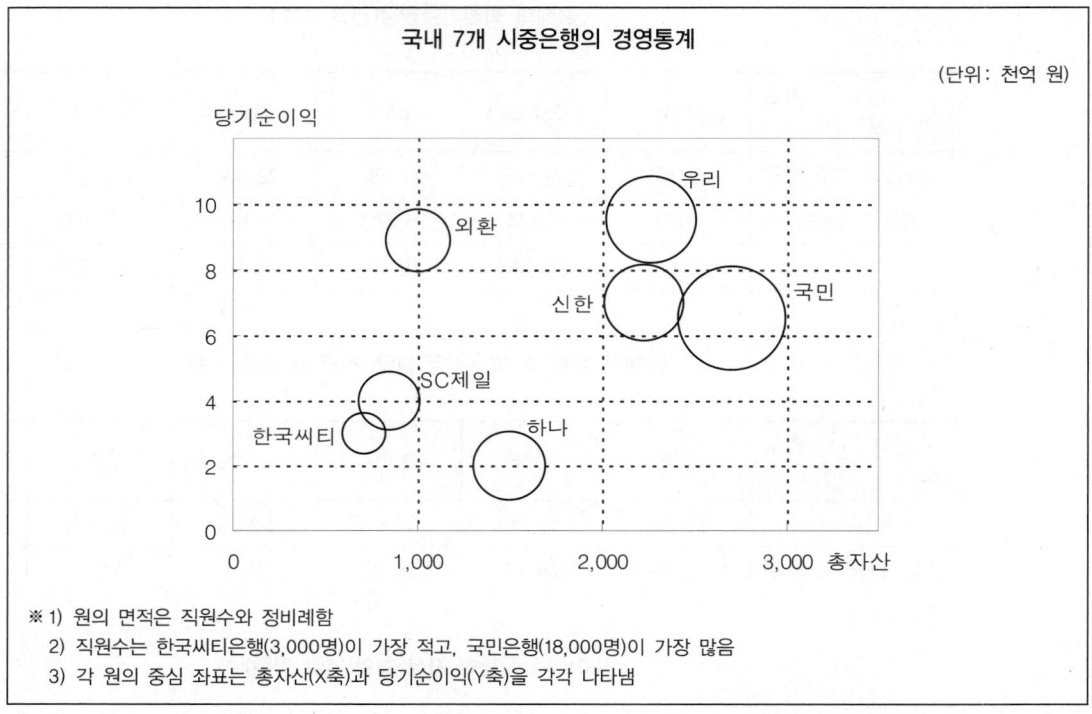

국내 7개 시중은행의 경영통계

(단위: 천억 원)

※ 1) 원의 면적은 직원수와 정비례함
   2) 직원수는 한국씨티은행(3,000명)이 가장 적고, 국민은행(18,000명)이 가장 많음
   3) 각 원의 중심 좌표는 총자산(X축)과 당기순이익(Y축)을 각각 나타냄

┌ 보기 ┐

ㄱ. 직원 1인당 총자산은 한국씨티은행이 국민은행보다 많다.

ㄴ. 총자산순이익률(= $\dfrac{당기순이익}{총자산}$)이 가장 낮은 은행은 하나은행이고, 가장 높은 은행은 외환은행이다.

ㄷ. 직원 1인당 당기순이익은 신한은행이 외환은행보다 많다.

ㄹ. 당기순이익이 가장 많은 은행은 우리은행이고, 가장 적은 은행은 한국씨티은행이다.

① ㄱ, ㄴ   ② ㄱ, ㄹ
③ ㄴ, ㄷ   ④ ㄷ, ㄹ
⑤ ㄱ, ㄴ, ㄹ

27 다음은 2013년 '갑'국의 수도권 집중 현황에 관한 자료이다. 〈보고서〉의 내용 중 제시된 자료에서 도출할 수 있는 것은?

수도권 집중 현황

구분		전국(A)	수도권(B)	$\frac{B}{A} \times 100(\%)$
인구 및 주택	인구(천 명)	50,034	24,472	48.9
	주택 수(천 호)	17,672	8,173	46.2
산업	지역 총 생산액(십억 원)	856,192	408,592	47.7
	제조업체 수(개)	119,181	67,799	56.9
	서비스업체 수(개)	765,817	370,015	48.3
금융	금융예금액(십억 원)	592,721	407,361	68.7
	금융대출액(십억 원)	699,430	469,374	67.1
기능	4년제 대학 수(개)	175	68	38.9
	공공기관 수(개)	409	345	84.4
	의료기관 수(개)	54,728	26,999	49.3

보고서

• 전국 대비 수도권 인구 비중은 48.9%이다. ㉠ 수도권 인구밀도는 전국 인구밀도의 2배 이상이고, ㉡ 수도권 1인당 주택면적은 전국 1인당 주택면적보다 작다.

• 산업측면에서 ㉢ 수도권 제조업과 서비스업 생산액이 전국 제조업과 서비스업 생산액에서 차지하는 비중은 각각 50% 이상이다.

• 수도권 금융예금액은 전국 금융예금액의 65% 이상을 차지하고, ㉣ 수도권 1인당 금융대출액은 전국 1인당 금융대출액보다 많다.

• 전국 대비 수도권의 의료기관 수 비중은 49.3%이고 공공기관 수 비중은 84.4%이다. ㉤ 4년제 대학 재학생 수는 수도권이 비수도권보다 적다.

① ㉠
② ㉡
③ ㉢
④ ㉣
⑤ ㉤

28 다음 표는 소비자 '갑'의 연도별 소득 및 X재화의 구매량에 대한 자료이다. 아래의 〈정보〉를 활용한 〈보기〉의 설명 중 옳은 것을 모두 고르면?

'갑'의 연도별 소득 및 X재화의 구매량

연도	소득(천 원)	X재화 구매량(개)	전년 대비 소득변화율 (%)	X재화의 전년 대비 구매량 변화율(%)
2000	8,000	5	—	—
2001	12,000	10	50.0	100.0
2002	16,000	15	33.3	50.0
2003	20,000	18	25.0	20.0
2004	24,000	20	20.0	11.1
2005	28,000	19	16.7	−5.0
2006	32,000	18	14.3	−5.3

┌ 정보 ┐

• X재화의 소득탄력성 = $\dfrac{\text{X재화의 전년 대비 구매량 변화율}}{\text{전년 대비 소득변화율}}$

• 정상재 : 소득이 증가할 때 구매량이 증가하는 재화로 소득탄력성이 0보다 크다. 특히 소득탄력성이 1보다 큰 정상재는 사치재라 한다.

• 열등재 : 소득이 증가할 때 구매량이 감소하는 재화로 소득탄력성이 0보다 작다.

┌ 보기 ┐

ㄱ. 2000 ~ 2004년 동안 '갑'의 소득과 X재화 구매량은 각각 매년 증가하였다.

ㄴ. 2001년 '갑'의 X재화의 전년 대비 구매량 증가율은 전년 대비 소득증가율보다 크다.

ㄷ. 2004년에 X재화는 '갑'에게 사치재이다.

ㄹ. 2006년에 X재화는 '갑'에게 열등재이다.

① ㄱ, ㄴ   ② ㄱ, ㄷ

③ ㄷ, ㄹ   ④ ㄱ, ㄴ, ㄹ

⑤ ㄴ, ㄷ, ㄹ

29 다음은 A은행의 영업수익 추이와 2008년 주요 은행의 영업수익 현황에 대한 자료이다. 이에 대한 〈보기〉의 설명 중 옳은 것을 모두 고르면?

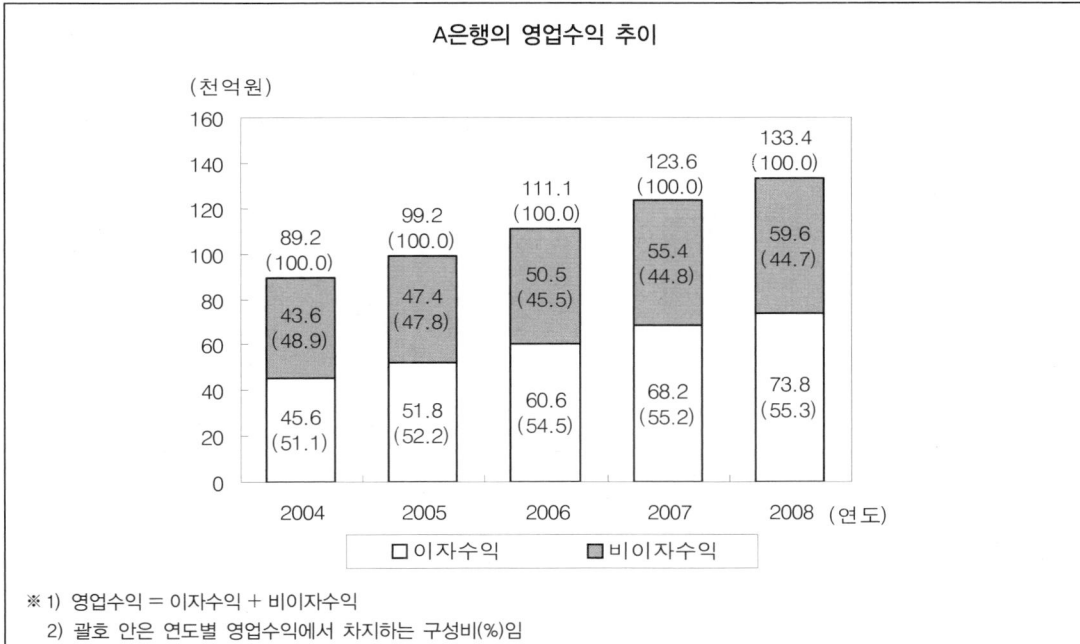

A은행의 영업수익 추이

(천억원)

2004: 89.2 (100.0) / 비이자수익 43.6 (48.9) / 이자수익 45.6 (51.1)
2005: 99.2 (100.0) / 비이자수익 47.4 (47.8) / 이자수익 51.8 (52.2)
2006: 111.1 (100.0) / 비이자수익 50.5 (45.5) / 이자수익 60.6 (54.5)
2007: 123.6 (100.0) / 비이자수익 55.4 (44.8) / 이자수익 68.2 (55.2)
2008: 133.4 (100.0) / 비이자수익 59.6 (44.7) / 이자수익 73.8 (55.3)

□ 이자수익   ■ 비이자수익

※ 1) 영업수익 = 이자수익 + 비이자수익
   2) 괄호 안은 연도별 영업수익에서 차지하는 구성비(%)임

2008년 주요 은행의 영업수익 현황

(단위 : %)

은행 구분	A	B	C	D	E	시중은행 평균
총자산 대비 영업수익 비율	5.2	12.8	8.6	4.7	5.6	7.2
총자산 대비 이자수익 비율	2.9	6.1	5.0	2.2	4.1	5.2

보기
ㄱ. 2008년 총자산 대비 이자수익 비율은 A은행이 B은행의 절반에 미치지 못한다.
ㄴ. 2008년 총자산 대비 비이자수익 비율은 A은행이 시중은행 평균에 미치지 못한다.
ㄷ. 2005년부터 2008년까지 A은행 영업수익의 전년 대비 증가율은 매년 10%를 상회하였다.
ㄹ. A은행은 영업수익에서 이자수익이 차지하는 비중이 2004년에 비해 2008년에 3.0%p 이상 증가하였다.

① ㄱ, ㄷ   ② ㄱ, ㄹ
③ ㄴ, ㄷ   ④ ㄴ, ㄹ
⑤ ㄷ, ㄹ

30 다음 그래프는 2006 ~ 2010년 동남권의 양파와 마늘 재배면적 및 생산량 추이를 나타낸 것이고, 표는 2010년, 2011년 동남권의 양파와 마늘 재배면적의 지역별 분포를 나타낸 것이다. 이에 대한 설명으로 옳은 것은?

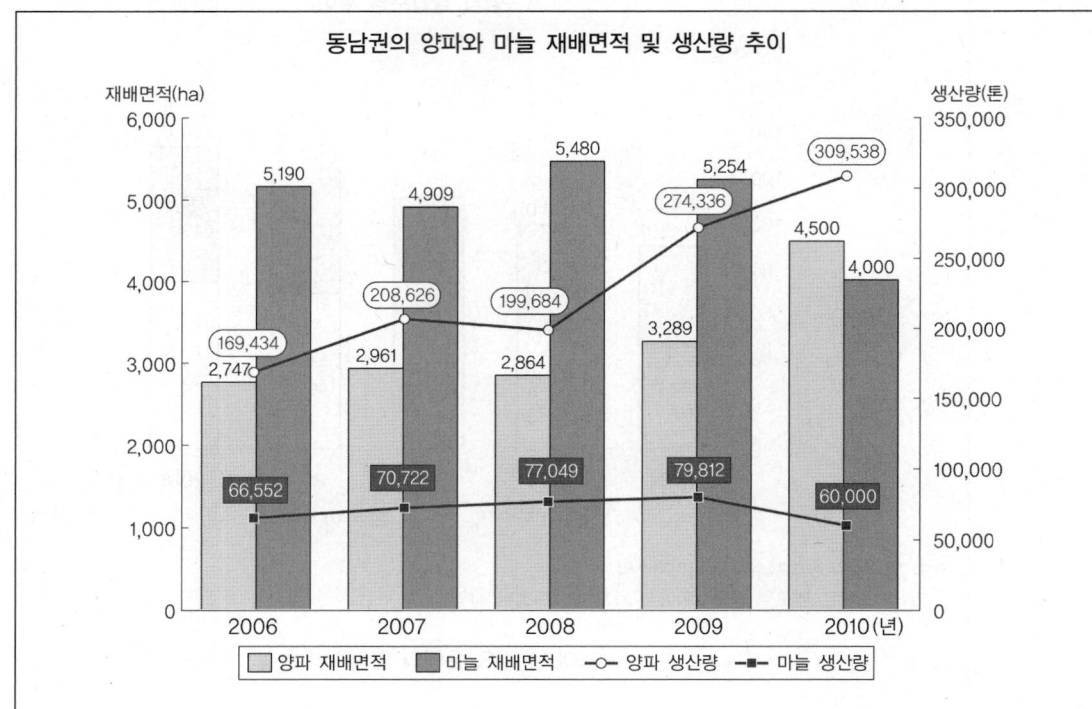

동남권의 양파와 마늘 재배면적 및 생산량 추이

동남권의 양파와 마늘 재배면적의 지역별 분포

(단위 : ha)

재배작물	지역	연도	
		2010	2011
양파	부산	56	40
	울산	( )	( )
	경남	4,100	4,900
	소계	( )	5,100
마늘	부산	24	29
	울산	42	66
	경남	5,934	4,905
	소계	4,000	5,000

※ 동남권은 부산, 울산, 경남으로만 구성됨

① 2006 ~ 2010년 동안 동남권의 마늘 생산량은 매년 증가하였다.

② 2006 ~ 2010년 동안 동남권의 단위 재배면적당 양파 생산량은 매년 증가하였다.

③ 2011년 울산의 양파 재배면적은 전년에 비해 증가하였다.

④ 2006 ~ 2011년 동안 동남권의 마늘 재배면적은 양파 재배면적보다 매년 크다.

⑤ 2011년 동남권의 단위 재배면적당 마늘 생산량이 2010년과 동일하다면 2011년 동남권의 마늘 생산량은 75,000톤이다.

31 다음 표는 연도별 수면장애 진료 현황을 나타낸 것이다. 이에 대한 설명으로 옳은 것을 〈보기〉에서 모두 고르면?

연도별 수면장애 진료 현황

(단위: 명, 천 원, %)

구분		2008	2009	2010	2011	2012	증가비 (2012/2008)	연평균 증가율
진료인원	전체	227,907	264,200	288,741	324,169	357,112	1.57	11.9
	남성	88,666	104,025	114,253	130,368	145,031	1.64	13.1
	여성	139,241	160,175	174,488	193,801	212,081	1.52	11.1
인구 10만 명당 진료인원	전체	473	543	590	658	719	1.52	11.0
	남성	365	424	464	525	580	1.59	( )
	여성	583	664	719	792	859	1.47	10.2
총진료비	전체	19,492,912	23,976,439	28,486,447	31,738,705	35,298,055	1.81	16.0
	남성	8,960,898	11,055,226	12,869,490	14,782,428	16,534,378	1.85	16.5
	여성	10,532,014	12,921,213	15,616,957	16,956,277	18,763,677	1.78	15.5
급여비	전체	13,686,794	16,893,743	20,223,200	22,636,290	25,000,046	1.83	16.3
	남성	6,290,508	7,780,568	9,154,923	10,570,320	11,714,520	1.86	16.8
	여성	7,396,286	9,113,175	11,078,277	12,065,970	13,285,526	1.80	15.8

※ 연도별 증가율: $\dfrac{해당연도\ 수치\ -\ 전년도\ 수치}{전년도\ 수치}$ (소수점 아래 넷째 자리에서 반올림한다.)

보기

ㄱ. 인구 10만 명당 남성 진료인원의 연평균 증가율은 약 12.3%이다.

ㄴ. 여성이 남성보다 수면장애에 시달리는 인구가 많다고 볼 수 있다.

ㄷ. 2012년도의 전체 인구는 5,400만 명을 넘는다.

① ㄱ
② ㄴ
③ ㄱ, ㄴ
④ ㄱ, ㄷ
⑤ ㄱ, ㄴ, ㄷ

32 다음 표는 2014 ~ 2016년 6개 품목의 품목별 목표재고일수와 수입수요량에 대한 자료이다. 이에 대한 설명으로 옳지 않은 것은?

품목별 목표재고일수와 수입수요량

구분	목표재고일수	수입수요량(톤)		
		2014년	2015년	2016년
쌀	100일	17,942	17,573	22,976
밀	200일	10,954	8,928	2,843
귀리	20일	5,934	3,964	5,396
렌틸콩	20일	2,914	1,864	3,175
그레놀라	40일	1,056	2,963	3,976
퀴노아	60일	209	736	1,056

※ 목표재고량(톤) = $\dfrac{\text{전년도 수입 수요량}}{200일}$ × 목표재고일수

※ 별도의 가정이 없으면, 품목별 목표재고일수는 매년 동일함

① 6개 품목의 2016년 수입수요량의 합계는 2015년 수입수요량의 합계보다 9% 이상 증가하였다.

② 2016년 6개 품목 목표재고량의 합계는 2015년보다 감소했다.

③ 2015년과 2016년에 목표재고량이 가장 큰 품목은 밀이다.

④ 2015년 렌틸콩, 그레놀라, 퀴노아의 목표재고량 합계는 6개 품목 전체 목표재고량 합계의 3% 이상이다.

⑤ 2016년 퀴노아의 목표재고량은 2015년 귀리의 목표재고량의 35% 이상이다.

33 다음은 건강보험공단에서 조사한 건강행태 위험요인별 질병비용에 대한 표이다. 이에 대한 설명으로 옳은 것은?

건강행태 위험요인별 질병비용

(단위: 억 원)

위험요인＼연도	2012	2013	2014	2015
흡연	87	92	114	131
음주	73	77	98	124
과체중	65	72	90	117
운동부족	52	56	87	111
고혈압	51	62	84	101
영양부족	19	35	42	67
고콜레스테롤	12	25	39	64
계	359	419	554	715

※ 질병비용이 클수록 순위가 높음

① 위험요인별 질병비용의 순위는 매년 변화가 없다.
② 2013 ~ 2015년의 연도별 질병비용에서 '영양부족' 위험요인이 차지하는 비율은 전년 대비 매년 증가한다.
③ 2013 ~ 2015년의 연도별 질병비용에서 '운동부족' 위험요인이 차지하는 비율은 전년 대비 매년 증가한다.
④ '고혈압' 위험요인의 경우 2013년부터 2015년까지 질병비용의 전년 대비 증가율이 가장 큰 해는 2014년이다.
⑤ 연도별 질병비용에서 '과체중' 위험요인이 차지하는 비율이 가장 높은 해는 2015년이다.

34 다음은 복무기관별 공익근무요원 현황에 대한 자료이다. 이에 대한 〈보기〉의 설명 중 옳은 것을 모두 고르면?

복무기관별 공익근무요원 수 추이

(단위 : 명)

연도 복무기관	2004	2005	2006	2007	2008	2009
중앙정부기관	6,536	5,283	4,275	4,679	2,962	5,872
지방자치단체	19,514	14,861	10,935	12,335	11,404	12,837
정부산하단체	6,135	4,875	4,074	4,969	4,829	4,194
기타 기관	808	827	1,290	1,513	4,134	4,719
계	32,993	25,846	20,574	23,496	23,329	27,622

공익근무요원의 복무기관별 비중

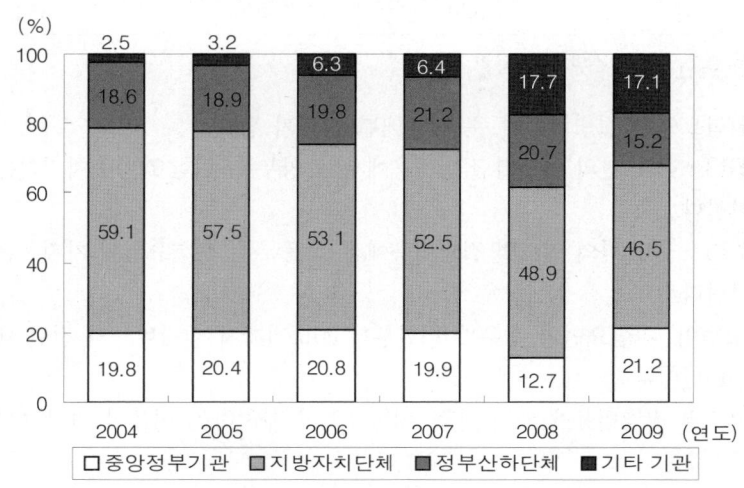

보기

ㄱ. 전체 공익근무요원 수 중 기타 기관에 복무하는 공익근무요원 수가 차지하는 비중은 매년 증가하였다.

ㄴ. 2005년부터 2009년까지 중앙정부기관에 복무하는 공익근무요원 수의 증감 추이는 전체 공익근무요원 수의 증감 추이와 일치한다.

ㄷ. 정부산하단체에 복무하는 공익근무요원 수는 2004년 대비 2009년에 30% 이상 감소하였다.

ㄹ. 기타 기관을 제외하고, 2005년 공익근무요원 수의 전년 대비 감소율이 가장 큰 복무기관은 지방자치단체이다.

① ㄱ, ㄴ
② ㄱ, ㄹ
③ ㄴ, ㄷ
④ ㄷ, ㄹ
⑤ ㄴ, ㄷ, ㄹ

[35 ~ 36] 다음은 대학 평판도에 관한 자료이다. 이를 보고 이어지는 물음에 답하시오.

〈표 1〉 대학 평판도 지표별 가중치

지표	지표 설명	가중치
가	향후 발전가능성이 높은 대학	10
나	학생 교육이 우수한 대학	5
다	입학을 추천하고 싶은 대학	10
라	기부하고 싶은 대학	5
마	기업의 채용선호도가 높은 대학	10
바	국가·사회 전반에 기여가 큰 대학	5
사	지역 사회에 기여가 큰 대학	5
	가중치 합	50

〈표 2〉 A ~ H 대학의 평판도 지표점수 및 대학 평판도 총점

(단위: 점)

지표＼대학	A	B	C	D	E	F	G	H
가	9	8	7	3	6	4	5	8
나	6	8	5	8	7	7	8	8
다	10	9	10	9	( )	9	10	9
라	4	6	6	6	( )	( )	( )	6
마	4	6	6	6	( )	( )	8	6
바	10	9	10	3	6	4	5	9
사	8	6	4	( )	7	8	9	5
대학 평판도 총점	( )	( )	( )	( )	410	365	375	( )

※ 1) 지표점수는 여론조사 결과를 바탕으로 각 지표별로 0~10 사이의 점수를 1점 단위로 부여함
2) 지표환산점수(점) = 지표별 가중치 × 지표점수
3) 대학 평판도 총점은 해당 대학 지표환산점수의 총합임

35 A ~ D 대학을 대학 평판도 총점이 높은 대학부터 순서대로 나열하면?

① A, B, C, D ② A, B, D, C ③ B, A, C, D
④ B, A, D, C ⑤ C, A, B, D

36 E~H 대학의 평판도와 관련하여 다음 〈보기〉의 설명 중 옳은 것만을 모두 고르면?

> 보기
>
> ㄱ. E 대학은 지표 '다', '라', '마'의 지표점수가 동일할 수 있다.
> ㄴ. 지표 '라'의 지표점수는 F 대학이 G 대학보다 높다.
> ㄷ. H 대학은 지표 '나'의 지표환산점수가 지표 '마'의 지표환산점수보다 대학 평판도 총점에서 더 큰 비중을 차지한다.

① ㄴ ② ㄱ, ㄴ ③ ㄱ, ㄷ
④ ㄴ, ㄷ ⑤ ㄱ, ㄴ, ㄷ

37 다음은 소프트웨어 A ~ E의 제공 기능 및 가격과 사용자별 필요 기능 및 보유 소프트웨어에 관한 자료이다. 이에 대한 〈보기〉의 설명 중 옳은 것만을 모두 고르면?

소프트웨어별 제공 기능 및 가격

(단위 : 원)

구분 소프트웨어	기능										가격
	1	2	3	4	5	6	7	8	9	10	
A	○		○		○		○	○		○	79,000
B		○	○	○		○			○	○	62,000
C	○	○	○	○	○	○		○	○		58,000
D		○				○	○		○		54,000
E	○	○	○	○	○	○		○			68,000

※ 1) ○ : 소프트웨어가 해당 번호의 기능을 제공함을 뜻함
2) 각 기능의 가격은 해당 기능을 제공하는 모든 소프트웨어에서 동일하며, 소프트웨어의 가격은 제공 기능 가격의 합임

사용자별 필요 기능 및 보유 소프트웨어

구분 사용자	기능										보유 소프트웨어
	1	2	3	4	5	6	7	8	9	10	
갑			○		○		○	○			A
을		○	○	○					○	○	B
병	○		○					○			( )

※ 1) ○ : 사용자가 해당 번호의 기능이 필요함을 뜻함
2) 각 사용자는 소프트웨어 A ~ E 중 필요 기능을 모두 제공하는 1개의 소프트웨어를 보유함
3) 각 소프트웨어는 여러 명의 사용자가 동시에 보유할 수 있음

┌─ 보기 ─┐
ㄱ. '갑'의 필요 기능을 모두 제공하는 소프트웨어 중 가격이 가장 낮은 것은 E이다.
ㄴ. 기능 1, 5, 8의 가격 합과 기능 10의 가격 차이는 3,000원 이상이다.
ㄷ. '을'의 보유 소프트웨어와 '병'의 보유 소프트웨어로 기능 1 ~ 10을 모두 제공하려면, '병'이 보유할 수 있는 소프트웨어는 E뿐이다.

① ㄱ
② ㄱ, ㄴ
③ ㄱ, ㄷ
④ ㄴ, ㄷ
⑤ ㄱ, ㄴ, ㄷ

38 다음은 상표심사 목표조정계수와 상표심사과 직원의 인사 발령에 관한 자료이다. 이에 대한 〈보기〉의 설명 중 옳은 것만을 모두 고르면?

상표심사과 근무월수별 상표심사 목표조정계수

교육 이수 여부	직급	자격증 유무	1개월 차	2개월 차	3개월 차	4개월 차	5개월 차	6개월 차	7개월 차 이후
이수	일반직 5·6급	유	0.3	0.4	0.6	0.8	0.9	1.0	1.0
		무	0.3	0.3	0.4	0.6	0.8	0.9	
	경채 5·6급		0.2	0.3	0.3	0.5	0.5	0.5	
미이수			직급과 자격증 유무가 동일한 교육이수자의 근무월수에 해당하는 상표심사 목표조정계수의 70%						

※ 상표심사 목표점수(점) = 150(점) × 상표심사 목표조정계수

상표심사과 인사 발령 명단

이름 \ 구분	교육이수 여부	직급	자격증 유무
최연중	이수	일반직 6급	무
권순용	이수	경채 6급	무
정민하	미이수	일반직 5급	유
안필성	미이수	경채 5급	무

─ 보기 ┌

ㄱ. 근무 3개월 차 상표심사 목표점수가 높은 사람부터 순서대로 나열하면 정민하, 최연중, 권순용, 안필성이다.

ㄴ. 상표심사과 인사 발령자 중 5급의 근무 5개월 차 상표심사 목표점수의 합은 6급의 근무 5개월 차 상표심사 목표점수의 합보다 크다.

ㄷ. 근무 3개월 차 대비 근무 4개월 차 상표심사 목표점수의 증가율은 정민하가 최연중보다 크다.

ㄹ. 정민하와 안필성이 교육을 이수한 후 발령 받았다면, 근무 3개월 차 상표심사 목표점수의 두 사람 간 차이는 40점 이상이다.

① ㄱ, ㄴ
② ㄱ, ㄹ
③ ㄴ, ㄷ
④ ㄱ, ㄷ, ㄹ
⑤ ㄴ, ㄷ, ㄹ

39 다음 표와 〈선정절차〉는 '갑'사업에 지원한 A ~ E 유치원 현황과 사업 선정절차에 대한 자료이다. 이에 대한 〈보기〉의 설명 중 옳은 것만을 모두 고르면?

A ~ E 유치원 현황

| 유치원 | 원아수 (명) | 교직원수(명) | | | 교사 평균 경력 (년) | 시설현황 | | | | 통학 차량 대수 (대) |
| | | 교사 | | 사무 직원 | | 교실 | | 놀이터 면적 (m²) | 유치원 총면적 (m²) | |
		정교사	준교사			수 (개)	총면적 (m²)			
A	132	10	2	1	2.1	5	450	2,400	3,800	3
B	160	5	0	1	4.5	7	420	200	1,300	2
C	120	4	3	0	3.1	5	420	440	1,000	1
D	170	2	10	2	4.0	7	550	300	1,500	2
E	135	4	5	1	2.9	6	550	1,000	2,500	2

※ 여유면적 = 유치원 총면적 − 교실 총면적 − 놀이터 면적

┌ 선정절차 ┐
• 1단계: 아래 4개 조건을 모두 충족하는 유치원을 예비 선정한다.
  − 교실조건: 교실 1개당 원아수가 25명 이하여야 한다.
  − 교사조건: 교사 1인당 원아수가 15명 이하여야 한다.
  − 차량조건: 통학 차량 1대당 원아수가 100명 이하여야 한다.
  − 여유면적조건: 여유면적이 650m² 이상이어야 한다.
• 2단계: 예비 선정된 유치원 중 교사평균경력이 가장 긴 유치원을 최종 선정한다.

┌ 보기 ┐
ㄱ. A 유치원은 교사조건, 차량조건, 여유면적조건을 충족한다.
ㄴ. '갑'사업에 최종 선정되는 유치원은 D이다.
ㄷ. C 유치원은 원아수를 15% 줄이면 차량조건을 충족하게 된다.
ㄹ. B 유치원이 교사경력 4.0년 이상인 준교사 6명을 증원한다면 B 유치원이 '갑'사업에 최종 선정된다.

① ㄱ, ㄴ
② ㄱ, ㄷ
③ ㄷ, ㄹ
④ ㄱ, ㄴ, ㄹ
⑤ ㄴ, ㄷ, ㄹ

40 A와 B 지역의 사람들 중 20대 이상의 사람들을 대상으로 공기업 이전에 대한 찬성 여부를 조사하였다. 다음 표의 결과를 통해 판단한 내용 중 틀린 것을 〈보기〉에서 모두 고르면?

A 지역의 연령별 찬성률(400명 대상)

연령별	응답자 수(명)	찬성률(%)
20 ~ 30대	200	80
40 ~ 50대	120	50
60대 이상	80	25

B 지역의 연령별 찬성률(500명 대상)

연령별	응답자 수(명)	찬성률(%)
20 ~ 30대	150	80
40 ~ 50대	150	60
60대 이상	200	40

┌ 보기 ┐
ㄱ. 공기업 이전에 대한 각 지역별 평균 찬성률을 비교해 보면 B 지역에 비해 A 지역이 높음을 알 수 있다.
ㄴ. 20 ~ 30대 연령의 응답자 중 B 지역이 A 지역보다 40명 더 많은 수가 공기업 이전을 찬성한다.
ㄷ. 20 ~ 30대 연령층의 찬성자 수가 차지하는 비율은 A 지역에서는 40%, B 지역에서는 24%이다.
ㄹ. A, B 지역의 60대 이상 찬성자 수의 비율은 A, B 지역 전체로 놓고 보면 20%가 넘는다.
ㅁ. A 지역의 응답자 중 20 ~ 30대 연령층이 50%에 달하므로 B 지역보다는 공기업 이전에 대한 찬성률 통계에 편향성이 드러날 가능성이 있다.

① ㄱ, ㄴ　　　　　　　② ㄴ, ㄷ
③ ㄴ, ㄹ　　　　　　　④ ㄹ, ㅁ
⑤ ㄴ, ㅁ

41 다음 표는 특별·광역·특별자치시의 도로 현황이다. 이를 바탕으로 〈조건〉을 모두 만족하는 두 도시 A, B를 비교한 것으로 옳은 것은?

특별·광역·특별자치시의 도로 현황

구분	면적 (km²)	인구 (천 명)	도로 연장 (km)	포장 도로 (km)	도로 포장률 (%)	면적당 도로 연장 (km/km²)	인구당 도로 연장 (km/천 명)	자동차 대수 (천 대)	자동차당 도로 연장 (km/천 대)	도로 보급률
서울	605	10,195	8,223	8,223	100.0	13.59	0.81	2,974	2.76	3.31
부산	770	3,538	3,101	3,022	97.5	4.03	0.88	1,184	2.62	1.88
대구	884	2,506	2,627	2,627	100.0	2.97	1.05	1,039	2.53	1.76
인천	1,041	2,844	2,743	2,605	95.0	2.63	0.96	1,142	2.40	1.59
광주	501	1,469	1,806	1,799	99.6	3.60	1.23	568	3.18	2.11
대전	540	1,525	2,077	2,077	100.0	3.85	1.36	606	3.43	2.29
울산	1,060	1,147	1,760	1,724	98.0	1.66	1.53	485	3.63	1.60
세종	465	113	412	334	81.1	0.89	3.65	53	7.77	1.80
전국	100,188	50,948	106,440	87,798	82.5	1.06	2.09	19,400	5.49	1.49

조건
- 자동차당 도로연장은 A시와 B시 모두 전국보다 짧다.
- A시 인구는 B시 인구의 2배 이상이다.
- A시는 B시에 비해 면적이 더 넓다.
- A시는 B시에 비해 도로포장률이 더 높다.

① 자동차 대수: A < B ② 도로보급률: A < B
③ 면적당 도로연장: A > B ④ 인구당 도로연장: A > B
⑤ 자동차당 도로연장: A > B

42 다음 표는 2016년과 2017년 추석교통대책기간 중 고속도로 교통현황에 관한 자료이다. 이에 대한 〈보고서〉의 내용 중 옳은 것만을 모두 고르면?

〈표 1〉 일자별 고속도로 이동인원 및 교통량

(단위 : 만 명, 만 대)

연도\구분\일자	2016		2017	
	이동인원	교통량	이동인원	교통량
D−5	−	−	525	470
D−4	−	−	520	439
D−3	−	−	465	367
D−2	590	459	531	425
D−1	618	422	608	447
추석 당일	775	535	809	588
D+1	629	433	742	548
D+2	483	346	560	433
D+3	445	311	557	440
D+4	−	−	442	388
D+5	−	−	401	369
계	3,540	2,506	6,160	4,914

※ 2016년, 2017년 추석교통대책기간은 각각 6일(D − 2 ∼ D+3), 11일(D − 5 ∼ D+5)임

〈표 2〉 고속도로 구간별 최대 소요시간 현황

연도	서울 − 대전		서울 − 부산		서울 − 광주		서서울 − 목포		서울 − 강릉	
	귀성	귀경	귀성	귀경	귀성	귀경	귀성	귀경	귀성	귀경
2016	4:15	3:30	7:15	7:20	7:30	5:30	8:50	6:10	5:00	3:40
2017	4:00	4:20	7:50	9:40	7:00	7:50	7:00	9:50	4:50	5:10

※ 'A : B'에서 A는 시간, B는 분을 의미함. 예를 들어, 4:15는 4시간 15분을 의미함

┌─ 보고서 ─
│ ㉠ 2017년 추석교통대책기간 중 총 고속도로 이동인원은 6,160만 명으로 전년 대비 70% 이상 증가하였으나, ㉡ 1일 평균 이동인원은 560만 명으로 전년 대비 10% 이상 감소하였다. 2017년 추석 당일 고속도로 이동인원은 사상 최대인 809만 명으로 전년 대비 약 4.4% 증가하였다. 2017년 추석연휴기간의 증가로 나들이 차량 등이 늘어 추석교통대책기간 중 1일 평균 고속도로 교통량은 약 447만 대로 전년 대비 6% 이상 증가하였다. 특히 ㉢ 추석 당일 고속도로 교통량은 588만 대로 전년 대비 9% 이상 증가하였다. ㉣ 2017년 고속도로 최대 소요시간은 귀성의 경우, 제시된 구간에서 전년보다 모두 감소하였으며, 특히 서서울 − 목포 7시간, 서울 − 광주 7시간이 걸려 전년 대비 각각 1시간 50분, 30분 감소하였다. 반면 귀경의 경우, 서서울 − 목포 9시간 50분, 서울 − 부산 9시간 40분으로 전년 대비 각각 3시간 40분, 2시간 20분 증가하였다.

① ㉠, ㉡
② ㉠, ㉢
③ ㉡, ㉢
④ ㉡, ㉣
⑤ ㉢, ㉣

43 다음 표는 방한 중국인 관광객에 관한 자료이다. 〈보고서〉를 작성하기 위해 표 이외에 추가로 필요한 자료만을 〈보기〉에서 모두 고르면?

〈표 1〉 2016 ~ 2017년 월별 방한 중국인 관광객수

(단위 : 만 명)

년 \ 월	1	2	3	4	5	6	7	8	9	10	11	12	계
2016	60	47	80	80	78	95	87	102	107	106	55	54	951
2017	15	15	18	17	17	20	15	21	13	19	12	13	195

※ 2017년 자료는 추정값임

〈표 2〉 2016년 방한 중국인 관광객 1인당 관광 지출액

(단위 : 달러)

구분	쇼핑	숙박 · 교통	식음료	기타	총지출
개별	1,430	422	322	61	2,235
단체	1,296	168	196	17	1,677
전체	1,363	295	259	39	1,956

※ 전체는 방한 중국인 관광객 1인당 관광 지출액임

보고서

2017년 3월부터 7월까지 5개월간 전년 동기간 대비 방한 중국인 관광객수는 300만 명 이상 감소한 것으로 추정된다. 해당 규모에 2016년 기준 전체 방한 중국인 관광객 1인당 관광 지출액인 1,956달러를 적용하면 중국인의 한국 관광 포기로 인한 지출 감소액은 약 65.1억 달러로 추정된다.

2017년 전년 대비 연간 추정 방한 중국인 관광객 감소 규모는 약 756만 명이며, 추정 지출 감소액은 약 147.9억 달러로 나타난다. 이는 각각 2016년 중국인 관광객을 제외한 연간 전체 방한 외국인 관광객수의 46.3%, 중국인 관광객 지출액을 제외한 전체 방한 외국인 관광객 총 지출액의 55.8% 수준이다.

2017년 산업부문별 추정 매출 감소액을 살펴보면, 도소매업의 매출액 감소가 전년 대비 108.9억 달러로 가장 크고, 다음으로 식음료업, 숙박업 순으로 나타났다.

보기

ㄱ. 2016년 방한 외국인 관광객의 국적별 1인당 관광 지출액
ㄴ. 2016년 전체 방한 외국인 관광객수 및 지출액 현황
ㄷ. 2016년 산업부문별 매출액 규모 및 구성비
ㄹ. 2017년 산업부문별 추정 매출액 규모 및 구성비

① ㄱ, ㄷ   ② ㄴ, ㄷ
③ ㄴ, ㄹ   ④ ㄱ, ㄴ, ㄹ
⑤ ㄴ, ㄷ, ㄹ

44 다음 표는 A국에서 2016년에 채용된 공무원 인원에 관한 자료이다. 이에 대한 〈보기〉의 설명 중 옳은 것만을 모두 고르면?

A국의 2016년 공무원 채용 인원

(단위 : 명)

채용방식 공무원구분	공개경쟁채용	경력경쟁채용	합
고위공무원	–	73	73
3급	–	17	17
4급	–	99	99
5급	296	205	501
6급	–	193	193
7급	639	509	1,148
8급	–	481	481
9급	3,000	1,466	4,466
연구직	17	357	374
지도직	–	3	3
우정직	–	599	599
전문경력관	–	104	104
전문임기제	–	241	241
한시임기제	–	743	743
전체	3,952	5,090	9,042

※ 1) 채용방식은 공개경쟁채용과 경력경쟁채용으로만 이루어짐
  2) 공무원구분은 〈표〉에 제시된 것으로 한정됨

┌ 보기 ┐
ㄱ. 2016년에 공개경쟁채용을 통해 채용이 이루어진 공무원 구분은 총 4개이다.
ㄴ. 2016년 우정직 채용 인원은 7급 채용 인원의 절반보다 많다.
ㄷ. 2016년에 공개경쟁채용을 통해 채용이 이루어진 공무원 구분 각각에서는 공개경쟁채용 인원이 경력경쟁채용 인원보다 많다.
ㄹ. 2017년부터 공무원 채용 인원 중 9급 공개경쟁채용 인원만을 해마다 전년 대비 10%씩 늘리고 그 외 나머지 채용 인원을 2016년과 동일하게 유지하여 채용한다면, 2018년 전체 공무원 채용 인원 중 9급 공개경쟁채용 인원의 비중은 40% 이하이다.

① ㄱ, ㄴ   ② ㄱ, ㄷ
③ ㄷ, ㄹ   ④ ㄱ, ㄴ, ㄹ
⑤ ㄴ, ㄷ, ㄹ

45 다음 표는 AIIB(Asian Infrastructure Investment Bank)의 지분율 상위 10개 회원국의 지분율과 투표권 비율에 대한 자료이다. 이에 대한 〈보기〉의 설명 중 옳은 것만을 모두 고르면?

지분율 상위 10개 회원국의 지분율과 투표권 비율

(단위 : %)

회원국	지역	지분율	투표권 비율
중국	A	30.34	26.06
인도	A	8.52	7.51
러시아	B	6.66	5.93
독일	B	4.57	4.15
한국	A	3.81	3.50
호주	A	3.76	3.46
프랑스	B	3.44	3.19
인도네시아	A	3.42	3.17
브라질	B	3.24	3.02
영국	B	3.11	2.91

※ 1) 회원국의 지분율(%) = $\dfrac{\text{해당 회원국이 AIIB에 출자한 자본금}}{\text{AIIB의 자본금 총액}} \times 100$

2) 지분율이 높을수록 투표권 비율이 높아짐

┌ 보기 ┐
ㄱ. 지분율 상위 4개 회원국의 투표권 비율을 합하면 40% 이상이다.
ㄴ. 중국을 제외한 지분율 상위 9개 회원국 중 지분율과 투표권 비율의 차이가 가장 큰 회원국은 인도이다.
ㄷ. 지분율 상위 10개 회원국 중에서, A지역 회원국의 지분율 합은 B지역 회원국의 지분율 합의 3배 이상이다.
ㄹ. AIIB의 자본금 총액이 2,000억 달러라면, 독일과 프랑스가 AIIB에 출자한 자본금의 합은 160억 달러 이상이다.

① ㄱ, ㄴ
② ㄴ, ㄷ
③ ㄷ, ㄹ
④ ㄱ, ㄴ, ㄹ
⑤ ㄱ, ㄷ, ㄹ

46 다음은 교통수단별 내국인 출국자에 관한 자료이다. 이 자료에 대한 설명으로 옳지 않은 것은?

교통수단별 내국인 출국 인원

(단위 : 명)

교통수단별(1)	교통수단별(2)	2017. 04.	2017. 05.	2017. 06.	2017. 07.	2017. 08.	2017. 09.
계	계	2,003,943	2,003,834	2,098,126	2,389,447	2,385,301	2,236,500
공항	소계	1,915,430	1,908,438	2,017,883	2,300,588	2,302,380	2,162,558
	인천	1,492,418	1,485,091	1,573,141	1,793,164	1,792,997	1,702,043
	김해	271,919	271,320	287,950	322,647	324,089	286,387
	김포	90,377	89,216	86,637	94,029	93,634	93,333
	제주	4,496	5,164	5,753	10,081	9,312	9,210
	기타	56,220	57,647	64,402	80,667	82,348	71,585
항구	소계	88,513	95,396	80,243	88,859	82,921	73,942
	부산	66,503	65,276	57,440	62,795	57,500	49,628
	인천	5,144	5,481	5,863	7,176	8,396	7,896
	제주	38	86	6	5	155	82
	기타	16,828	24,553	16,934	18,883	16,870	16,336

① 내국인이 출국을 가장 많이 한 달은 7월이다.

② 인천공항 대비 김해공항의 출국 인원 수 비가 가장 작은 달은 7월이다.

③ 인천항을 이용해 출국한 내국인의 평균 인원 수는 6,700명보다 적다.

④ 인천공항을 이용해 출국한 내국인이 가장 많았던 달과 가장 적었던 달의 출국 인원수 차이는 김해 공항을 이용해 출국한 내국인이 가장 많았던 달의 출국 인원수보다 적다.

⑤ 김해공항을 이용해 출국한 내국인의 수는 김포공항을 이용해 출국한 내국인 수의 3배보다 많다.

47 다음 표는 '가'국의 PC와 스마트폰 기반 웹 브라우저 이용에 대한 설문조사를 바탕으로 2013년 10월~ 2014년 1월 동안 매월 이용률 상위 5종 웹 브라우저의 이용률 현황을 정리한 자료이다. 이에 대한 설명으로 옳은 것은?

PC 기반 웹 브라우저

(단위 : %)

조사시기 / 웹 브라우저 종류	2013년			2014년
	10월	11월	12월	1월
인터넷 익스플로러	58.22	58.36	57.91	58.21
파이어폭스	17.70	17.54	17.22	17.35
크롬	16.42	16.44	17.35	17.02
사파리	5.84	5.90	5.82	5.78
오페라	1.42	1.39	1.33	1.28
상위 5종 전체	99.60	99.63	99.63	99.64

※ 무응답자는 없으며, 응답자는 1종의 웹 브라우저만을 이용한 것으로 응답함

스마트폰 기반 웹 브라우저

(단위 : %)

조사시기 / 웹 브라우저 종류	2013년			2014년
	10월	11월	12월	1월
사파리	55.88	55.61	54.82	54.97
안드로이드 기본 브라우저	23.45	25.22	25.43	23.49
크롬	6.85	8.33	9.70	10.87
오페라	6.91	4.81	4.15	4.51
인터넷 익스플로러	1.30	1.56	1.58	1.63
상위 5종 전체	94.39	95.53	95.68	95.47

※ 무응답자는 없으며, 응답자는 1종의 웹 브라우저만을 이용한 것으로 응답함

① 2013년 10월 전체 설문조사 대상 스마트폰 기반 웹 브라우저는 10종 이상이다.

② 2014년 1월 이용률 상위 5종 웹 브라우저 중 PC 기반 이용률 순위와 스마트폰 기반 이용률 순위가 일치하는 웹 브라우저는 없다.

③ PC 기반 이용률 상위 5종 웹 브라우저의 이용률 순위는 매월 동일하다.

④ 스마트폰 기반 이용률 상위 5종 웹 브라우저 중 2013년 10월과 2014년 1월 이용률의 차이가 2%p 이상인 것은 크롬뿐이다.

⑤ 스마트폰 기반 이용률 상위 3종 웹 브라우저 이용률의 합은 매월 90% 이상이다.

48 다음은 어느 팀의 워크숍에 관한 〈상황〉과 워크숍 장소로 가는 열차 정보를 나타낸 것이다. 이를 바탕으로 할 때, 목적지로 가는 SRT 운임(편도)의 팀 합계 금액은 얼마인가?

> ⌐ 상황 ┐
> 10월 15일(월) 울산에서 열리는 워크숍에 참석하기 위해 팀원들은 모두 수서역에서 SRT를 타고 출발해야 한다. 팀원은 A부장, B과장, C대리, D사원 총 4명이며, A부장은 당일 현장 예매하였고 B과장은 10월 2일 서울역에서 표를 구매하였다. C대리는 이 달 10일에, D사원은 전월 12일에 인터넷으로 예매를 하였다. C대리는 개인적인 사정으로 하루 전에 출발하였고 나머지 3명은 당일(15) 출발하였다.

열차(SRT) 운임표

출발 \ 도착	수서	동탄	천안	대전	동대구	울산	부산
수서	–	10,900	16,400	29,100	54,200	67,900	76,300
동탄	7,500	–	10,900	22,300	47,600	61,000	69,700
천안	11,300	7,500	–	12,800	38,100	51,800	60,300
대전	20,100	15,400	8,800	–	25,500	39,300	47,900
동대구	37,400	32,800	26,300	17,600	–	13,800	22,600
울산	46,800	42,100	35,700	27,100	9,500	–	10,900
부산	52,600	48,100	41,600	33,000	15,600	7,500	–

열차 운임 할인율

구입시기 \ 할인율	할인율	
	평일	주말
출발 30일 전	30%	10%
출발 29일 전 ~ 출발 11일 전	20%	5%
출발 10일 전 ~ 출발 2일 전	10%	5%

※ 인터넷 예매자는 5% 추가할인이 적용됨(예를 들어, 만약 10% 할인율이 적용될 때 인터넷 예매를 하면 5%가 추가할인되어 15%의 할인율을 적용받음)

① 198,350원
② 208,375원
③ 227,465원
④ 250,270원
⑤ 281,230원

49 다음 표는 2013년과 2016년에 A ~ D 국가 전체 인구를 대상으로 통신 가입자 현황을 조사한 자료이다. 이에 대한 설명으로 옳은 것은?

국가별 2013년과 2016년 통신 가입자 현황

(단위 : 만 명)

연도 / 구분 / 국가	2013				2016			
	유선 통신 가입자	무선 통신 가입자	유·무선 통신 동시 가입자	미 가입자	유선 통신 가입자	무선 통신 가입자	유·무선 통신 동시 가입자	미 가입자
A	( )	4,100	700	200	1,600	5,700	400	100
B	1,900	3,000	300	400	1,400	( )	100	200
C	3,200	7,700	( )	700	3,000	5,500	1,100	400
D	1,100	1,300	500	100	1,100	2,500	800	( )

※ 유·무선 통신 동시 가입자는 유선 통신 가입자와 무선 통신 가입자에도 포함됨

① A국의 2013년 인구 100명당 유선 통신 가입자가 40명이라면, 유선 통신 가입자는 2,200만 명이다.

② B국의 2013년 대비 2016년 무선 통신 가입자 수의 비율이 1.5라면, 2016년 무선 통신 가입자는 5,000만 명이다.

③ C국의 2013년 인구 100명당 무선 통신 가입자가 77명이라면, 유·무선 통신 동시 가입자는 1,600만 명이다.

④ D국의 2013년 대비 2016년 인구 비율이 1.5라면, 2016년 미가입자는 100만 명이다.

⑤ 2013년 유선 통신만 가입한 인구는 B국이 D국의 3배 이상이다.

50 영희가 다음의 〈규칙〉에 따라 아래의 그림을 작성하였을 때, 영희가 사용한 두 자연수 n과 m의 합을 구하면?

┌ 규칙 ┐
- 원주를 $(n-1)$ 등분하여 '등분점'을 찍는다.
- '등분점' 중 임의의 한 점부터 반시계 방향으로 각 점에 순서대로 1, 2, …, $n-1$의 번호를 붙인다.
- 임의의 '등분점' P를 선택해 P의 번호에 m을 곱한 수를 n으로 나눈 나머지를 구하여, 그 값을 번호로 가지는 '등분점'을 P의 '대응점'이라 한다. 단, $2 \leq m \leq \dfrac{n}{2}$ 이다.
- 각 '등분점'과 그 '등분점'의 '대응점'을 선으로 연결한다.

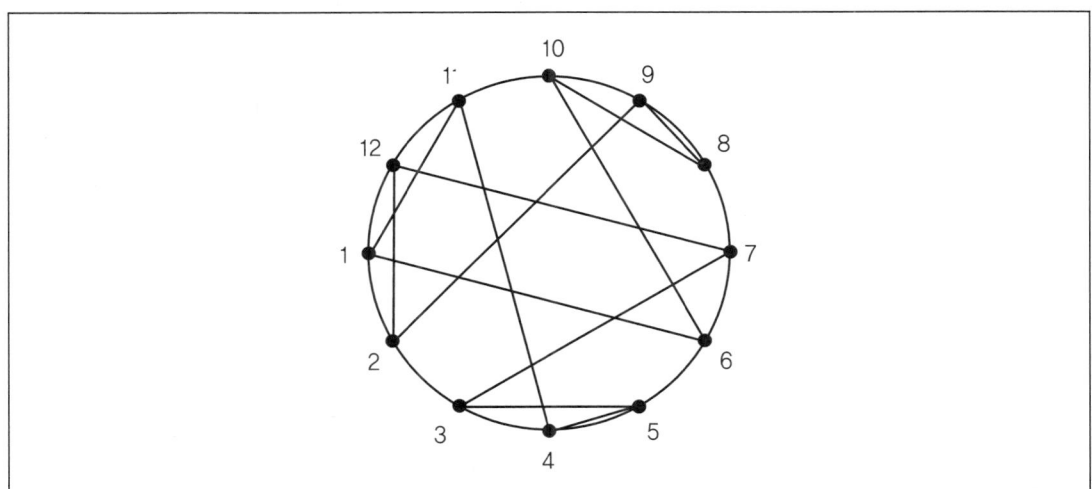

① 15
② 16
③ 17
④ 18
⑤ 19

51 다음 표는 A도시 주민 일일 통행 횟수의 통행목적에 따른 시간대별 비율을 정리한 자료이다. 이에 대한 〈보기〉의 설명 중 옳은 것만을 모두 고르면?

일일 통행 횟수의 통행목적에 따른 시간대별 비율

(단위 : %)

시간대 \ 통행목적	업무	여가	쇼핑	전체 통행
00:00 ~ 03:00	3.00	1.00	1.50	2.25
03:00 ~ 06:00	4.50	1.50	1.50	3.15
06:00 ~ 09:00	40.50	1.50	6.00	24.30
09:00 ~ 12:00	7.00	12.00	30.50	14.80
12:00 ~ 15:00	8.00	9.00	31.50	15.20
15:00 ~ 18:00	24.50	7.50	10.00	17.60
18:00 ~ 21:00	8.00	50.00	14.00	16.10
21:00 ~ 24:00	4.50	17.50	5.00	6.60
계	100.00	100.00	100.00	100.00

※ 1) 전체 통행은 업무, 여가, 쇼핑의 3가지 통행목적으로만 구성되며, 각각의 통행은 하나의 통행목적을 위해서만 이루어짐
  2) 모든 통행은 각 시간대 내에서만 출발과 도착이 모두 이루어짐

┌─ 보기 ─
│ ㄱ. 업무목적 통행 비율이 하루 중 가장 높은 시간대와 전체 통행 횟수가 하루 중 가장 많은 시간대는
│   동일하다.
│ ㄴ. 일일 통행목적별 통행 횟수는 '업무', '쇼핑', '여가' 순으로 많다.
│ ㄷ. 여가목적 통행 비율이 하루 중 가장 높은 시간대의 여가목적 통행 횟수는 09:00 ~ 12:00 시간대의
│   전체 통행 횟수보다 많다.
│ ㄹ. 쇼핑목적 통행 비율이 하루 중 가장 높은 시간대의 쇼핑목적 통행 횟수는 같은 시간대의 업무목적
│   통행 횟수의 2.5배 이상이다.

① ㄱ, ㄴ   ② ㄱ, ㄷ
③ ㄱ, ㄴ, ㄷ   ④ ㄱ, ㄴ, ㄹ
⑤ ㄴ, ㄷ, ㄹ

52 다음 표는 우리나라의 시·군 중 2013년 경지 면적, 논 면적, 밭 면적 상위 5개 시·군에 대한 자료이다. 이에 대한 〈보기〉의 설명 중 옳은 것만을 모두 고르면?

경지 면적, 논 면적, 밭 면적 상위 5개 시·군

(단위 : ha)

구분	순위	시·군	면적
경지 면적	1	해남군	35,369
	2	제주시	31,585
	3	서귀포시	31,271
	4	김제시	28,501
	5	서산시	27,285
논 면적	1	김제시	23,415
	2	해남군	23,042
	3	서산시	21,730
	4	당진시	21,726
	5	익산시	19,067
밭 면적	1	제주시	31,577
	2	서귀포시	31,246
	3	안동시	13,231
	4	해남군	12,327
	5	상주시	11,047

※ 1) 경지 면적 = 논 면적 + 밭 면적
  2) 순위는 면적이 큰 시·군부터 순서대로 부여함

┌─ 보기 ┐

ㄱ. 해남군의 논 면적은 해남군 밭 면적의 2배 이상이다.
ㄴ. 서귀포시의 논 면적은 제주시 논 면적보다 크다.
ㄷ. 서산시의 밭 면적은 김제시 밭 면적보다 크다.
ㄹ. 상주시의 논 면적은 익산시 논 면적의 90% 이하이다.

① ㄱ, ㄴ   ② ㄴ, ㄷ
③ ㄴ, ㄹ   ④ ㄱ, ㄷ, ㄹ
⑤ ㄴ, ㄷ, ㄹ

53 다음 자료는 2013년과 2014년 침해유형별 개인정보 침해경험을 설문조사한 결과이다. 이에 대한 설명으로 옳은 것은?

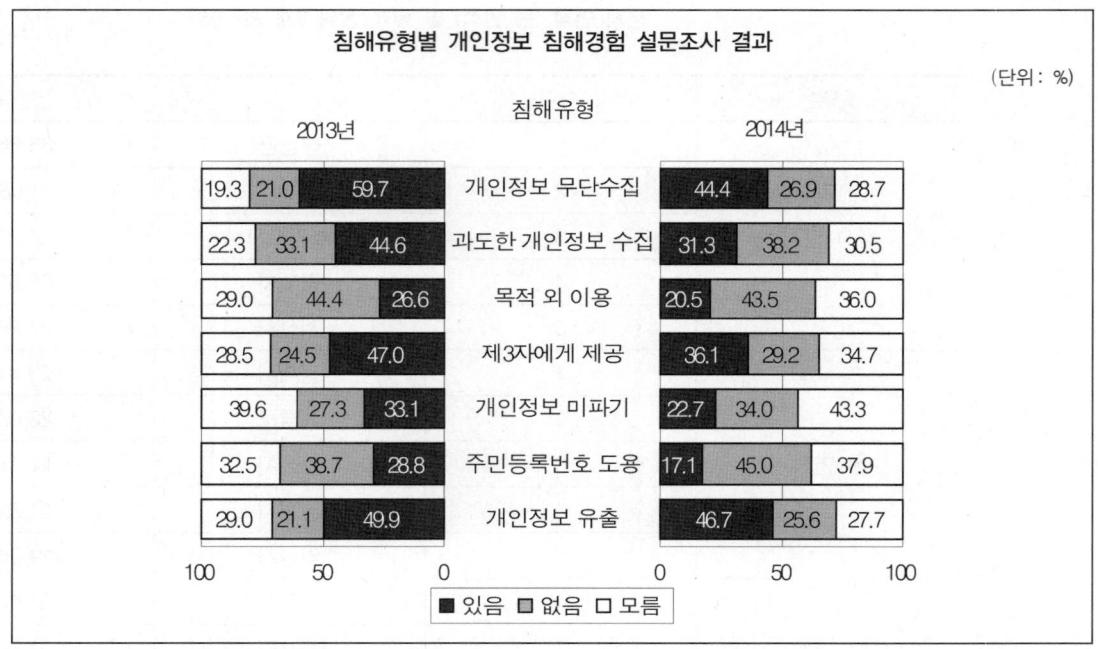

① '있음'으로 응답한 비율이 높은 침해유형부터 순서대로 나열하면 2013년과 2014년의 순서는 동일하다.

② 2014년 개인정보 무단수집을 '있음'으로 응답한 비율은 개인정보 미파기를 '있음'으로 응답한 비율의 2배 이상이다.

③ 2014년 '있음'으로 응답한 비율의 전년 대비 감소폭이 가장 큰 침해유형은 과도한 개인정보 수집이다.

④ 2014년 '모름'으로 응답한 비율은 모든 침해유형에서 전년 대비 증가하였다.

⑤ 2014년 '있음'으로 응답한 비율의 전년 대비 감소율이 가장 큰 침해유형은 주민등록번호 도용이다.

54 다음 표는 A회사의 연도별 임직원 현황에 관한 자료이다. 이에 대한 〈보기〉의 설명 중 옳은 것만을 모두 고르면?

A회사의 연도별 임직원 현황

(단위 : 명)

구분	연도	2013	2014	2015
국적	한국	9,566	10,197	9,070
	중국	2,636	3,748	4,853
	일본	1,615	2,353	2,749
	대만	1,333	1,585	2,032
	기타	97	115	153
	계	15,247	17,998	18,857
고용 형태	정규직	14,173	16,007	17,341
	비정규직	1,074	1,991	1,516
	계	15,247	17,998	18,857
연령	20대 이하	8,914	8,933	10,947
	30대	5,181	7,113	6,210
	40대 이상	1,152	1,952	1,700
	계	15,247	17,998	18,857
직급	사원	12,365	14,800	15,504
	간부	2,801	3,109	3,255
	임원	81	89	98
	계	15,247	17,998	18,857

┌─ 보기 ─┐

ㄱ. 매년 일본, 대만 및 기타 국적 임직원 수의 합은 중국 국적 임직원 수보다 많다.
ㄴ. 매년 전체 임직원 중 20대 이하 임직원이 차지하는 비중은 50% 이상이다.
ㄷ. 2014년과 2015년에 전년 대비 임직원 수가 가장 많이 증가한 국적은 모두 중국이다.
ㄹ. 국적이 한국이면서 고용 형태가 정규직이고 직급이 사원인 임직원은 2014년에 5,000명 이상이다.

① ㄱ, ㄴ   ② ㄱ, ㄷ
③ ㄴ, ㄹ   ④ ㄱ, ㄷ, ㄹ
⑤ ㄴ, ㄷ, ㄹ

55 다음 표는 A카페의 커피 판매정보에 대한 자료이다. 한 잔만 더 판매하고 영업을 종료한다고 할 때, 총이익이 정확히 64,000원이 되기 위해서 판매해야 하는 메뉴는?

A카페의 커피 판매정보

(단위 : 원, 잔)

구분 메뉴	한 잔 판매 가격	현재까지의 판매량	한 잔당 재료(재료비)				
			원두 (200)	우유 (300)	바닐라시럽 (100)	초코시럽 (150)	카라멜시럽 (250)
아메리카노	3,000	5	○	×	×	×	×
카페라테	3,500	3	○	○	×	×	×
바닐라라테	4,000	3	○	○	○	×	×
카페모카	4,000	2	○	○	×	○	×
캐러멜 마키아토	4,300	6	○	○	○	×	○

※ 1) 메뉴별 이익 = (메뉴별 판매가격 − 메뉴별 재료비) × 메뉴별 판매량
  2) 총이익은 메뉴별 이익의 합이며, 다른 비용은 고려하지 않음
  3) A카페는 5가지 메뉴만을 판매하며, 메뉴별 한 잔 판매가격과 재료비는 변동 없음
  4) ○ : 해당 재료 한 번 사용
    × : 해당 재료 사용하지 않음

① 아메리카노　　　　　　　② 카페라테
③ 바닐라라테　　　　　　　④ 카페모카
⑤ 캐러멜마키아토

56 다음 표는 학생 6명의 A ~ E 과목 시험 성적 자료의 일부이다. 이에 대한 〈보기〉의 설명 중 옳은 것만을 모두 고르면?

학생 6명의 A ~ E 과목 시험 성적

(단위 : 점)

학생＼과목	A	B	C	D	E	평균
영희	( )	14	13	15	( )	( )
민수	12	14	( )	10	14	13.0
수민	10	12	9	( )	18	11.8
은경	14	14	( )	17	( )	( )
철민	( )	20	19	17	19	18.6
상욱	10	( )	16	( )	16	( )
계	80	( )	( )	84	( )	( )
평균	( )	14.5	14.5	( )	( )	( )

※ 1) 과목별 시험 점수 범위는 0 ~ 20점이고, 모든 과목 시험에서 결시자는 없음
2) 학생의 성취도 수준은 5개 과목 시험 점수의 산술평균으로 결정함
   - 시험 점수 평균이 18점 이상 20점 이하: 수월 수준
   - 시험 점수 평균이 15점 이상 18점 미만: 우수 수준
   - 시험 점수 평균이 12점 이상 15점 미만: 보통 수준
   - 시험 점수 평균이 12점 미만: 기초 수준

┌─ 보기 ─┐

ㄱ. 영희의 성취도 수준은 E과목 시험 점수가 17점 이상이면 '우수 수준'이 될 수 있다.
ㄴ. 은경의 성취도 수준은 E과목 시험 점수에 따라 '기초 수준'이 될 수 있다.
ㄷ. 상욱의 시험 점수는 B과목은 13점, D과목은 15점이고 성취도 수준은 '보통 수준'이다.
ㄹ. 민수의 C과목 시험 점수는 철민의 A과목 시험 점수보다 높다.

① ㄱ, ㄴ   ② ㄱ, ㄷ
③ ㄱ, ㄹ   ④ ㄴ, ㄷ
⑤ ㄴ, ㄹ

57 다음 표는 품목별 한우의 2015년 10월 평균 가격, 전월, 전년 동월, 직전 3개년 동월 평균 가격을 제시한 자료이다. 이에 대한 설명으로 옳은 것은?

품목별 한우 평균 가격

(단위 : 원/kg)

품목		2015년 10월 평균 가격	전월 평균 가격	전년 동월 평균 가격	직전 3개년 동월 평균 가격
구분	등급				
거세우	1등급	17,895	18,922	14,683	14,199
	2등급	16,534	17,369	13,612	12,647
	3등급	14,166	14,205	12,034	10,350
비거세우	1등급	18,022	18,917	15,059	15,022
	2등급	16,957	16,990	13,222	12,879
	3등급	14,560	14,344	11,693	10,528

※ 1) 거세우, 비거세우의 등급은 1등급, 2등급, 3등급만 있음
  2) 품목은 구분과 등급의 조합임. 예를 들어, 구분이 거세우이고 등급이 1등급이면 품목은 거세우 1등급임

① 거세우의 각 등급에서의 2015년 10월 평균가격이 비거세우의 같은 등급에서의 2015년 10월 평균 가격보다 모두 높다.
② 모든 품목에서 전월 평균 가격은 2015년 10월 평균 가격보다 높다.
③ 2015년 10월 평균 가격, 전월 평균 가격, 전년 동월 평균 가격, 직전 3개년 동월 평균 가격은 비거세우 1등급이 다른 모든 품목에 비해 높다.
④ 직전 3개년 동월 평균 가격 대비 전년 동월 평균 가격의 증가폭이 가장 큰 품목은 거세우 2등급이다.
⑤ 전년 동월 평균 가격 대비 2015년 10월 평균 가격 증감률이 가장 큰 품목은 비거세우 2등급이다.

58 다음 표는 2013년 '갑'국의 식품 수입액 및 수입건수 상위 10개 수입상대국 현황을 나타낸 자료이다. 이에 대한 설명으로 옳은 것은?

2013년 '갑'국의 식품 수입액 및 수입건수 상위 10개 수입상대국 현황

(단위 : 조 원, 건, %)

수입액				수입건수			
순위	국가	금액	점유율	순위	국가	건수	점유율
1	중국	3.39	21.06	1	중국	104,487	32.06
2	미국	3.14	19.51	2	미국	55,980	17.17
3	호주	1.10	6.83	3	일본	15,884	4.87
4	브라질	0.73	4.54	4	프랑스	15,883	4.87
5	태국	0.55	3.42	5	이탈리아	15,143	4.65
6	베트남	0.50	3.11	6	태국	12,075	3.70
7	필리핀	0.42	2.61	7	독일	11,699	3.59
8	말레이시아	0.36	2.24	8	베트남	10,558	3.24
9	영국	0.34	2.11	9	영국	7,595	2.33
10	일본	0.17	1.06	10	필리핀	7,126	2.19
―	기타 국가	5.40	33.53	―	기타 국가	69,517	21.33

① 식품의 총 수입액은 17조 원 이상이다.

② 수입액 상위 10개 수입상대국의 식품 수입액의 합이 전체 식품 수입액에서 차지하는 비중은 70% 이상이다.

③ 식품 수입액 상위 10개 수입상대국과 식품 수입건수 상위 10개 수입상대국에 모두 속하는 국가 수는 6개이다.

④ 식품 수입건수당 식품 수입액은 중국이 미국보다 크다.

⑤ 중국으로부터의 식품 수입건수는 수입건수 상위 10개 수입상대국으로부터의 식품 수입건수 합의 45% 이하이다.

59 다음은 '갑' 택지지구의 개발 적합성 평가 기초 자료이다. 〈조건〉을 이용하여 '갑' 택지지구 내 A ~
E 지역의 개발 적합성 점수를 계산했을 때, 개발 적합성 점수가 가장 낮은 지역과 가장 높은 지역을
바르게 나열한 것은?

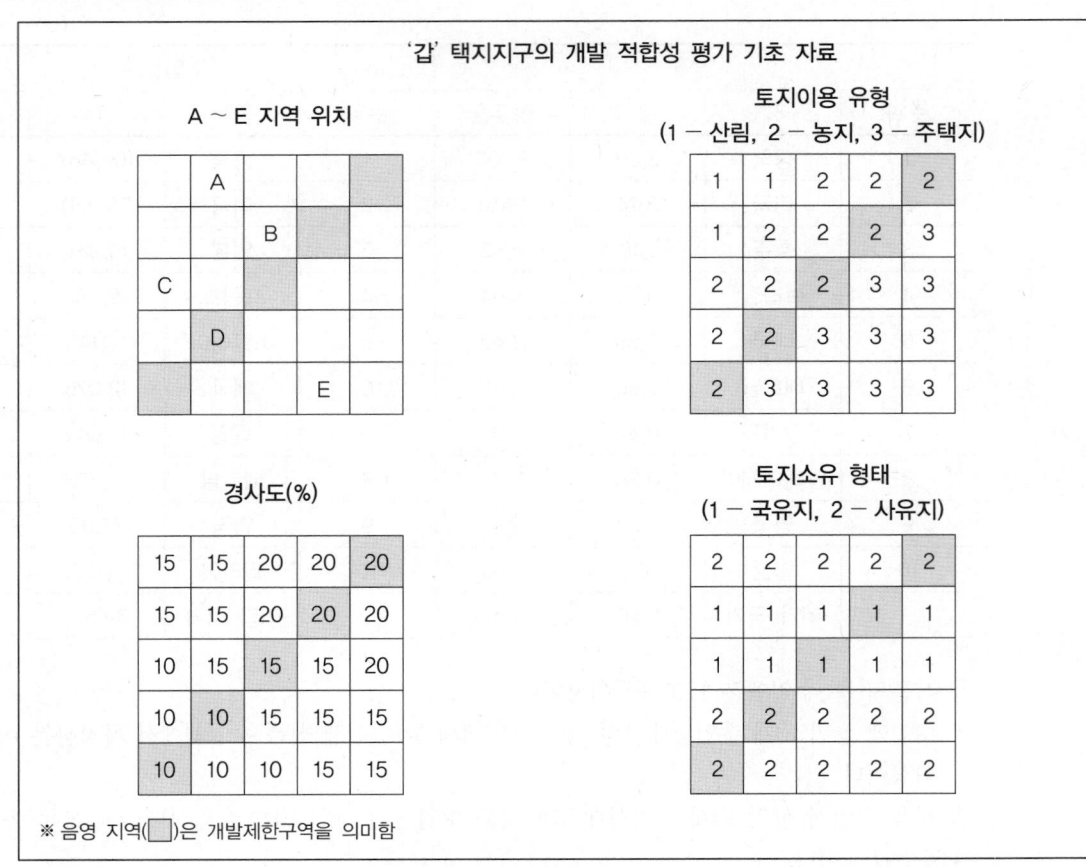

조건

• 평가 점수 = (0.6 × 토지이용 기준 점수) + (0.4 × 경사도 기준 점수)
• 토지이용 기준 점수는 유형에 따라 산림 5점, 농지 8점, 주택지 10점이다.
• 경사도 기준 점수는 경사도 10%이면 10점, 나머지는 5점이다.
• 개발 적합성 점수는 토지소유 형태가 사유지이면 '평가 점수'의 80%를 부여하고, 국유지이면 100%를
  부여한다. 단, 토지소유 형태와 상관없이 개발제한구역의 개발 적합성 점수는 0점으로 한다.

	가장 낮은 지역	가장 높은 지역
①	A	B
②	A	C
③	A	E
④	D	C
⑤	D	E

60 다음은 '갑' 노선(A ~ E역)의 무궁화호 운행 다이어그램이고, 아래 〈정보〉는 무궁화호, 새마을호, 고속열차의 운행에 관련된 자료이다. 이에 대한 〈보기〉의 설명 중 옳은 것만을 모두 고르면?

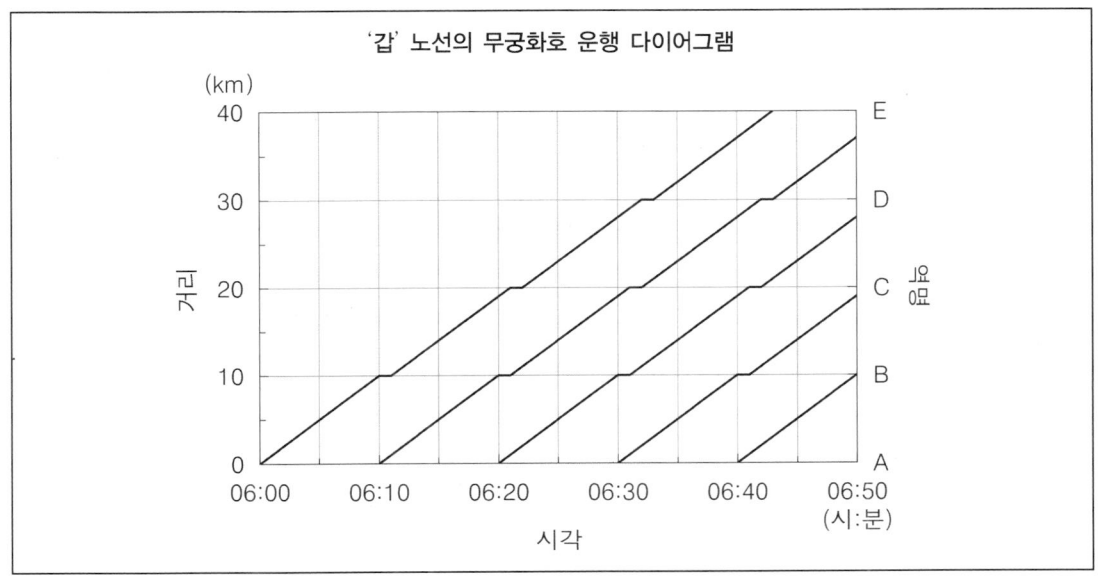

'갑' 노선의 무궁화호 운행 다이어그램

┌ 정보 ┐
- 무궁화호, 새마을호, 고속열차는 시발역인 A역을 출발한 후 모든 역에 정차하며, 각 역에서 정차 시간은 1분이다.
- 새마을호의 역간 속력은 120km/h이고 고속열차의 역간 속력은 240km/h이다. 각 열차의 역간 속력은 일정하다.
- A역에서 06시 00분에 첫 무궁화호가 출발하고, 06시 05분에 첫 새마을호와 첫 고속열차가 출발한다.
- 무궁화호, 새마을호, 고속열차는 동일노선의 각각 다른 선로와 플랫폼을 이용하며 역간 운행 거리는 동일하다.
- 열차의 길이는 무시한다.

┌ 보기 ┐
ㄱ. 첫 무궁화호가 C역에 도착하기 6분 전에 첫 고속열차는 D역에 정차해 있다.
ㄴ. 첫 새마을호의 D역 출발 시각과 06시 10분에 A역을 출발한 무궁화호의 C역 도착 시각은 같다.
ㄷ. 고속열차가 C역을 출발하여 E역에 도착하는 데 6분이 소요된다.

① ㄱ   ② ㄴ
③ ㄷ   ④ ㄱ, ㄷ
⑤ ㄱ, ㄴ, ㄷ

61 다음은 국내 7개 권역별 전국 대비 면적, 인구, 산업 생산액 비중 현황을 나타낸 자료이다. 이를 토대로 〈보기〉에 제시된 각 항목의 값이 두 번째로 큰 권역을 바르게 나열한 것은?

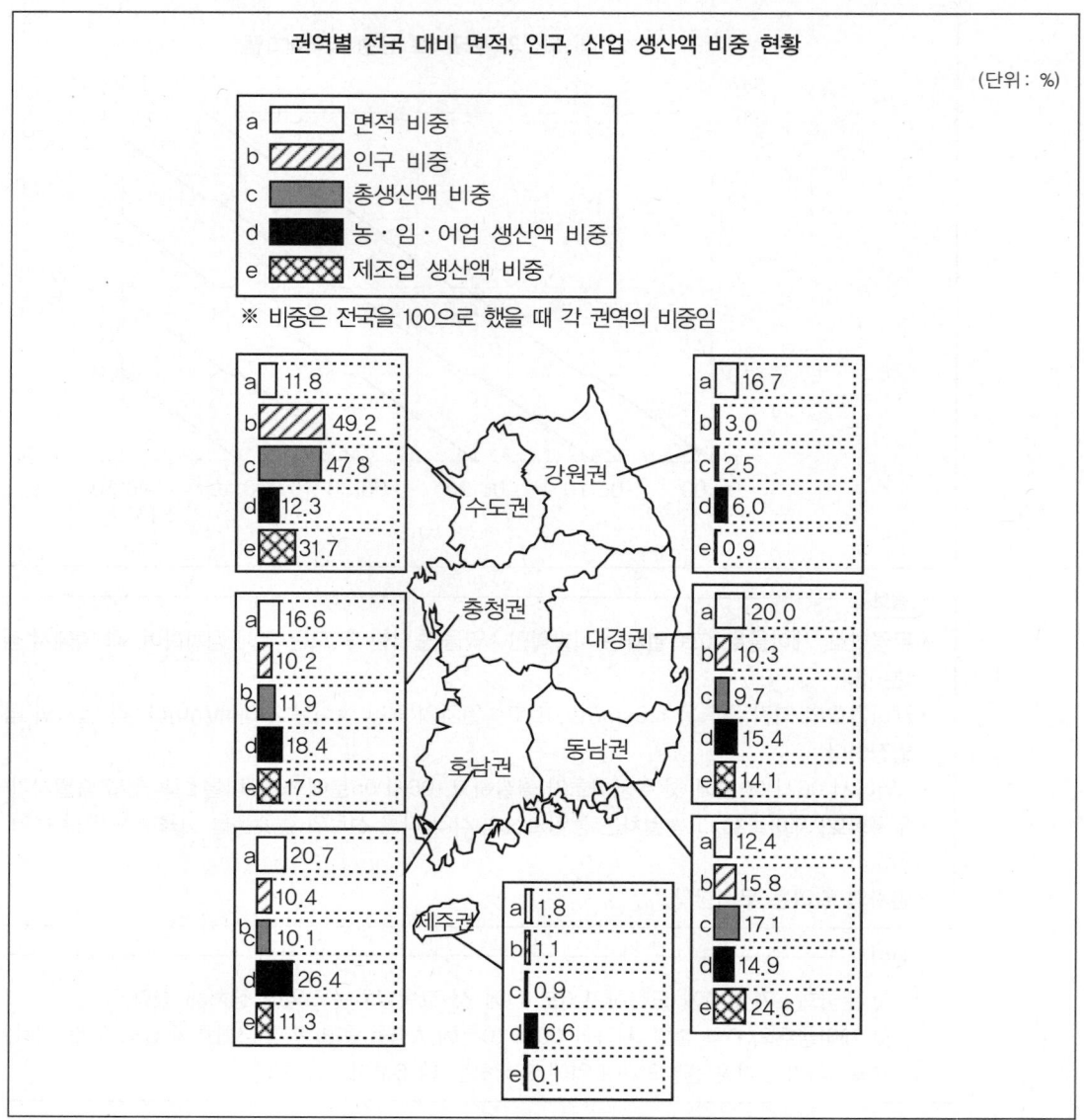

보기

ㄱ. 면적 대비 총생산액
ㄴ. 면적 대비 농·임·어업 생산액
ㄷ. 인구 대비 제조업 생산액

	ㄱ	ㄴ	ㄷ
①	충청권	동남권	동남권
②	충청권	호남권	대경권
③	동남권	동남권	대경권
④	동남권	호남권	대경권
⑤	동남권	호남권	동남권

62 다음 표는 2010 ~ 2012년 남아공, 멕시코, 브라질, 사우디, 캐나다, 한국의 이산화탄소 배출량에 대한 자료이다. 다음 〈조건〉을 근거로 하여 A ~ D에 해당하는 국가를 바르게 나열한 것은?

2010 ~ 2012년 국가별 이산화탄소 배출량

(단위 : 천만 톤, 톤/인)

국가	구분	2010	2011	2012
한국	총배출량	56.45	58.99	59.29
	1인당 배출량	11.42	11.85	11.86
멕시코	총배출량	41.79	43.25	43.58
	1인당 배출량	3.66	3.74	3.75
A	총배출량	37.63	36.15	37.61
	1인당 배출량	7.39	7.01	7.20
B	총배출량	41.49	42.98	45.88
	1인당 배출량	15.22	15.48	16.22
C	총배출량	53.14	53.67	53.37
	1인당 배출량	15.57	15.56	15.30
D	총배출량	38.85	40.80	44.02
	1인당 배출량	1.99	2.07	2.22

※ 1인당 배출량(톤/인) = $\dfrac{\text{총배출량}}{\text{인구}}$

조건

- 1인당 이산화탄소 배출량이 2011년과 2012년 모두 전년 대비 증가한 국가는 멕시코, 브라질, 사우디, 한국이다.
- 2010 ~ 2012년 동안 매년 인구가 1억 명 이상인 국가는 멕시코와 브라질이다.
- 2012년 인구는 남아공이 한국보다 많다.

	A	B	C	D
①	남아공	사우디	캐나다	브라질
②	남아공	브라질	캐나다	사우디
③	캐나다	사우디	남아공	브라질
④	캐나다	브라질	남아공	사우디
⑤	캐나다	남아공	사우디	브라질

63 다음 표는 2012년 어린이집 및 유치원의 11개 특별활동 프로그램 실시 현황에 관한 자료이다. 이에 대한 〈보기〉의 설명 중 옳은 것만을 모두 고르면?

어린이집 및 유치원의 11개 특별활동 프로그램 실시 현황

(단위: %, 개, 명)

구분 / 특별활동 프로그램	어린이집			유치원		
	실시율	실시 기관 수	파견 강사 수	실시율	실시 기관 수	파견 강사 수
미술	15.7	6,677	834	38.5	3,250	671
음악	47.0	19,988	2,498	62.7	5,294	1,059
체육	53.6	22,794	2,849	78.2	6,600	1,320
과학	6.0	( )	319	27.9	( )	471
수학	2.9	1,233	206	16.2	1,366	273
한글	5.8	2,467	411	15.5	1,306	291
컴퓨터	0.7	298	37	0.0	0	0
교구	15.2	6,464	808	15.5	1,306	261
한자	0.5	213	26	3.7	316	63
영어	62.9	26,749	6,687	70.7	5,968	1,492
서예	1.0	425	53	0.6	51	10

※ 1) 해당 특별활동 프로그램 실시율(%) = $\dfrac{\text{해당 특별활동 프로그램 실시 어린이집(유치원) 수}}{\text{특별활동 프로그램 실시 전체 어린이집(유치원) 수}} \times 100$

2) 어린이집과 유치원은 각각 1개 이상의 특별활동 프로그램을 실시하며, 2012년 특별활동 프로그램 실시 전체 어린이집 수는 42,527개이고, 특별활동 프로그램 실시 전체 유치원 수는 8,443개임

┌─ 보기 ─
ㄱ. 특별활동 프로그램 실시율이 40% 이상인 특별활동 프로그램 수는 어린이집과 유치원이 동일하다.
ㄴ. 어린이집의 특별활동 프로그램 중 실시기관 수 대비 파견강사 수의 비율은 '영어'가 '음악'보다 높다.
ㄷ. 파견강사 수가 많은 특별활동 프로그램부터 순서대로 나열하면, 어린이집과 유치원의 특별활동 프로그램 순위는 동일하다.
ㄹ. 특별활동 프로그램 중 '과학' 실시기관 수는 유치원이 어린이집보다 많다.

① ㄱ, ㄴ
② ㄱ, ㄷ
③ ㄷ, ㄹ
④ ㄱ, ㄴ, ㄹ
⑤ ㄴ, ㄷ, ㄹ

64 다음 〈보고서〉는 A ~ E 국가 중 하나인 '갑'국의 일일평균 TV 시청 시간별, 성별 사망률 간의 관계를 분석한 것이고, 표는 A ~ E 국가의 일일평균 TV 시청 시간별, 성별 사망률에 대한 자료이다. 이를 근거로 '갑'국에 해당하는 국가를 A ~ E에서 고르면?

> ┌ 보고서 ┐
> '갑'국의 일일평균 TV 시청 시간에 따른 남녀사망률의 차이는 다음과 같다. 첫째, 남성과 여성 모두 일일평균 TV 시청 시간이 길면 사망률이 높다. 둘째, TV를 일일평균 6시간 시청했을 때 남성과 여성의 사망률 차이는 TV를 일일평균 2시간 시청했을 때 남성과 여성의 사망률 차이의 2배 이상이다. 셋째, 일일평균 TV 시청 시간의 증가에 따른 사망률의 증가폭은 남성이 여성보다 컸으나, 일일평균 TV 시청 시간이 증가함에 따라 남성과 여성 간 사망률 증가폭의 차이는 줄어들었다. 넷째, 남성과 여성 모두 TV를 일일평균 8시간 시청했을 때 사망률이 TV를 일일평균 2시간 시청했을 때 사망률의 1.65배 이상이다.

A ~ E 국가의 일일평균 TV 시청 시간별, 성별 사망률

(단위 : %)

국가 \ 일일평균 TV 시청 시간 성별	2시간 남	2시간 여	4시간 남	4시간 여	6시간 남	6시간 여	8시간 남	8시간 여
A	5.8	6.3	8.1	7.7	10.5	9.3	13.0	11.1
B	7.1	4.2	7.8	4.5	9.5	5.9	11.4	7.5
C	6.8	7.7	10.2	9.8	13.0	11.4	14.8	13.1
D	5.3	2.5	8.0	4.8	12.6	4.6	15.1	7.2
E	6.2	4.7	7.3	5.0	8.8	5.8	11.5	7.5

① A
③ C
⑤ E
② B
④ D

65

다음은 2017년 11월 말 기준 A지역 청년통장 사업 참여인원에 관한 자료이다. 이에 대한 〈보기〉의 설명 중 옳은 것만을 모두 고르면?

자료

청년통장 사업에 참여한 근로자의 고용형태별, 직종별, 근무연수별 인원

1) 고용형태

(단위 : 명)

전체	정규직	비정규직
6,500	4,591	1,909

2) 직종

(단위 : 명)

전체	제조업	서비스업	숙박 및 음식점업	운수업	도·소매업	건설업	기타
6,500	1,280	2,847	247	58	390	240	1,438

3) 근무연수

(단위 : 명)

전체	6개월 미만	6개월 이상 1년 미만	1년 이상 2년 미만	2년 이상
6,500	1,669	1,204	1,583	2,044

청년통장 사업별 참여인원 중 유지인원 현황

(단위 : 명)

사업명	참여인원	유지인원	중도해지인원
청년통장 I	500	476	24
청년통장 II	1,000	984	16
청년통장 III	5,000	4,984	16
전체	6,500	6,444	56

보기

ㄱ. 청년통장 사업에 참여한 근로자의 70% 이상이 정규직 근로자이다.
ㄴ. 청년통장 사업에 참여한 정규직 근로자 중 근무연수가 2년 이상인 근로자의 비율은 최소 2% 이상이다.
ㄷ. 청년통장 사업에 참여한 정규직 근로자 중 제조업과 서비스업을 제외한 직종의 근로자는 450명보다 적다.
ㄹ. 참여인원 대비 유지인원 비율은 청년통장 I 이 가장 높고 다음으로 청년통장II, 청년통장III 순이다.

① ㄱ, ㄴ
② ㄱ, ㄷ
③ ㄱ, ㄹ
④ ㄴ, ㄹ
⑤ ㄷ, ㄹ

66 다음 표는 A지역 공무원 150명을 대상으로 설문조사를 실시한 뒤, 제출된 설문지의 문항별 응답 결과를 정리한 것이다. 표와 〈조건〉에 대한 〈보기〉의 설명 중 옳은 것만을 모두 고르면?

설문지 문항별 응답 결과

(단위 : 명)

문항	응답 결과		문항	응답 결과	
	응답 형태	응답 수		응답 형태	응답 수
성	남자	63	소속 기관	고용센터	71
	여자	63		시청	3
연령	29세 이하	13		고용노동청	41
	30 ~ 39세	54	직급	5급 이상	4
	40 ~ 49세	43		6 ~ 7급	28
	50세 이상	15		8 ~ 9급	44
학력	고졸 이하	6	직무 유형	취업지원	34
	대졸	100		고용지원	28
	대학원 재학 이상	18		기업지원	27
근무 기간	2년 미만	19		실업급여 상담	14
	2년 이상 5년 미만	24		외국인 채용	8
	5년 이상 10년 미만	21		기획 총괄	5
	10년 이상	23		기타	8

조건
- 설문조사는 동일 시점에 조사 대상자별로 독립적으로 이루어졌다.
- 설문조사 대상자 1인당 1부의 동일한 설문지를 배포하였다.
- 설문조사 문항별로 응답 거부는 허용된 반면 복수 응답은 허용되지 않았다.
- 배포된 150부의 설문지 중 제출된 130부로 문항별 응답 결과를 정리하였다.

보기
ㄱ. 배포된 설문지 중 제출된 설문지 비율은 85% 이상이다.
ㄴ. 전체 설문조사 대상자의 학력 분포에서 '고졸 이하'의 비율이 가장 낮다.
ㄷ. 제출된 설문지의 문항별 응답률은 '직무유형'이 '소속기관'보다 높다.
ㄹ. '직급' 문항 응답자 중 '8 ~ 9급' 비율은 '근무기간' 문항 응답자 중 5년 이상이라고 응답한 비율보다 높다.

① ㄱ, ㄴ
② ㄱ, ㄹ
③ ㄴ, ㄷ
④ ㄱ, ㄷ, ㄹ
⑤ ㄴ, ㄷ, ㄹ

67 다음 표는 스마트폰 기종별 출고가 및 공시지원금에 대한 자료이다. 아래 〈조건〉과 〈정보〉를 근거로 A ~ D에 해당하는 스마트폰 기종 '갑' ~ '정'을 바르게 나열한 것은?

스마트폰 기종별 출고가 및 공시지원금

(단위 : 원)

구분 기종	출고가	공시지원금
A	858,000	210,000
B	900,000	230,000
C	780,000	150,000
D	990,000	190,000

조건
- 모든 소비자는 스마트폰을 구입할 때 '요금할인' 또는 '공시지원금' 중 하나를 선택한다.
- 사용요금은 월정액 51,000원이다.
- '요금할인'을 선택하는 경우의 월 납부액은 사용요금의 80%에 출고가를 24(개월)로 나눈 월 기기값을 합한 금액이다.
- '공시지원금'을 선택하는 경우의 월 납부액은 출고가에서 공시지원금과 대리점보조금(공시지원금의 10%)을 뺀 금액을 24(개월)로 나눈 월 기기값에 사용요금을 합한 금액이다.
- 월 기기값, 사용요금 이외의 비용은 없고, 10원 단위 이하 금액은 절사한다.
- 구입한 스마트폰의 사용기간은 24개월이고, 사용기간 연장이나 중도해지는 없다.

정보
- 출고가 대비 공시지원금의 비율이 20% 이하인 스마트폰 기종은 '병'과 '정'이다.
- '공시지원금'을 선택하는 경우 월 기기값이 가장 작은 스마트폰 기종은 '정'이다.
- '공시지원금'을 선택하는 경우의 월 납부액보다 '요금할인'을 선택하는 경우의 월 납부액이 더 큰 스마트폰 기종은 '갑' 뿐이다.

	A	B	C	D
①	갑	을	정	병
②	을	갑	병	정
③	을	갑	정	병
④	병	을	정	갑
⑤	정	병	갑	을

68 다음은 조선시대 A군의 조사시기별 가구수 및 인구수와 가구 구성비에 대한 자료이다. 이에 대한 〈보기〉의 설명 중 옳은 것만을 모두 고르면?

A군의 조사시기별 가구수 및 인구수

(단위: 호, 명)

조사시기	가구 수	인구수
1729년	1,480	11,790
1765년	7,210	57,330
1804년	8,670	68,930
1867년	27,360	144,140

A군의 조사시기별 가구 구성비

보기
ㄱ. 1804년 대비 1867년의 가구당 인구수는 증가하였다.
ㄴ. 1765년 상민가구 수는 1804년 양반가구 수보다 적다.
ㄷ. 노비가구 수는 1804년이 1765년보다는 적고 1867년보다는 많다.
ㄹ. 1729년 대비 1765년에 상민가구 구성비는 감소하였고 상민가구 수는 증가하였다.

① ㄱ, ㄴ
② ㄱ, ㄷ
③ ㄴ, ㄹ
④ ㄱ, ㄷ, ㄹ
⑤ ㄴ, ㄷ, ㄹ

69 다음 표는 1908년 대한제국의 내각 직원 수에 관한 자료이다. 〈조건〉의 설명에 근거하여 〈보기〉의 내용 중 옳은 것만을 모두 고르면?

1908년 대한제국의 내각 직원 수

(단위 : 명)

구분			직원 수
본청	경비국		(A)
	대신관방	문서과	7
		비서과	3
		회계과	4
		소계	14
	법제국	총무과	1
		관보과	3
		기록과	(B)
		법제과	5
		소계	( )
	외사국	총무과	(C)
		번역과	3
		외사과	3
		소계	7
법전조사국	경비과		(D)
	서무과		(E)
	회계과		5
	조사과		12
	소계		( )
표훈원	경비과		1
	제장과		6
	서무과		4
	소계		( )
문관전고소			9
전체			99

※ 내각은 본청, 법전조사국, 표훈원, 문관전고소만으로 구성되어 있음

┌ 조건 ┐

- 본청 경비국 직원 수(A)는 법전조사국 서무과 직원 수(E)의 1.5배이다.
- 법전조사국 경비과 직원 수(D)는 본청 경비국 직원 수(A)에 본청 법제국 기록과 직원 수(B)를 합한 것과 같다.
- 법전조사국 경비과 직원 수(D)는 본청 법제국 기록과 직원 수(B)의 3배와 본청 외사국 총무과 직원 수(C)를 합한 것과 같다.
- 법전조사국 서무과 직원 수(E)는 본청 외사국 총무과 직원 수(C)의 2배와 본청 법제국 기록과 직원 수(B)를 합한 것과 같다.

┌ 보기 ┐

ㄱ. 표훈원 직원 수는 내각 전체 직원 수의 $\frac{1}{9}$이다.

ㄴ. 법전조사국 서무과 직원 수와 표훈원 서무과 직원 수의 합은 법전조사국 조사과 직원 수보다 크다.

ㄷ. 법전조사국 직원 수는 내각 전체 직원 수의 30% 미만이다.

ㄹ. A + B + C + D의 값은 270이다.

① ㄱ, ㄴ   ② ㄱ, ㄷ
③ ㄱ, ㄹ   ④ ㄴ, ㄷ
⑤ ㄴ, ㄹ

70 다음 표는 금융기관별, 개인신용등급별 햇살론 보증잔액 현황에 관한 자료이고, 그래프는 이 표를 이용하여 6개 금융기관 중 2개 금융기관의 개인신용등급별 햇살론 보증잔액 구성비를 나타낸 것이다. 이 자료의 금융기관 A와 B에 해당하는 기관을 바르게 나열한 것은?

금융기관별, 개인신용등급별 햇살론 보증잔액 현황

(단위 : 백만 원)

금융기관 / 개인신용등급	농협	수협	축협	신협	새마을금고	저축은행	합
1	2,425	119	51	4,932	7,783	3,785	19,095
2	6,609	372	77	14,816	22,511	16,477	60,862
3	8,226	492	176	18,249	24,333	27,133	78,609
4	20,199	971	319	44,905	53,858	72,692	192,944
5	41,137	2,506	859	85,086	100,591	220,535	450,714
6	77,749	5,441	1,909	147,907	177,734	629,846	1,040,586
7	58,340	5,528	2,578	130,777	127,705	610,921	935,849
8	11,587	1,995	738	37,906	42,630	149,409	244,265
9	1,216	212	75	1,854	3,066	1,637	8,060
10	291	97	2	279	539	161	1,369
계	227,779	17,733	6,784	486,711	560,750	1,732,596	3,032,353

금융기관 A와 B의 개인신용등급별 햇살론 보증잔액 구성비

(단위 : %)

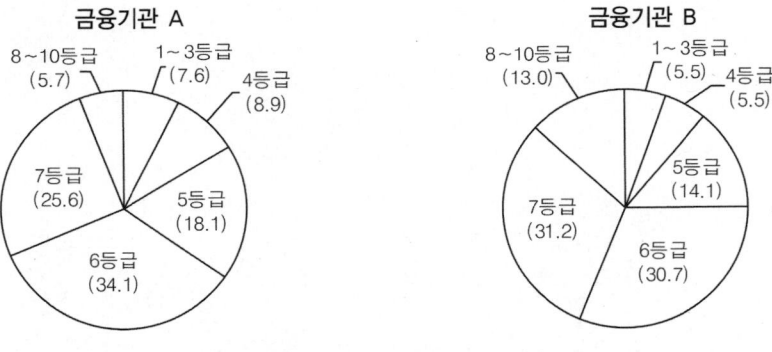

금융기관 A
- 8~10등급 (5.7)
- 1~3등급 (7.6)
- 4등급 (8.9)
- 5등급 (18.1)
- 6등급 (34.1)
- 7등급 (25.6)

금융기관 B
- 8~10등급 (13.0)
- 1~3등급 (5.5)
- 4등급 (5.5)
- 5등급 (14.1)
- 6등급 (30.7)
- 7등급 (31.2)

※ 1) '1 ~ 3등급'은 개인신용등급 1, 2, 3등급을 합한 것이고, '8 ~ 10등급'은 개인신용등급 8, 9, 10등급을 합한 것임
2) 보증잔액 구성비는 소수점 둘째 자리에서 반올림한 값임

	A	B
①	농협	수협
②	농협	축협
③	수협	신협
④	저축은행	수협
⑤	저축은행	축협

71 다음은 2000 ~ 2009년 A기업과 주요 5개 기업의 택배평균단가와 A기업 택배물량에 대한 자료이다. 이에 대한 설명으로 옳은 것은?

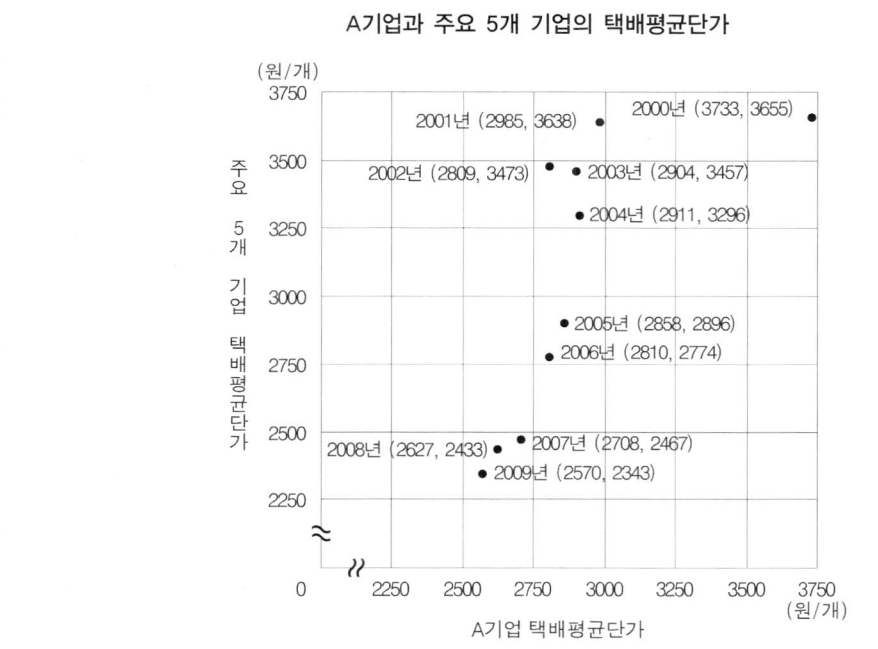

A기업 택배물량

(단위 : 천 개)

연도	2000	2001	2002	2003	2004	2005	2006	2007	2008	2009
택배물량	2,709	12,710	22,127	25,613	35,016	49,595	68,496	83,336	99,417	111,035

※ 1) 택배평균단가 (원/개) $= \dfrac{\text{택배매출액}}{\text{택배물량}}$

2) A기업 택배평균단가 비교지수 $= \dfrac{\text{A기업 택배평균단가}}{\text{주요 5개 기업 택배평균단가}} \times 100$

3) 주요 5개 기업에 A기업은 포함되지 않음

4) (,) 안의 수치는 각각 A기업 택배평균단가, 주요 5개 기업 택배평균단가를 의미함

① 2000 ~ 2009년 동안 A기업 택배평균단가 비교지수가 가장 작은 해는 2002년이다.

② 2007 ~ 2009년 동안 A기업 택배매출액은 매년 상승하여 2009년에는 3,000억 원 이상이다.

③ 2000 ~ 2009년 동안 주요 5개 기업의 택배평균단가보다 A기업 택배평균단가가 높았던 해는 낮았던 해보다 더 많다.

④ 2003 ~ 2006년 동안 전년 대비 A기업 택배물량 증가율이 가장 높았던 해는 2006년이다.

⑤ 2000 ~ 2009년 동안 A기업 택배평균단가가 가장 높은 해는 2000년이고, 주요 5개 기업 택배평균단가가 가장 높은 해는 2001년이다.

72 다음은 A국의 세계시장 수출점유율 상위 10개 산업에 관한 자료이다. 이에 대한 〈보기〉의 설명 중 옳은 것만을 모두 고르면?

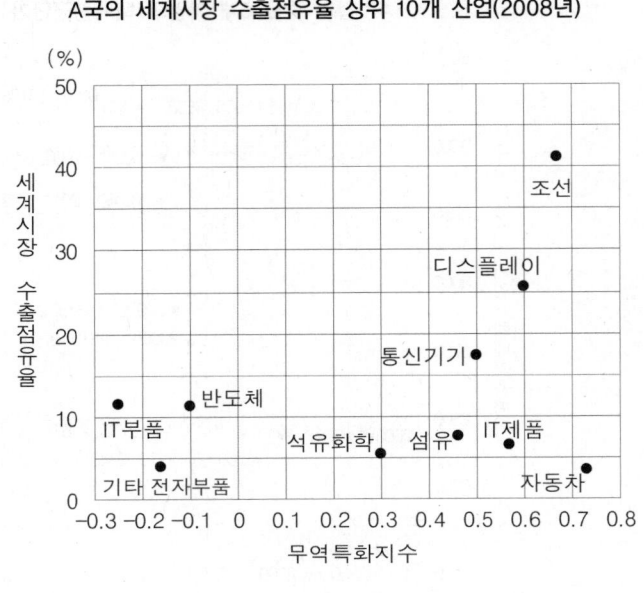

A국의 세계시장 수출점유율 상위 10개 산업(2008년)

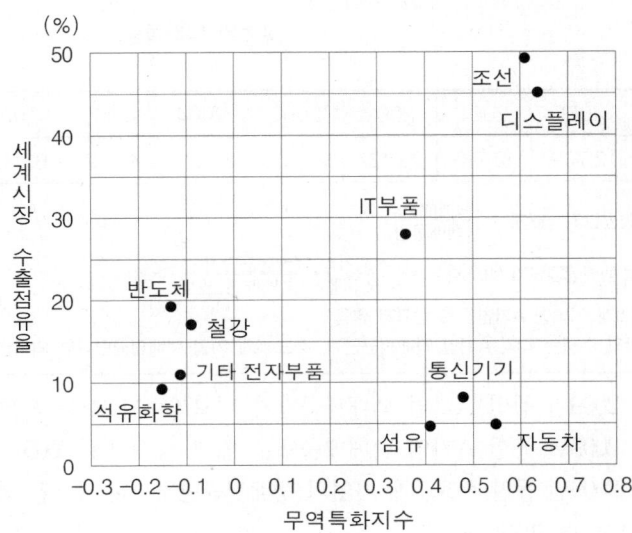

A국의 세계시장 수출점유율 상위 10개 산업(2013년)

※ 1) 세계시장 수출점유율(%) = $\dfrac{\text{A국 해당산업 수출액}}{\text{세계 해당산업 수출액}} \times 100$

2) 무역특화지수 = $\dfrac{\text{A국 해당산업 수출액} - \text{A국 해당산업 수입액}}{\text{A국 해당산업 수출액} + \text{A국 해당산업 수입액}}$

┌ 보기 ┐

ㄱ. 2008년 세계시장 수출점유율 상위 10개 산업 중에서 2013년 세계시장 수출점유율이 2008년에 비해
   하락한 산업은 모두 3개이다.
ㄴ. 세계시장 수출점유율 상위 10개 산업 중에서 세계시장 수출점유율이 10% 이상이면서 무역특화지수
   가 0.3 이하인 산업은 2008년과 2013년 각각 3개이다.
ㄷ. 세계시장 수출점유율 상위 10개 산업 중에서 A국 수출액보다 A국 수입액이 큰 산업은 2008년에 3개,
   2013년에 4개이다.
ㄹ. 2008년 세계시장 수출점유율 상위 5개 산업 중에서 2013년 무역특화지수가 2008년에 비해 증가한
   산업은 모두 2개이다.

① ㄱ, ㄴ   ② ㄱ, ㄷ
③ ㄴ, ㄹ   ④ ㄱ, ㄷ, ㄹ
⑤ ㄴ, ㄷ, ㄹ

73 다음은 2015년과 2016년 '갑' ~ '무'국의 경상수지에 관한 자료이다. 이 자료와 〈조건〉을 이용하여 A ~ E에 해당하는 국가를 바르게 나열한 것은?

국가별 상품수출액과 서비스수출액

(단위 : 백만 달러)

국가 \ 항목 \ 연도		2015	2016	
A	상품수출액	50	50	
	서비스수출액	30	26	
B	상품수출액	30	40	
	서비스수출액	28	34	
C	상품수출액	60	70	
	서비스수출액	40	46	
D	상품수출액	70	62	
	서비스수출액	55	60	
E	상품수출액	50	40	
	서비스수출액	27	33	

국가별 상품수지와 서비스수지

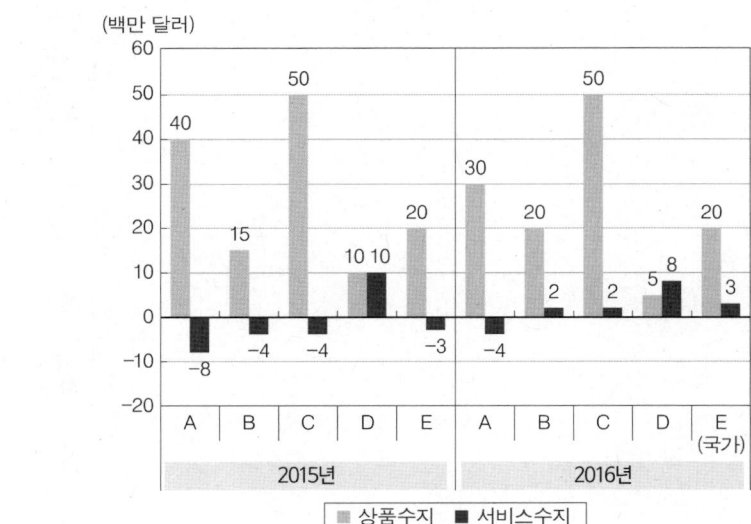

※상품(서비스)수지 = 상품(서비스)수출액 － 상품(서비스)수입액

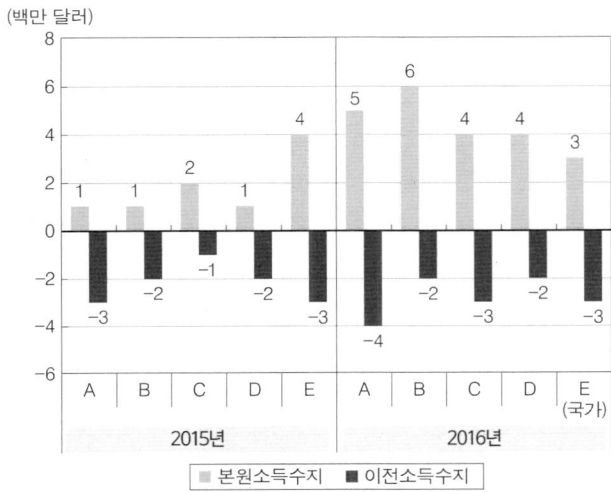

국가별 본원소득수지와 이전소득수지

• 2015년 대비 2016년의 상품수입액 증가폭이 동일한 국가는 '을'국과 '정'국이다.
• 2015년과 2016년의 서비스수입액이 동일한 국가는 '을'국, '병'국, '무'국이다.
• 2015년 본원소득수지 대비 상품수지 비율은 '병'국이 '무'국의 3배이다.
• 2016년 '갑'국과 '병'국의 이전소득수지는 동일하다.

	A	B	C	D	E
①	을	병	정	갑	무
②	을	무	갑	정	병
③	정	갑	을	무	병
④	정	병	을	갑	무
⑤	무	을	갑	정	병

74 다음 표는 우리나라 근로장려금과 자녀장려금 신청 현황에 관한 자료이다. 이에 대한 설명으로 옳지 않은 것은?

2011 ~ 2015년 전국 근로장려금 및 자녀장려금 신청 현황

(단위: 천 가구, 십억 원)

구분 / 연도	근로장려금만 신청		자녀장려금만 신청		근로장려금과 자녀장려금 모두 신청			
	가구 수	금액	가구 수	금액	가구 수	금액		
						근로	자녀	소계
2011	930	747	1,210	864	752	712	762	1,474
2012	1,020	719	1,384	893	692	882	765	1,647
2013	1,060	967	1,302	992	769	803	723	1,526
2014	1,658	1,419	1,403	975	750	715	572	1,287
2015	1,695	1,155	1,114	775	608	599	451	1,050

※ 1) 장려금은 근로장려금과 자녀장려금으로만 구성됨
  2) 단일 연도에 같은 종류의 장려금을 중복 신청한 가구는 없음

2015년 지역별 근로장려금 및 자녀장려금 신청 현황

(단위: 천 가구, 십억 원)

구분 / 지역	근로장려금만 신청		자녀장려금만 신청		근로장려금과 자녀장려금 모두 신청		
	가구 수	금액	가구 수	금액	가구 수	금액	
						근로	자녀
서울	247	174	119	95	83	86	57
인천	105	72	79	52	40	39	30
경기	344	261	282	188	144	144	106
강원	71	44	42	29	23	23	17
대전	58	35	38	26	21	20	16
충북	59	36	41	29	20	20	16
충남	70	43	46	33	24	23	19
세종	4	3	4	2	2	2	1
광주	62	39	43	31	24	23	18
전북	91	59	54	40	31	30	25
전남	93	58	51	38	29	28	24
대구	93	64	59	39	33	32	23
경북	113	75	68	47	36	34	27
부산	126	88	70	45	37	35	26
울산	26	15	20	13	10	10	7
경남	109	74	79	54	40	39	30
제주	24	15	19	14	11	11	9

① 장려금을 신청한 가구의 수는 2011 ~ 2014년 동안 매년 증가하였다.

② 근로장려금과 자녀장려금을 모두 신청한 가구의 가구당 장려금 총 신청 금액이 가장 큰 연도는 2012년이다.

③ 2015년 자녀장려금만 신청한 가구 중 경기 지역 가구가 차지하는 비중은 20% 이상이다.

④ 2015년에 근로장려금과 자녀장려금을 모두 신청한 가구의 가구당 근로장려금 신청 금액은 근로장려금만 신청한 가구의 가구당 근로장려금 신청 금액보다 크다.

⑤ 2015년 근로장려금을 신청한 가구의 가구당 근로장려금 신청금액은 부산이 전국보다 크다.

75 다음 표는 2016 ~ 2018년 A국 10대 수출품목의 수출액에 관한 자료이다. 이에 대한 〈보기〉의 설명 중 옳은 것만을 모두 고르면?

A국 10대 수출품목의 수출액 비중과 품목별 세계수출시장 점유율(금액 기준)

(단위 : %)

구분 / 품목 / 연도	A국의 전체 수출액에서 차지하는 비중			품목별 세계수출시장에서 A국의 점유율		
	2016	2017	2018	2016	2017	2018
백색가전	13.0	12.0	11.0	2.0	2.5	3.0
TV	14.0	14.0	13.0	10.0	20.0	25.0
반도체	10.0	10.0	15.0	30.0	33.0	34.0
휴대폰	16.0	15.0	13.0	17.0	16.0	13.0
2,000cc 이하 승용차	8.0	7.0	8.0	2.0	2.0	2.3
2,000cc 초과 승용차	6.0	6.0	5.0	0.8	0.7	0.8
자동차용 배터리	3.0	4.0	6.0	5.0	6.0	7.0
선박	5.0	4.0	3.0	1.0	1.0	1.0
항공기	1.0	2.0	3.0	0.1	0.1	0.1
전자부품	7.0	8.0	9.0	2.0	1.8	1.7
계	83.0	82.0	86.0	—	—	—

※ A국의 전체 수출액은 매년 변동 없음

A국 백색가전의 세부 품목별 수출액 비중

(단위 : %)

연도 / 세부 품목	2016	2017	2018
일반세탁기	13.0	10.0	8.0
드럼세탁기	18.0	18.0	18.0
일반냉장고	17.0	12.0	11.0
양문형냉장고	22.0	26.0	28.0
에어컨	23.0	25.0	26.0
공기청정기	7.0	9.0	9.0
계	100.0	100.0	100.0

┌ 보기 ┐
ㄱ. 2016년과 2018년 선박의 세계수출시장 규모는 같다.
ㄴ. 2017년과 2018년 A국의 전체 수출액에서 드럼세탁기가 차지하는 비중은 전년 대비 매년 감소한다.
ㄷ. 2017년과 2018년 A국의 10대 수출 품목 모두 품목별 세계수출시장에서 A국의 점유율은 전년 대비 매년 증가한다.
ㄹ. 2018년 항공기 세계수출시장 규모는 A국 전체 수출액의 15배 이상이다.

① ㄱ, ㄴ
② ㄱ, ㄷ
③ ㄴ, ㄷ
④ ㄴ, ㄹ
⑤ ㄴ, ㄷ, ㄹ

76 다음 표는 A국 전체 근로자의 회사 규모 및 근로자 직급별 출퇴근 소요시간 분포와 유연근무제도 유형별 활용률에 관한 자료이다. 이에 대한 설명으로 옳은 것은?

〈표 1〉 회사 규모 및 근로자 직급별 출퇴근 소요시간 분포

(단위 : %)

규모 및 직급	출퇴근 소요 시간	30분 이하	30분 초과 60분 이하	60분 초과 90분 이하	90분 초과 120분 이하	120분 초과 150분 이하	150분 초과 180분 이하	180분 초과	전체
규모	중소기업	12.2	34.6	16.2	17.4	8.4	8.5	2.7	100.0
	중견기업	22.8	35.7	16.8	16.3	3.1	3.4	1.9	100.0
	대기업	21.0	37.7	15.3	15.6	4.7	4.3	1.4	100.0
직급	대리급 이하	20.5	37.3	15.4	13.8	5.0	5.3	2.6	100.0
	과장급	16.9	31.6	16.7	19.9	5.6	7.7	1.7	100.0
	차장급 이상	12.6	36.3	18.3	19.3	7.3	4.2	1.9	100.0

〈표 2〉 회사 규모 및 근로자 직급별 유연근무제도 유형별 활용률

(단위 : %)

규모 및 직급	유연근무제도 유형	재택 근무제	원격 근무제	탄력 근무제	시차 출퇴근제
규모	중소기업	10.4	54.4	15.6	41.7
	중견기업	29.8	11.5	39.5	32.0
	대기업	8.6	23.5	19.9	27.0
직급	대리급 이하	0.7	32.0	23.6	29.0
	과장급	30.2	16.3	27.7	28.7
	차장급 이상	14.2	26.4	25.1	33.2

① 출퇴근 소요시간이 60분 이하인 근로자 수는 출퇴근 소요시간이 60분 초과인 근로자 수보다 모든 직급에서 많다.

② 출퇴근 소요시간이 90분 초과인 대리급 이하 근로자 비율은 탄력근무제를 활용하는 대리급 이하 근로자 비율보다 낮다.

③ 출퇴근 소요시간이 120분 이하인 과장급 근로자 중에는 원격근무제를 활용하는 근로자가 있다.

④ 원격근무제를 활용하는 중소기업 근로자 수는 탄력근무제와 시차출퇴근제 중 하나 이상을 활용하는 중소기업 근로자 수보다 적다.

⑤ 출퇴근 소요시간이 60분 이하인 차장급 이상 근로자 수는 원격근무제와 탄력근무제 중 하나 이상을 활용하는 차장급 이상 근로자 수보다 적다.

77 다음 표는 2008 ~ 2012년 한국을 포함한 OECD 주요국의 공공복지예산에 관한 자료이다. 이에 대한 〈보기〉의 설명 중 옳은 것만을 모두 고르면?

〈표 1〉 2008 ~ 2012년 한국의 공공복지예산과 분야별 GDP 대비 공공복지예산 비율

(단위 : 십억 원, %)

구분 / 연도	공공복지 예산	분야별 GDP 대비 공공복지예산 비율					
		노령	보건	가족	실업	기타	합
2008	84,466	1.79	3.28	0.68	0.26	1.64	7.65
2009	99,856	1.91	3.64	0.74	0.36	2.02	8.67
2010	105,248	1.93	3.74	0.73	0.29	1.63	8.32
2011	111,090	1.95	3.73	0.87	0.27	1.52	8.34
2012	124,824	2.21	3.76	1.08	0.27	1.74	9.06

〈표 2〉 2008 ~ 2012년 OECD 주요국의 GDP 대비 공공복지예산 비율

(단위 : %)

연도 / 국가	2008	2009	2010	2011	2012
한국	7.65	8.67	8.32	8.34	9.06
호주	17.80	17.80	17.90	18.20	18.80
미국	17.00	19.20	19.80	19.60	19.70
체코	18.10	20.70	20.80	20.80	21.00
영국	21.80	24.10	23.80	23.60	23.90
독일	25.20	27.80	27.10	25.90	25.90
핀란드	25.30	29.40	29.60	29.20	30.00
스웨덴	27.50	29.80	28.30	27.60	28.10
프랑스	29.80	32.10	32.40	32.00	32.50

┌ 보기 ┐
ㄱ. 2011년 한국의 실업 분야 공공복지예산은 4조 원 이상이다.
ㄴ. 한국의 공공복지예산 중 보건 분야 예산이 차지하는 비중은 2011년과 2012년에 전년 대비 감소했다.
ㄷ. 매년 한국의 노령 분야 공공복지예산은 가족 분야 공공복지예산의 2배 이상이다.
ㄹ. 2009 ~ 2012년 동안 OECD 주요국 중 GDP 대비 공공복지예산 비율이 가장 높은 국가와 가장 낮은 국가 간의 비율 차이는 전년 대비 매년 증가한다.

① ㄱ, ㄹ
② ㄴ, ㄷ
③ ㄴ, ㄹ
④ ㄱ, ㄴ, ㄷ
⑤ ㄱ, ㄷ, ㄹ

78 다음 표는 일본에서 조사한 1897 ~ 1910년 대한제국의 무역에 관한 자료이다. 이에 대한 〈보기〉의 설명 중 옳은 것만을 모두 고르면?

〈표 1〉 1897 ~ 1910년 무역상대국별 수출액

(단위 : 천 엔)

국가 연도	일본	청	러시아	기타	전체
1897	8,090	736	148	0	8,974
1898	4,523	1,130	57	0	5,710
1899	4,205	685	107	0	4,997
1900	7,232	1,969	239	0	9,440
1901	7,443	821	261	17	8,542
1902	6,660	1,555	232	21	8,468
1903	7,666	1,630	310	63	9,669
1904	5,800	1,672	3	56	7,531
1905	5,546	2,279	20	72	7,917
1906	7,191	1,001	651	60	8,903
1907	12,919	3,220	787	58	16,984
1908	10,916	2,247	773	177	14,113
1909	12,053	3,203	785	208	16,249
1910	15,360	3,026	1,155	373	19,914

〈표 2〉 1897 ~ 1910년 무역상대국별 수입액

(단위 : 천 엔)

국가 연도	일본	청	러시아	기타	전체
1897	6,432	3,536	100	0	10,068
1898	6,777	4,929	111	0	11,817
1899	6,658	3,471	98	0	10,227
1900	8,241	2,582	117	0	10,940
1901	9,110	5,639	28	0	14,777
1902	8,664	4,851	21	157	13,693
1903	11,685	5,648	128	950	18,411
1904	19,255	5,403	165	2,580	27,403
1905	24,041	6,463	111	2,357	32,972
1906	23,223	4,394	56	2,632	30,305
1907	29,524	5,641	67	6,379	41,611
1908	23,982	4,882	45	12,116	41,025
1909	21,821	4,473	44	10,310	36,648
1910	25,238	3,845	18	10,681	39,782

보기
ㄱ. 전체 수입액이 가장 큰 해의 러시아 수출액은 전년 대비 20% 이상 증가한다.
ㄴ. 전체 수출액에서 기타가 차지하는 비중은 1901년 이후 매년 높아진다.
ㄷ. 1897 ~ 1910년 동안 청으로부터의 수입액이 전년보다 큰 모든 해에 전체 수입액도 전년보다 크다.
ㄹ. 전체 수출액과 전체 수입액 각각에서 일본이 차지하는 비중은 매년 60% 이상이다.

① ㄱ, ㄴ   ② ㄱ, ㄷ
③ ㄴ, ㄷ   ④ ㄴ, ㄹ
⑤ ㄱ, ㄷ, ㄹ

79 다음 표는 A국의 2008년과 2012년 의원 유형별, 정당별 전체 의원 및 여성 의원에 관한 자료이다. 이에 대한 〈보기〉의 설명 중 옳은 것만을 모두 고르면?

〈표 1〉 2008년 의원 유형별, 정당별 전체 의원 및 여성 의원

(단위 : 명)

유형 \ 구분 \ 정당 의원		가	나	다	라	기타	전체
비례대표 의원	전체 의원 수	44	38	16	20	70	188
	여성 의원 수	21	18	6	10	25	80
지역구 의원	전체 의원 수	230	209	50	51	362	902
	여성 의원 수	16	21	2	7	17	63

〈표 2〉 2012년 의원 유형별, 정당별 전체 의원 및 여성 의원

(단위 : 명, %)

유형 \ 구분 \ 정당 의원		가	나	다	라	기타	전체
비례대표 의원	전체 의원 수	34	42	18	17	74	185
	여성 의원 비율	41.2	54.8	27.8	35.3	40.5	42.2
지역구 의원	전체 의원 수	222	242	60	58	344	926
	여성 의원 비율	7.2	12.4	10.0	13.8	4.1	8.0

※ 1) 의원 유형은 비례대표 의원과 지역구 의원으로만 구성됨
　 2) 비율은 소수점 둘째 자리에서 반올림한 값임

┌ 보기 ┐
ㄱ. 2012년 A국 전체 의원 중 여성 의원의 비율은 15% 이하이다.
ㄴ. 2008년 정당별 지역구 의원 중 여성 의원 비율은 '기타'를 제외하고 '라' 정당이 가장 높다.
ㄷ. 2008년 대비 2012년의 '가' 정당 여성 의원 비율은 비례대표 의원 유형과 지역구 의원 유형에서 모두 감소하였다.
ㄹ. 2008년 대비 2012년에 여성 지역구 의원 수는 '가' ~ '라' 정당에서 모두 증가하였다.

① ㄱ, ㄴ　　　　　　② ㄱ, ㄷ
③ ㄴ, ㄷ　　　　　　④ ㄴ, ㄹ
⑤ ㄱ, ㄴ, ㄹ

80 다음 표는 A국의 농·축·수산물 안전성 조사결과에 관한 자료이다. 이에 대한 〈보기〉의 설명 중 옳은 것만을 모두 고르면?

2014년 A국의 단계별 농·축·수산물 안전성 조사결과

(단위 : 건)

단계 \ 구분	농산물		축산물		수산물	
	조사건수	부적합건수	조사건수	부적합건수	조사건수	부적합건수
생산단계	91,211	1,209	418,647	1,803	12,922	235
유통단계	55,094	516	22,927	106	8,988	49
총계	146,305	1,725	441,574	1,909	21,910	284

A국의 연도별 농·축·수산물 생산단계 안전성 조사결과

(단위 : 건)

연도 \ 구분	농산물		축산물		수산물	
	조사실적 지수	부적합건수	조사실적 지수	부적합건수	조사실적 지수	부적합건수
2011	84	( )	86	( )	84	( )
2012	87	( )	92	( )	91	( )
2013	99	( )	105	( )	92	( )
2014	100	1,209	100	1,803	100	235

※ 1) 해당연도 조사실적지수 $= \dfrac{\text{해당연도 조사건수}}{\text{2014년 조사건수}} \times 100$ (단, 조사실적지수는 소수점 첫째 자리에서 반올림한 값임)

2) 부적합건수 비율(%) $= \dfrac{\text{부적합건수}}{\text{조사건수}} \times 100$

┌ 보기 ┐

ㄱ. 2014년 생산단계에서의 부적합건수 비율은 농산물이 수산물보다 낮다.

ㄴ. 2011년 대비 2012년 생산단계 조사건수 증가량은 수산물이 농산물보다 많다.

ㄷ. 2013년 생산단계 안전성 조사결과에서 농산물 부적합건수 비율이 축산물 부적합건수 비율의 10배라면 부적합건수는 농산물이 축산물의 2배 이상이다.

ㄹ. 2012 ~ 2014년 동안 농·축·수산물 각각의 생산단계 조사건수는 전년 대비 매년 증가한다.

① ㄱ, ㄴ
② ㄱ, ㄷ
③ ㄱ, ㄹ
④ ㄴ, ㄹ
⑤ ㄷ, ㄹ

● 정답 · 해설 35p ●

81 다음 〈보고서〉와 표는 2015년 '갑'국의 수출입 현황에 대한 자료이다. 이에 대한 설명으로 옳지 않은 것은?

┌─ 보고서 ─
• 2015년 '갑'국의 총 수출액에서 전자제품은 29.9%, 석유제품은 16.2%, 기계류는 11.2%, 농수산물은 6.3%를 차지한다.
• 2015년 '갑'국의 총 수입액에서 전자제품은 23.7%, 농수산물은 12.5%, 기계류는 11.2%, 플라스틱은 3.8%를 차지한다.
└─

〈표 1〉 '갑'국의 수출입액 상위 10개 국가 현황

(단위 : 억 달러, %)

순위	수출			수입		
	국가명	수출액	'갑'국의 총 수출액에 대한 비율	국가명	수입액	'갑'국의 총 수입액에 대한 비율
1	싱가포르	280	14.0	중국	396	18.0
2	중국	260	13.0	싱가포르	264	12.0
3	미국	188	9.4	미국	178	8.1
4	일본	180	9.0	일본	161	7.3
5	태국	114	5.7	태국	121	5.5
6	홍콩	100	5.0	대만	106	4.8
7	인도	82	4.1	한국	97	4.4
8	인도네시아	76	3.8	인도네시아	86	3.9
9	호주	72	3.6	독일	70	3.2
10	한국	64	3.2	베트남	62	2.8

※ 무역수지는 수출액에서 수입액을 뺀 값으로, 이 값이 양(+)이면 흑자, 음(−)이면 적자임

〈표 2〉 '갑'국의 대(對) '을'국 수출입액 상위 5개 품목 현황

(단위 : 백만 달러, %)

순위	수출			수입		
	품목명	금액	전년 대비 증가율	품목명	금액	전년 대비 증가율
1	천연가스	2,132	33.2	농수산물	1,375	305.2
2	집적회로 반도체	999	14.5	집적회로 반도체	817	19.6
3	농수산물	861	43.0	평판 디스플레이	326	45.6
4	개별소자 반도체	382	40.6	기타정밀 화학원료	302	6.6
5	컴퓨터부품	315	14.9	합성고무	269	5.6

① 2015년 '갑'국의 수출액 상위 10개 국가 중 2015년 '갑'국과의 교역에서 무역수지 흑자를 기록한 국가는 4개국이다.
② 2014년 '갑'국의 대(對) '을'국 집적회로반도체 수출액은 수입액보다 크다.
③ 2015년 '갑'국의 무역수지는 적자이다.
④ 2015년 '갑'국의 전체 농수산물 수출액에서 '을'국에 대한 수출액이 차지하는 비율은 '갑'국의 전체 농산물 수입액 중 '을'국으로부터의 수입액이 차지하는 비율보다 작다.
⑤ 2015년 '갑'국의 전자제품 수출액은 수입액보다 크다.

340 Part 02 자료해석 문제의 끝

82 다음 표와 〈조건〉은 고객기관 유형별 기관수와 고객기관 유형별 공공데이터 자체활용 및 제공 현황을, 아래 그림은 공공데이터의 제공 경로를 나타낸것이다. 이에 대한 〈보기〉의 설명 중 옳은 것만을 모두 고르면?

고객기관 유형별 기관수

(단위 : 개)

유형	기관수
1차 고객기관	600
2차 고객기관	300

조건

- 모든 1차 고객기관은 공공데이터 원천기관으로부터 제공받은 공공데이터를 보유하고 있으며, 1차 고객기관은 공공데이터를 자체활용만 하는 기관과 자체활용 없이 개인고객 또는 2차 고객기관에게 공공데이터를 제공하는 기관으로 구분된다.
- 1차 고객기관 중 25%는 공공데이터를 자체활용만 한다.
- 1차 고객기관 중 50%는 2차 고객기관에게 공공데이터를 제공하고, 1차 고객기관 중 60%는 개인고객에게 공공데이터를 제공한다.
- 2차 고객기관 중 30%는 공공데이터를 자체활용만 하고, 70%는 개인고객에게 공공데이터를 제공한다.
- 1차 고객기관으로부터 공공데이터를 제공받지 않는 2차 고객기관은 없다.

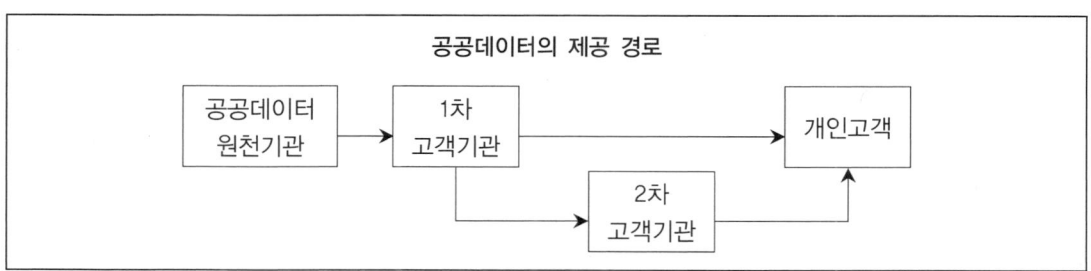

공공데이터의 제공 경로

보기

ㄱ. 개인고객에게 공공데이터를 제공하는 기관의 수는 1차 고객기관이 2차 고객기관보다 많다.
ㄴ. 공공데이터를 자체활용만 하는 기관의 수는 1차 고객기관이 2차 고객기관보다 많다.
ㄷ. 1차 고객기관 중 개인고객에게만 공공데이터를 제공하는 기관의 수는 1차 고객기관의 25%이다.
ㄹ. 1차 고객기관 중 개인고객에게만 공공데이터를 제공하는 기관의 수는 1차 고객기관 중 2차 고객기관에게만 공공데이터를 제공하는 기관의 수에 비해 70% 이상 더 많다.

① ㄱ, ㄴ
② ㄱ, ㄷ
③ ㄴ, ㄹ
④ ㄱ, ㄴ, ㄷ
⑤ ㄱ, ㄴ, ㄹ

83 다음 표와 〈보고서〉는 2012 ~ 2013년 '갑'국의 철도사고 및 운행장애 발생 현황과 원인분석에 관한 자료이다. 이를 근거로 아래의 (가) ~ (마)에 알맞은 수치를 바르게 나열한 것은?

〈표 1〉 철도사고 및 운행장애 발생 현황

(단위 : 건)

구분		연도	2012	2013	전년 대비 증감
철도 사고	철도교통사고	열차사고	0	0	0
		철도교통사상사고	(가)	( )	+4
	철도안전사고	철도화재사고	0	0	0
		철도안전사상사고	(나)	( )	-1
		철도시설파손사고	0	0	0
운행 장애	위험사건		0	0	0
	지연운행		5	3	-2
	기타		0	0	0

〈표 2〉 철도안전사상사고 피해자 유형별 사고 건수 및 피해정도별 피해자 수

(단위 : 건, 명)

연도 \ 구분	피해자 유형별 사고 건수			피해정도별 피해자 수		
	승객	비승객 일반인	직원	사망	중상	경상
2012	( )	( )	( )	1	4	4
2013	( )	( )	8	1	(다)	4

〈표 3〉 사고원인별 운행장애 발생 현황

(단위 : 건)

연도 \ 사고원인	차량 탈선	규정 위반	급전 장애	신호 장애	차량 고장	기타
2012	( )	( )	( )	(라)	2	( )
2013	1	( )	( )	( )	( )	(마)
전년 대비 증감	+1	-1	-1	-1	-2	+2

보고서
- 2013년 철도교통사상사고는 전년 대비 4건이 증가하였으며, 이 중 '투신자살'이 27건으로 전체 철도교통사상사고 건수의 90%를 차지함
- 2013년 철도안전사상사고 1건당 피해자 수는 1명으로 전년과 동일하였고, 피해자 유형은 모두 '직원'임
- 2013년에는 '규정위반', '급전장애', '신호장애', '차량고장'을 제외한 원인으로 모두 3건의 운행장애가 발생함

	(가)	(나)	(다)	(라)	(마)
①	26	9	2	1	1
②	26	9	3	1	2
③	26	10	2	2	2
④	27	9	2	2	1
⑤	27	10	3	2	2

84 다음 표는 2007 ~ 2013년 동안 '갑'국의 흡연율 및 금연계획률에 관한 자료이다. 이에 대한 설명으로 옳은 것은?

〈표 1〉 성별 흡연율

(단위 : %)

성별 \ 연도	2007	2008	2009	2010	2011	2012	2013
남성	45.0	47.7	46.9	48.3	47.3	43.7	42.1
여성	5.3	7.4	7.1	6.3	6.8	7.9	6.1
전체	20.6	23.5	23.7	24.6	25.2	24.9	24.1

〈표 2〉 소득수준별 남성 흡연율

(단위 : %)

소득수준 \ 연도	2007	2008	2009	2010	2011	2012	2013
최상	38.9	39.9	38.7	43.5	44.1	40.8	36.6
상	44.9	46.4	46.4	45.8	44.9	38.6	41.3
중	45.2	49.6	50.9	48.3	46.6	45.4	43.1
하	50.9	55.3	51.2	54.2	53.9	48.2	47.5

〈표 3〉 금연계획률

(단위 : %)

구분 \ 연도		2007	2008	2009	2010	2011	2012	2013
금연계획률		59.8	56.9	( )	( )	56.3	55.2	56.5
	단기 금연계획률	19.4	( )	18.2	20.8	20.2	19.6	19.3
	장기 금연계획률	40.4	39.2	39.2	32.7	( )	35.6	37.2

※ 1) 흡연율(%) = $\dfrac{\text{흡연자 수}}{\text{인구 수}} \times 100$

2) 금연계획률(%) = $\dfrac{\text{금연계획자 수}}{\text{흡연자 수}} \times 100$ = 단기 금연계획률 + 장기 금연계획률

① 매년 남성 흡연율은 여성 흡연율의 6배 이상이다.

② 매년 소득수준이 높을수록 남성 흡연율은 낮다.

③ 2007 ~ 2010년 동안 매년 소득수준이 높을수록 여성 흡연자 수는 적다.

④ 2008 ~ 2010년 동안 매년 금연계획률은 전년 대비 감소한다.

⑤ 2011년의 장기 금연계획률은 2008년의 단기 금연계획률의 두 배 이상이다.

[85 ~ 86] 다음은 2015 ~ 2017년 '갑'국 철강산업의 온실가스 배출량 및 철강 생산량에 관한 자료이다. 이를 보고 이어지는 물음에 답하시오.

업체별 · 연도별 온실가스 배출량

(단위 : 천tCO₂eq.)

구분\업체	배출량				예상 배출량
	2015년	2016년	2017년	3년 평균 (2015 ~ 2017년)	2018년
A	1,021	990	929	980	910
B	590	535	531	552	524
C	403	385	361	383	352
D	356	( )	260	284	257
E	280	271	265	272	241
F	168	150	135	151	132
G	102	101	100	( )	96
H	92	81	73	82	71
I	68	59	47	58	44
J	30	29	28	( )	24
기타	28	27	20	25	22
전체	3,138	2,864	( )	2,917	2,673

업체 A ~ J의 3년 평균(2015 ~ 2017년) 철강 생산량과 온실가스 배출량

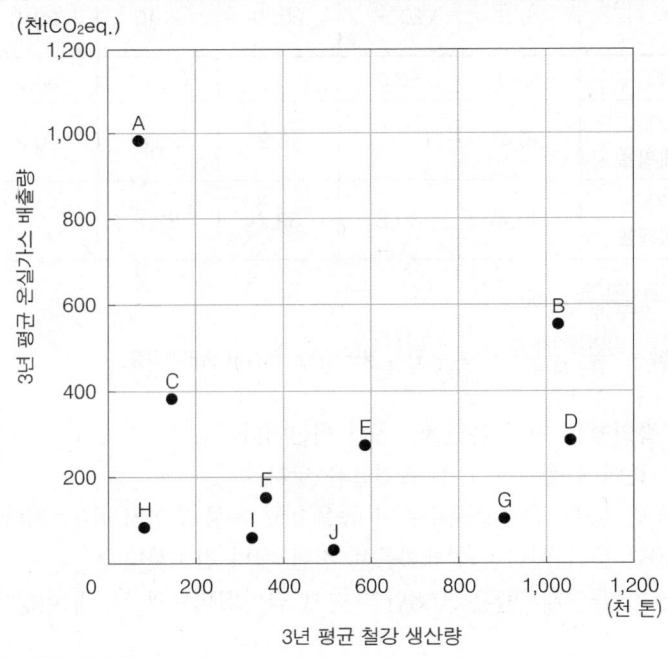

※ 온실가스 배출 효율성 = $\dfrac{3년\ 평균\ 철강\ 생산량}{3년\ 평균\ 온실가스\ 배출량}$

85 위 자료에 대한 〈보기〉의 설명 중 옳은 것만을 모두 고르면?

┌ 보기 ┐
ㄱ. 2015 ~ 2017년 동안 매년 온실가스 배출량 기준 상위 2개 업체가 해당 연도 전체 온실가스 배출량의 50% 이상을 차지한다.
ㄴ. 2015 ~ 2017년 동안 철강산업의 전체 온실가스 배출량은 매년 감소하였다.
ㄷ. 업체 A ~ J 중 2015 ~ 2017년의 온실가스 배출 효율성이 가장 낮은 업체는 J이고, 가장 높은 업체는 A이다.
ㄹ. 2015 ~ 2017년 동안 업체 A ~ J 각각의 온실가스 배출량은 매년 감소하였다.

① ㄱ, ㄴ   ② ㄱ, ㄷ
③ ㄱ, ㄴ, ㄷ   ④ ㄱ, ㄴ, ㄹ
⑤ ㄴ, ㄷ, ㄹ

86 위 자료의 내용과 〈분배규칙〉을 바탕으로 작성한 아래 〈보고서〉의 내용 중 옳은 것만을 모두 고르면?

┌ 분배규칙 ┐
• 해당연도 업체별 온실가스 배출권(천$tCO_2eq.$)

$$= \text{해당연도 온실가스 배출권 총량} \times \frac{\text{해당 업체의 직전 3년 평균 온실가스 배출량}}{\text{철강산업 전체의 직전 3년 평균 온실가스 배출량}}$$

┌ 보고서 ┐
2015 ~ 2017년 동안 철강산업의 업체별 온실가스 배출량을 조사하였다. 조사결과 ㉠ 매년 온실가스 배출량 기준 상위 3개 업체의 순위에는 변화가 없었으며, 상위 10개 업체가 철강산업 전체 온실가스 배출량의 90% 이상을 차지하였다. 철강 생산량과 온실가스 배출량의 관계를 살펴보면, 3년 평균(2015 ~ 2017년)을 기준으로 할 때 ㉡ D업체는 E업체에 비하여 철강 1톤을 생산하는 데 50% 이상의 온실가스를 더 배출하는 등 업체별 온실가스 배출 효율성에 큰 차이가 있다.
현황 조사를 기반으로 온실가스배출권거래제도의 시행을 위하여 철강산업의 온실가스 배출량 기준 상위 10개 업체를 온실가스배출권거래제도 적용대상 업체로 선정하여 2018년도 온실가스 배출권 총량 2,600 천$tCO_2eq.$를 〈분배규칙〉에 따라 업체별로 분배하였다.
분배결과, ㉢ B업체는 C업체보다 더 많은 온실가스 배출권을 할당받았다. 온실가스배출권거래제도에서는 온실가스 배출권보다 더 많은 양의 온실가스를 배출한 업체는 거래시장에서 배출권 부족분을 구매해야 한다. 반대로, 배출권보다 적은 양을 배출한 업체는 배출권 잉여분을 시장에 판매하는 것이 가능하다. 2018년도 업체별 온실가스 예상 배출량을 기준으로 살펴보면, ㉣ G업체의 예상 배출량은 온실가스 배출권보다 많아 배출권을 구매하는 것이 필요할 것으로 예상된다.

① ㉠, ㉡   ② ㉠, ㉣
③ ㉠, ㉡, ㉢   ④ ㉠, ㉢, ㉣
⑤ ㉡, ㉢, ㉣

[87 ~ 88] 다음은 2010 ~ 2014년 '갑'국 초 · 중 · 고등학교 학생의 사교육에 관한 자료이다. 이를 보고 이어지는 물음에 답하시오.

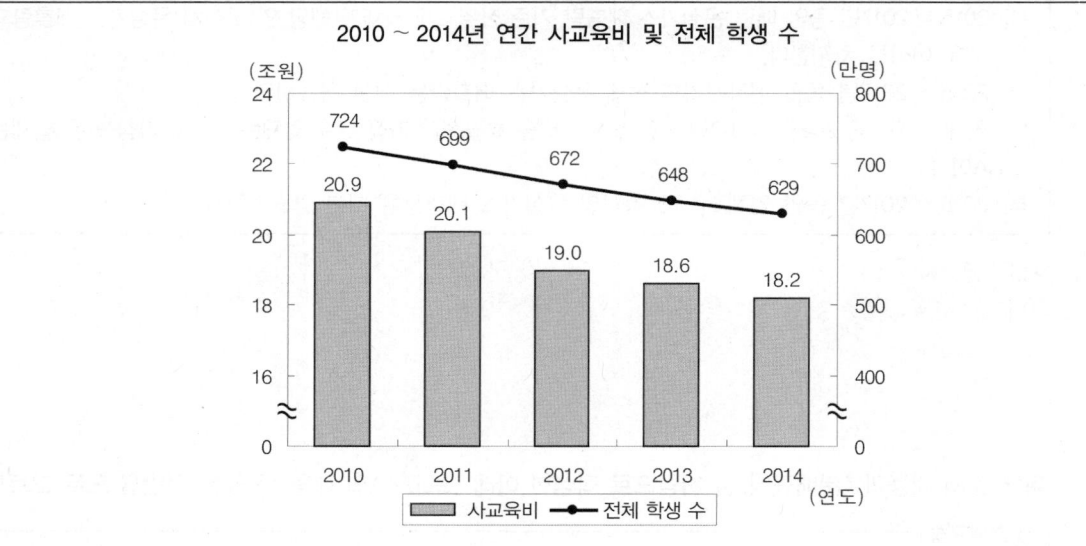

〈표 1〉 2010 ~ 2014년 학교급별 연간 사교육비

(단위 : 억 원)

연도 학교급	2010	2011	2012	2013	2014
초등학교	97,080	90,461	77,554	77,375	75,949
중학교	60,396	60,006	61,162	57,831	55,678
고등학교	51,242	50,799	51,679	50,754	50,671
전체	208,718	201,266	190,395	185,960	182,298

〈표 2〉 2010 ~ 2014년 학교급별 학생 1인당 월평균 사교육비

(단위 : 만 원/인)

연도 학교급	2010	2011	2012	2013	2014
초등학교	24.5	24.1	21.9	23.2	23.2
중학교	25.5	26.2	27.6	26.7	27.0
고등학교	21.8	21.8	22.4	22.3	23.0

※ 학생 1인당 월평균 사교육비(만 원/인) = $\frac{(학교급별)연간 사교육비}{(학교급별)전체 학생수}$ ÷ 12(개월)

〈표 3〉 2010 ~ 2014년 학교급별 사교육 참여율

(단위 : %)

연도 학교급	2010	2011	2012	2013	2014
초등학교	86.8	84.6	80.9	81.8	81.1
중학교	72.2	71.0	70.6	69.5	69.1
고등학교	52.8	51.6	50.7	49.2	49.5

※ 사교육 참여율(%) = $\frac{(학교급별)사교육 참여 학생수}{(학교급별)전체 학생수}$ × 100

87 위 자료에 대한 〈보기〉의 설명 중 옳은 것만을 모두 고르면?

> **보기**
>
> ㄱ. 2011 ~ 2014년 동안 학생 1인당 연간 사교육비는 전년 대비 매년 증가 추세를 보인다.
> ㄴ. 2011 ~ 2014년 동안 초등학교 연간 사교육비의 전년 대비 증감률은 고등학교 연간 사교육비의 전년 대비 증감률보다 매년 크다.
> ㄷ. 2011 ~ 2014년 동안 초등학교 학생 1인당 월평균 사교육비의 전년 대비 증감액이 가장 큰 해에는 중학교 학생 1인당 월평균 사교육비의 전년 대비 증감액도 가장 크다.
> ㄹ. 2011 ~ 2014년 동안 사교육 참여율이 전년 대비 매년 감소한 학교급은 중학교뿐이다.

① ㄱ, ㄴ   ② ㄱ, ㄷ

③ ㄴ, ㄷ   ④ ㄴ, ㄹ

⑤ ㄷ, ㄹ

88 위 자료와 아래의 〈표 4〉를 이용하여, A ~ C 과목별로 2014년 사교육 참여 학생 1인당 월평균 사교육비가 가장 큰 학교급을 바르게 나열한 것은?

〈표 4〉 2014년 학교급별, 과목별 사교육비 비중

(단위 : %)

학교급＼과목	A	B	C	기타	합
초등학교	25	30	40	5	100
중학교	15	40	40	5	100
고등학교	15	40	35	10	100

	A과목	B과목	C과목
①	초등학교	초등학교	중학교
②	중학교	초등학교	고등학교
③	초등학교	고등학교	고등학교
④	중학교	고등학교	초등학교
⑤	고등학교	중학교	초등학교

[89 ~ 90] 다음은 2019년 2월에 '갑'국 국민 중 표본을 추출하여 2017년, 2018년 고용형태와 소득분위의 변화를 조사한 자료이다. 이를 보고 이어지는 물음에 답하시오.

〈표 1〉 2017년에서 2018년 표본의 고용형태 변화비율

(단위 : %)

구분		2018년		합계
		사업가	피고용자	
2017년	사업가	80	20	100
	피고용자	30	70	100

※ 고용형태는 사업가와 피고용자로만 나누어지며 실업자는 없음

〈표 2〉 고용형태 변화 유형별 표본의 소득분위 변화

(단위 : %)

I. 사업가(2017년) → 사업가(2018년)

2017년＼2018년	1분위	2분위	3분위	4분위	5분위	합계
1분위	40.0	35.0	10.0	10.0	5.0	100.0
2분위	10.0	55.0	25.0	5.0	5.0	100.0
3분위	5.0	15.0	45.0	25.0	10.0	100.0
4분위	5.0	5.0	20.0	45.0	25.0	100.0
5분위	0.0	0.0	5.0	15.0	80.0	100.0

II. 사업가(2017년) → 피고용자(2018년)

2017년＼2018년	1분위	2분위	3분위	4분위	5분위	합계
1분위	70.0	30.0	0.0	0.0	0.0	100.0
2분위	25.0	55.0	15.0	5.0	0.0	100.0
3분위	5.0	25.0	50.0	15.0	5.0	100.0
4분위	5.0	10.0	20.0	50.0	15.0	100.0
5분위	0.0	5.0	5.0	15.0	75.0	100.0

III. 피고용자(2017년) → 피고용자(2018년)

2017년＼2018년	1분위	2분위	3분위	4분위	5분위	합계
1분위	85.0	10.0	5.0	0.0	0.0	100.0
2분위	15.0	65.0	15.0	5.0	0.0	100.0
3분위	5.0	20.0	60.0	15.0	0.0	100.0
4분위	0.0	5.0	15.0	65.0	15.0	100.0
5분위	0.0	5.0	5.0	15.0	75.0	100.0

Ⅳ. 피고용자(2017년) → 사업가(2018년)

2017년 \ 2018년	1분위	2분위	3분위	4분위	5분위	합계
1분위	50.0	40.0	5.0	5.0	0.0	100.0
2분위	10.0	60.0	20.0	5.0	5.0	100.0
3분위	5.0	20.0	50.0	20.0	5.0	100.0
4분위	0.0	10.0	20.0	50.0	20.0	100.0
5분위	0.0	0.0	5.0	35.0	60.0	100.0

※ 1) '가(2017년) → 나(2018년)'는 고용형태 변화 유형을 나타내며, 2017년 고용형태 '가'에서 2018년 고용형태 '나'로 변화된 것을 의미함
2) 소득분위는 1 ~ 5분위로 구분하며, 숫자가 클수록 분위가 높음
3) 각 고용형태 변화 유형 내에서 2017년 소득분위별 인원은 동일함

89 '갑'국 표본의 2017년 고용형태에서 사업가와 피고용자가 각각 5,000명일 때, 위 자료를 근거로 한 〈보기〉의 설명 중 옳은 것만을 모두 고르면?

┌ 보기 ┐
ㄱ. 2017년 사업가에서 2018년 피고용자로 고용형태가 변화된 사람 중에서 2018년에 소득 1분위에 속하는 사람은 모두 210명이다.
ㄴ. 2018년 고용형태가 사업가인 사람은 6,000명이다.
ㄷ. 2017년 피고용자에서 2018년 사업가로 고용형태가 변화된 사람 중에서 2017년 소득 2분위에서 2018년 소득분위가 높아진 사람은 모두 90명이다.
ㄹ. 동일한 표본에 대해, 2017년에서 2018년 고용형태 변화비율과 같은 비율로 2018년에서 2019년 고용형태가 변화된다면 2019년 피고용자의 수는 2018년에 비해 감소한다.

① ㄱ, ㄴ ② ㄷ, ㄹ
③ ㄱ, ㄴ, ㄷ ④ ㄱ, ㄷ, ㄹ
⑤ ㄴ, ㄷ, ㄹ

90 위 자료를 근거로 한 〈보기〉의 설명 중 옳은 것만을 모두 고르면?

┌ 보기 ┐
ㄱ. 2017년 소득 1분위이면서 2018년 소득분위가 2017년 소득분위보다 높아진 사람의 비율은, '사업가(2017년) → 사업가(2018년)' 유형이 '사업가(2017년) → 피고용자(2018년)' 유형보다 높다.
ㄴ. 2017년 소득 3분위이면서 2018년 소득분위가 2017년 소득분위보다 높아진 사람의 비율은, '피고용자(2017년) → 사업가(2018년)' 유형이 '피고용자(2017년) → 피고용자(2018년)' 유형보다 높다.
ㄷ. 고용형태 변화 유형 네 가지 중에서 2017년과 2018년 사이에 소득분위가 변동되지 않은 사람의 비율이 가장 높은 유형은 '사업가(2017년) → 피고용자(2018년)'이다.
ㄹ. 고용형태 변화 유형 네 가지 중에서 2018년에 소득 5분위인 사람의 비율이 가장 높은 유형은 '사업가(2017년) → 사업가(2018년)'이다.

① ㄱ, ㄷ ② ㄴ, ㄹ
③ ㄷ, ㄹ ④ ㄱ, ㄴ, ㄷ
⑤ ㄱ, ㄴ, ㄹ

자료
해석
끝.

초판인쇄 | 2024. 3. 15. **초판발행** | 2024. 3. 20.
편저자 | 박성현 **발행인** | 박 용 **발행처** | (주)박문각출판
등록 | 2015년 4월 29일 제2015-000104호
주소 | 06654 서울시 서초구 효령로 283 서경 B/D 4층
팩스 | (02)584-2927 **전화** | 교재 주문·내용 문의 (02)6466-7202

정가 25,000원 ISBN 979-11-6987-898-2

이론부터 문제까지, 자료해석의 끝을 보다

정답 및 해설

자료해석 끝.

박문각

박성현 저

NCS
PSAT
필수교재

기초어림산
+
20가지 빠른 문제풀이법
- - - - - - - - - - - - -
기본문제
+
심화문제

이론부터 문제까지, 자료해석의 끝을 보다

정답 및 해설

자료
해석
끝.

박성현 저

박문각

● 본책 216~255p

빠른 정답

1	①	2	⑤	3	⑤	4	④	5	①
6	⑤	7	⑤	8	③	9	②	10	④
11	②	12	④	13	④	14	⑤	15	①
16	③	17	④	18	③	19	①	20	⑤
21	④	22	⑤	23	①	24	⑤	25	④
26	⑤	27	①	28	②	29	③	30	③
31	②	32	④	33	③	34	②	35	①
36	④	37	③	38	①	39	④	40	⑤

01

|정답| ①

|해설| 임도 길이는 '작업임도 길이+간선임도 길이'이다. 이 식의 양변을 임도 길이로 나누면

$$\frac{임도\ 길이}{임도\ 길이} = \frac{작업임도\ 길이}{임도\ 길이} + \frac{간선임도\ 길이}{임도\ 길이}$$ 이

고, 여기에 ×100을 하면 100=작업임도 비율(%)+간선임도 비율(%)이다.

따라서 100−작업임도 비율=간선임도 비율이다.

구분 산림경영단지	작업임도 비율	간선임도 비율
A	30%	70%
B	20%	80%
C	30%	70%
D	50%	50%
E	40%	60%

간선임도 비율을 이용해 임도 길이를 구하면

A: $\frac{70}{70}$(km)×100=100(km), B: $\frac{40}{80}$(km)×100=50(km),

C: $\frac{35}{70}$(km)×100=50(km), D: $\frac{20}{50}$(km)×100=40(km),

E: $\frac{60}{60}$(km)×100=100(km)이다.

면적의 경우 길이가 길고 밀도가 작을수록 커지기 때문에 계산을 하지 않고도 구할 수 있다. A와 E는 임도 길이가 100km로 가장 길지만, A의 임도 밀도가 더 작기 때문에 E는 가장 넓은 면적의 산림경영단지가 될 수 없다. B의 경우 A와 임도 길이가 2배 차이 나는 것에 반해 임도 밀도가 A의 $\frac{1}{2}$ 보다 작지 않으므로 가장 넓은 산림경영단지가 될 수 없다. 따라서 면적이 가장 넓은 산림경영단지는 A이다.

02

|정답| ⑤

|해설| ㄱ. (○) 2023년 외 나머지 연도는 모두 증가 추세이다.

2023년의 인공지능반도체 비중이 $\frac{325}{2,686}$×100이므로 약

12%이다. 맞는 선지이다.

ㄴ. (○) 2027년 시스템반도체 시장규모 = $\frac{1,179}{0.313}$ ≒

3,767억 달러이다. 2021년 시장규모가 2,500억 달러이므로 1,000억 달러 이상 증가했다.

ㄷ. (○)

구분 \ 연도	2022	2025	증가율
시스템반도체	2,310	(3,302)	43%
인공지능반도체	185	657	255%
비중	8.0	19.9	

상단의 표를 참조하면 5배 이상이다.

03

|정답| ⑤

|해설| ㄱ. (✕) 지수들이 '인문계열'을 기준으로 하기 인문계열은 제외이다. 사회, 교육, 공학, 자연, 의약, 예체능 6개 계열끼리만 비교한다. 남성의 계열별 월평균상대소득지수의 최댓값이 네 번째로 큰 계열은 '예체능', 여성 쪽은 '자연'이다. 서로 다르다.

ㄴ. (✕) 남성의 교육계열 월평균상대소득지수 최댓값은 160보다 크고 최솟값은 140보다 작다. 따라서 그 차이는 20보다 크다. 여성 쪽 최댓값은 120 선에 걸쳐 있고 최솟값은 100보다 크다. 따라서 그 차이는 20보다는 작다. 남성의 차이가 여성보다 크다.

ㄷ. (○) 선지가 '학과'를 검토하는 것이다. 주석 2)를 보면 취업률지수는 '학과'의 취업률에서 인문계열 평균 취업률을 뺀 값이다. 따라서 최댓값이든 최솟값이든 0에서 가장 먼 값을 가진 계열을 찾으면 된다. 남성은 교육계열 취업률지수 최댓값이 30을 넘어 가장 큰 차이를 가지며, 여성은 의약계열 최댓값이 그렇다.

ㄹ. (○) 취업률지수의 계산은 (학과 취업률) − (인문계열 평균 취업률)이므로, 취업률이 인문계열 평균보다 낮은 학과는 취업률지수가 음수가 된다. 막대가 0 아래까지 뻗어 있으면 인문계열 평균보다 취업률이 낮은 학과가 포함된 계열이다. 남성 쪽에선 교육과 예체능 계열이, 여성 쪽에선 공학과 예체능 계열이 그렇다. 각각 2개씩으로 같다.

04

|정답| ④

|해설| ㄱ. (○) 건국훈장 열에서 괄호 안 숫자의 추이(괄호 안이 여성이다.)를 검토한다. 2→3→4→8→11로 매년 증가한다.

ㄴ. (×) 2018년에는 전체 포상 인원 355명 중 150명이 건국훈장을 받았다. $\frac{150}{355} \times 100 ≒ 42.3\%$이다. 절반이 안 된다.

ㄷ. (○) 남성 포상 인원은 괄호 안 숫자를 차감한다. 2015년이 61명 차이로 가장 크다.

ㄹ. (○) 둘 다 2017년이 가장 낮다.

05

|정답| ①

|해설| 지수는 OECD 평균대비로 환산한 것으로 국가 간 대소비교 확인이 가능하다.

ㄱ. (○) 산업용 전기요금은 세로축이 가장 높은 일본이 가장 비싸고, 가정용 전기요금은 가로축이 가장 긴 독일이 가장 비싸다.

ㄷ. (×) 미국은 가정용 전기요금이 한국보다 비싼데, 산업용 전기요금은 한국보다 더 싸다. (②, ④ 소거)

ㄴ. (○) OECD 평균값을 구한다. 한국의 가정용 전기요금은 120인데, 이는 OECD의 75%, $\frac{3}{4}$이다. OECD 평균 가정용 전기요금은 한국의 $\frac{4}{3}$가 되어야 하므로 120에 $\frac{4}{3}$를 곱한 160이 OECD 평균 가정용 전기요금이다.

같은 방법으로 한국의 산업용 전기요금은 95인데, 이는 OECD의 95% 수준이다. OECD 평균 산업용 전기요금은 95에 $\frac{100}{95}$을 곱한 100이다. 따라서 OECD 평균 가정용 전기요금은 산업용 전기요금의 1.6배이다.

ㄹ. (×) (일본 가정용 지수 138×OECD 평균 가정용 전기요금 160) > (일본 산업용 지수 160×OECD 평균 산업용 전기요금 100)

06

|정답| ⑤

|해설|

	1	2	3	4	합계
아트팩토리	0	1	1	0	2
꼬꼬지	1	1	0	0	2
코닉스	0	0	1	1	2
제이와이제이	1	0	0	1	2
유이락	2	0	3	1	6
한스튜디오	1	0	1	2	4

총 합 2+2+2+2+6+4 = 18편
전체 애니메이션 등록 현황 = 39편

ㄱ. (○) <표 1>에는 1편만 등록한 회사와 2편 이상 등록한 회사가 혼합되어 있다. <표 2>에서 2편 이상 등록한 회사의 애니메이션 등록 건수를 계산하고 <표 1>의 전체 애니메이션 등록 건수에서 뺀다. 그럼 1~4월 동안 1편의 애니메이션만 등록한 회사 수와 같아진다.

1~4월 동안 2편 이상 등록한 회사들은 총 18편을 등록했다. <표 1>에서 전체 애니메이션 등록 건수가 39편이므로, 1~4월 동안 1편만 등록한 회사들이 총 21편을 등록한 셈이다. 애니메이션 1편당 등록 회사는 1개사이므로, 1~4월 동안 1편의 애니메이션만 등록한 회사는 21개사다.

ㄴ. (○) <표 2>에 들어 있지 않으면 1편 = 1개사이다. <표 2>에서 1월에 국내단독 유형을 2편 이상 등록한 회사가 있는지 검토한다. '유이락'이 2편을 등록했다. <표 1>에서 1월의 국내단독 전체 편수가 6편이므로, 그중 2편을 뺀 나머지 4편은 서로 다른 4개사가 등록했다. 유이락+4개사이다. 따라서 5개사가 맞다.

ㄷ. (○) <표 2>에서 3월에 2편 이상 등록한 회사는 '유이락'뿐이다. 유이락은 3편을 등록했고, <표 1>에서 3월 전체 편수는 11편이다. 11편 중 3편을 뺀 나머지 8편은 서로 다른 8개사가 등록했을 것이다. 유이락+8개사이므로 9개사가 맞다.

07

|정답| ⑤

|해설| ① (×) 명령어 수가 작은 프로그램부터 검토한다. 문서 편집보다 양자 컴퓨팅 사이의 수행시간이 짧다.

② (×) CPI가 가장 낮은 프로그램은 양자 컴퓨팅이다. 양자 컴퓨팅의 기준시간은 20,720인데 이보다 영상 압축의 기준시간이 더 길다.

③ (×) 내비게이션의 수행시간은 500이다. 성능지표 = $\frac{기준시간}{수행시간}$이므로 수행시간 = $\frac{기준시간}{성능지표}$이다.

따라서, 인공지능 바둑의 수행시간은 $\frac{10,490}{18.7}$ = 약 560이다. 따라서 인공지능 바둑의 수행시간이 내비게이션보다 길다.

④ (×) 클럭 사이클 수 = 명령어 수×CPI이다.
내비게이션 클럭 사이클 수 = 1,250(1,250×1)이고, 기준시간은 7,020이다.
문서 편집 클럭 사이클 수 = 587.86(221×2.66)이고, 기준시간은 9,120이다.
기준시간이 더 짧은 내비게이션의 클럭 사이클 수가 더 많으므로 틀린 설명이다.

⑤ (○) 성능지표 = $\frac{기준시간}{수행시간}$이다. 내비게이션은 $\frac{7,020}{500}$ = 14.04 이다. 가장 낮다.

08

|정답| ③

|해설| 본 문제의 경우 조건 2부터 풀이하는 것이 좋다.

조건 2: 전국 활용률이 주어져 있기 때문에 단순 비교하면 된다. '부산'은 선지에 없다는 데 유의한다. 가~라 중 활용률이 전국 활용률보다 낮은 도시는 '라'뿐이며, 이곳이 울산이다. ①, ②, ⑤를 소거하고 '나'와 '다'만 검토하면 된다.

조건 3: 1인당 조성면적이든 1인당 결정면적이든 분모는 똑같이 인구수이다. 따라서 결정면적과 조성면적끼리 직접 비교해도 선지에서 요구하는 정보를 확인할 수 있다.

www.pmg.co.kr

‘나’의 결정면적은 조성면적의 2배를 넘고, ‘다’의 결정면적은 조성면적의 2배가 안 된다. 따라서 ‘나’가 광주이고 ‘다’가 대전이다.
따라서 정답은 ③이다.

09

|정답| ②

|해설| 첫 번째로 을은 ‘4개 지자체 중 세종을 제외한 3개 지자체에서 4월 4일 기준 자가격리자가 전일 기준 자가격리자보다 늘었다’라고 했으므로 ‘신규인원－해제 인원’의 값이 음수여야 자가격리자가 더 줄었다는 것을 알 수 있다. 이때 외국인의 경우는 모든 지역이 양수 값이지만 내국인의 경우 B지역만 음수 값이다. 따라서 B지역이 ‘세종’이다.
두 번째로 을은 ‘4월 4일 기준으로 대전, 세종, 충북은 모니터링 요원 대비 자가격리자 비율이 1.8 이상’이라고 했으므로 1.8 미만의 값을 가지는 지역이 충남이라는 것을 알 수 있다. 이때 A지역의 모니터링 요원 대비 자가격리자 비율이 $\frac{9,778+7,796}{10,142}$ ≒ 1.73이므로 A지역이 ‘충남’이다.
마지막으로 갑은 ‘자가격리자 중 외국인이 차지하는 비중이 4개 지자체 가운데 대전이 가장 높으니’라고 했다. 대전은 C 또는 D 지역이며, 이때 자가격리자 중 외국인 비중은 C지역이 $\frac{141}{1,147+141}\times100$ ≒ 11(%), D지역은 $\frac{7,626}{9,263+7,626}\times100$ ≒ 45(%)이므로 D지역이 ‘대전’, C지역이 ‘충북’이다.

10

|정답| ④

|해설| ‘가장’ 큰 값을 찾는다. 두 번째 조건에서 관련없음의 비중은 문화청이 가장 크다. D는 전체 9에서 관련없음이 9이다. D는 문화청이다.
우주청의 관련없음 비중이 혁신청의 관련없음 비중보다 작으므로 A, B, C 중에서 관련없음 비중이 가장 높은 B는 우주청이 될 수 없다.
선지상 혁신청은 B이다. 관련없음 대비 관련있음, 즉 A와 C의 $\frac{관련있음}{관련없음}$인 $\frac{8}{33}$과 $\frac{99}{350}$를 비교한다.
$\frac{80}{330}$과 $\frac{99}{350}$를 분자분모차이법을 쓰면 $\frac{80}{330}<\frac{19}{20}$이므로, C의 관련없음 대비 관련있음이 A보다 커서 C가 과학청이다.

11

|정답| ②

|해설| ① (○) 2016년에 전년 대비 GDP 성장률이 가장 높은 국가는 A국이다. 2015년 GDP가 셋 중 가장 작고. B국보다 GDP 증가량이 크니 B는 검토에서 배제한다. C국은 GDP 증가량이 A국의 1.25배 정도인데(약 800 vs 약 1,000) C국의 2015년 GDP는 A국의 1.5배에 달하므로 A국의 GDP 성장률이 더 크다. 2016년 조세부담률 역시 A국이 가장 크다.

② (×) B국 GDP는 2014년부터 2018년까지 계속 매년 증가했다. 조세부담률은 국세부담률과 지방세부담률의 단순 합이다. B국의 조세부담률은 2014년 16.4＋5.9에서 2015년 15.1＋6.0으로 감소했다.
③ (○) 지방세(국세) 납부액＝GDP×$\frac{지방세(국세) 부담률}{100}$
이므로 2017년 A국의 지방세 납부액은 20,717×0.016 ＝ 약 331, B국의 지방세 납부액은 22,972×0.062 ＝ 약 1,424이다. 331×4 ＝ 1,324 ＜ 1,424이므로, 맞는 설명이다.
④ (○) 2018년 A국의 국세 납부액은 21,443×0.25, C국의 지방세 납부액은 33,444×0.125다.
21,443×0.25 ＞ 33,444×0.125이므로, 맞는 설명이다.
⑤ (○) C국의 국세 부담률은 2017년까지는 매년 1% 정도(0.1)씩 감소했다. 2014년부터 2017년까지 C국 GDP는 매년 3% 이상씩 증가해왔으니 국세 납부액도 증가했다. 마지막 2018년에는 GDP도 증가하고 국세 부담률도 증가했다. 맞는 설명이다.

12

|정답| ④

|해설| 1,000을 대입하고 풀이한다. 처음 1,000kg으로 출발한다. 폐기처리로 도달하는 경로는 두 개이다.
1번 경로[성형→ 재작업→ 폐기처리]
1,000×0.1×0.5 ＝ 50이다.
2번 경로[성형→ (재작업)→ 조립→ 검사→ 폐기처리]
{1,000×0.9 ＝ 900}＋{1,000×0.1×0.5 ＝ 50} ＝ 950이 된다.
여기서 950×0.2 ＝ 190
총합은 1번 경로＋2번 경로 ＝ 50kg＋190kg ＝ 240kg이다.

13

|정답| ④

|해설| 전체 학생 중 장학금 수혜자 비율은 $\frac{장학금 수혜자}{전체 학생}$를 계산하는 것이다.
장학금 수혜자 비율 ＝ 장학금 신청률×장학금 수혜율
＝$\frac{장학금 신청자}{전체 학생}$×$\frac{장학금 수혜자}{장학금 신청자}$가 된다.
따라서 상단 그림의 흰색 막대 수치와 검정색 막대 수치를 곱한다.
자릿수를 정확히 표기하면 A는 13.5, B는 12, C는 15, D는 16, E는 10이다. D, C, A, B, E 순으로 크다.

14

|정답| ⑤

|해설| ⑤ (×) 이란의 쌀 수입액은 1,972×0.062, 알제리의 밀 수입액은 3,824×0.047이다. 간단한 곱셈 비교. 총수입액은 밀 쪽이 2배가량 큰데, 각 국가의 수입액 비중은 2배 차이가 안 난다. 알제리 쪽이 더 크다.
① (○) 한국 수입액은 수치가 제시되어 있다. 쌀 수입액은 298, 밀 수입액은 957이다. 3배가 넘는다.

② (○) 중국은 대두에서만 6,173의 65% 가량을 수입했다. 6,173×0.65 = 4,012이다. 세계 밀 총수입액이 3,824인데, 6,173의 65%만 해도 밀수입액을 넘기 때문에 맞는 선지이다.
③ (○) '한국으로의 주요 수출국'은 한국 수입액 하단부에 기록되어 있다. 브라질은 대두와 옥수수에서 한국으로의 주요 수출국이다.
④ (○) 옥수수가 1,788로 가장 크고 그 다음이 밀 957, 대두 592, 쌀 298이다.

15

|정답| ①

|해설| ㄱ. (○) 공급자 취급부주의는 23에서 29로 증가, 시설미비는 18에서 24로 증가했다. 둘 다 6만큼 증가했는데 공급자 취급부주의 사고건수가 시설미비 사고건수보다 더 크므로 공급자 취급부주의 증가율이 더 작다.
ㄴ. (○) 단순확인 선지이다.
ㄷ. (×) 사용자 취급부주의 41＋시설미비 20 = 61이고, 전체 120 − 61 = 나머지 59이다.
ㄹ. (×) 2017년 $\frac{주택\ 39}{전체\ 118}$ 인데, 39×3 = 117이므로 $\frac{39}{118}$ 은 35% 미만이다.

16

|정답| ③

|해설| ㄱ. (○) UN 권고 비율인 0.70을 초과하는 상위 5개국은 룩셈부르크, 노르웨이, 스페인, 덴마크, 영국이다. 룩셈부르크를 제외한 4개 국가가 첫 번째 그래프 자료에 포함된다. 4개 국가의 원조액을 합하면 250억 달러 이상이다.
ㄴ. (○) 상위 5개국 공적개발원조액 합이 100을 초과한다. 15위에 해당하는 한국이 2.5십억 달러이고 그 이하 29 − 15개국 = 14개 국가의 국가별 원조액을 2.5십억 달러라고 하더라도 2.5×14 = 35십억 달러이다. 29개국 총합이 137.5 ＋35 = 172.5십억 달러이므로, 상위 5개국의 원조액 합이 29개국 회원국의 50% 이상이다.
즉 상위 5개국이 $\frac{100\ 초과}{172.5}$ 이므로 50%를 초과한다.
ㄷ. (×) 독일의 공적개발원조액은 24.1십억 달러이다. 국민총소득 대비 공적개발원조액 비율 = 0.61%이므로 $\frac{24.1}{GDP} \times 100 = 0.61\%$ 이고 GDP = 약 3,950십억 달러이다.
3십억 달러가 증가했으므로 $\frac{27.1}{3,950} \times 100 =$ 약 0.68%이다. 0.7%가 되지 않는다.

17

|정답| ④

|해설| ㄱ. (○) 오리 생산액은 2020년 1,327십억 원이고 2021년에 5.58% 감소할 것으로 전망된다. 1,327×(1 − 0.0558) = 1,252십억 원이다. 1.2조 원 이상이다.

ㄴ. (×) 2020년 기준으로 $\frac{돼지\ 생산액}{농업\ 생산액} \times 100 =$ 14.22%로 15% 미만이다. 그런데 2021년 농업생산량인 분모는 증가하고 분자인 돼지 생산량은 감소하므로 15%가 안 된다.
ㄷ. (○) '변화율 전망치'를 비교하는 것이므로 생산액은 무시하고 2022년과 2023년의 전망치만 비교한다. 우유와 오리만 2022년이 2023년보다 크다. 따라서 2개 항목이 맞다.
ㄹ. (○) 증감률 계산식을 이용해서 풀이한다.

	생산액	2021	2022	증감율
재배업	30,270	1.50	−0.42	1.08
축산업	19,782	−0.34	0.70	0.36

재배업의 증감률이 더 크다.

18

|정답| ③

|해설| ① (×) B는 식비 60, 주거비 30인데 필수생활비 100으로 의복비는 10이다. A는 식비 90, 주거비 30이지만, 두 번째 그래프의 식비 90은 필수생활비가 150 이상이다. 따라서 A의 의복비는 30 이상이다.
② (×) I는 식비 70, 주거비 60인데 필수생활비는 130이다. 또한, J는 식비 100, 주거비 70인데 필수생활비는 170이다. 둘 다 의복비가 0이다.
③ (○) 주거비 40 이하는 A, B, C이다. A의 의복비는 30 이상, B의 의복비는 10, C의 의복비는 30이다.
④ (×) 식비 하위 3개인 가구는 B, G, L이다. B의 의복비는 10, G의 의복비는 10, L의 의복비는 30, 합계 50이다.
⑤ (×) K는 식비 80, 주거비 70으로 이미 150이라 필수생활비가 130이 나올 수 없다.

19

|정답| ①

|해설| ① (×) 전체 회원 수는 2020년 85.2만 명이다. 같은 해 장기저축급여 가입자 수는 74.4만 명이다. $\frac{74.4}{85.2} \times 100 =$ 87.32% 이므로 85%를 초과한다. 틀린 선지이다.
② (○) 공제제도별 자산 규모 구성비를 보면 장기저축급여가 27.3조 원이고, 전체의 64.5%이므로 전체를 A라 놓고 27.3 : 64 = A : 100을 계산한다. A = $100 \times \frac{27.3}{64} =$ 42.65 로 40조 원이 넘는다.
③ (○) 최소교집합 문제이다. 주요 공제제도별 가입현황을 통해 전체 가입자 수를 모두 더한다. 744,733＋40,344＋55,090＋32,411 = 872,578이다.
전체 872,578 − 852,000명을 차감하면 20,000명 이상이 된다.
④ (○) 충청의 장기저축급여 가입 회원 수는 61,850명이다. 이 수치를 가평균으로 잡고 다른 지역과의 편차를 비교한다. 충청보다 회원 수가 많은 경기, 서울, 전라의 편차를 계산한 것과 나머지 회원수의 편차를 계산하면 전자의 크기가 더 크게 되므로 충청 회원 수가 평균보다 많다.
⑤ (○) 선지를 도식화하면
$\frac{449,579,295}{744,733} =$ 약 603 (>) $\frac{2,829,332}{32,411} \times 5 =$ 약 436이다. 맞는 설명이다.

20

|정답| ⑤

|해설| ① (○) 한국 성과 원점수는 6.7이고 <표 2>에는 성과 원점수 1위가 없고 2위 54.8이 있다. 성과 원점수 1위 국가는 종합순위가 한국보다 낮아서 <표 2>에 나오지 않은 것이다. 한국 성과 원점수 6.7을 8배 해도 53.6으로 2위 점수 54.8보다 작으므로 성과 원점수 1위는 한국 성과 원점수의 8배를 넘는다.

② (○) 3위 종합점수 41.48을 3개 더하고(4, 5위 점수를 3위 점수와 동일하다고 가정), 38.35을 더하고, 38.12를 4개 더한다.(8, 9, 10위 점수를 7위 점수와 동일하다고 가정) 소수점을 적절하게 올려본다.

$42 \times 3 + 38.5 \times 5 = 126 + 192.5 = 318.5 < 320$이다.

③ (○) 영역별 순위에서 28위가 있으므로 평가대상 국가는 28개국 이상이다.

④ (○) 영역점수는 원점수에 가중치를 곱한 값이다. 혁신은 활용과 함께 가중치가 가장 높으므로, 한국의 영역별 원점수가 혁신보다 작은 인력, 성과, 활용 점수는 비교할 필요가 없다.

환경 62.9×가중치 0.15, 혁신 41.5×가중치 0.25

→ $629 \times 3 = 1,887 < 415 \times 5 = 2,075$

⑤ (×) 중국 활용 점수 73.6 - 일본 활용 점수 57.2

= 16.4×가중치 0.25 → 4.1

중국 종합점수는 47.04이고 일본 종합점수는 41.48로 4.1 넘게 차이가 나므로, 일본이 중국의 활용 원점수를 받아도 종합점수에서 중국을 추월할 수 없다.

21

|정답| ④

|해설| 점수 총점과 평균 등을 나타내면 다음과 같다.

	갑	을	병	정	무		
	남	여	( )	여	남	총점	평균
국어	90	85	60	95	75	405	81
영어	90	85	100	65	100	440	88
수학	75	70	85	100	100	430	86
총점	255	240	245	260	275		
평균	85	80	81.7	86.7	91.7		
가중치 합	84	79	78	91	90		

ㄱ. (○) 국어 점수 80점을 기준으로 편차를 계산하면 +10, +5, -20, +15, -5로 합이 +5가 된다. 80점 이상이 맞다.

ㄴ. (×) 총점 기준으로 최고득점자는 275점을 받은 사람은 무이고 최저득점자는 240점을 받은 을이다. 총점 차이가 35점이므로 3으로 나누면 평균 10점이 넘게 차이가 난다.

ㄷ. (○) 상단의 표를 참조한다. 정이 가장 크다.

ㄹ. (○) 성별이 표시된 학생을 기준으로 남성은 갑+무 = $\frac{175}{2}$ = 87.5점, 여성은 을+정 = $\frac{170}{2}$ = 85점이다. 병의 수학 점수가 85점이므로 병이 남성이든 여성이든 평균은 무조건 남 > 여가 된다. 맞는 설명이다.

22

|정답| ⑤

|해설| ㄱ. (×) 생산직의 경우 직위불안과 관계갈등 항목의 스트레스 상위 수준 비율은 사무직보다 높다.

ㄴ. (○) '직위불안' 항목에서 '낮음'으로 응답한 근로자수를 구해보자.

ⅰ) 생산직

항목 \ 스트레스 수준	하위	
	낮음	매우 낮음
직위불안	24.06	0.75

ⅱ) 사무직

항목 \ 스트레스 수준	하위	
	낮음	매우 낮음
직위불안	27.59	1.15

생산직 133명×0.2406 ≒ 약 32명 > 사무직 87×0.2759 ≒ 약 24명

ㄷ. (×) 생산직 '관계갈등' 항목에서 '매우 높음': 133명×0.1053 ≒ 14명

생산직 '관계갈등' 항목에서 '매우 낮음': 133명×0.0150≒ 1.99명

본 선지의 경우 "11명 이상이 많다"라고 표현해야 한다. 정확하게 11명이 많은 것은 아니다.

ㄹ. (○) '보상부적절' 항목에서 '높음'으로 응답한 근로자수를 구하면

생산직: 133명×0.6015 ≒ 약 80명

사무직: 87명×0.6437 ≒ 약 56명

23

|정답| ①

|해설| ㄱ. (○) 교통사고 사상자가 가장 적은 달은 1월 492건, 가장 많은 달은 8월 841건이다.

841×0.6 ≒ 504 (>) 492이므로 맞는 설명이다.

ㄴ. (○) 첫 번째와 두 번째 그래프에서 각 월별 교통사고 건당 사상자를 계산해야 하므로 모두 합산을 해서 계산을 해야 한다. 그런데 1월부터 계산을 하면 $\frac{492}{240}$ = 2.05이다.

모든 달에서 분모에 2를 곱한 값보다 분자가 크다. 따라서 1.9명 이상이 맞다.

ㄷ. (×) 안전거리 미확보를 제외한 나머지 사고원인의 구성비는 총합 77.1%다. 남은 22.9%가 안전거리 미확보이고, 중앙선 침범 3.4%×7 = 23.8%이다. 즉 중앙선 침범의 7배쪽이 더 크다.

ㄹ (×) 안전운전의무 불이행은 65.3%이다. 총 교통사고 건수 합은 3,218건이다. 3,218×0.653 = 약 2,101건으로 2,000건이 넘는다.

24

|정답| ⑤

|해설| ① (○) G지역 인구 1,604,432×1인당 피해액 36.2천 원 = 약 58,080,438천 원이다. 전국 피해액의 35%는 187,000,000 ×0.35 = 약 65,450,000이다.

② (○) A~G 인구를 더한다. 2,948+12,873+3,380+1,510 +2,116+2,691+1,604 = 27,122(천 명)

전체 인구는 51,778로 보면 A~G 인구는 전체의 50%를 넘는다. 그런데 피해액은 E와 F만 더해도 24,482+86,648 = 111,130으로 전국 피해액 187,282의 절반을 뛰어넘는다. 따라서 주요 7개 지역을 합친 지역의 1인당 피해액은 나머지 전체 지역의 1인당 피해액보다 크다.

③ (○) $\dfrac{(7,121,830+86,648,708)}{(1,510,142+2,691,706)} = \dfrac{93,770,538}{4,201,848}$ = 약 22천 원 = 약 22,000원으로 전국 1인당 피해액 3,617원 의 5배 이상이다.

④ (○) 피해밀도는 $\dfrac{\text{피해액}}{\text{행정면적}}$ 이므로, A = $\dfrac{2,898,417}{1,063}$,

B = $\dfrac{2,883,752}{10,183}$ 로 계산한다.

10,183은 1,063보다 9배가 넘게 크므로 A의 피해밀도는 B의 피해밀도보다 9배 이상 크다.

⑤ (×) 피해밀도는 D가 $\dfrac{7,121,830}{16,875}$ 인데, B는 $\dfrac{2,883,752}{10,183}$ 이다. 분자는 D가 B보다 2.5배 정도 큰데, 분모는 D가 B보 다 1.6배 정도 크다.

그러면 D의 피해밀도가 B보다 크게 되므로 D의 피해밀도 가 가장 낮지 않다.

25

|정답| ④

|해설| 재정자립도가 E보다 높은 지역은 A, C, F임을 정리하면 (A C F > E > 나머지)이다. 따라서 (가)는 A, C, F 중 가장 낮은 65.7(C)보다는 낮고, 가장 높은 58.5(B)보다는 높다. (65.7 > E > 58.5)이 범위를 벗어난 ⑤를 소거한다.

주택노후화율이 가장 높은 지역은 I다. I의 시가화 면적 비율이 가장 낮은 것이니, (나)는 나머지 중 가장 낮은 20.7(E)보다 낮아야 한다. 20.7보다 큰 ①을 소거한다.

10만 명당 문화시설수가 가장 적은 지역은 B다. 10만 명당 체육시설수가 B보다 많은 지역이 3개다. 1등 E, 2등 D, 3 등 I이다. (다)는 119.2(I)보다는 적고, 나머지 중 가장 높은 114(F)보다는 많다. 이 범위를 벗어난 ②를 소거한다.

B, C, D, F를 제외하고는 모두 (주택보급률 ≥ 도로포장률)이다. (라)가 여기에 속하므로 92.5와 같거나 더 크다. 이 범위를 벗어난 ③을 소거한다. ④가 정답이다.

26

|정답| ⑤

|해설| ① (×) 항복강도에서 SD400은 항복강도 100% 35개이고, SD600은 92%이므로 23개를 합치면 96% 58개가 된다. SD500을 A개라고 놓으면 58+0.95×A = 0.96(35+25+A)가 된다.

이를 정리하면 SD500의 샘플 수는 40개가 나오게 되고 전체 샘플수는 100개가 된다.

② (×) SD600 샘플의 인장강도 합격률은 88%이고 항복 강도 합격률 92%, 최종합격율은 84%인데, 최종합격률 은 인장강도와 항복강도 모두에서 합격한 비율을 말하는 것이다. 인장강도 합격률보다 항복강도 합격률이 높으므 로, 인장강도에서 합격한 88%가 항복강도에 모두 합격했 다면 최종합격률은 88%가 되어야 한다.

③ (×) SD500 샘플 수는 40이다. 항복강도 합격률은 95% 이므로 불합격한 샘플 수는 2개이다.

④ (×) SD500은 2개 불합격, SD600은 25개의 84%가 합 격했으므로 불합격한 샘플은 4개로 모두 6개이다.

⑤ (○) SD600은 25의 92%가 항복강도 합격이므로 불합 격 2개, SD500은 최종 불합격 2개이다.

27

|정답| ①

|해설| ㄱ. (○) 가로축의 20,000달러 선보다 오른쪽에 있는 국가를 찾아 보면 A ~ F인데 모두 세로축의 1,000달러 선보다 위 에 있다.

ㄴ. (○) 1인당 의료비지출액이 가장 많은 국가는 A로 3,500달러이고, 가장 적은 국가인 J는 1인당 의료비지출액 이 250달러 정도로 3,000달러 이상 차이가 난다.

ㄷ. (×) 1인당 GDP가 가장 높은 국가인 E의 1인당 의료 비지출액은 1,700달러 정도이고 가장 낮은 국가인 J는 250 달러 정도로 2,000달러 이상 차이가 나지는 않는다.

ㄹ. (×) A, B, C, E, F가 상위 5개국이 되고 이들의 1인당 의료비지출액 합은 3,500+2,700+2,500+1,700+1,250 정도 로 대략 11,650달러이고, 하위 5개 국가인 D, G, H, I, J는 1,700+700+500+400+250 정도로 대략 3,550달러이므로 약 3배이다.

28

|정답| ②

|해설| ① (○) 2004년 2,233천 명에서 2011년 1,918천 명까지 지속적으로 줄어들고 있다.

② (×) 2011년 20대 여성취업자의 전년 대비 증감율은 $\dfrac{1,918-1,946}{1,946} \times 100 = -1.44(\%)$로 3% 미만 감소하였다. 이것을 빨리 계산하려면 $\dfrac{-28}{1,946}$의 분모가 대략 2,000에 가까우므로 $\dfrac{-28}{2,000}$으로 생각하여 계산한다. 분모와 분자에 각각 0.5를 곱하면 $\dfrac{-14}{1,000} = -0.014$이므로 3% 미만으로 감소했다는 것을 알 수 있다.

③ (○) 2011년에는 50대 여성취업자가 2,051천 명이고 20 대 여성취업자는 1,918천 명으로 50대 여성취업자가 더 많은데, 이런 경향은 2011년이 유일하다.

④ (○) 전체 여성취업자의 전년 대비 증감폭은 2007년은 120천 명, 2008년 48천 명, 2009년 102천 명, 2010년 142천 명으로 2010년이 가장 크다.

⑤ (○) 2011년에는 $\dfrac{2,051}{10,091} \times 100 ≒ 20(\%)$, 2005년에는

$\dfrac{1,407}{9,526} \times 100 ≒ 15(\%)$로, 2011년이 조금 더 높다.

29

정답 ④

해설 ① (×) 1인당 GDP가 가장 낮은 나라는 S국이고 자살률이 가장 낮은 나라는 T국이다.

② (×) 1인당 GDP가 4만 달러 이상인 나라는 K국이고 자살률은 10명 이상이다.

③ (×) 자살률이 가장 높은 국가는 A국으로 약 23명 정도이고 자살률이 가장 낮은 국가인 T국은 3명 정도이다. 그 차이는 15명 이상이다.

④ (○) 자살률이 가장 높은 A국의 1인당 GDP는 17천 달러 정도이고 자살률이 두 번째로 높은 B국의 1인당 GDP는 30천 달러 가까이 된다. 따라서 50% 이상이라고 할 수 있다.

⑤ (×) C국을 기준으로 자살률과 1인당 GDP가 모두 낮은 나라는 G, H, I, O, S로 5개국이고 둘 다 모두 높은 나라는 B국 하나밖에 없다.

30

정답 ③

해설 ㄱ. (×) 풍력의 경우 출원이나 등록이 모두 매년 증가한다.

ㄴ. (○) 출원건수가 감소한 기술은 태양광/열/전지, 수소바이오/연료전지, 석탄가스화로 3개인데, 이들은 모두 2018년 전년 대비 등록건수도 감소하였다.

ㄷ. (×) 출원이 아니라 등록건수 합이라는 부분을 주의해야 한다. 상위 3개 분야의 등록건수의 합은 950+805+371 = 2,126(건)이다. 전체 3,166건 중 약 67% 정도로 70% 이하이다.

31

정답 ②

해설 ㄱ. (○) 가격 괴리율이 0% 이상이라는 말은 해당 월 시장가격보다 해당 월 이론가격이 더 작다는 의미이다. 따라서 이론가격이 시장가격보다 낮은 대각선 위쪽의 2월, 3월, 5월, 7월이 해당된다.

ㄴ. (×) 가로축에서 오른쪽으로 이동하면 전월에 비해 증가하게 되는 것이다. 3월, 4월이 이에 해당하고, 7월은 6월에 비해 왼쪽에 있으므로 전월에 비해 감소하였다.

ㄷ. (○) 괴리율이 증가하는 달은 대략 대각선을 기준으로 오른쪽 아래에서 왼쪽 위로 이동한 달을 찾으면 된다. 2월, 5월, 7월이 이에 해당하는 달이므로 3개이다.

ㄹ. (×) 상하 축을 비교하면 6월은 5월에 비해 전월 대비 시장가격이 가장 큰 폭으로 감소한 달이다.

32

정답 ④

해설 ① (○) 유효농도는 주어진 평균의 값을 말하고 실험결과는 막대그래프의 값이다. 따라서 물질 A에 대한 기관 2의 실험오차율은 $\dfrac{7-4.5}{4.5}$, 기관 4의 실험오차율은 $\dfrac{4.5-2}{4.5}$가 되어 동일한 값을 갖는다.

② (○) 물질 C의 실험오차율을 구할 때, 분모의 유효농도는 모두 동일하기 때문에 분자의 크기만 비교하면 된다. 따라서 분자에 해당하는 실험오차의 크기가 69.5로 가장 큰 기관 1의 실험오차율이 가장 크다.

③ (○) 물질 A에 대한 기관 2의 실험오차율은 $\dfrac{7-4.5}{4.5}$ $\times 100 ≒ 55.6(\%)$가 되고, 물질 B에 대한 기관 1의 실험오차율은 $\dfrac{26-11.5}{11.5} \times 100 ≒ 126.1(\%)$가 되어 물질 A에 대한 기관 2의 실험오차율이 더 작다.

④ (×) 물질 B에 대한 기관 1의 실험오차율은 $\dfrac{26-11.5}{11.5}$ $\times 100 ≒ 126.1(\%)$가 되고, 물질 B에 대한 기관 2, 3, 4의 실험오차율은 각각의 실험 오차율의 합인 $\dfrac{4.5+4.5+5.5}{11.5}$ $\times 100 ≒ 126.1(\%)$이므로 둘 사이의 값은 동일하다.

⑤ (○) 기관 1의 실험결과는 그림에서 주어진 유효농도, 즉 평균의 값보다 모두 크기 때문에 기관 1의 실험결과를 제외하게 되면 4개 물질의 유효농도 값은 모두 작아진다.

33

정답 ③

해설 ① (○) 현자총통의 무게로부터 1냥은 $\dfrac{600}{16} = 37.5(\text{g})$임을 알 수 있다. 따라서 12냥은 $37.5 \times 12 = 450(\text{g})$이므로 황자총통에 사용되는 화약 무게는 450g이다.

② (○) 단순비교를 통해 옳은 내용임을 알 수 있다.

③ (×) 먼저 지자총통과 현자총통의 사정거리는 같다. 이 총통들의 사정거리는 천자총통 혹은 황자총통과 사정거리를 비교함으로써 구할 수 있다. 천자총통과 비교를 해보면 '900 : 800 = 1.14 : 지자총통의 사정거리'이므로 지자총통의 사정거리는 1km 정도라는 것을 알 수 있다. 따라서 지자총통과 현자총통의 사정거리는 0.8km 이상이다.

④ (○) 약통 길이 대비 전체 길이의 비율은 천자총통이 $\dfrac{129}{35} ≒ 3.69$, 지자총통이 $\dfrac{89.5}{25.1} ≒ 3.57$, 현자총통이 $\dfrac{79}{20.3}$ $≒ 3.89$, 황자총통이 $\dfrac{50.4}{13.5} ≒ 3.73$으로 현자총통이 가장 크다.

⑤ (○) 단순비교를 통해 옳은 내용임을 알 수 있다.

34

|정답| ②

|해설| ① (×) 소득에 따른 실제 계층보다 주관적으로 더 높은 수준의 계층 의식을 가지고 있는 사람의 비율은 부모 세대가 3+4+12 = 19(%)이고 자녀 세대는 8+9+15 = 32(%)이기 때문에 자녀 세대가 더 높다.

② (○) 소득에 따른 실제 계층과 주관적 계층 의식이 일치하는 사람의 비율은 부모 세대에서 상층 3%, 중층 10%, 하층 25%이고, 자녀 세대에서 상층 4%, 중층 8%, 하층 11%이다. 따라서 실제 계층이 높을수록 적어진다.

③ (×) 부모와 자녀의 세습 정도는 이 표를 통해 알 수 없다.

④ (×) 부모 세대는 상층 24%, 중층 35%, 하층 41%인 피라미드식 구조를 띠고 있고, 자녀 세대는 상층 25%, 중층 40%, 하층 35%인 다이아몬드 구조를 띠고 있다. 대체로 계층 구조는 중층의 비율이 가장 큰 다이아몬드 구조를 안정적이라고 하기 때문에 자녀 세대의 계층 구조가 더 안정적이다.

⑤ (×) 소득에 따른 실제 계층과 주관적 계층이 일치하지 않는 비율은 부모 세대가 100 − (3+10+25) = 62(%)이고 자녀 세대는 100 − (4+8+11) = 77(%)이다. 따라서 실제 계층과 주관적 계층이 일치하지 않는 사람의 비율은 부모 세대가 더 적다.

35

|정답| ①

|해설| ㄱ. (○) 한국의 1970년 대일 수입액은 647백만 달러이며 이는 미국과 동남아시아로부터의 수입액의 합인 201+21 = 222(백만 달러)보다 크므로 50% 이상 수입의존도를 보인다.

ㄴ. (○) 1980년 대일 수출액은 2,191백만 달러이고 1970년의 수출액은 108백만 달러이므로 10배 이상이다.

ㄷ. (×) 한국의 대미 무역수지는 수출이 수입보다 항상 많으므로 흑자이다.

ㄹ. (×) 1980년 한국의 대일 무역수지는 4,868 − 2,191 = 2,677(백만 달러)로 30억 달러에 미치지 못한다.

36

|정답| ④

|해설| ㄱ. (○) 2010년 전년 대비 창업보육센터 지원금액 증가율은 $\frac{353-306}{306} \times 100 ≒ 15.4(\%)$이고, 창업보육센터 수의 증가율은 $\frac{286-279}{279} \times 100 ≒ 2.5(\%)$가 되어 5배 이상이 된다.

ㄴ. (×) 2010년 창업보육센터의 전체 입주업체 수는 '창업보육센터 수×창업보육센터당 입주업체 수'로 구할 수 있다. 따라서 2010년의 창업보육센터 전체 입주업체 수는 16.8×286 ≒ 4,805(개)가 되며 이것은 2009년의 입주업체 수 17.1×279 ≒ 4,771(개)보다 많다.

ㄷ. (○) 창업보육센터당 지원금액이 가장 적은 해는 2005년으로 약 0.53억 원이고, 가장 많은 해는 2010년으로 약 1.23억 원이다.

ㄹ. (×) 창업보육센터 입주업체의 전체 매출액은 '창업보유센터당 입주업체 매출액×창업보육센터 수'로 구할 수 있다. 이를 통해서 입주업체의 전체 매출액을 구해 보면 2010년의 경우 전년에 비해 감소한 것을 알 수 있다. (2009년 : 91×279 = 25,389억 원, 2010년 : 86.7×286 = 24,796.2억 원)

37

|정답| ③

|해설| ① (×) 2010년에는 비중이 감소했다.

② (×) 전년 대비 인구 만 명당 연구개발비의 증가율은

2007년 : $\frac{6,460-5,662}{5,662} \times 100 ≒ 14.1(\%)$,

2008년 : $\frac{7,097-6,460}{6,460} \times 100 ≒ 9.9(\%)$,

2009년 : $\frac{7,781-7,097}{7,097} \times 100 ≒ 9.6(\%)$,

2010년 : $\frac{8,452-7,781}{7,781} \times 100 ≒ 8.6(\%)$이다. 따라서 연구 개발비 증가율이 가장 큰 해는 2007년이다.

③ (○) 인구 만 명당 연구개발비에 인구(단위 : 만 명)를 곱하면 총 연구개발비가 나오므로 연구개발비에 인구 만 명당 연구개발비를 나누면 인구수를 비교할 수 있다. 2009년의 인구수를 x로 두고 2010년 인구수를 y로 두면 2009년은 10,000 : 7,781 = x : 37,929이므로

$x = \frac{37,929 \times 10,000}{7,781} ≒ 48,746(명)$

2010년은 10,000 : 8,452 = y : 43,855이므로

$y = \frac{43,855 \times 10,000}{8,452} ≒ 51,887(명)$

따라서 2010년의 인구수는 2009년에 비해 증가하였다.

④ (×) 전년 대비 연구개발비 증가액은 2007년 3,955십억 원, 2008년 3,197십억 원, 2009년 3,431십억 원, 2010년 5,926십억 원으로 가장 적은 해는 2008년이다.

⑤ (×) 연구개발비의 전년 대비 증가율이 가장 낮은 해는 9.9%인 2009년이고 연구개발비의 민간부담이 가장 큰 해는 공공부담 비중이 가장 적은 해인 2006년이다.

38

|정답| ①

|해설| ㄱ. (○) 11.2(BT) > 5.4(NT)×2 = 10.8

ㄴ. (○) 기업체의 IT, NT분야 연구개발비의 합은 41.0+13.4 = 54.4(%)로 50% 이상이다.

ㄷ. (×) 다른 기관끼리는 연구개발비를 비교할 수 없다.

ㄹ. (×) 다른 기관끼리는 연구개발비를 비교할 수 없다.

ㅁ. (×) 기업체, 대학은 ST분야, 공공연구기관은 NT분야가 가장 작다.

39

|정답| ④

|해설| ㉠ (×) 2009년의 커피 수입금액은 331.3천 달러에서 310.8천 달러로 감소한다.

㉡ (○) $\dfrac{97.8}{3.1} ≒ 31.5 > \dfrac{100.2}{5.4} ≒ 18.6$

㉢ (○) 2010년에 생두 수입단가는 $\dfrac{316.1}{107.2} ≒ 2.94$로 50% 증가하면 $2.94 \times 1.5 = 4.42$이다. 이때, 2011년의 생두 수입단가는 $\dfrac{528.1}{116.4} ≒ 4.54$로 전년 대비 50% 이상 증가한 것을 알 수 있다. 2012년의 경우는 생두 수입단가가 $\dfrac{365.4}{100.2} ≒ 3.65$이므로 전년 대비 감소하였다.

㉣ (○) $\dfrac{비교년도 - 기준년도}{기준년도}$ 대신 $\dfrac{비교년도}{기준년도}$ 를 비교해서 가장 큰 값이 증가율도 가장 크다.

2009년: $\dfrac{42}{37}$

2010년: $\dfrac{55}{42}$

2011년: $\dfrac{90}{55}$

2012년: $\dfrac{109}{90}$

2011년이 다른 연도와 비교했을 때 분모보다 분자가 눈에 띄게 크다. 따라서 값이 가장 크다는 것을 알 수 있고 증가율도 가장 크다.

㉤ (×) 2008년 커피 조제품 수입단가: $\dfrac{42.1}{6.3} ≒ 6.7$

2012년 커피 조제품 수입단가: $\dfrac{122.4}{8.9} ≒ 13.8$

따라서 2012년 커피 조제품 수입단가는 2008년의 $\dfrac{13.8}{6.7} \times 100 ≒ 206(\%)$이다.

40

|정답| ⑤

|해설| ① (○) (가)에 들어갈 숫자는 20,359천 명으로, 휴일에 TV 또는 비디오관람 여가 활동을 한 사람의 비율은 약 50.9%이다.

② (○) (나)에 들어갈 숫자는 7,957천 명이다.

③ (○) (다)에 들어갈 숫자는 32,639천 명이다.

④ (○) 휴일 1순위로 종교생활을 한 사람의 비율은 약 9.5%이다.

⑤ (×) 평일 2순위 산책을 선택한 사람의 비율은 $\dfrac{7,957}{28,176} \times 100 ≒ 28.2(\%)$로 30%보다 낮다.

| 빠른 정답 | | | | | | | | ● 본책 256~349p |

1	⑤	2	⑤	3	③	4	④	5	②
6	①	7	④	8	①	9	③	10	③
11	①	12	⑤	13	④	14	②	15	④
16	①	17	①	18	⑤	19	②	20	⑤
21	①	22	③	23	③	24	⑤	25	②
26	①	27	④	28	④	29	②	30	③
31	③	32	④	33	④	34	⑤	35	③
36	②	37	②	38	②	39	④	40	③
41	③	42	②	43	⑤	44	④	45	④
46	②	47	①	48	③	49	⑤	50	⑤
51	①	52	⑤	53	⑤	54	④	55	③
56	②	57	⑤	58	⑤	59	④	60	④
61	⑤	62	①	63	①	64	①	65	⑤
66	④	67	③	68	③	69	③	70	①
71	①	72	④	73	④	74	⑤	75	④
76	③	77	②	78	②	79	①	80	②
81	④	82	④	83	③	84	⑤	85	①
86	④	87	⑤	88	③	89	④	90	⑤

01

|정답| ⑤

|해설| 계산할 때 예산액을 쓰는지, 징수결정액을 쓰는지 구분을 잘해야 한다.

①은 단순 뺄셈인데 시간이 많이 걸리므로 마지막에 처리한다. ② ~ ⑤가 모두 맞으면 답이 되고, 이 중 틀린 설명이 있으면 답이 아니다.

② (○) 수납비율은 $\dfrac{수납액}{예산액} \times 100$이다. $\dfrac{수납액}{징수결정액} \times 100$이 아니다. 눈으로만 계산해도 2014년의 수납비율이 가장 높음을 알 수 있다.

③ (○) 2018년 미수납액 = 237,000 − (208,113+2,321) = 237,000 − 210,434

대략 25,000이라고 봐도 내국세를 제외한 항목의 미수납액 합계가 1,250이 되어야 내국세 미수납액이 95%가 된다. 그런데 눈으로 살펴봐도 내국세 외의 미수납액 합은 1,250에 크게 못 미친다. 따라서 내국세 미수납액은 전체 세수의 95% 이상을 차지한다.

④ (○) 농어촌특별세 또는 종합부동산세의 수납비율이 가장 높음을 어림으로 알 수 있다. 계산하면, 각각 104.6%, 109.3%이므로 종합부동산세의 수납비율이 가장 높다.

⑤ (×) 14,110 − 14,054 − 10(= 46)<4,922 − 4,819 − 3 (= 100)이다.

02

|정답| ⑤

|해설| ① (○) 2011 → 2012년 급식비 335 증가, 2012 → 2013년 급식비 약 280 증가, 2013 → 2014년 급식비 약 420 증가, 2014 → 2015년 급식비 약 140 증가

2011 ~ 2015년 사이 5,820 ~ 6,984로 증가폭에 비해 기준 값이 크기 때문에 값이 증가함에 따른 분모 증가가 비율 감소에 큰 영향을 주지 않는다. 따라서 분자가 큰 것을 선택하여 비교한다.

$\dfrac{335}{5,820}$와 $\dfrac{420}{6,432}$을 보면 335에서 420은 20% 이상 증가, 5,820에서 6,432는 10% 정도 증가임을 알 수 있다. 따라서 $\dfrac{420}{6,432}$이 더 큰 것을 쉽게 알 수 있고 2014년 증가율이 가장 크다.

② (○) 2,100×0.88 = 88×21 = 1,760+88 = 1,848명으로 실제충원인원 1,924명보다 적다. 1,924명이 2012년 목표 충원인원의 88%라면 2012년 목표 충원 인원수는 2,100명보다 많을 것이다.

③ (○) 2011 → 2012년 157명, 2012 → 2013년 100명, 2013 → 2014년 99명, 2014 → 2015년 72명으로 조리원 충원인원수는 매년 증가폭이 줄어드는데, 분모가 될 충원인원은 매년 늘어나므로 전년 대비 증가율은 매년 감소한다.

④ (○) 5,820+582+582 = 5,820+1,200 − 36 = 7,020 − 36 = 6,984로 2015년 급식비는 2011년 대비 20% 증가했음을 알 수 있다. 2012 ~ 2015년 물가상승률 매년 5%를 계산하면 $1.05 \times 1.05 \times 1.05 \times 1.05 = (1.05^2) \times (1.05^2)$이다. 1.05의 제곱은 1.1이 약간 넘지만 1.1로 생각하고 계산해도 1.1의 제곱은 1.21로 상승률 21% 이상이 나오므로, 2011년 대비 2015년 급식비 증가율 20%가 2011년 대비 2015년 물가상승률 21% 이상보다 더 낮다.

⑤ (×) 계산을 용이하게 하기 위해 일의 자리를 떼고 계산한다. 다음과 같이 식을 전개할 수 있다.

582+615+643+684+698 = 597+600+643+682+700 = 600+600+640+682+ 700 = 600+600+622+700+700 = 3,222

$\dfrac{3,222}{5}$ = 644.4 → 실제 평균은 6,444

일의 자리를 떼고 계산했으면 실제값보다 더 작게 나온다. 그럼에도 2013년 6,432보다 수치가 크므로 급식비의 5년 평균은 2013년 급식비보다 크다.

03

|정답| ③

|해설| ㉠ (○) 2014년 이후 맥주소비량은 매년 꾸준히 증가한다.

㉡ (○) 2010년 : $\dfrac{3.5}{194.8+3.5} \times 100$ ≒ 1.76%이므로 2% 미만이다.

2018년: $\dfrac{16.8}{204.8+16.8} \times 100 ≒ 7.6\%$이므로 7% 이상이다.

ⓒ (×) 5.9 → 7.2 → 9.5 → 11.7 → 16.8인데, 9.5 → 11.7의 증가율이 7.2 → 9.5의 증가율보다 작다.

ⓔ (○) (3.3+3.2+1.3)+3+2 < (4.0+3.8)+3.4+1.9 → ( )의 값은 서로 같으므로, 남은 두 수치를 비교하면 2018년의 비중이 더 큼을 알 수 있다.

ⓜ (○) 상위 5개 브랜드 비중이 2017년에 비해 2018년에 작아졌다. 눈대중으로 쉽게 알 수 있다.

04

|정답| ④

|해설| ㄱ. (○) 2014년 국내시장 판매량은 202천 대, 수입량은 5천 대이다. $\dfrac{5}{202} < \dfrac{1}{40} = 2.5\%$로 3.0% 이하이다.

ㄴ. (○) 전년 대비 판매량 증가율이 50%를 넘는 해는 2012년이 유일하다. 72.0 → 116.0천 대(44천 대 증가)

ㄷ. (×) 전년 대비 수입량 증가폭은 2011년 0.9천 대, 2012년 1.5천 대, 2013년 0.7천 대, 2014년 0.8천 대이다. 증가폭이 작은 2013년과 2014년을 비교한다.

$\dfrac{35}{42} : \dfrac{42}{50} = \dfrac{35}{42} : \dfrac{21}{25} = \dfrac{105}{126} : \dfrac{105}{125}$

따라서 2014년의 증가율이 더 작다.

2014년 수출량은 67 → 240천 대로 4배가 안 되게 증가하였다. 2012년 수출량은 2.5 → 18천 대로 7.2배 증가하였으므로 증가율이 가장 크다.

역으로 풀이하면 더 빠르다. 수출량 전년 대비 증가가 가장 큰 해는 2012년(2.5 → 18.0)이다. 그러나 2012년은 전년 대비 수입량이 2.0 → 3.5로 2013년(3.5 → 4.2)이나 2014년(4.2 → 5.0)보다 증가율이 현저히 크기 때문에 제시된 내용과 불일치한다.

ㄹ. (○) 2012년 수출량은 2.5 → 18천 대로 늘어 7.2배, 매출액은 43 → 304.4백만 달러로 늘어 약 7.1배 증가하였으므로 증가율 차이는 10%p로 30%p 이하가 된다.

05

|정답| ②

|해설| ㄱ. (○) 설계업체 수 > 시공업체 수인 지역은 3개, 건설업체가 없는 지역은 2개이므로 맞는 설명이다.

ㄴ. (×) 전국(설계, 시공, 자재) → (162, 268, 52)이므로 설계업체 수 < 시공업체 수이다.

ㄷ. (○) $\dfrac{25}{25+5+37} : \dfrac{49+8}{162} \to \dfrac{25}{67} : \dfrac{57}{162}(=\dfrac{19}{54})$

$\dfrac{25}{67}$와 $\dfrac{19}{54}$를 비교하자. 분자분모 차이법을 적용하면

분자는 25 - 19 = 6, 분모는 67 - 54 = 13이고, $\dfrac{6}{13}$은 약 50%이므로 $\dfrac{6}{13} > \dfrac{19}{54}$이다.

따라서, 서울($\dfrac{25}{67}$) > 수도권($\dfrac{19}{54}$)이다.

ㄹ. (×) (서울 49+경북 35 = 84)×2 = 168 > 전국 설계업체 162이다.

06

|정답| ①

|해설| ㄱ. (○) 2010년보다 2011년에 매출액이 큰 품목은 B와 E이다. 이 중 B는 이익률과 시장점유율, E는 시장점유율에서 2010년보다 2011년이 작으므로 3개의 항목이 모두 큰 품목은 없다.

ㄴ. (○) 이익은 이익률과 매출액의 곱으로 구할 수 있다. 2010년의 경우
A: 100×0.05 = 5, B: 20×0.1 = 2, C: 30 × 0.15 = 4.5, D: 40×0.08 = 3.2, E: 50×0.14 = 7이다.
2011년의 경우
A: 90×0.04 = 3.6, B: 25×0.08 = 2, C: 30×0.17 = 5.1, D: 35×0.1 = 3.5, E: 60×0.2 = 12이므로
2010년보다 2011년에 이익이 큰 품목은 C, D, E 3개이다.

ㄷ. (×) 시장규모는 매출액을 시장점유율로 나눈 값으로 구할 수 있다. A품목의 경우 2010년 시장규모는 $\dfrac{100}{0.3} =$ 333, 2011년 시장규모는 $\dfrac{90}{0.4} = 225$이므로 2010년이 2011년보다 크다.

ㄹ. (×) 2011년 시장규모는 A: 225, B: $\dfrac{25}{0.15} ≒ 167$, C: $\dfrac{30}{0.4} = 75$, D: $\dfrac{35}{0.1} = 350$, E: $\dfrac{60}{0.3} = 200$이므로 시장규모가 가장 큰 품목은 D이며, 위 ㄴ의 해설에서 알 수 있듯이 D의 경우 2011년에 전년보다 이익이 증가하였다.

07

|정답| ④

|해설| ㄱ. (○) 수입액이 2012년 5.85 → 2013년 5.28로 약 10% 감소했다. 같은 기간 생산액은 약 5% 늘었고, 수출액은 거의 변화가 없다. 수입액의 감소율이 가장 크므로 국내시장규모에서 수입액이 차지하는 비중은 전년 대비 감소하였다.

ㄴ. (×) 그래프 추세 위주로 보다가 의심이 가는 부분만 확인하는 것이 좋다. 수출액이 크면 국내시장규모는 감소하는데, 2015년 전년 대비 수출액이 30% 정도 증가하였다. 2014 → 2015년 국내시장규모는 19.37 → 19.24로 감소하였다.

ㄷ. (○) 2013년, 2014년 비중이 같은 것은 기타 3.9%인데, 시장규모는 2013년은 37.4, 2014년은 39.9으로 2.5가 증가하여 5% 이상 증가했다. 유럽의 시장규모는 219.8 → 228.8로 5% 미만 증가했다. 따라서 2014년 비중은 2013년보다 작을 것이다. 즉 2014년 유럽 비중은 전년 대비 감소하였다.

ㄹ. (○) ㄷ에 답이 나온다. 기타 비중이 3.9%로 서로 같은데 2013년은 37.4, 2014년은 39.9으로 2.5가 증가하여 5%가 넘게 증가했다. 따라서 2014년 세계 전체 시장규모도 5% 이상 증가하였다고 볼 수 있다.

08

|정답| ①

|해설| ㄱ. (○) 사업체 수×100을 하여 종사자 수와 비교한다. 사업체 수가 종사자 수보다 더 큰 지역은 H, J 2개이다.

ㄴ. (×) 다음 표와 같이 매출액을 천억 원 단위로 정리하여 사업체 수와 비교해 보면 어림산이 편해진다.

구분 지역	사업체 수(개)	매출액(천억 원)
A	47	48
B	33	28
C	35	31
D	18	13
E	22	18
F	19	14
G	147	116
H	17	8
I	19	13
J	16	8
전체	373	301

G지역의 사업체 수는 147개이고 매출액은 116백만 원으로 사업체 수가 매출액보다 크다. A지역의 경우 사업체 수는 47개이고 매출액은 48백만 원으로 사업체 수보다 매출액이 크므로 사업체당 매출액이 G지역보다 더 크다는 것을 알 수 있다.

이때 ③, ④, ⑤가 소거되므로 선택지 배열상 ㄷ과 ㄹ 중 맞는 선지 하나만 찾으면 된다.

ㄷ. (○) E: $\frac{180}{315}$ 과 I: $\frac{130}{208}$ 을 비교하면 I지역의 종사자당 매출액이 더 큼을 알 수 있다.

ㄹ. (×) 건물 연면적은 J지역이 가장 작은데, 매출액은 H지역이 가장 작다.

09

|정답| ③

|해설| ㄱ. (×) <표 1>의 A국과 I국, J국 등의 수치를 살펴봤을 때 틀린 설명이다.

ㄴ. (○) <표 3>에서 2010년과 2011년 금액 부분을 비교하면 맞는 설명이다.

ㄷ. (○) 2010년과 2011년의 경상운영비 증가율 부분을 살펴보면 맞는 설명이다.

ㄹ. (○) <표 2>를 보면 재정 대비, GDP 대비 국방비 구성비가 모두 감소하고 있다.

ㅁ. (×) <표 1>에서 GDP 대비 국방비의 비율이 가장 높은 K국의 1인당 군사비는 H국을 제외한 다른 국가들보다 훨씬 낮다.

10

|정답| ③

|해설|

구분 \ 주류	탁주	청주	과실주	총합
판매량	1,500	1,000	1,600	
병당 판매가격	1,500	1,750	1,000	
총판매액	2,250,000	1,750,000	1,600,000	5,600,000
탁/청 판매량 판매가격 10%	2,722,500	2,117,500		6,440,000 15% 증가
공제 후 과표	1,800,000	1,400,000	1,200,000	
세금	180,000	280,000	180,0000	640,000

Tip) <보기>가 백만 단위를 사용하므로 <표 1>의 판매량의 '천 병' 단위를 '백만 병' 단위로 바꾼다.
탁주 1.5백만 병, 청주 1백만 병, 과실주 1.6백만 병

ㄱ. (○) 총판매액은 (탁주) 1.5백만×1,500원+(청주) 1백만×1,750원+(과실주) 1.6백만×1,000 = 2,250백만+1,750백만+1,600백만 = (탁주+청주) 4,000백만+(과실주) 1,600백만 = 5,600백만 원이다.

(탁주+청주)의 판매량과 병당 판매가격이 각각 10% 상승한 경우 판매액 합계는
(탁주+청주) 4,000백만×1.1×1.1+(과실주) 1,600백만 = 4,000백만×1.21+1,600백만 = 4,840백만+1,600백만 = 6,440백만 원이 된다.

이 금액이 5,600백만 원에서 15% 증가한 금액인지 알아보자.
5,600백만+560백만+280백만 = 6,440백만 원이므로 15% 증가한 금액이다.

※ 가중평균으로 풀이하기

과실주 금액 (과실주) 1.6백만×1 = 1.6		탁주, 청주 금액 (탁주) 1.5×1.5+ (청주) 1×1.75 = 4	
과실주 금액	1.6	탁주, 청주 금액	4
	2	:	5
가중평균 과의 비	5	가중평균 과의 비	2
과실주 증가율	0%	청주 탁주 증가율	21%

21×5÷7 = 15%
0에서 15%로 변한다.

0%	−	15%	−	21%
	+15	:	+6	

ㄴ. (×) 주류별 세율 공식을 변환하면,
주류별 주세 =
$\frac{주류별 세율 × (주류별 판매액 − 주류별 공제금액)}{100}$ 이므로

탁주의 주세는 $0.1 × \frac{2,250 − 450}{100} = 180$만 원, 과실주의 주세는 $0.15 × \frac{1,600 − 400}{100} = 180$만 원으로 동일하다.

ㄷ. (×) 탁주와 과실주의 주세는 ㄴ에서 구했으므로 청주의 주세만 구해보면 $0.2 × \frac{1,750 − 350}{100} = 280$만 원이다.

각 주류의 판매량이 10% 증가하면 주류별 판매액도 10% 증가한다.

주류별 주세 =

$$\frac{주류별 세율 \times (주류별 판매액 - 주류별 공제금액)}{100}$$

에서 판매액과 공제금액이 각각 10% 증가하면 주류별 주세도 10% 증가한다는 것을 알 수 있다.

따라서 주류별 주세의 합인 180만 원+180만 원+280만 원 = 640만 원에서 10% 증가한 값은 640만 원+64만 원 = 704만 원이다.

ㄹ. (○) ㄱ에서 구한 총주류판매액 5,600백만 원을 10% 증가시킨 후 다시 10% 감소시키면 된다.

5,600백만×1.1×0.9 = 5,600백만×0.99
= 5,600백만×(1 − 0.01) = 5,600백만 − 56백만
= 5,544백만 원

11

|정답| ①

|해설|

	가장 많은 연결	시민 단체수	연결 개수	밀도
A시	8	16	19	$\frac{2\times19}{16\times(16-1)}$ ≒ 0.1583
B시	7	17	22	$\frac{2\times22}{17\times(17-1)}$ ≒ 0.1617

ㄱ. (○) 직접 연결된 시민단체 수가 가장 많은 곳을 찾아보면 A시는 8개, B시는 7개인 시민단체가 연결중심성이 가장 크다.

ㄴ. (○) 하나만 연결된 단체는 A시는 7개, B시는 6개이다.

ㄷ. (×) A시는 16개, B시는 17개이다.

ㄹ. (×) 위 표의 계산과 같이 A시와 B시의 연결망 밀도는 각각 약 0.1583, 0.1617로 A시가 B시보다 연결망 밀도가 작다.

12

|정답| ⑤

|해설| ① (×) 2000년에서 2001년 사이에는 감소했다.

② (×) $\frac{350-298}{298}\times100(\%)$ ≒ 17.45%로 20% 이하이다.

③ (×) $\frac{26}{401}\times100(\%)$ ≒ 6.48%로 5% 이상이다.

④ (×) 해당 기간 직장어린이집 수는 196 ~ 401개소 사이이므로, 10%의 증가율을 보이려면 적어도 25 ~ 40개소 정도의 차이가 나야 한다. 전년도와 20개소 이상 차이가 나는 연도는 2003년, 2005년, 2006년, 2007년, 2008년, 2009년, 2010년이고 이 중에서 2006년도의 전년 대비 증가율을 살펴보면 $\frac{298-263}{263}\times100(\%)$ ≒ 13.31%로 10% 이상의 증가율을 보여준다. 그러므로 2003년이 유일하다는 이 진술은 틀리다.

⑤ (○) 전체 401개소인데, 그중 서울 109와 경기 95를 합하면 204개소로 절반 이상이 된다.

13

|정답| ④

|해설| ① (×) 1GB(기가바이트)와 1,024MB(메가바이트)의 단위를 주의 깊게 봐야 한다. 데이터 사용량의 증가율이 가장 큰 앱은 뮤직플레이가 맞지만, 증가량이 가장 큰 앱은 1.4GB 증가한 G인터넷이다.

② (×) 사용량이 증가한 앱은 7개, 감소한 앱은 10개이다.

③ (×) 27.7+14.8+0.7 < 45.3

④ (○) 두 앱의 5월 데이터 사용량은 5.3GB+1.8GB = 7.1GB로, 나머지 앱의 데이터 사용량을 더한 것보다 많다.

⑤ (×) S메일은 29.7 → 0.8로 증감률을 −99%로 어림잡더라도 변화율이 100%를 초과하는 다른 앱이 있다면 S메일이 변화율이 더 작다. 뮤직플레이는 94.6 → 570으로 변화율이 약 +500%이다.

14

|정답| ②

|해설| ㄱ. (○) 정당 D의 전국 지방의회 의석점유율은

2014년 : $\frac{61}{669}\times100$ ≒ 9%, 2010년 : $\frac{39}{616}\times100$ ≒ 6.3%다.

ㄴ. (×) 정당 C의 경우는 82석에서 38석으로 격감했다.

ㄷ. (×) 표는 전국 지방의회 의석수를, 그래프는 수도권 지방의회 의석수를 나타내므로 두 자료의 차이가 비수도권 의석수가 된다.

정당 A : 252 − 63 = 189석, 정당 B : 318 − 166 = 152석이 된다. A의 의석수가 더 많다.

ㄹ. (○) 정당 B의 2014년 수도권 지방의회 의석점유율은

$\frac{166}{63+166+4+5}\times100$ ≒ 69.7%

2010년 수도권 지방의회 의석점유율은

$\frac{159}{37+159+11+2}\times100$ ≒ 76%

15

|정답| ④

|해설|

국가	전체국민 정부신뢰율	청년층의 상대적 정부신뢰지수	청년층 정부신뢰율
A	14.0	6.4	7.6
B	35.0	− 14.1	49.1
C	48.0	− 9.1	57.1
D	82.0	2.0	80.0

첫 번째 조건 "청년층 정부신뢰율은 스위스가 그리스의 10배 이상이다."에서 10배 차이 나는 두 국가는 A와 D이다. 스위스는 D가 되고, 그리스는 A가 된다.

세 번째 조건 "청년층 정부신뢰율은 미국이 스위스보다 30%p 이상 낮다."에서 스위스인 D와 비교하면 C는 30%p 차이는 안 나고, B가 30%p 이상 차이 나기 때문에 B가 미국이 된다.

따라서 A는 그리스, B는 미국, C는 영국, D는 스위스이다.

16

|정답| ①

|해설| 세 번째 조건인 "참나무의 기건비중은 오동나무 기건비중의 2.5배 이상이다."에서 기건비중이 2.5배 이상 차이날 수 있는 것은 0.89인 B와 0.31인 D다.

따라서 참나무는 B이고, 오동나무는 D다. 선택지 ③, ④, ⑤는 제외한다.

두 번째 조건 "휨강도와 압축강도 차가 큰 상위 2개 수종은 소나무와 참나무이다."에서 상위 2개는 A와 B이다.(A는 40N/mm², B는 54N/mm² 차이)

따라서 A가 소나무라는 것을 알 수 있다.

네 번째 조건 "인장강도와 압축강도의 차가 두 번째로 큰 수종은 전나무이다."에서 전나무가 E라는 것을 알 수 있다.(차이가 가장 큰 것은 B가 61N/mm², 두 번째가 E로 8N/mm²)

따라서, 선택지 ②는 제외되고, 답은 ①이 된다.

17

|정답| ①

|해설| ㄱ. (○) 2012년 도시폐기물량지수가 미국이 12.73이고 일본은 2.53이므로 4배 이상이 된다.

ㄴ. (×) 러시아의 폐기물량지수는 3.87이다. 공식을 변형해보면 다음과 같다.

해당년도 해당국가의 도시폐기물량
= 도시폐기물량지수×해당년도 한국의 도시폐기물량

이를 적용하면 러시아의 도시폐기물량은 3.87×1,786 ≒ 6,912로, 8,000만 톤이 되지 않는다.

ㄷ. (○) 2009년 스페인의 도시폐기물량은 1.33×1,901 ≒ 2,528인데, 2012년에는 스페인이 아예 순위권에 없어서 수치를 알 수 없다. 단, 10위인 이탈리아에 비해 높을 수는 없다. 따라서 이탈리아 수치를 계산해보면 1.4×1,788 ≒ 2,503으로 스페인의 도시폐기물량이 이것보다는 낮다는 것을 추론할 수 있다. 이는 2009년에 비해 감소한 것이다.

ㄹ. (×) 2012년에는 터키가 영국보다 많다.

18

|정답| ⑤

|해설| 이동비용 = 시간가치+연료비+통행료

연료소비량(L)과 주행시간(시간)이 빈칸으로 주어져 있다. 이것을 빨리 계산하는 방법은 구분의 단위를 이용하는 것이다.

예를 들어 연료소비량(L) = 거리(km) ÷ 평균연비(km/L)임을 알 수 있는데, 이는 평균연비의 단위(km/L)를 보고 빠르게 판단한 것이다.

마찬가지로 주행시간(시간) = 거리(km) ÷ 평균속력(km/시간)이 된다. 연비 등과 같이 거리, 시간, 연비를 계산하는 방식을 기억해 놓으면 이러한 거리·속력·시간 유형 문제에 대처하기 편하다.

이동방법 구분 이용도로	A		B		C	
	고속도로	국도	고속도로	국도	고속도로	국도
거리(km)	240		300		90	120
평균속력(km/시간)	120		60		90	60
거리(km)÷평균속력(km/시간) = 주행시간(시간)	2.0		(5)		1.0	(2)
평균연비(km/L)	12		15		12	15
거리(km)÷평균연비(km/L) = 연료소비량(L)	(20)		20.0		7.5	(8)

소요시간과 연료소비량은 똑같이 1,500을 곱하므로 1,500에 곱해지는 값으로 정리를 해서 한 번에 비교를 한다. 대소 비교만 하면 되므로 실제로 1,500을 곱해서 전체를 계산하지 말고 통행료를 1,500에 최대한 묶어 본다.

A = {(주행 2시간+휴식 1시간)+20리터}×1,500원+통행료 8,000원 = 23×1,500원+8,000원 = 28×1,500원+500원

B = {(주행 5시간+휴식 1.5시간)+20리터}×1,500원 = 26.5×1,500원

C = {(고속주행 1시간+휴식 0.5시간+휴식 0.5시간+국도주행 2시간)+(고속 7.5리터+국도 8리터)}×1,500원+통행료 5,000원 = 19.5×1,500원+5,000원 = 22.5×1,500원+500원

이렇게 되면 다음과 같이 정리할 수 있다.

	A	B	C
이동비용	28×1,500원+500원	26.5×1,500원	22.5×1,500원+500원
이동비용이 큰 순위	1등	2등	3등

19

|정답| ②

|해설| LTV와 DTI 문제의 경우 부동산 대출에 관련된 문제이다. 금융권 대출 및 부동산 정책에 대한 지식이 없다면 이해하기 어려운 분야이다. LTV와 DTI 문제는 수능에도 출제된 바 있으니 꼭 한번 풀어보아 시험에 대비하는 것이 좋다. <보기>의 세대 A, B, C의 LTV와 DTI 적용 비율 및 DTI 계산식을 구분해 본다.

세대	세대유형	LTV (%)	DTI (%)	DTI 식 (<표 1>의 각주)
ㄱ	서민 실수요 세대	50	50	3번 식
ㄴ－1	주택담보대출 미보유 세대 2017년 6월 구매	60	50	3번 식
ㄴ－2	주택담보대출 미보유 세대 2017년 10월 구매	40	40	3번 식
ㄷ－1	주택담보대출 보유 세대 2017년 10월 구매	30	30	3번 식
ㄷ－2	주택담보대출 보유 세대 2018년 10월 구매	30	30	4번 식

ㄱ, ㄴ, ㄷ 모두 투기지역에 공시가격 4억 원인 주택을 구매한다. 2017년 8월부터 LTV는 <표 1> '변경 후' 조건을 적용하고, 2018년 4월부터 DTI 산출방식 변경 조건을 적용한다.

ㄱ. (×) 2017년 10월로 <표 1> 변경 후 적용, A는 <표 2>의 서민 실수요 세대이다.

LTV : 2017년 8월 이후이므로 50%를 적용하고 <표 1>의 각주 2를 적용한다.

LTV 50% = (신규 주택담보대출 최대금액 ÷ 주택 공시가 4억 원)×100이므로, 이에 따른 신규 주택담보대출 최대금액은 2억 원이다.

DTI : 2018년 4월 이전이므로 <표 1>의 각주 3을 적용한다. <표 2>의 각주 1에 따르면, 신규 주택담보대출 최대금액의 연 원리금 상환액은 신규주택 담보대출 최대금액의 10%이다.

DTI 50% = {(주택담보대출 최대금액의 10%+기타대출 상환액 500만 원) ÷ 연간소득 3,000만 원}×100이다. 이에 따른 A주택담보대출 최대금액의 10%는 1,000만 원이므로, DTI로 계산한 주택담보대출 최대금액은 1억 원이다.

LTV와 DTI 중 작은 금액이 최대대출액이므로 2억 원이 아닌 1억 원이다.

ㄴ. (○) B는 <표 2>의 주택담보대출 미보유세대이다.

2017년 10월의 신규 주택담보대출 최대금액을 구하면 다음과 같다.

LTV 40% = (최대대출금액 ÷ 공시가격 4억 원)×100이므로 최대대출금액 = 1억 6,000만 원

DTI 40% = {(주택담보대출 최대금액의 10%) ÷ 연간소득 6,000만 원}×100이므로 주택담보대출 최대금액의 10% = 2,400만 원으로 최대대출금액은 2억 4,000만 원이다.

2017년 10월의 B의 최대대출금액은 둘 중 금액이 작은 LTV방식의 1억 6,000만 원이다.

2017년 6월의 신규 주택담보대출 최대금액을 구하면 다음과 같다.

LTV 60% = (최대대출금액 ÷ 공시가격 4억 원)×100이므로 최대대출금액 = 2억 4,000만 원

DTI 50% = {(주택담보대출 최대금액의 10%) ÷ 연간소득 6,000만 원}×100이므로 주택담보대출 최대금액의 10% = 3,000만 원으로 최대대출금액은 3억 원이다.

2017년 6월의 B의 최대대출금액은 둘 중 금액이 작은 LTV 방식의 2억 4,000만 원이다.

따라서, 주택담보대출 최대금액 감소폭은 8,000만 원으로 1억 원 미만이다.

ㄷ. (×) C는 <표 2>의 주택담보대출 보유세대이다.

LTV 30% = (최대대출금액 ÷ 공시가격 4억 원)×100이므로 최대대출금액 = 1억 2,000만 원

2018년 10월 구매 시 각주 4의 신규 DTI산출방식을 적용하므로

DTI 30% = {(주택담보대출 최대금액의 10%+기 주택담부대출 상환액 1,200만 원+기타 대출 상환액 100만 원) ÷ 연간소득 1억 원}×100이므로 주택담보대출 최대금액의 10% = 1,700만 원으로 최대대출금액은 1억 7,000만 원이다.

이는 신규 DTI 산출방식으로 구한 금액이고, 2017년 10월에 적용되는 이전 DTI 산출방식으로 구하면 최대대출금액은 2억 9,000만 원이다.

그러나 두 수치 모두 LTV 30%보다 큰 금액이므로, 2018년 10월과 2017년 10월 모두 C의 최대대출금액은 LTV 방식인 1억 2,000만 원으로 동일하다.

20

|정답| ⑤

|해설| 처리 인원 = 기소 인원+불기소 인원, 기소 인원 = 정식재판기소 인원+약식재판기소인원이므로 표의 빈칸을 채우면 다음과 같다.

구분 연도	처리	처리 결과		기소 유형	
		기소	불기소	정식재 판기소	약식재 판기소
2014	33,654	14,205	(19,449)	(1,966)	12,239
2015	26,397	10,962	15,435	1,972	(8,990)
2016	28,593	12,287	(16,306)	(2,237)	10,050
2017	31,096	12,057	19,039	2,619	(9,438)
2018	38,152	(14,263)	(23,889)	3,513	10,750

① (×) 2017년에는 처리 인원이 전년 대비 증가했지만, 기소 인원은 전년 대비 감소하였다.

② (×) 2018년 기소 인원은 14,263명으로 2014년 14,205명보다 약 60명 증가하였으나, 처리인원은 2018년이 2014년보다 약 4,500명 늘어났다. 분모인 처리 인원이 분자인 기소 인원보다 훨씬 많이 증가하였으므로 기소율은 2018년에 감소하였음을 알 수 있다.

③ (×) 2017년 불기소 인원은 19,309명으로 2018년 23,889명보다 적다.

④ (×) 2014년의 불기소 인원은 19,449명이고, 정식재판기소 인원은 1,966명이므로 불기소 인원은 정식재판기소 인원의 10배 미만이다.

⑤ (○) 정식재판기소 인원+약식재판기소 인원 = 기소 인원이다. 제시된 표에서 매년 기소 인원이 처리 인원의 50% 미만이라는 것을 알 수 있다.

21

|정답| ①

|해설| ㄱ. (○) 제시된 표의 수치를 비교하여 쉽게 확인할 수 있다.

ㄴ. (○) 제시된 표의 수치를 비교하여 쉽게 확인할 수 있다.

ㄷ. (×) 2016년 : $3.52 - 3.27 = 0.25$

2015년 : $3.73 - 3.39 = 0.34$

ㄹ. (×) $\dfrac{\text{만족도 점수}}{\text{중요도 점수}}$를 계산하면 된다.

교과영역이 $\dfrac{3.45}{3.57}$로 분모−분자가 0.12인데 비교과영역이 $\dfrac{3.56}{3.64}$로 분모−분자가 0.08이고 분모도 교과영역보다 더 크다. 두 분수를 비교할 때 분모가 큰데 분모와 분자의 값 차이도 더 작으면 분모가 큰 분수가 더 클 것이다. 한 번에 잘 안 보이면 분모분자차이법으로 풀이한다.

$\dfrac{3.56-3.45}{3.64-3.57} = \dfrac{0.11}{0.07}$인데 이 수는 $\dfrac{3.45}{3.57}$보다 크므로 $\dfrac{3.56}{3.64}$가 $\dfrac{3.45}{3.57}$보다 크다는 것을 알 수 있다. 따라서 비교과 영역의 요구충족도가 더 높다.

22

정답 ③

해설 ① (×) 1,000 단위를 빼고 계산하면, 전체 1,938 − 미국 1,789 = 149이고, 이를 어림잡아 150으로 놓고 계산하면, 150×15 = 2,250이므로, 미국의 참전인원은 다른 모든 국가의 참전인원의 15배가 안 된다.

② (×) 터키: $\frac{3,216}{14,936}$ 보다 프랑스: $\frac{1,289}{3,421}$ 의 비율이 훨씬 높다.

③ (○) 태국이 $\frac{1,139}{1,273}$ 인데, 공군이 참전한 미국, 캐나다, 호주, 그리스, 남아공 모두 태국보다 피해인원 대비 부상인원 비율이 작다.

④ (×) 공군만 참여한 나라는 남아공이 유일하다. 남아공의 전사·사망인원은 34명으로 그 30배는 1,020명이다. 육군만 참여한 나라는 5개국인데, 터키 741+필리핀 112+에티오피아 121+벨기에 99+룩셈부르크 2 = 1,075명으로 1,020명보다 많으므로 남아공의 30배를 초과한다.

⑤ (×) 태국, 뉴질랜드, 벨기에 3개국이다.

23

정답 ③

해설 본 문제는 해석을 정확하게 하지 않는 경우 오류가 발생하기 쉬운 유형이다.

여기서 주문금액 − 할인금액(즉시할인+쿠폰할인) = 신용카드+포인트 결제가 된다.

즉, 주문금액 − 할인금액(즉시할인+쿠폰할인) − 포인트결제 = 신용카드 결제가 된다는 것을 알아야 한다. 이것을 빨리 해석하는 것이 중요하다.

예를 들어 아래와 같이 계산됨을 알 수 있다.

상품	주문 금액	할인금액	포인트	결제 금액
요가용 품세트	45,400	4,540+4,860 = 9,400	3,300	32,700

① (×) 150,600원에서 600원을 제외한 금액을 15% 할인하면 150,000 − 22,500 = 127,500원이고, 나머지 600원을 50% 할인했다 해도 300원을 더하면 127,800원 > 127,790원이므로 전체 할인율은 15% 이상이다.

② (×) 보온병은 9,200×0.2 = 1,840원으로 20% 할인이다. 그런데 요가용품세트는 즉시할인 4,540원+쿠폰할인 4,840원으로 20% 넘게 할인함을 알 수 있다.

③ (○) 이미 요가용품세트는 할인율이 20%가 넘었고 결제금액 대비 포인트 사용도 10%가 유일하게 넘으므로 주문금액 대비 신용카드 결제비율이 가장 낮음을 알 수 있다.

④ (×) 주문금액의 3% (150,000+600)×0.03 = 4,500+18 = 4,518원인데, 요가용품세트 사용포인트 3,300+샴푸 사용포인트 1,500 = 4,800포인트로 두 가지 품목 포인트로도 4,518보다 크다.

⑤ (×) 보온병 결제금액을 4배로 하면 신용카드 약 29,000원에 포인트 280인데, 가을스웨터는 신용카드 48,370에 포인트 260으로 포인트 비율이 더 낮다. 가을스웨터가 첫 번째로 비율이 낮다.

24

정답 ⑤

해설 ① (○) 태국지사의 2011년 1 ~ 11월의 수출 상담실적은 2,520건으로 전년동기인 2010년 1 ~ 11월 대비 80% 증가한 값을 가지기 때문에 2010년 1 ~ 11월의 상담실적 건수를 구하면 $\frac{2,520}{1.8}$ = 1,400건이 된다. 따라서 2010년 12월의 수출 상담실적은 1,526 − 1,400 = 126건이 된다.

② (○) 2010년에 전년 대비 수출 상담실적 건수가 가장 많이 늘어난 해외지사는 인도지사로, 2009년보다 1,197건 증가하였다.

③ (○) 2009 ~ 2011년 동안 A무역회사 해외지사의 수출 상담실적 건수 합계는 표의 마지막 줄의 합계를 보면 매년 증가하고 있으며, 2011년은 12월이 포함되어 있지 않지만 2010년보다 건수가 많기 때문에 증가하였다고 판단하여도 된다.

④ (○) 표를 보면 2008 ~ 2010년 동안 매년 싱가포르지사와 미국지사의 수출 상담실적 건수의 합은 독일지사의 수출 상담실적 건수보다 적다.

	2008	2009	2010
싱가포르+미국	443	316	592
독일	650	458	724

⑤ (×) 2011년 12월 칠레지사 수출 상담실적이 256건이라면 2011년 연간 총 수출 상담실적은 644 + 256 = 900건이 된다. 이것은 2010년 수출 상담실적인 472건보다 428건 증가한 값으로서 100% 이상 증가하였다고 할 수 없다.

25

정답 ②

해설 ㄱ. (×) 2006년에서 2007년 사이에는 29,466억 원에서 28,202억 원으로 감소하였고, 2007년에서 2008년 사이에도 28,202억 원에서 28,187억 원으로 소폭 감소하였다.

ㄴ. (○) 공제회의 회원 수가 가장 적은 해는 2008년이다. 이때 목돈수탁원금도 6,157억 원으로 가장 적다.

ㄷ. (×) 회원급여저축총액 = 회원급여저축원금+누적이자총액인데, 2010년의 회원급여 저축총액은 37,952억 원이고 회원급여저축원금은 26,081억 원이므로 누적이자총액은 11,871억 원이 된다.

$\frac{11,871}{37,952}$ ×100 ≒ 31.28%이다.

ㄹ. (○) 1인당 계좌 수가 가장 많은 해는 70.93개인 2010년도인데, 회원기금원금도 38,720억 원으로 가장 많다.

26

정답 ①

해설 ㄱ. (○) 한국씨티은행과 국민은행의 총자산은 각각 약 700천억 원, 2,700천억 원이고, 직원수는 각각 3,000명, 18,000명이다. 따라서 직원 1인당 총 자산은 $\frac{700}{3,000}$ > $\frac{2,700}{1,800}$ 이 되므로 한국씨티은행이 더 많다.

ㄴ. (○) 총자산순이익률 = $\dfrac{당기순이익}{총\ 자산}$ 이므로, 원점과 원

중심의 기울기라고 볼 수 있다. 하나은행이 가장 기울기가 작고 외환은행이 기울기가 가장 크므로, 총자산순이익률은 하나은행이 가장 낮고 외환은행이 가장 크다.

ㄷ. (×) 직원 1인당 당기순이익은 $\dfrac{당기순이익}{직원\ 수}$ 로 계산한

다. 이때 당기순이익이 많고 직원수가 적을수록 이 수치는 높아진다. 그래프에서 보면 외환은행은 신한은행보다 직원수는 적고 당기순이익은 많다. 따라서 외환은행이 신한은행보다 1인당 당기순이익이 더 많다.

ㄹ. (×) 당기순이익이 가장 많은 은행은 우리은행이고, 가장 적은 은행은 한국씨티은행이 아니라 하나은행이다.

27

|정답| ④

|해설| ㉠ (×) 인구밀도가 계산되려면 땅 면적이 있어야 하는데 주어진 자료에서는 찾을 수 없다.

㉡ (×) 주어진 자료에서 주택면적에 대한 통계는 알 수 없다.

㉢ (×) 제조업체 수와 서비스업체 수가 나와 있지만, 각각의 생산액에 대한 통계는 없다.

㉣ (○) 전국의 인구와 대출액, 수도권의 인구와 대출액이 나와 있기 때문에 구할 수 있다. 수도권의 1인당 금융대출

액은 $\dfrac{469,374}{24,472}$, 전국의 1인당 금융대출액은 $\dfrac{699,430}{50,034}$ 이

므로 수도권의 1인당 금융대출액이 더 많다.

㉤ (×) 4년제 대학 재학생 수는 알 수 없다.

28

|정답| ④

|해설| 본 문제의 핵심은 소득탄력성의 분모, 분자가 모두 변화율이라는 것이다. 두 변화율이 모두 '+' 값일 때 소득탄력성이 0보다 크다. 소득이 증가했는데 소비가 같이 증가하면 정상재이고, 소득이 늘었는데 소비가 줄어들면 열등재이다. 예를 들어 정상재는 소고기 같은 것이다. 소득이 증가하면 자연스럽게 소고기 소비가 증가한다. 열등재는 라면 같은 것이다. 소득이 증가하면 라면보다는 다른 소비를 늘리게 된다. 사치재는 소득의 증가율보다 소비의 증가율이 더 높다는 것인데 돈을 많이 벌면 명품 소비도 더 늘리게 되니 사치재라고 하는 것이다. 이런 경제학 개념을 알고 있었다면 본 문제는 쉽게 이해할 수 있는 문제이다.

ㄱ. (○) 2000 ~ 2004년 동안 '갑'의 소득은 8,000천 원에서 24,000천 원으로 매년 증가하였고, X재화 구매량도 5개에서 20개로 매년 증가하였다.

ㄴ. (○) 2001년 '갑'의 X재화의 전년 대비 구매량 증가율은 100%인데, 전년 대비 소득증가율은 50%이다.

ㄷ. (×) 2004년에 X재화의 소득탄력성은 $\dfrac{11.1}{20}$ 이 된다.

1이 넘지 않으므로 사치재는 아니다.

ㄹ. (○) 2006년에 X재화의 소득탄력성은 $\dfrac{-5.3}{14.3}$ 이므로

0보다 작다. 따라서 열등재다.

29

|정답| ②

|해설| ㄱ. (○) A은행은 2.9%이고 B은행은 6.1%이므로 맞는 진술이다.

ㄴ. (×) 총자산 대비 비이자수익 비율은

$\dfrac{영업수익 - 이자수익}{총\ 자산}$ 이므로 결국 총자산 대비 영업수익

비율에서 총자산 대비 이자수익비율을 뺀 값이 된다. 따라서 A은행의 총자산 대비 비이자수익 비율은 5.2 − 2.9 = 2.3%가 되고, 시중은행의 평균 총자산 대비 비이자수익 비율은 7.2 − 5.2 = 2%가 되므로 A은행이 더 크다.

ㄷ. (×) 2005년 : $\dfrac{99.2 - 89.2}{89.2} \times 100 ≒ 11.21\%$

2006년 : $\dfrac{111.1 - 99.2}{99.2} \times 100 ≒ 12\%$

2007년 : $\dfrac{123.6 - 111.1}{111.1} \times 100 ≒ 11.25\%$

2008년 : $\dfrac{133.4 - 123.6}{123.6} \times 100 ≒ 7.93\%$

따라서 영업수익의 전년 대비 증가율은 매년 10%를 넘지 못한다.

ㄹ. (○) 55.3 − 51.1 = 4.2(%p)이므로 맞는 진술이다.

30

|정답| ⑤

|해설| ① (×) 네모로 표시된 꺾은선그래프를 따라 읽으면 된다. 2009년은 79,812톤이었는데, 2010년에는 60,000톤이 되어서 감소하였다.

② (×) 단위 재배면적당 양파 생산량은 $\dfrac{양파\ 생산량}{단위\ 재배\ 면적}$

으로 나타낸다. 구체적 수치는 다음과 같다.

2006년 : $\dfrac{169,434}{2,747} ≒ 61.68$, 2007년 : $\dfrac{208,626}{2,961} ≒ 70.46$,

2008년 : $\dfrac{199,684}{2,864} ≒ 69.72$, 2009년 : $\dfrac{274,336}{3,289} ≒ 83.41$,

2010년 : $\dfrac{309,538}{4,500} ≒ 68.79$

그래프를 육안으로 봐도 2010년은 2009년에 비해 꺾은선그래프와 막대그래프의 차이가 크게 줄어들었으므로 직접 계산하지 않고도 비교적 쉽게 알 수 있다.

③ (×) 그래프를 보면 2010년 양파 재배면적은 4,500ha이므로 괄호 안을 채우면 울산의 양파 재배면적은 2010년 344ha에서 2011년 160ha로 줄었다는 것을 확인할 수 있다.

④ (×) 그래프에서 2010년은 그 전년도와 다르게 양파 재배면적이 마늘 재배면적보다 크다는 것을 알 수 있다.

⑤ (○) 2010년 동남권의 단위 재배면적당 마늘 생산량은

$\dfrac{60,000}{4,000}$ 이다. 2011년 동남권의 마늘 생산량을 x 라 할 때

2011년 동남권의 단위 재배면적당 마늘 생산량은 $\dfrac{x}{5,000}$

$= \dfrac{60,000}{4,000}$ 이 된다. x 를 구하면 75,000톤이다.

31

|정답| ③

|해설| ㄱ. (○) 연평균 증가율을 구하기 위해 연도별 증가율을 구해야 한다. 매년 증가율의 차이가 크지 않으므로 연도별 증가율로도 연평균 증가율의 근삿값을 구할 수 있다.

$$연평균\ 증가율 = \frac{각\ 연도별\ 증가율의\ 합}{4}$$

$$= \frac{\dfrac{424-365}{365} + \dfrac{464-424}{424} + \dfrac{525-464}{464} + \dfrac{580-525}{525}}{4}$$

$$= \frac{0.162 + 0.094 + 0.131 + 0.105}{4} \times 100 = 12.3\%$$

ㄴ. (○) 매년 여성이 남성보다 인구 10만 명당 수면장애로 진료 받은 인원이 많으므로, 이러한 추론이 가능하다.

ㄷ. (×) $\dfrac{남성\ 진료인원}{인구\ 10만\ 명당\ 남성\ 진료인원} = \dfrac{145,031}{580} = 250.05$

$\dfrac{여성\ 진료인원}{인구\ 10만\ 명당\ 여성\ 진료인원} = \dfrac{212,081}{859} = 246.89$

남성 진료인원은 10만 명당 남성 진료인원의 약 250배이므로 남성의 인구는 2,500만 명이고. 여성 진료인원은 10만 명당 여성 진료인원의 약 247배이므로 여성의 인구는 약 2,470만 명임을 알 수 있다.

따라서 전체 인구는 4,970만 명으로 5,400만 명을 넘지 않는다.

32

|정답| ④

|해설| ① (○) 2016년 수입수요량의 합은 39,422톤이고, 2015년 수입수요량의 합은 36,028톤이므로 9.42% 증가하였다.

② (○) 목표재고량 식에서 $\dfrac{목표재고일수}{200}$를 구하기 쉬우므로 먼저 계산하면 목표재고량을 더 쉽게 계산할 수 있다.

	목표재고일수 200	2015년 목표재고량	2016년 목표재고량
쌀	0.5	8,971톤	8,786.5톤
밀	1	10,954톤	8,928톤
귀리	0.1	593.4톤	396.5톤
렌틸콩	0.1	291.4톤	186.4톤
그레놀라	0.2 (0.1×2)	211.2톤	592.6톤
퀴노아	0.3 (0.1×3)	62.7톤	220.8톤

2016년(19110.8톤)은 2015년(21083.7톤)에 비해 감소했다.

③ (○) 위 표에서 2015년과 2016년 목표재고량이 가장 큰 품목은 밀임을 알 수 있다.

④ (×) 2015년 렌틸콩, 그레놀라, 퀴노아의 목표재고량 합계는 291.4+211.2+62.7 = 565.3톤으로 6개 품목 전체 목표재고량 합계인 21,083.7의 2.68%이므로 3% 미만이다.

⑤ (○) 2016년 퀴노아의 목표재고량 220.8톤은 2015년 귀리의 목표재고량 593.4톤의 37.21%이므로 35% 이상이다.

33

|정답| ④

|해설| ① (×) 2013년에 운동부족과 고혈압의 순위가 바뀌었다.

② (×) 2013년: $\dfrac{35}{419} ≒ 0.084$, 2014년: $\dfrac{42}{554} ≒ 0.076$,

2015년: $\dfrac{67}{715} ≒ 0.094$

③ (×) 2013년: $\dfrac{56}{419} ≒ 0.134$, 2014년: $\dfrac{87}{554} ≒ 0.157$,

2015년: $\dfrac{111}{715} ≒ 0.155$

④ (○) 2013년: $\dfrac{62-51}{51} ≒ 0.216$, 2014년: $\dfrac{84-62}{62} ≒ 0.355$,

2015년: $\dfrac{101-84}{84} ≒ 0.202$로 고혈압 질병비용의 전년 대비 증가율이 가장 큰 해는 2014년이다.

⑤ (×) 2012년: $\dfrac{65}{359} ≒ 0.181$, 2013년: $\dfrac{72}{419} ≒ 0.172$,

2014년: $\dfrac{90}{554} ≒ 0.162$, 2015년: $\dfrac{117}{715} ≒ 0.164$

34

|정답| ⑤

|해설| ㄱ. (×) 2008년에서 2009년 사이에 17.7%에서 17.1%로 비중이 떨어지는 것을 확인할 수 있다.

ㄴ. (○) 5,283 ↘ 4,275 ↗ 4,679 ↘ 2,962 ↗ 5,872
25,846 ↘ 20,574 ↗ 23,496 ↘ 23,329 ↗ 27,622
증감 추이가 일치한다.

ㄷ. (○) $\dfrac{4,194-6,135}{6,135} \times 100 ≒ -31.64\%$이므로 30% 이상 감소한 것이 맞다.

ㄹ. (○) 중앙정부기관: $\dfrac{5,283-6,536}{6,536} \times 100 ≒ -19.17\%$,

지방자치단체: $\dfrac{14,816-19,514}{19,514} \times 100 ≒ -24.08\%$,

정부산하단체: $\dfrac{4,875-6,135}{6,135} \times 100 ≒ -20.54\%$

이므로 감소율이 가장 큰 것은 지방자치단체이다.

35

|정답| ③

|해설| 질문이 A ~ D 대학의 평판도 총점을 묻고 있고, 대학 평판도 총점은 지표환산점수의 총합이다. 이때 <표 1>을 보면 가중치는 10과 5 중 하나인 것을 알 수 있다. 따라서 모든 지표마다 지표환산점수를 구하기보다는 가중치가 같은 지표점수끼리 더한 다음 가중치를 곱하는 것이 계산하기 쉽다.
A: 가중치 10×23+가중치 5×28
B: 가중치 10×23+가중치 5×29
C: 가중치 10×23+가중치 5×25
D: 가중치 10×18+가중치 5×최대 27
더 이상 계산하지 않고 대소비교가 가능하다.
따라서 B>A>C>D이다.

36

|정답| ②

|해설| ㄱ. (○) E 대학의 대학 평판도 총점에서 주어진 '가, 나, 바, 사'의 지표환산점수를 빼면 '다', '라', '마' 지표환산점수의 합을 구할 수 있다.
$410 - 60 - 35 - 30 - 35 = 410 - 160 = 250$
가중치가 '다'는 10, '라'는 5, '마'는 10이므로 '다', '라', '마'의 지표점수가 모두 10점인 경우에도 250점을 만들 수 있다.
ㄴ. (○) 우선, G 대학의 '라' 지표환산점수를 구하면
총점 375점 − (가중치 10×23점＋가중치 5×22점) = 35점
이므로 '라' 지표점수는 $\dfrac{35점}{가중치 5}$ = 7점이다.

F 대학의 '라', '마' 지표환산점수의 합을 계산하면
365점 − (10점×13＋5점×19) = 365 − 225 = 140점이다.
'마' 지표에 최댓값 10점을 부여하여 '라' 지표점수의 최솟값을 구할 수 있다. '라' 지표환산점수는 140 − 10×10 = 40점이므로 '라' 지표의 가중치 5로 나누면 8점이다. 따라서 F 대학 '라' 지표점수의 최솟값이 G 대학 '라' 지표점수보다 높으므로 F 대학이 G 대학보다 '라' 지표점수가 높다고 말할 수 있다.
ㄷ. (×) H 대학 '나'의 지표환산점수 = 5×8 = 40점 < '마'의 지표환산점수 = 10×6 = 60점

37

|정답| ②

|해설| ㄱ. (○) 기능 3, 5, 7, 8을 모두 충족하는 소프트웨어 A(79,000원), E(68,000원) 중 가격이 낮은 것은 E이다.
ㄴ. (○) 소프트웨어 C가 제공하는 기능 − 소프트웨어 B가 제공하는 기능 = 기능 1, 5, 8−기능 10이 되므로 기능 1, 5, 8의 가격 합과 기능 10의 가격 차이는 소프트웨어 C와 B의 가격 차이와 같다. 따라서 62,000−58,000 = 4,000원이므로 옳은 설명이다.
ㄷ. (×) 병이 필요로 하는 기능을 제공하는 소프트웨어 A, C, E 중 을이 보유한 소프트웨어 B에서 제공하지 않는 기능인 1, 5, 7, 8을 제공하는 소프트웨어는 A와 E이다.

38

|정답| ②

|해설| ㄱ ～ ㄷ은 상표심사 목표점수를 계산하지 않더라도 목표조정계수의 비교만으로 옳고 그름을 판단할 수 있다.
ㄱ. (○) 근무 3개월 차 상표심사 목표조정계수는 최연중: 0.4, 권순용: 0.3, 정민하: 0.6×0.7 = 0.42, 안필성: 0.3×0.7 = 0.21이므로, 높은 순서대로 나열하면 정민하, 최연중, 권순용, 안필성이다.
ㄴ. (×) 5급인 정민하, 안필성의 5개월 차 목표조정계수의 합은 (0.9+0.5)×0.7 = 0.98, 6급인 최연중, 권순용의 5개월 차 목표조정계수의 합은 0.8+0.5 = 1.3이므로 5급이 6급보다 낮다.
ㄷ. (×) 정민하의 목표조정계수는 3개월 차: 0.6×0.7 = 0.42에서 4개월 차: 0.8×0.7 = 0.56으로 0.14 증가하였고, 최연중의 목표조정계수는 3개월 차 0.4에서 4개월 차 0.6으로 0.2 증가하였으므로 최연중이 더 많이 증가하였다.

ㄹ. (○) 교육이수 후 근무 3개월 차 목표조정계수는 정민하 0.6, 안필성 0.3이므로 두 사람의 근무 3개월 차 상표심사 목표점수의 차이는 (0.6 − 0.3)×150 = 0.3×150 = 45점이다.

39

|정답| ④

|해설| ㄱ. (○) A 유치원의 원아수는 132명이고 교실수는 5개이므로 교실 1개당 원아수는 $\dfrac{132}{5}$ = 26.4명이 되어 교실 조건을 충족하지 못한다.
나머지 조건은 교사조건: $\dfrac{132}{12}$ ≤15, 차량조건: $\dfrac{132}{3}$ ≤ 100, 여유면적조건: 3,800 − 2,400 − 450 = 950≥650으로 충족한다.
ㄴ. (○) 일단 B가 교사 평균 경력이 길어서 유력한 후보이지만 교사조건을 충족하지 못한다. B 다음으로 교사 평균 경력이 긴 D는 4가지 조건을 모두 충족한다. 따라서 D가 선정된다.
ㄷ. (×) 한 가지 조건만 파악하면 되는 선지이므로 ㄷ을 먼저 보는 것이 유리할 수 있다. C유치원의 원아수 120명에서 15%를 줄이면 120 − 18 = 102명이므로 차량조건을 충족하지 못한다.
ㄹ. (○) B 유치원이 준교사 6명을 충원하면 교사조건이 $\dfrac{160}{11}$ ≤15가 되어 충족하고 교실조건: $\dfrac{160}{7}$ ≤25, 차량조건: $\dfrac{160}{2}$ ≤100, 여유면적조건: 1300 − 420 − 200≥650을 모두 충족하므로 B유치원이 '갑' 사업에 최종 선정된다.

40

|정답| ③

|해설| ㄱ. (○) A 지역의 찬성자 수는
200×0.8+120×0.5+80×0.25 = 240명이므로 A지역의 찬성률은 $\dfrac{240}{400}$ ×100 = 60%이다.
B 지역의 찬성자 수는
150×0.8+150×0.6+200×0.4 = 290명이므로 B 지역의 찬성률은 $\dfrac{290}{500}$ ×100 = 58%로 A 지역이 B 지역보다 높다.
ㄴ. (×) A, B의 20 ～ 30대 연령층 중 찬성자의 수는 A는 200 × 0.8 = 160명, B는 150×0.8 = 120명이다.
A 지역의 20 ～ 30대 연령층이 B 지역보다 40명 더 많이 찬성하므로 틀리다.
ㄷ. (○) A는 $\dfrac{160}{400}$ × 100 = 40%, B는 $\dfrac{120}{500}$ × 100 = 24%이므로 옳은 설명이다.
ㄹ. (×) A는 80×0.25 = 20명, B는 200명×0.4 = 80명이므로 A, B 전체 60대 이상 찬성자 수의 비율은 $\dfrac{100}{900}$ ×100 ≒11.1%로 20%를 넘지 못한다.

ㅁ. (○) B 지역의 사람들은 연령별로 비슷한 비율을 형성하고 있는데 A 지역의 경우는 20 ~ 30대 연령층이 전체 조사 대상자의 50%를 차지하고 있으므로 다른 연령층에서 이 지역의 공기업 이전에 대한 찬성률이 낮게 나타나더라도 평균 찬성률이 높아지게 될 가능성이 있다.

41

|정답| ③

|해설| 정답을 찾기가 쉽지 않은 문제이다. 이 문제의 표에서 '도로포장률'의 수치가 비교하기에 가장 편하므로 이를 먼저 살펴보면, "A시는 B시에 비해 도로포장률이 더 높다."는 조건에 의해 B는 100이 될 수 없기 때문에 서울, 대구, 대전을 우선 제거할 수 있다.

조건 1: '자동차당 도로연장'을 보면 전국이 5.49km/천 대이다. A와 B 모두 전국보다 짧다고 했으므로 전국보다 긴 도시인 세종시는 제외된다.

조건 2: A시 인구가 B시 인구의 2배 이상이어야 하는데, 일단 가장 인구가 많은 서울을 A시로 가정하고 다음 조건을 살펴보자.

조건 3: A시는 B시보다 면적도 더 넓어야 하므로 서울보다 면적이 더 넓은 도시는 B가 될 수 없다. 부산, 대구, 인천, 울산은 제외되고, 광주, 대전은 B가 될 수 있다.

조건 4: 서울의 도로포장률은 100%이므로 100%가 안 되는 시만 B가 될 수 있다. 대전도 도로포장률이 100%라 배제되고 광주만 B가 될 수 있다. 따라서 A시는 서울, B시는 광주이다.

①, ② (✕) 자동차대수, 도로보급률은 서울(A) > 광주(B)이다.

③ (○) 면적당 도로연장은 A(13.59) > B(3.6)이다.

④, ⑤ (✕) 인구당 도로연장, 자동차당 도로연장은 A < B이다.

42

|정답| ②

|해설| ㉠ (○) 2016년 추석교통대책기간 중 이동인원인 3,540만 명에서 70% 증가한 값은 3,540＋(3,540×0.7) = 6,018만 명이다. 이는 2017년 추석교통대책기간 중 이동한 인원 6,160만 명보다 적으므로 2017년에 전년 대비 70% 이상 증가한 것이 맞다.

㉡ (✕) 2016년 1일 평균이동인원은 $\dfrac{3,540}{6}$ = 590만 명이고 여기서 10% 감소한 값은 531만 명이다. 따라서 2017년 1일 평균이동인원인 560만 명은 전년 대비 10% 미만으로 감소한 수치이다.

㉢ (○) 2016년 추석 당일 교통량인 535만 대에서 10% 증가한 값이 588만 대로 이는 2017년 추석 당일 교통량과 일치한다. 따라서 2017년 추석 당일 교통량은 전년 대비 9% 이상 증가하였다.

㉣ (✕) 제시된 구간에서 '서울 ‒ 부산' 구간의 귀성 최대 소요시간은 2016년 7시간 15분에서 2017년 7시간 50분으로 증가하였다.

43

|정답| ⑤

|해설| <보고서>의 첫 번째 문단은 대략적으로 보고 넘어간다. 보고서의 정오를 가리는 문제가 아니기 때문이다.

<표 1>, <표 2> 모두 중국인에 관한 통계이다. <보고서>에 기타 외국인에 대한 언급이 있으면 이에 대한 추가 자료가 필요하다.

두 번째 문단에서 '2016년 중국인 관광객을 제외한 전체 방한 외국인 관광객수와 총 지출액'에 대한 언급이 있으므로 ㄴ이 필요하다. (① 소거)

마지막 문단의 산업부문별 추정 감소액에 대한 부분은 <표 1>, <표 2>에 없는 내용이고 2017년 추정자료뿐 아니라 2016년 자료도 필요하므로 ㄷ, ㄹ이 모두 필요하다. 따라서 ㄴ, ㄷ, ㄹ이 추가로 필요한 자료이다.

<보고서>에서 중국 이외의 다른 나라는 직접 언급하지 않으므로 ㄱ. 국적별 통계는 필요 없다.

44

|정답| ④

|해설| ㄱ. (○) 5급, 7급, 9급과 연구직 총 4개이다.

ㄴ. (○) 2016년 우정직 채용 인원은 599명으로, 7급 채용 인원 1,148명의 절반인 574명보다 많다.

ㄷ. (✕) 5급, 7급, 9급에서는 공개경쟁채용이 경력경쟁채용보다 인원이 많았지만, 연구직에서는 경력경쟁채용이 공개경쟁채용보다 인원이 많았다.

ㄹ. (○) 2017년부터 공무원 채용 인원 중 9급 공개경쟁채용 인원만을 해마다 전년 대비 10%씩 늘리면, 2018년에는 3,000 × 1.1×1.1 = 3,630명이 된다. 2016년 전체 공무원 인원은 9,042명이고, 여기에서 3,000명을 빼면 6,042명이다. 이 인원은 2018년까지 동일하게 유지되므로, 2018년에는 여기에 3,630명을 더한 9,672명이 전체인원이 된다.

$\dfrac{3,630}{9,672}×100 ≒ 37.5\%$으로, 40% 이하가 된다.

45

|정답| ④

|해설| ㄱ. (○) 지분율 상위 4개 회원국(중국, 인도, 러시아, 독일)의 투표권 비율을 합하면 26.06＋7.51＋5.93＋4.15 = 43.65%로 40% 이상이 되어 옳은 내용이다.

ㄴ. (○) 중국을 제외한 지분율 상위 9개 회원국 중 지분율과 투표권 비율의 차이가 가장 큰 회원국은 인도로, 그 차이는 8.52 ‒ 7.51 = 1.01이다.

ㄷ. (✕) 지분율 상위 10개 회원국 중에서, A지역 5개 회원국의 지분율 합은 30.34＋8.52＋3.81＋3.76＋3.42 = 49.85%로, B지역 5개 회원국의 지분율 합인 6.66＋4.57＋3.44＋3.24＋3.11 = 21.02%의 3배가 되지 못하므로 옳지 않다.

ㄹ. (○) 독일과 프랑스의 지분율의 합은 4.57＋3.44 = 8.01%이다. 따라서 AIIB의 자본금 총액이 2,000억 달러라면, 독일과 프랑스가 AIIB에 출자한 자본금의 합은 2,000억×0.081 = 162억 달러로 160억 달러 이상이 되므로 옳다.

46

정답 ②

해설 ① (○) 전체 내국인 출국 인원수는 7월에 2,389,447명으로 가장 많다.

② (×) 4월부터 9월까지 인천공항 대비 김해공항의 출국 인원수 비는 각각 0.182, 0.183, 0.183, 0.180, 0.181, 0.168로, 9월이 가장 작다.

③ (○) 인천항을 이용해 출국한 내국인의 평균은 6,659명으로 6,700명보다 적다.

④ (○) 인천공항으로 출국한 내국인이 가장 많았던 달(7월)과 가장 적었던 달(5월)의 출국 인원수 차이는 1,793,164 − 1,485,091 = 308,073명으로, 김해공항으로 출국한 내국인이 가장 많았던 달(8월)의 출국 인원수 324,089명보다 적다.

⑤ (○) 4월부터 9월까지 김포공항을 이용해 출국한 내국인 수의 3배는 각각 271,131, 267,648, 259,911, 280,902, 279,999명으로 김해공항을 이용해 출국한 내국인의 수보다 항상 적다.

47

정답 ①

해설 ① (○) 순위 상위 5개를 제외한 기타 웹브라우저의 비중은 100% − 94.39% = 5.61%이다. 상위 5종 중 이용률이 가장 낮은 인터넷 익스플로러의 이용률이 1.30%이므로 이보다 하위 순위의 브라우저는 이용률이 1.30% 미만일 것이다. 5.61%(기타) = 1.30×4+α이므로 상위 5종 웹브라우저 이외에 최소 5종의 웹브라우저가 있다. 따라서 2013년 10월 전체 설문조사 대상 스마트폰 기반 웹브라우저는 10종 이상이다.

② (×) 크롬은 PC와 스마트폰 기반 조사에서 모두 3위를 차지했다.

③ (×) 2013년 12월 파이어폭스와 크롬의 순위가 역전된다.

④ (×) 오페라도 6.91% − 4.51% = 2%p 이상 차이가 난다.

⑤ (×) '상위 5종 전체 − (4위+5위)'를 계산하면 매년 90% 미만이다.

48

정답 ③

해설 A = 67,900원×100%
B = 67,900원×(100% − 20%)
C = 67,900원×(100% − 10%)
D = 67,900원×(100% − 35%)
따라서 A+B+C+D = 67,900원×(100%+80%+90%+65%) = 67,900원×335% = 227,465원이다.

49

정답 ③

해설 ③ (○) 인구 100명당 무선 통신 가입자가 77명인데 전체 무선 통신 가입자가 7,700만 명이므로, C국의 전체 인구는 1억 명(10,000만 명)이다. 따라서 C국의 동시 가입자 수를

x로 놓으면, 3,200+7,700 − x +700 = 10,000(만 명)이므로 x는 1,600만 명이다.

① (×) n(A∪B) = n(A)+n(B) − n(A∩B)으로 푼다. A국의 유선 통신 가입자 수를 x(만 명)로 놓으면, 유선, 무선 통신 가입자 수의 합집합은 x(유선 통신 가입자)+4,100(무선 통신 가입자) − 700(유·무선 통신 동시 가입자)이다. 여기에 미가입자 200만 명을 더하면 x+3,600만 명이고 이는 A국의 전체 인구가 된다.

이때, A국의 2013년 인구 100명당 유선 통신 가입자가 40명이므로

100∶40 = 전체 인구∶전체 유선 통신가입자 = x +3600∶x

A국 전체 인구가 A국 유선 통신 가입자의 2.5배이므로 x +3,600 = 2.5x이다. 따라서 A국의 유선 통신 가입자 수 x는 2,400만 명이다.

② (×) B국의 2013년 무선 통신 가입자는 3,000만 명이고 2016년 무선 통신 가입자는 3,000만 명 대비 1.5배이므로 4,500만 명이다.

④ (×) D국의 2013년 인구는 1,100+1,300 − 5,00+100 = 2,000(만 명)이다. 통신 미가입자 수를 x(만 명)로 놓으면 2016년 인구는 1,100+2,500 − 800+x = 3,000(2013년의 1.5배)이므로, 미가입자는 200만 명이다.

⑤ (×) B국은 1,900 − 300 = 1,600(만 명)이고 D국은 1,100 − 500 = 600(만 명)이다. 이때, D국의 3배는 1,800만 명으로 B국은 D국의 3배 이상이 아니다. 따라서 2013년 유선 통신만 가입한 인구는 B국이 D국의 3배 이하이다.

50

정답 ⑤

해설 원주는 원 전체의 길이를 말하고 지름은 원의 중심을 지나는 직선을 말한다. n, m은 자연수라는 것을 알 수 있다. 원주를 (n − 1)등분하여 등분점을 찍는데, 그림을 보면 n − 1 = 12(등분)이다. 따라서 n은 13이다.

$2 \leq m \leq \dfrac{n}{2}$ 라는 식이 있으므로 $2 \leq m \leq 6$이다. 즉, m = 2, 3, 4, 5, 6 중의 하나이다.

"임의의 '등분점' P를 선택해 P의 번호에 m을 곱한 수를 n으로 나눈 나머지를 구하여"라는 규칙을 공식으로 표현해 보면, 임의의 등분점의 번호를 A라고 할 때 A×m÷n의 나머지가 대응점의 번호가 된다는 말이다. 8번 등분점을 예로 들어보자. 8번 등분점은 9와 10에 연결되어 있다. 하나는 8에서 대응점으로 연결한 것이고 나머지 하나는 8이 대응점으로 다른 수로부터 연결을 받은 것이다. 따라서 8m÷13의 나머지가 9 또는 10이 되므로 8m = 13×몫+9 or 10이 된다.

m에 2부터 6까지 대입하여 나머지가 9 또는 10이 되는 경우를 찾아보자.

m = 2, 8 × 2 = 16 = 13+3 → 나머지 3 → 해당 없음
m = 3, 8 × 3 = 24 = 13+11 → 나머지 11 → 해당 없음
m = 4, 8 × 4 = 32 = 13 × 2+6 → 나머지 6 → 해당 없음
m = 5, 8 × 5 = 40 = 13 × 3+1 → 나머지 1 → 해당 없음
m = 6, 8 × 6 = 48 = 13 × 3+9 → 나머지 9 → 9가 8의 대응점

따라서 $m = 6$이다. $n + m = 13 + 6 = 19$
검산을 위해 10번 등분점으로 다시 한 번 하면
$m = 6$, $10 \times 6 = 60 = 13 \times 4 + 8$ → 나머지 $8 → 8$이 10의 대응점이다.
따라서 $n + m = 19$이다.

51

|정답| ①

|해설| 본 문제는 3중 가중평균을 해야 하는 문제로 무척 까다로운 문제이다. 업무, 여가, 쇼핑 통행의 총합이 각각 다른데 그 총합의 비를 구해야 문제가 풀린다.
이것을 가중평균법으로 풀이하면 3중 가중평균으로 계산해야 하는데 이 경우 2중 가중평균을 2번 해서 계산하는 방식으로 처리한다.

통행목적 / 시간대	업무	여가	쇼핑	전체통행
03:00 ~ 06:00	4.50	1.50	1.50	3.15

일단 여가와 쇼핑 값이 같은 시간대를 선택한다.

여가+쇼핑		전체		업무
1.5		3.15		4.5
가중평균과의 거리	+1.65		+1.35	11:9
통행 횟수	9	:		11

일단 여기서 통행 횟수 비중은 11이고
여가와 쇼핑 비중이 9라는 것을 알았다.
업무 : 여가와 쇼핑 = 11 : 9

이때, 업무가 여가와 쇼핑을 더한 값보다 크기 때문에 통행 횟수가 가장 큰 값이다.
그럼 다시 아래 표에서

통행목적 / 시간대	업무	여가	쇼핑	전체통행
00:00 ~ 03:00	3.00	1.00	1.50	2.25

여가+쇼핑		전체		업무
A		2.25		3
	2.25 − A		+0.75	11:9
가중평균과의 거리는 기존과 동일	11	:		9

$2.25 - A : 0.75 = 11 : 9$
$8.25 = 20.25 - 9A$
$9A = 12$, $A = \dfrac{4}{3}$

즉, 여가와 쇼핑의 통행비율이 $\dfrac{4}{3}$%라는 것이다.

여가		전체		쇼핑
1		$\dfrac{4}{3}$		1.5
$\dfrac{6}{6}$	+2	$\dfrac{8}{6}$	+1	$\dfrac{9}{6}$
가중평균과의 거리	2	:	1	
통행 횟수	1	:	2	

위에서 계산한 업무 : 여가+쇼핑 = 11 : 9

$9 \times \dfrac{1}{3} = 3$ (여가 비율)

$9 \times \dfrac{2}{3} = 6$ (쇼핑 비율)

여가와 쇼핑은 9를 다시 6 : 3으로 나눠 갖는다.
즉, 업무 : 쇼핑 : 여가는 11 : 6 : 3이 되는 것이다.
이때 전체 통행량은 20이 된다.

방정식으로 풀이를 하면 다음과 같다.
전체 통행은 업무+여가+쇼핑 통행이고 시간대별로 통행의 합이 전체통행에서 차지하는 비율을 구해 놓은 것이다.
계산의 편의를 위해 전체 업무 통행을 $100x$, 전체 여가 통행을 $100y$, 전체 쇼핑 통행을 $100z$로 놓는다. 그러면 업무 통행이 3%면 $3x$가 된다. 이때,
전체 통행 = 전체 업무 통행+전체 여가 통행+전체 쇼핑 통행 = $100x + 100y + 100z$

i) 00:00 ~ 03:00 : $3x + 1y + 1.5z = $ 전체 통행의 2.25%
$= (100x + 100y + 100z) \times (\dfrac{2.25}{100}) = 2.25x + 2.25y + 2.25z$

ii) 03:00 ~ 06:00 : $4.5x + 1.5y + 1.5z = 3.15x + 3.15y + 3.15z$

iii) 21:00 ~ 24:00 : $4.5x + 17.5y + 5z = 6.6x + 6.6y + 6.6z$
정리하면
$0.75x - 1.25y - 0.75z = 75x - 125y - 75z = 0$,
$3x - 5y - 3z = 0$ …… ㉠
$1.35x - 1.65y - 1.65z = 0$, $135x - 165y - 165z = 0$,
$9x - 11y - 11z = 0$ …… ㉡
$2.1x - 10.9y + 1.6z = 0$, $21x - 109y + 16z = 0$ …… ㉢
$3 \times$ ㉠ − ㉡ → $-4y + 2z = 0$이다.
따라서 z는 $2y$이고, 이를 ㉢에 대입한다.
$21x - 109y + 32y = 0$, $21x - 77y = 0$, $21x = 77y$,
$3x = 11y$, $x = (\dfrac{11}{3})y$

$x : y = \dfrac{11}{3} : 1 = 11 : 3$이고 $y : z = 1 : 2$이므로 업무 통행(x):여가 통행(y):쇼핑 통행(z) = 11:3:6이다. 이때 전체 통행은 20이다.

ㄱ. (○) 06:00 ~ 09:00는 업무목적 통행 비율이 하루 중 가장 높고, 전체 통행 횟수도 가장 많다.

ㄴ. (○) 업무 : 여가 : 쇼핑 = 11 : 3 : 6으로 업무, 쇼핑, 여가 순으로 많다.

ㄷ. (×) 18:00 ~ 21:00에 전체 여가 통행의 50%가 이루어지는데, 전체 통행에서 여가 통행이 차지하는 비율은 $\dfrac{3}{20}$이고 여가 통행의 50%는 $\dfrac{1.5}{20}$로 7.5%이다. 09:00 ~ 12:00의 전체 통행은 14.8%로 더 많다.

ㄹ. (×) 12:00 ~ 15:00에 쇼핑목적 통행 비율이 31.5%로 가장 높은데, 그때 업무목적 통행 횟수는 8%이다. 업무 통행 횟수가 쇼핑 통행 횟수의 $\frac{11}{6}$ 배이기 때문에 업무 통행 비율을 쇼핑 통행 비율 기준으로 맞추면 $8 \times (\frac{11}{6}) = \frac{44}{3}$ ≒ 14.6이다. 31.5가 14의 2.5배가 안 되므로 틀렸다.

52

|정답| ⑤

|해설| ㄴ. (○) 앞자리가 같으므로 간단하게 뺄셈해 본다. 서귀포시의 경지 면적에서 밭 면적을 빼주면 71 − 46 = 25(ha)이고 제주시의 경지 면적에서 밭 면적을 빼주면 85 − 77 = 8(ha)로 서귀포시의 논 면적이 제주시 논 면적보다 크다.

ㄷ. (○) 서산시 경지 면적에서 논 면적을 빼주면 27,285 − 21,730 = 5,555(ha)이고 김제시 경지 면적에서 논 면적을 빼주면 28,501 − 23,415 = 5,086(ha)로 서산시의 밭 면적이 김제시의 밭 면적보다 크다.
72 − 17 = 55, 85 − 34 = 51로 간단하게 뺄셈해서 비교해도 된다.

ㄹ. (○) 상주시 경지 면적은 5위인 서산시보다 아래에 있으므로 27,285ha 이하라고 가정하고 계산한다. 이때, 상주시 논 면적은 27,285 − 11,047 = 16,238(ha) 이하이므로 익산시 논 면적의 90%인 17160.3ha보다 작다. 따라서 상주시의 논 면적은 익산시 논 면적의 90% 이하이다.

ㄱ. (×) 해남군의 논 면적은 23,042ha이고 해남군의 밭 면적의 2배는 24,474ha이므로 옳지 않은 설명이다.

53

|정답| ⑤

|해설| ⑤ (○) 전체적으로 모두 계산을 해야 하지만 크게 변화한 수치들만 비교해 본다. 주민등록번호 도용 비율 감소율을 분수로 나타내면 $\frac{171}{288} = \frac{57}{96} = \frac{19}{33}$ 이다. 개인정보 미파기를 보면 $\frac{227}{331}$ 인데 $\frac{2}{3}$ 을 넘는다. 반면 $\frac{19}{33}$ 는 $\frac{2}{3}$ 가 안 된다. 따라서 주민등록번호 도용의 전년 대비 감소율이 가장 크다.

① (×) 개인정보 유출의 경우 '있음'의 응답 비율이 2013년은 2위인데, 2014년은 1위로 순서가 동일하지 않다.

② (×) 2014년 개인정보 무단수집의 '있음'의 응답 비율은 44.4%이고 개인정보 미파기의 '있음'의 응답 비율은 22.7%로 이의 2배는 45.4%이므로 2배 이상이 아니다.

③ (×) 과도한 개인정보 수집은 44.6 − 31.3 = 13.3(%p)이고 개인정보 무단수집 59.7 − 44.4 = 15.3(%p)이므로 개인정보 무단수집이 감소폭이 가장 크다.

④ (×) 개인정보 유출의 경우 '모름'의 응답 비율이 2013년 29.0%, 2014년 27.7%로 전년 대비 감소하였다.

54

|정답| ④

|해설| ㄱ. (○) 일본, 대만, 기타 임직원 수의 합이 중국 임직원 수보다 많음을 알 수 있다.

ㄷ. (○) 중국의 전년 대비 임직원 수는 2014년 2,636 → 3,748, 2015년 3,748 → 4,853으로 매년 약 1,100명씩 증가하고 있다. 중국 이외 어느 국적도 한 해에 1,000명 이상 증가하지 않았다.

ㄹ. (○) 세 집합의 최소교집합은 최소교집합에 사용하는 A+B−N 공식을 두 번 이용해야 한다. 세 집합의 최소교집합이므로 A+B+C − 2N 공식을 사용한다.
즉, 한국인(10,197) + 정규직(16,007) + 임원(14,800) − (17,998 ×2) = 5,008(명)
따라서 한국인 중에서 정규직, 사원은 5,000명 이상이다.
다른 방식으로는 본 국적이 한국인 사람이 10,197명인데 이 중에서 고용 형태가 정규직이고 직급이 사원인 임직원의 최소 인원수를 구하려면 한국인 10,197명 중에 정규직의 여집합인 비정규직 1,991명이 모두 포함되고, 사원의 여집합인 간부 3,109명과 임원 89명이 모두 포함되어야 한다. 그리고 비정규직과 간부와 임원 사이에는 교집합이 있으면 안 된다.
이를 계산하면 10,197 − (1,991 +3,109 +89) = 5,008(명)으로 한국인 중에서 정규직이고 사원인 임직원은 5,000명 이상이다.

ㄴ. (×) 2014년 20대 이하 임직원의 비중은 $\frac{8,933}{17,998}$ 이다.
8,933×2 = 17,886으로 17,998보다 작으므로 50% 이하이다.

55

|정답| ③

|해설| 한 잔을 더 팔아서 총이익이 64,000원이 되어야 한다. 일단 메뉴당 판매가격에서 재료비를 빼고 판매량을 곱하여 메뉴별 이익을 계산한다.
아메리카노 : (3,000 − 200)×5 = 2,800×5 = 14,000(원)
카페라테 : (3,500 − 500)×3 = 3,000×3 = 9,000(원)
바닐라라테 : (4,000 − 600)×3 = 3,400×3 = 10,200(원)
카페모카 : (4,000 − 650)×2 = 3,350×2 = 6,700(원)
캐러멜마키아토 : (4,300 − 850)×6 = 3,450×6 = 20,700(원)
지금까지의 총이익은 60,600원이다.
따라서 64,000 − 60,600 = 3,400(원)의 이익이 나는 바닐라라테를 선택한다.
다른 방식으로는 일부 숫자만 계산하는 방법이 있다.
현재까지 총이익은 100의 자리숫자만 더해보면 2+7+7 → ××,600원이다. 따라서 한 잔 판매 이익이 ×,400원인 메뉴가 답이다. 메뉴 한 잔당 이익에 50원 단위가 나오는 카페모카와 캐러멜마키아토(원가의 합이 50원 단위이다)는 한 잔만 팔아야 하기 때문에 배제한다. 따라서 정답은 3,400원인 바닐라라테이다.

56

|정답| ②

|해설| 주어진 표의 빈칸을 채우면 다음과 같다.

과목 학생	A	B	C	D	E	평균
영희	(16)	14	13	15	( )	( )
민수	12	14	(15)	10	14	13.0
수민	10	12	9	(10)	18	11.8
은경	14	14	(15)	17	( )	( )
철민	(18)	20	19	17	19	18.6
상욱	10	(13)	16	(15)	16	(14)
합계	80	(87)	(87)	84	( )	( )
평균	(13.33)	14.5	14.5	(14)	( )	( )

일단 하나만 비어 있어서 금방 채울 수 있는 곳을 찾는다. 철민의 경우 A과목 하나만 비어 있다. 각 과목의 점수는 20점, 19점, 17점, 19점으로 편차가 1.4점, 0.4점, −1.6점, 0.4점이므로 나머지 하나의 편차는 −0.6점이 되어야 함을 알 수 있다. 따라서 철민의 A과목 점수는 18점이다. 이 방법으로 민수와 수민의 점수도 알 수 있다.

ㄱ. (○) 영희의 점수를 x로 둔다면 A과목의 합계는 $x+12+10+14+18+10=80$, $x+64=80$이므로 영희의 A과목 점수는 16점이다. 평균 점수가 15점 이상이면 우수 수준인데 15를 가평균으로 잡고 편차를 계산하면 영희의 평균점수는 15점임을 알 수 있다. 따라서 우수 수준이 맞다.

ㄷ. (○) B과목 평균은 14.5점이다. 각 과목의 점수는 14점, 14점, 12점, 14점, 20점으로 편차가 −0.5점, −0.5점, −2.5점, −0.5점, 5.5점이므로 나머지 하나의 편차는 −1.5점이 되어야 함을 알 수 있다. 따라서 상욱의 B과목 점수는 13점이다. 상욱의 D과목 점수를 구하려면 수민의 D과목 점수도 알아야 한다. 수민의 평균은 11.8점이고 각 과목의 점수는 10점, 12점, 9점, 18점으로 편차가 −1.8점, 0.2점, −2.8점, 6.2점이므로 나머지 하나의 편차는 −1.8점이 되어야 함을 알 수 있다. 따라서 수민의 D과목 점수는 10점이다. 이때, D과목 총점은 15+10+10+17+17+상욱의 점수 = 84이므로 상욱의 D과목 점수는 15점임을 알 수 있고, 상욱의 평균은 $\dfrac{10+13+16+15+16}{5}=\dfrac{17}{5}=14$(점)으로 보통 수준이다.

ㄴ. (×) 은경의 E과목 점수를 0점이라 가정하면 E과목을 제외한 나머지 네 과목의 총점이 60점 미만이 나와야 한다. 민수의 C과목 점수가 15점이었고 C과목 평균은 14.5점이므로 13점, 15점, 9점, 은경의 점수, 19점, 16점의 편차는 −1.5점, 0.5점, −5.5점, 은경의 점수편차, 4.5점, 1.5점으로 은경의 점수편차를 제외하고 더하면 −0.5가 나오므로 은경의 점수는 15점이다. 은경의 A ~ D과목 점수 합은 14+14+15+17 = 60으로 E과목이 0점이더라도 은경의 평균은 12점으로 기초 수준이 될 수 없다.

ㄹ. (×) 민수는 $\dfrac{12+14+C+10+14}{5}=13$(점)으로 C가 15점임을 알 수 있다. 통으로 더해서 나누지 말고 끝자리 수만 더해서 총점 13×5의 끝자리를 맞추거나 편차의 합 = 0임을 이용할 수도 있다. 따라서 민수의 C과목 점수는 18점이 나온 철민의 A과목 점수보다 낮다.

57

|정답| ⑤

|해설| ⑤ 아래 표처럼 계산하면 된다.

품목		2015년 10월 평균 가격	전년 동월 평균 가격	차이	전년 동월 평균 대비 증감률
구분	등급				
거세우	1등급	17,895	14,683	3,212	22%
	2등급	16,534	13,612	2,922	21%
	3등급	14,166	12,034	2,132	18%
비 거세우	1등급	18,022	15,059	2,963	20%
	2등급	16,957	13,222	3,735	28%
	3등급	14,560	11,693	2,867	25%

따라서 전년 동월 평균 가격 대비 2015년 10월 평균 가격 증감률이 가장 큰 품목은 비거세우 2등급이다.

58

|정답| ⑤

|해설| ⑤ (○) 수입건수를 물었다. 아래 표와 같이 해결한다.

순위	국가	점유율
1	중국	32.06%
−	기타 국가	21.33%
나머지 국가		100 − 21.33 = 78.67(%) $\dfrac{32}{78} < \dfrac{45}{100}$ 크로스 비교를 할 경우 $\dfrac{3,200}{3,510}$으로 분모가 더 크므로 45% 이하이다.

① (×) 10위와 기타 국가의 자료를 사용하는 것이 계산하기 용이하다.

순위	국가	금액	점유율	계산식
10	일본	0.17	1.06	전체×0.0106 = 0.17 전체는 17조 원 이하이다.
−	기타 국가	5.40	33.53	전체×0.3353($≒\dfrac{1}{3}$) = 5.4 5.4×3 = 16.2조 전체는 17조 원 이하이다.

② (×) 기타국가의 수입액 점유율이 33.53%이므로 상위 10개 국가의 수입액의 합은 70%가 안 된다.

③ (×) 중국, 미국, 태국, 베트남, 필리핀, 영국, 일본으로 6개가 아니라 7개이다.

④ (×) 중국의 수입액은 3.39조 원, 수입건수는 104천 건, 미국의 수입액의 3.14조 원, 수입건수는 55천 건이다.

국가	금액	건수(천 건)	
중국	3.39	104	$\dfrac{3.39}{104}=0.032$
미국	3.14	55	$\dfrac{3.14}{56}=0.056$

$\dfrac{3.39}{104}(=0.032) < \dfrac{3.14}{56}(=0.056)$로 미국이 더 크다.

59

|정답| ④

|해설|

구분	토지이용 유형	경사도	토지소유 형태	총점
A	1(5점)	15(5점)	2(80%)	비교 대상 소거
B	2(8점)	20(5점)	1(100%)	6.8점
C	2(8점)	10(10점)	1(100%)	8.8점
D 개발제한 구역	2(8점)	10(10점)	2(80%)	0점
E	3(10점)	15(5점)	2(80%)	6.4점

일단 개발 적합성 점수가 가장 낮은 지역은 개발제한구역
인 D이다.
이때, A의 점수는 모든 면에서 B보다 작으므로 B, C, E만
비교한다.
B = (0.6×8)+(0.4×5) = 6.8(점)
C = (0.6×8)+(0.4×10) = 8.8(점)
E = {(0.6×10)+(0.4×5)}×0.8 = 6.4(점)
따라서 개발 적합성 점수가 가장 높은 지역은 C이다.

60

|정답| ④

|해설| 한 구간당 소요 시간을 기준으로 계산하면 다음과 같다.

열차	속력	역간 소요 시간	B 도착시간	C +1분	D +2분	E +3분
무궁화	60km/h	10분	6시 10분 도착 1분 정차	6시 21분 도착 1분 정차	6시 32분 도착 1분 정차	6시 43분 도착 1분 정차
새마을	120km/h (6시 5분 출발)	5분	6시 10분 도착 1분 정차	6시 16분 도착 1분 정차	6시 22분 도착 1분 정차	6시 28분 도착 1분 정차
고속 열차	240km/h (6시 5분 출발)	2.5분	6시 7.5분 도착 1분 정차	6시 11분 도착 1분 정차	6시 14.5분 도착 1분 정차	6시 18분 도착 1분 정차

다이어그램을 보면 무궁화호는 10분에 10km를 달렸다. 즉
60분에 60km이므로 시속 60km이다. 역간 거리는 10km이
다. 새마을호(시속 120km)와 고속열차(시속 240km)는 무
궁화호보다 5분 늦게 출발한다.
ㄱ. (○) 무궁화호의 C역 도착 6분 전은 6시 21분 − 6분
= 6시 15분이 되고 고속열차는 D역에 14.5분부터 15.5분
까지 정차하고 있으므로 맞는 설명이다.
다른 방식으로는 첫 무궁화호가 C역에 도착하기 6분 전은
B역에서 출발하고 4분이 지나서이다. 무궁화호 출발 후
(A역 → B역) 10분+(B역 정차) 1분+4분 = 15분이다. 고속
열차는 무궁화호 출발 후 5분 뒤 출발이므로 5분을 더해서

무궁화호와 시간을 맞춰야 한다. 일단 A역에서 D역까지
거리는 30km이다. 고속열차의 이동 시간은 $\frac{30km}{240km/h} = \frac{1}{8}$
시간 = $\frac{60}{8}$ 분 = 7.5분이다. 이동 시간 7.5분+B, C역 정
차시간 2분+무궁화보다 늦은 출발 5분=14.5분에 고속열
차가 D역에 도착하고, 15.5분까지 정차한다. 무궁화호는
15분에 C역 도착 6분 전이므로 일치한다.
ㄷ. (○) C와 D와 E 사이를 이동하는 데 5분이 걸리고 D에
서 정차하는 시간을 감안하면 총 6분이 걸린다.
다른 방식으로는 C역에서 E역은 20km 떨어져 있고, 도중에
D역에서 1분 정차한다. 고속열차의 속력은 시속 240km이므
로 $\frac{20km}{240km/h} = \frac{1}{12} = 5$분에 정차 시간 1분을 더하면 6분
이다.
ㄴ. (×) 6시에 출발한 무궁화호의 C역 도착예정시각은 6시
21분이다. 따라서 6시 10분에 출발한 무궁화호의 C역 도
착시각은 6시 31분이다. A역에서 D역까지 거리는 30km이
므로 이동 시간은 $\frac{30km}{120km/h} = \frac{1}{4}$ 시간=15분이다. 첫 새
마을호의 D역에서 출발시각은 이동 시간 15분+B, C, D역
정차 시간 3분+무궁화보다 늦은 출발 5분 = 23분으로 6
시 23분이다. 따라서 옳지 않다.

61

|정답| ⑤

|해설| ㄱ. 면적 대비 총생산액= $\frac{c}{a}$

ㄴ. 면적 대비 농·임·어업 생산액= $\frac{d}{a}$

ㄷ. 인구 대비 제조업 생산액= $\frac{e}{b}$

최대한 연산을 안 하고 눈대중으로 풀이하고, 오답을 소거
하는 방식으로 처리한다. 질문이 두 번째로 큰 권역 고르
기라는 것도 주의해서 풀이한다.

ㄱ. 면적 대비 총생산액이 1을 넘는 권역이 수도권($\frac{47.8}{11.8}$)
과 동남권($\frac{17.1}{12.4}$) 둘뿐이다. 따라서 1위는 수도권, 2위는
동남권이므로 ①, ②를 소거한다.
ㄴ. 면적 대비 농임어업 생산액이 1위인 지역은 제주권
($\frac{6.6}{1.8}$)으로 3을 넘는다. 2위 후보는 충청권($\frac{18.4}{16.6}$), 호남
권($\frac{26.4}{20.7}$), 동남권($\frac{14.9}{12.4}$)인데 충청권은 선택지에 없으므
로 제외한다.
$\frac{264}{208} = \frac{132}{104}$ 이므로 $\frac{149}{124}$ 와 비교하면 $\frac{132}{104}$ 는 분자가 분
모보다 28 크고 $\frac{149}{124}$ 는 분자가 분모보다 25 크므로
$\frac{26.4}{20.7}$ 가 $\frac{14.9}{12.4}$ 보다 크다는 것을 알 수 있다. 따라서 호남
권($\frac{26.4}{20.7}$)이 동남권($\frac{14.9}{12.4}$)보다 면적 대비 농임어업 생
산액이 더 크므로 2위는 호남권이고, ③을 소거한다.

ㄷ. 인구 대비 제조업 생산액이 1이 넘는 권역을 찾으면 충청권($\frac{17.3}{10.3}$), 호남권($\frac{11.3}{10.4}$), 대경권($\frac{14.1}{10.3}$), 동남권($\frac{24.6}{15.8}$)이고 눈으로 봐도 가장 작은 호남권을 제외하면 3개가 남는데, 선택지에 없는 충청권은 대경권과 눈으로 비교해도 더 커서 1등이나 2등이라는 것을 알 수 있다. 이때, 선택지에 충청권이 없는 것을 보면 충청권은 2위가 될 수 없고 1위일 것이므로 대경권과 동남권을 비교해서 2위를 찾으면 된다.

대경권($\frac{14.1}{10.3}$)을 간단하게 $\frac{14}{10}$으로 만들고 분자, 분모에 1.5를 곱하면 $\frac{21}{15}$이 된다. 이 수는 원래 수보다 커졌는데, 눈으로 봐도 동남권 $\frac{24.6}{15.8}$이 더 크다는 것을 알 수 있다. 따라서 2위는 동남권이다.

62

|정답| ①

|해설| A, C 국가는 "1인당 이산화탄소 배출량이 2011, 2012년 모두 전년 대비 증가" 조건을 충족하지 못한다. 그러나 사우디는 충족하므로 A, C국가가 아니다. ⑤는 일단 정답에서 배제한다.

인구 $=\frac{\text{총 배출량(천만 톤)}}{\text{1인당 배출량(톤)}}$이므로 인구가 1억 명이 넘으려면 $\frac{\text{총 배출량(천만 톤)}}{\text{1인당 배출량(톤)}}$이 10을 넘어야 한다. 이 조건을 만족하는 것은 A ~ D 중 D가 유일하므로 D는 브라질이다. ②, ④를 소거한다.

남아공은 A 또는 C인데, 위 식에 따라 인구를 계산하면

한국 $=\frac{59}{11} ≒ \frac{60}{12} = 5$(억 명), A $=\frac{37}{7} ≒ 5.3$(억 명), C $=\frac{53}{15} ≒ 3.5$(억 명)이므로 한국보다 인구가 많은 국가는 A임을 알 수 있다. 따라서 답은 ①이다.

63

|정답| ①

|해설| ㄱ. (○) 실시율이 40% 이상인 프로그램 수는 어린이집이 음악, 체육, 영어 3개이고 유치원도 음악, 체육, 영어 3개이다.

ㄴ. (○) 어린이집 영어 실시기관 수 대비 파견강사 수는 $\frac{6,687}{26,749} ≒ 0.25$

어린이집 음악 실시기관 수 대비 파견강사 수는 $\frac{2,498}{19,998} ≒ 0.12 \rightarrow$ 영어가 음악보다 높다.

ㄷ. (×) 파견강사 수가 많은 특별활동 프로그램부터 순서대로 나열하면, 어린이집은 영어, 체육, 음악, 미술, 교구, 한글, 과학, 수학, 서예, 컴퓨터, 한자 순이고 유치원은 영어, 체육, 음악, 미술, 과학, 한글, 수학, 교구, 한자, 서예, 컴퓨터 순으로 순위가 동일하지 않다.

ㄹ. (×) 과학 실시율이 어린이집은 6%, 유치원은 27.9%이다. 전체 어린이집은 42,527개, 유치원은 8,443개이다. 유치원을 8,500개라 해도 5배하면 42,500개이므로 어린이집은 유치원보다 5배 이상 많다. 그런데 실시율을 보면 유치원 27.5%가 어린이집 6%의 5배가 안 되므로 과학 실시기관 수는 어린이집이 유치원보다 많음을 알 수 있다.

64

|정답| ①

|해설| ⅰ) "남성과 여성 모두 일일평균 TV 시청 시간이 길면 사망률이 높다."라고 했으므로 시간대가 증가할수록 표 안의 값이 커지는 것을 찾거나, 감소하고 있는 것을 제거한다. D국가의 일일평균 TV 시청시간이 4시간인 여성의 사망률은 4.8%, 6시간인 여성의 사망률은 4.6%이므로 D는 소거한다.

ⅱ) (2시간 남녀 차이)×2<6시간 남녀 차이

A : (6.3−5.8)×2=0.5×2=1<10.5−9.3=1.2

B : (7.1−4.2)×2=2.9×2=5.8>9.5−5.9=3.6 → 따라서 B를 소거한다.

C : (7.7−6.8)×2=0.9×2=1.8>13−11.4=1.6 → 따라서 C를 소거한다.

E : (6.2−4.7)×2=1.5×2=3=8.8−5.8=3

ⅲ) E국가와 A국가의 사망률과 증가폭을 표로 나타내면 다음과 같다.

		2시간	4시간	6시간	8시간
E국가	남성 사망률	6.2	7.3	8.8	11.5
	증가폭	−	1.1	1.5	2.7
	여성 사망률	4.7	5.0	5.8	7.5
	증가폭	−	0.3	0.8	1.7

남성과 여성 간 사망률 증가폭의 차이:
1.1−0.3 = 0.8, 1.5−0.8 = 0.7, 2.7−1.7 = 1
E국가는 남녀 간 사망률 증가폭의 차이가 늘어났으므로 소거한다.

		2시간	4시간	6시간	8시간
A국가	남성 사망률	5.8	8.1	10.5	13.0
	증가폭	−	2.3	2.4	2.5
	여성 사망률	6.3	7.7	9.3	11.1
	증가폭	−	1.4	1.6	1.8

남성과 여성 간 사망률 증가폭의 차이 :
2.3−1.4 = 0.9, 2.4−1.6 = 0.8, 2.2−1.5 = 0.7
A국가의 남녀 간 사망률 증가폭의 차이가 줄어들었다.

ⅳ) A국가의 값을 비교해 본다.

남 : 5.8×1.65<13.0

여 : 6.3×1.65 → 6.3×1.7=10.71<11.1

따라서 '갑'국에 해당하는 국가는 A이다.

65

|정답| ①

|해설| ㄱ. (○) 6,500×0.7=4,550(명)＜정규직 4,591명

ㄴ. (○) 최소교집합 문제이다.

정규직 근로자＋근무연수가 2년 이상인 근로자－N＝4,591＋2,044－6,500=135(명)이다.

$\frac{135}{6,500} > \frac{2}{100}$ (크로스 비교)

다른 방식으로는 근무연수 2년 이상 2,044명을 비정규직 1,909명에 최대한 채워 넣는다. 남은 2,044 － 1,909 = 135(명)이 정규직이면서 근무연수 2년 이상인 근로자의 인원이다. 정규직 4,591명의 2%는 약 46×2 = 92(명)으로 135명은 2%를 초과한다.

ㄷ. (×) 최소교집합 문제이다.

정규직 근로자＋제조업과 서비스업을 제외한 직종－N＝4,591＋(6,500－1,280－2,847)－6,500=4,591－(제조업과 서비스업)=464(명)이다.

다른 방식으로는 ㄴ에서는 근무연수가 2년 이상인 근로자를 '비정규직'에 최대한 채워 넣지만, 여기서는 제조업과 서비스업 근로자를 '정규직'에 최대한 채워 넣는다. 왜냐하면 ㄷ은 정규직 근로자 중에 제조업과 서비스업이 아닌 근로자의 최소 숫자를 묻는 것이기 때문이다.

물론 ㄴ처럼 제조업, 서비스업 이외의 근로자들을 비정규직에 최대한 채워 넣을 수도 있지만 항목이 많고 계산에 시간이 걸리기 때문에 아래와 같이 풀어서 처리한다.

4,591 － (1,280＋2,847)＝4,591 － 4,127＝464＞450

ㄹ. (×) 참여인원 대비 유지인원 비율 = $\frac{유지인원}{참여인원}$

사업명	비율
청년통장 I	$\frac{476}{500}$
청년통장 II	$\frac{984}{1,000}$
청년통장 III	$\frac{4,984}{5,000}$

$\frac{476}{500} < \frac{984}{1,000}$ (비율 비교)이므로, II가 I보다 크다.

66

|정답| ④

|해설| ㄱ. (○) 배포된 설문지 중 제출된 설문지 비율 = $\frac{130}{150}$

i) $\frac{130}{150} > \frac{85}{100}$ (크로스 비교)

ii) $\frac{20}{150} < \frac{15}{100}$ (여사건 비교)

iii) 150×0.85=150-15-7.5=150-22.5=127.5 (곱셈 비교)

따라서 130부보다 적으므로 옳다.

ㄷ. (○) 응답률이라고 해도 분모는 같으므로 응답자 수만 비교하면 된다.

직무유형은 34+28+27+14+8+5+8=124(명)이고, 소속기관은 71+3+41=115(명)이다. 따라서 직무유형 응답률이 소속기관 응답률보다 높다.

ㄹ. (○) 응답자 중 8~9급 비율은 $\frac{44}{4+28+44}$ 이고, 응답자 중 근무기간 5년 이상 비율은 $\frac{44}{19+24+44}$ 이다.

분자가 같으므로 분모가 더 작은 쪽이 크다. 따라서 응답자 중 8~9급 비율이 근무기간 5년 이상 비율보다 높다는 것을 알 수 있다.

ㄴ. (×) 전형적인 낚시 문제이다. 고졸 이하가 6명이라고 생각해서 풀이를 하면 안 된다. 제출 안 한 설문지 20장을 고려하여 모두 고졸 이하 학력자로 넣으면 고졸 이하 학력자는 26명이 되므로 대학원 재학 이상인 18명보다 많을 수 있다.

67

|정답| ③

|해설| 요금할인과 공시지원금을 계산해 보면 다음과 같다. 그런데 이렇게 계산하는 것은 크게 의미가 없고 아래 유형처럼 풀이를 한다.

구분 기종	요금할인	비교	공시지원금
A	(51,000×0.8) +$\frac{858,000}{24}$ =76,550원	＜	$\frac{858,000-210,000-21,000}{24}$ +51,000＝77,125원
B	78,300원	＞	약 77,958원
C	73,300원	＜	76,625원
D	82,050원	＜	약 83,541원

구분 기종	출고가	비교	공시지원금
A	858,000	＜	210,000×5
B	900,000	＞	230,000×5
C	780,000	＞	150,000×5
D	990,000	＞	190,000×5

i) $\frac{공시지원금}{출고가} > 20\%$ 이상을 찾는다. $20\% = \frac{1}{5}$ 이므로 크로스 비교를 하면 공시지원금의 5배가 출고가보다 큰가를 묻는 것과 같은 개념이 된다. A, B의 공시지원금은 20만 원이 넘으므로 출고가가 100만 원이 넘어야 공시지원금의 5배가 되는데, A, B 모두 출고가가 100만 원이 안 되므로 C, D는 병, 정이다. ④, ⑤를 소거한다.

ii) 정은 C 아니면 D이다.

공시지원금 요금제:

$\frac{출고가 - 공시지원금 - 대리점보조금}{24} + 51,000$

어차피 사용요금과 24개월은 모두 똑같기 때문에 출고가－공시지원금－대리점보조금만 비교한다.

C: 780,000－150,000－15,000(원)

D: 990,000－190,000－19,000(원)

C ＜ D이므로 정은 C이다. ②를 소거한다.

iii) B의 공시지원금 :

$$\frac{900,000-230,000-23,000}{24}+51,000$$

$$=\frac{900,000}{24}-\frac{253,000}{24}+51,000\,(원)$$

B의 요금할인 : $\frac{900,000}{24}+51,000\times0.8\,(원)$

B의 공시지원금−B의 요금할인 (51,000원을 동시에 비교하기 위해서 51,000원과 0.8×51,000원으로 정리한다.)

$$=-\frac{253,000}{24}+51,000-(51,000\times0.8)$$

$$=-\frac{253,000}{24}+(51,000\times0.2)$$

$$=-10,000-\frac{13,000}{24}+10,000+(1,000\times0.2)<0$$

B의 공시지원금−B의 요금할인<0, B는 갑이다.
따라서 ①을 소거하면 답은 ③이다.

68

|정답| ③

|해설|

조사시기	가구 수	인구수	양반 가구	상민 가구	노비 가구
1729년	1,480	11,790	27%	59%	14%
1729년 가구 수 계산			399.6	873.2	207.2
1765년	7,210	57,330	41%	57%	2%
1765년 가구 수 계산			2,956.1	4,109.7	144.2
1804년	8,670	68,930	53%	46%	1%
1804년 가구 수 계산			4,595.1	3,988.2	86.7
1867년	27,360	144,140	65.5%	34%	0.5%
1867년 가구 수 계산			17,920.8	9,302.4	136.8

ㄴ. (○) 7,210 중 상민 57%와 8,670 중 양반 53%를 비교하는 것이다.

7,210×0.57 = 4,109.7<8,670×0.53 = 4,595.1 (곱셈비교)
다른 방식으로는 7,210의 50%는 3,605, 8,670의 50%는 4,335, 7,210의 60%는 3,605+721 = 4,326으로 8,670의 50%보다 작다. 따라서 7,210의 57%보다 8,670의 53%가 크다는 것을 알 수 있다. 따라서 1765년 상민가구 수가 1804년 양반가구수보다 적다.

ㄹ. (○) 1729년 상민가구 59% → 1765년 상민가구 57% 그러나 1765년의 가구 수가 1729년 가구 수보다 거의 5배 많으므로 1765년 상민가구 구성비는 1729년보다 감소하였지만 1765년 상민가구 수는 1729년보다 증가하였다.

ㄱ. (×) 가구 수는 3배 이상 증가했는데, 인구수는 약 2배 증가에 그쳤다. 1804년 대비 1867년 가구당 인구수는 감소하였다.

조사 시기	가구수	인구수
1804년	8,670	68,930
1867년	27,360	144,140

$$\frac{68,930}{8,670}>\frac{144,140}{27,360}\quad(비율 비교)$$

ㄷ. (×) 노비가구 비율은 1804년 1%, 1765년 2%, 1867년 0.5%이다.

가구 수는
1765년 : 0.02×7,210=144.2
1867년 : 27,360×0.005 = 136.8
1804년 : 8,670×0.01 = 86.7
1804년 노비가구 수가 1765년 노비가구수보다 적다.
1867년 노비가구 비율은 1804년의 절반이 안 되는데, 1867년 가구 수는 1804년 가구 수의 두 배가 넘는다. 따라서 1867년 노비가구 수는 1804년 노비가구 수보다 많다.

69

|정답| ③

|해설| ㄱ. (○) 표훈원 직원 수는 1+6+4=(11)명이다. 내각 전체 직원 수는 99명이므로, $\frac{1}{9}$이 맞다.

ㄴ. (×) <조건>에 나와 있는 내용을 중심으로 방정식을 만들어 보자.
C = 7 − 3 − 3 = 1, 나머지는 방정식을 만들어서 풀이해야 한다. 방정식을 풀고 가면 ㄴ, ㄷ, ㄹ을 풀이할 수 있다.

A=$\frac{3}{2}$E, 2A=3E ······ ⓐ

D=A+B ······ ⓑ

D=3B+1 ······ ⓒ

E=2+B ······ ⓓ

ⓐ과 ⓓ를 연립하면

A=$\frac{3}{2}\times(2+B)=3+\frac{3}{2}$B, A−$\frac{3}{2}$B =3

ⓑ과 ⓒ를 연립하면 A+B = 3B+1, A − 2B = 1

두 식을 연립하면 $\frac{1}{2}$B = 2, B = 4

따라서 E = 6, A = 9, D = 13이다.
법전조사국 서무과 직원 수는 E이므로
E(6)+4 < 12

ㄷ. (×) D(13)+E(6)+5+12=36 > 99×0.3

ㄹ. (○) A+B+C+D=9+4+1+13=27

70

|정답| ①

|해설| 일단 큰 금액을 중심으로 파악하고 개수를 많이 더하게 되면 계산이 복잡하므로 1개의 비중 또는 2개의 합을 중심으로 파악하기 쉬운 것을 찾는다.
A는 5+6 등급이 18.1%+34.1% = 52%이다. 또한 6등급이 5등급의 두 배는 안 된다. 6등급 < 5등급×2이다.

개인신용등급 \ 금융기관	농협	수협	축협	신협	새마을금고	저축은행
5	41,137	2,506	859	85,086	100,591	220,535
6	77,749	5,441	1,909	147,907	177,734	629,846
계÷2	약 113,XXX	약 8,XXX	약 3,XXX	약 243,XXX	약 280,XXX	약 866,XXX

수협, 축협, 신협, 새마을금고, 저축은행은 5+6 등급이 전체의 절반 이하이고, 수협과 저축은행은 6등급이 5등급의 두 배를 넘는다. 따라서 A는 농협이다.

B는 4+5+6 등급이 5.5%+14.1%+30.7% = 약 50%이다.

금융 기관 개인 신용등급	수협	축협	신협	새마을 금고	저축 은행
4	971	319	44,905	53,858	72,692
5	2,506	859	85,086	100,591	220,535
6	5,441	1,909	147,907	177,734	629,846
계÷2	8,867	3,392	약 243,XXX	약 280,XXX	약 866,XXX

후보는 수협과 축협의 합이 50%와 가장 근소하다. 축협은 319+859+1,909 = 320+860+1,907 = 3,087(백만 원)으로 6,784백만 원의 절반에 못 미친다. 수협은 971+2,506+5,441 = 1,000+2,500+5,418 = 8,918(백만 원)으로 17,733 백만 원의 50%에 가장 가깝다. 따라서 정답은 ①이다.

71

|정답| ①

|해설| ① (○) A기업 택배평균단가 비교지수

$$= \frac{\text{A기업 택배평균단가}}{\text{주요 5개 기업 택배평균단가}} \times 100$$

이것을 보면 원점에서의 기울기의 역수라는 것을 알 수 있다. 즉, X축이 A기업 평균단가, Y축이 5개 기업 평균단가이므로 원점과 각 점을 연결하는 직선을 그으면 기울기가 가장 큰 직선을 만드는 점의 연도가 비교지수가 가장 작은 연도이므로 2002년이 가장 작다는 것을 알 수 있다.

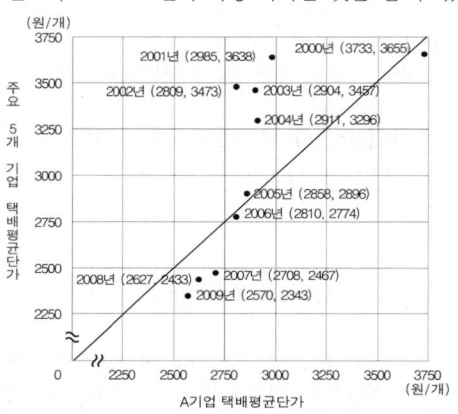

② (×) 택배평균단가 (원/개) = $\frac{\text{택배매출액}}{\text{택배물량}}$

이 공식에서 택배매출액=택배평균단가×택배물량이다.

연도	2007	2008	2009
택배물량	83,336	99,417	111,035
택배평균단가	2,708	2,627	2,570
2009년 3,000억 원 이상 여부	111×25.7 ≒ 11×25 = 275 300보다 작음 (×)		
매년 택배매출액의 상승여부 (곱셈비교)	2007년, 2008년, 2009년의 단가는 2,708원, 2,627원, 2,570원이고 택배물량은 83,336 천 개, 99,417천 개, 111,035천 개로 단가 하락률보다 택배물량 상승률이 크므로 매 출액은 매년 늘었다.		

③ (×) 대각선 그리기법을 이용하면 A기업 평균단가가 5개 평균보다 높았던 해는 그림에서 Y = X 직선을 그렸을 때 직선 아래에 있는 점에 해당하는 해로 총 5개이다. 직선 위쪽에 점도 5개이므로 서로 같다.

④ (×) A기업 택배물량의 증가율을 비교하면 다음과 같다.

연도	2003	2004	2005	2006
택배물량	25,613	35,016	49,595	68,496
증가율 비교 (변화율 비기 2)	$\frac{221}{256} = \frac{442}{512}$	$\frac{256}{350} = \frac{512}{700}$	$\frac{350}{495}$	$\frac{495}{685}$
	2005년 보다 크다.	차이 비교 활용	가장 작은 것이 증가율이 가장 크다.	차이 비교 활용

변화율 비기 2를 참조하여 변화값에서 초기값을 빼지 않고 $\frac{\text{변화값}}{\text{초기값}}$으로 비교한다. 이때 주의할 점은 분수가 가장 작은 경우가 증가율이 가장 크다는 것이다. 2003년의 $\frac{442}{512}$의 크기가 가장 크므로, 2003년의 증가율이 가장 작다는 것을 알 수 있다. 나머지 2004년, 2005년, 2006년의 분수 크기를 비교해 보자.

일단 $\frac{495}{685}$와 $\frac{512}{700}$은 분모 차이는 15인데, 분자 차이가 17이 되어 $\frac{512}{700}$이 $\frac{495}{685}$보다 더 크다. 따라서 2004년의 증가율은 가장 크지 않다.

$\frac{495}{685} = \frac{99}{137}$, $\frac{350}{495} = \frac{70}{99}$ → 137의 70%는 95.9로 $\frac{99}{137}$ 은 70%를 크게 넘어서 $\frac{70}{99}$보다 크다. 따라서 2005년의 증가율이 가장 높다.

⑤ (×) A기업 평균단가가 가장 높은 해는 2000년이고 5개 기업 평균단가가 가장 높은 해도 2000년이다. (단순 비교)

72

|정답| ④

|해설| ㄱ. (○) 위 그래프를 아래 그래프와 비교하면, 통신기기, 섬유는 점유율이 하락한 것을 알 수 있다. 또한 IT제품은 2008년에는 존재하는데 2013년에는 존재하지 않는다. 이는 IT제품이 2013년 상위 10개 산업에 들지 못했기 때문이다. 그 대신 철강이 2013년에 나타났다. 따라서 2008년보다 점유율이 하락한 것은 모두 3개이다.

ㄷ. (○) 각주 2)를 보면 수출액보다 수입액이 큰 산업은 무역특화지수가 음수가 됨을 알 수 있다. 무역특화지수가 음수인 산업은 2008년에 3개, 2013년에 4개이다.

ㄹ. (○) 2008년 수출점유율 상위 5개 산업은 조선, 디스플레이, 통신기기, 반도체, IT부품이고 2013년 무역특화지수가 2008년에 비해 증가한 산업은 IT부품과 디스플레이 2개이다. 조선, 통신기기, 반도체 모두 2013년에 무역특화지수가 감소하였다.

ㄴ. (×) X(무역특화지수) = 0.3인 수직선의 왼쪽에 있으면서, Y(수출점유율) = 10인 수평선의 위쪽에 있는 점을 찾는다. 2013년에는 반도체, 철강 기타 전자부품으로 3개가 맞지만 2008년에는 IT부품, 반도체 두 개뿐이다.

73

|정답| ④

|해설| 일단 수입액은 계산을 거쳐야 나오므로 나중에 계산한다. 2015년과 2016년을 섞어 놓았음에 주의해야 한다.

네 번째 조건에서 2016년 '갑'국과 '병'국의 이전소득수지는 동일하다. 두 번째 그래프에서 B와 D가 −2로 같고 C와 E가 −3으로 같다. 따라서 (갑, 병)은 (B, D) 또는 (C, E)이므로 ③의 B = 갑, E = 병을 소거한다.

세 번째 조건에서 2015년 본원소득수지 대비 상품수지 비율은 '병'국이 '무'국의 3배이다.

$$\frac{\text{병국 상품수지}}{\text{본원 소득수지}} = \frac{\text{무국 상품수지}}{\text{본원 소득수지}} \times 3$$

따라서 병은 3의 배수만 가능하고 선택지 중 $\frac{15}{1}$ 인 B만 해당된다.

$\frac{15}{1} \times \frac{1}{3}$ = 무이다. 따라서 $\frac{\text{무국 상품수지}}{\text{본원 소득수지}}$ 가 될 수 있는 것은 E = $\frac{20}{4}$ = 5이므로 E는 무이다.

B = 병, D = 갑, E = 무가 된다. 따라서 ① 또는 ④가 정답이다.

A와 C가 을 또는 정이므로 문제 풀이에서 첫 번째 조건은 의미가 없다.

두 번째 조건에서 2015년과 2016년의 서비스수입액이 동일한 국가는 '을'국, '병'국, '무'국이다.

2015년 A기업 서비스수출액 30 − A기업 서비스수입액 = −8 (2015년 A기업 서비스수지)

→ 2015년 A기업 서비스 수입액 = 38

2016년 A기업 서비스수출액 26 − A기업 서비스수입액 = −4 (2015년 A기업 서비스수지)

→ 2015년 A기업 서비스 수입액 = 30

따라서 A는 두 번째 조건을 충족하지 못하므로 정이고 답은 ④이다.

A=정, C=을을 첫 번째 조건에 적용하여 확인해 보자.

2015년 A기업 상품수출액 50 − A기업 상품수입액 = 40(2015년 A기업 상품수지)

→ 2015년 A기업 상품수입액 = 10

2016년 A기업 상품수출액 50 − A기업 상품수입액 = 30(2016년 A기업 상품수지)

→ 2016년 A기업 상품수입액= 20, 수입증가폭: 10

2015년 C기업 상품수출액 60 − C기업 상품수입액 = 50(2015년 C기업 상품수지)

→ 2015년 C기업 상품수입액= 10

2016년 C기업 상품수출액 70 − C기업 상품수입액 = 50(2016년 C기업 상품수지)

→ 2016년 C기업 상품수입액= 20, 수입증가폭: 10

서로 같다.

74

|정답| ⑤

|해설| ⑤ (×)

구분 연도	근로장려금만 신청		근로장려금과 자녀장려금 모두 신청			
	가구 수	금액	가구 수	금액		
				근로	자녀	소계
2015	1,695 (분모)	1,155 (분자)	608 (분모)	599 (분자)	451	1,050

구분 지역	근로장려금만 신청		근로장려금과 자녀장려금 모두 신청		
	가구 수	금액	가구 수	금액	
				근로	자녀
부산	126 (분모)	88 (분자)	37(분모)	35(분자)	26

근로장려금을 신청한 가구 = 근로장학금만 신청한 가구 +근로장학금과 자녀장려금 모두 신청한 가구이다.

따라서 아래와 같이 계산한다.

부산($\frac{88+35}{126+37}$), 전국($\frac{1,155+599}{1,695+608}$)

→ 부산($\frac{123}{163}$), 전국($\frac{1,754}{2,303}$)

→ 부산($\frac{184}{244}$), 전국($\frac{175}{230}$)

분자분모 차이법으로 분수 비교를 하면,

$\frac{184-175}{244-230} = \frac{9}{14}$ 와 $\frac{175}{230}$ 을 비교하면 된다.

$\frac{9}{14} = \frac{180}{280} < \frac{175}{230}$ 이므로 전국의 근로장려금 신청금액이 전국보다 크다. 원래 숫자로 정밀계산을 하면 부산 0.7546 < 전국 0.7616으로 근소한 차이를 보인다.

① (○)

구분	근로장려금만 신청 가구 수	자녀장려금만 신청 가구 수	근로장려금과 자녀장려금 모두 신청 가구 수	합계
2011	930	1,210	752	2,892
2012	1,020	1,384	692	3,096
2013	1,060	1,302	769	3,131
2014	1,658	1,403	750	3,811

2011 ~ 2014년 동안이고, 2015년은 해당이 없다는 점에 주의한다. 2013년에는 2012년에 비해 자녀장려금의 신청금액이 82 줄었지만, 근로장려금에서 40, 모두 신청이 77이 늘어서 전체는 증가하였다. 나머지 연도도 감소한 항목이 있지만, 나머지 항목 증가 폭이 커서 증가했음을 알 수 있다.

② (○)

구분	근로장려금과 자녀장려금 모두 신청		가구당 장려금 총 신청 금액
	가구 수(분모)	금액(분자)	
2011	752	1,474	$\frac{1,474}{752}=1.96$
2012	692	1,647	2.38 분자도 가장 크고 분모도 가장 작다.
2013	769	1,526	1.98
2014	750	1,287	1.71
2015	608	1,050	1.73

③ (○) $\frac{경기(282)}{전국(1,114)}>0.2=\frac{1}{5}$, $\frac{2,820}{2,228}>1$이므로 20% 이상이다.

④ (○)

구분	근로장려금만 신청		근로장려금과 자녀장려금 모두 신청			
연도	가구 수	금액	가구 수	금액		
				근로	자녀	소계
2015	1,695 (분모)	1,155 (분자)	608 (분모)	599 (분자)	451	1,050

$\frac{근로금액(599)}{모두 신청 가구(608)} > \frac{근로금액(1,155)}{근로장려금만 신청 가구(1,695)}$

75

|정답| ④

|해설| ㄱ. (×) A국의 전체 수출액은 매년 변동이 없다. A국 전체 수출액에서 선박이 차지하는 비중은 5.0% 4.0% 3.0%으로 매년 줄어드는데, 세계수출시장에서 A국의 점유율은 매번 1.0%로 같다.
예를 들어, A국의 전체 수출액을 100이라고 가정하자.

	2016	2017	2018
A국 선박 점유율	5.0%	4.0%	3.0%
A국 선박 수출액	5	4	3

선박의 세계수출시장에서 A국 점유율은 계속 1.0%이므로, 세계수출시장규모는

$\frac{5}{0.01}=500$, $\frac{4}{0.01}=400$, $\frac{3}{0.01}=300$으로 A국 선박 비중의 감소율만큼 매년 줄어든다.

ㄴ. (○) 백색가전에서 드럼세탁기가 차지하는 비중은 매년 18.0%으로 동일하지만, 백색가전 전체의 수출액 비중은 전체 수출액 대비 13.0%, 12.0%, 11.0%로 매년 줄어들고 있어서 전체 수출액에서 드럼세탁기가 차지하는 비중은 매년 감소한다.

ㄷ. (×) 점유율이 전년 대비 감소하거나 변화가 없는 품목도 있다.

ㄹ. (○) A국 전체 수출액을 100이라고 가정하면 항공기의 수출액은 2018년에 3이다. 이 3이 세계수출시장에서 차지하는 비중은 0.1%이므로 2018년 항공기 세계수출시장 규모는 A국 항공기 수출액의 1,000배이다. 즉 항공기 세계수출시장의 규모는 $3\times1,000=3,000$으로 A국 전체 수출액의 30배이다.

76

|정답| ③

|해설| ① (×) 자료는 비율로 주어졌는데 선지는 인원수를 묻고 있기 때문에 헷갈리지 않도록 조심해야 한다. 직급에서 30분 이하, 30분 초과 60분 이하 두 항목을 더해서 50%가 넘는지 살펴보면 과장급, 차장급 이상 모두 50%를 넘지 않는다.

규모 및 직급	출퇴근 소요 시간	30분 이하	30분 초과 60분 이하	60분 이하 합산
직급	대리급 이하	20.5	37.3	57.8%
	과장급	16.9	31.6	48.5%
	차장급 이상	12.6	36.3	48.9%

② (×) 같은 대리급끼리 비교하기 때문에 비율 비교가 가능하다. 90분 초과인 대리급 이하는 $13.8+5+5.3+2.6=26.7$(%)이고 탄력근무제를 활용하는 대리급 이하는 23.6%이다. 따라서 90분 초과 비율이 탄력근무제 비율보다 높음을 알 수 있다.

③ (○) 120분 초과 과장급 근로자의 비율이 $5.6+7.7+1.7=15$(%)인데 원격근무제를 활용하는 과장급 근로자는 16.3%이므로, 120분 이하 과장급 근로자 중에서도 원격근무제를 활용하는 근로자가 있다.

④ (×) 아래 표에서 합계가 122.1이라는 것은 복수응답자가 있다는 말이 된다.

	재택 근무제	원격 근무제	탄력 근무제	시차 출퇴근제	합계
중소 기업	10.4%	54.4%	15.6%	41.7%	122.1%

<표 2>의 행을 더해보면 100을 넘기도 하고 100이 안 되기도 하는 것을 알 수 있다. 복수응답과 해당 없음이 공존하기 때문이다. 원격근무제 중소기업 54.4%, 탄력＋시차 = 15.6+41.7 = 57.3%이므로 탄력＋시차가 원격근무제보다 많다고 생각할 수 있다.

그러나 이건 낚시에 해당하는 질문으로 여기에 속으면 안 된다. 왜냐하면 질문이 "탄력근무제와 시차출퇴근제 중 하나 이상을 활용하는 근로자수"를 물었으므로 탄력근무제와 시차출퇴근제의 교집합이 최대가 된다면 구하고자 하는 두 그룹의 합집합은 전체의 41.7%이 되어 원격근무제를 활용하는 중소기업 근로자 수보다 적어진다.

⑤ (×)

	재택 근무제	원격 근무제	탄력 근무제	시차 출퇴근제	합계
차장급 이상	14.2	26.4	25.1	33.2	98.9

④와 같이 생각한다. <표 1>은 복수응답이 없기 때문에 60분 이하 차장급 근로자 수는 12.6+36.3 = 48.9(%)인데, <표 2>의 경우에는 합이 100%가 되지 않기 때문에 유연근무제를 신청하지 않은 직원도 있다는 의미이다. 따라서 복수응답이 없다면 26.4+25.1 = 51.5%로 앞의 합보다 큰 비율이 나오지만, 교집합이 최대가 된다면 26.4%가 될 것이다. 따라서 60분 이하인 차장급 이상 근로자 수는 원격근무제와 탄력근무제 중 하나 이상을 활용하는 차장급 이상 근로자 수보다 항상 적다고 할 수 없다.

77

|정답| ②

|해설| ㄱ. (×) 2011년 한국의 GDP 대비 공공복지예산 비율

$= \dfrac{공공복지예산}{GDP} = 8.34\%$

$\dfrac{공공복지예산}{8.34\%} = GDP$

$\dfrac{111조}{8.34\%} = GDP ≒ 1,330(조\ 원)$

2011년 한국의 GDP 대비 실업 분야 공공복지예산 비율

$= \dfrac{실업\ 분야\ 공공복지예산}{GDP} = 0.27\%$

실업 분야 공공복지예산 $= 0.27\% \times GDP = 0.27\% \times 1,330조 = 3.591(조\ 원)$

비례식으로도 풀이가 가능하다. 2011년 한국 공공복지예산 111조 원은 GDP 대비 8.34%이고, 실업 분야 예산은 GDP 대비 0.27%이다.

비례식을 만들어서 구해보면 $111 : 8.34 = 실업 : 0.27$,

실업$\times 8.34 = 111 \times 0.27$, 실업 $= 111 \times \dfrac{0.27}{8.34}$이 된다.

$\dfrac{0.27}{8.34} = \dfrac{27}{834} < \dfrac{27}{810} = \dfrac{1}{30}$이므로 $\dfrac{0.27}{8.34}$은 $\dfrac{1}{30}$보다

작다. 120의 $\dfrac{1}{30}$이 4이므로 111조 원의 $\dfrac{1}{30}$은 4조 원 이하임을 알 수 있다.

ㄴ. (○)

	공공복지예산	보건 $= \dfrac{보건}{GDP}$	한국의 GDP 대비 공공복지예산 비율 $= \dfrac{공공복지}{GDP}$	$\dfrac{보건}{공공복지}$
2010	105,248	3.74	8.32	$\dfrac{3.74}{8.32}$
2011	111,090	3.73	8.34	$\dfrac{3.73}{8.34}$
2012	124,824	3.76	9.06	$\dfrac{3.76}{9.06}$

공공복지예산 대비 보건 분야 예산 비중은 $\dfrac{보건}{공공복지}$

$\times 100$이므로 $\dfrac{\dfrac{보건}{GDP} \times 100}{\dfrac{공공복지}{GDP} \times 100} = \dfrac{보건}{공공복지}$를 이용하여

비교할 수 있다.

$2010(\dfrac{3.74}{8.32}) > 2011(\dfrac{3.73}{8.34}) > 2012(\dfrac{3.76}{9.06})$임을 계산하지 않고도 확인할 수 있다. 따라서 공공복지예산 중 보건 분야가 차지하는 비중은 2011년, 2012년에 전년 대비 감소하였다.

ㄷ. (○) 노령과 가족은 모두 같은 GDP를 기준으로 한 비율이므로 서로 크기 비교를 할 수 있다. 매년 수치를 보면 노령 분야가 가족 분야의 2배 이상이다.

ㄹ. (×)

연도 국가	2009	2010	2011	2012
한국	8.67	8.32	8.34	9.06
프랑스	32.10	32.40	32.00	32.50
비율 차이	23.43	24.08	23.66	23.44

2011년, 2012년에는 비율 차이가 전년 대비 감소하였다.

78

|정답| ②

|해설| ㄱ. (○) 전체 수입액이 가장 큰 해는 1907년이다. 1907년 러시아의 수출액은 787천 엔이고 그 전년인 1906년 러시아 상대 수출액은 651천 엔이다.

$\dfrac{787 - 651}{651} \times 100 ≒ 20.89(\%)$이므로 787천 엔은 651천 엔에서 20% 이상 증가한 수치이다.

ㄴ. (×) 1905년부터 1907년까지 분모가 되는 전체 수출액은 증가하지만 분자가 되는 기타 수출액은 감소하므로 전체 수출액에서 기타가 차지하는 비중은 감소하게 된다.

국가 연도	기타	전체	비중
1905	72	7,917	$\dfrac{72}{7,917}$
1906	60	8,903	$\dfrac{60}{8,903}$
1907	58	16,984	$\dfrac{58}{16,984}$ 명확하게 줄어든다.

ㄷ. (○) 청으로부터의 수입액이 전년보다 큰 해는 1898년, 1901년, 1903년, 1905년, 1907년인데, 전체 수입액도 이 해에는 모두 전년 대비 증가하였다.

ㄹ. (×) <표 1>에서 일본의 수출액이 각 해의 전체 수출 대비 60% 이상을 차지하고 있다는 것을 알 수 있다.

<표 2>에서 일본의 수입액 비중을 한 눈에 확인하기 어렵다. 1898년과 1908년을 표와 같이 확인해 보면 일본이 전체 수입액의 60% 미만을 차지하는 해가 있는 것을 알 수 있다.

연도 \ 국가	일본 수입액	전체	비중
1898	6,777	11,817	$\frac{68}{118}$ ( ) $\frac{6}{10}$ (크로스 비교) 680 < 708이므로 60% 이하이다.
1908	23,982	41,025	$\frac{240}{410}$ ( ) $\frac{6}{10}$ (크로스 비교) 2,400 < 2,460이므로 60% 이하이다.

79

|정답| ①

|해설| ㄱ. (○) <표 2>를 바탕으로 다음과 같이 계산할 수 있다.

유형 \ 구분		정당 의원 전체	A국 전체 의원 중 여성 의원의 비율
비례 대표 의원	전체 의원 수	185	
	여성 의원 비율	42.2	
	여성 의원 수	185×0.422 ≒ 78(명)	$\left(\frac{78+74}{185+926}\right) \times 100$
지역구 의원	전체 의원 수	926	$= \frac{152}{1,111} \times 100$
	여성 의원 비율	8.0	$= 13.68(\%)$
	여성 의원 수	926×0.08 ≒ 74(명)	

어림하여 계산하면 190의 40%는 76명, 930의 8%는 75명으로 생각하여 합하면 151명인데, 이는 1,111명의 15%인 166명보다 작다.

ㄴ. (○) 2018년의 가, 나, 다, 라 정당 지역구 의원 중 여성 의원 비율은 순서대로 각각 $\frac{16}{230}$, $\frac{21}{209}$, $\frac{2}{50}$, $\frac{7}{51}$ 이다.

'라' 정당은 지역구 의원의 51명 중 여성 의원이 7명으로 10%가 넘는다. '라' 정당 외에 10%를 넘는 정당은 209명 중 여성 의원 21명이 있는 '나' 정당인데, '라' 정당의 여성 의원 비율에 미치지 못한다.

ㄷ. (×) 2008년 '가' 정당의 여성 의원 비율은

비례대표 : $\frac{21}{44} \times 100 ≒ 47.7(\%)$

지역구 : $\frac{16}{230} \times 100 ≒ 7.0(\%)$

2012년 여성 의원 비율을 2008년과 비교하면,
비례대표 : 47.7% → 41.2% (감소)
지역구 : 7.0% → 7.2% (증가)

ㄹ. (×) 2012년 여성 지역구 의원 수는
'가' 정당 : 222명×0.072≒15.98 → 16명
'나' 정당 : 242명×0.124≒30명
'다' 정당 : 60명×0.1 = 6명
'라' 정당 : 58명×0.138≒8명
이므로, '가' 정당은 감소 또는 동일, '나' 정당은 증가하였다.

80

|정답| ②

|해설| ㄱ. (○)

단계 \ 구분	농산물		수산물	
	조사 건수	부적합 건수	조사 건수	부적합 건수
생산단계	91,211	1,209	12,922	235
부적합건수 비율(%)	$\frac{1,209}{91,211} \times 100$ ≒ 1.3(%)		$\frac{235}{12,922} \times 100$ ≒ 1.8(%)	

ㄴ. (×)

연도 \ 구분	농산물			수산물		
	조사 실적 지수	조사 건수	증가량	조사 실적 지수	조사 건수	증가량
2011	84	91,211 ×0.84 =76,617		84	12,922 ×0.84 =10,854	
2012	87	79,354	2,734	91	11,759	905
2013	99	90,299	10,934	92	11,888	129
2014	100	91,211		100	12,922	

ㄷ. (○)

연도 \ 구분	농산물			축산물		
	조사 실적 지수	조사 건수	부적합 건수	조사 실적 지수	조사 건수	부적합 건수
2013	99	90,209	( )	105	439,579	( )
2014	100	91,121	1,209	100	418,647	1,803

부적합건수비율(%) = $\frac{부적합건수}{조사건수} \times 100$

2013년 축산물 부적합건수비율을 a라고 하면
$a \times 439,579$ = 부적합건수
2013년 농산물 부적합건수비율을 $10a$라고 하면
$10a \times 90,209$ = 부적합건수
농산물 부적합건수 > 축산물 부적합건수×2배
$10a \times 90,209 > a \times 439,579 \times 2$
앞 3자리만 비교해도 900 > 440×2이므로 맞는 설명이다.

ㄹ. (×) 2014년에는 축산물의 조사건수가 감소하였다.

연도 \ 구분	축산물		
	조사실적 지수	조사건수	감소 여부
2013	105	439,579	
2014	100	418,647	감소함

81

|정답| ④

|해설| ① (○)

순위	수출 및 수입액 비교			
	국가명	수출액	수입액	무역수지
1	싱가포르	280	264	흑자
2	중국	260	396	적자
3	미국	188	178	흑자
4	일본	180	161	흑자
5	태국	114	121	적자
6	홍콩	100	순위없음	-
7	인도	82	순위없음	-
8	인도네시아	76	86	적자
9	호주	72	순위없음	-
10	한국	64	97	적자

지문을 제대로 읽지 않으면 "'갑'국의 수출액 상위 10개국 중 '갑'국이 무역수지 흑자를 낸 국가는 4개국이다."라고 해석하기 쉽다. 주어를 잘 보아야 한다. '갑'국의 수출액 상위 10개국 중 '갑'국과의 교역에서 무역수지 흑자를 낸 국가의 수를 묻고 있다.

"2015년 '갑'국과의 교역에서 무역수지 흑자"인 국가를 찾으려면 '갑'국이 무역수지 적자를 낸 국가의 수를 찾으면 된다. 중국, 태국, 인도네시아, 한국 4개국이다.

② (○) 집적회로반도체의 2014, 2015년 수출액·수입액은 아래와 같다.

년도	수출		수입	
	금액	전년 대비 증가율	금액	전년 대비 증가율
2015년	999	14.5	817	19.6
2014년	$\frac{999}{1.145}$	-	$\frac{817}{1.196}$	-
비교	수출: $\frac{999}{1.145}$ (>) 수입: $\frac{817}{1.196}$			

2015년 수출액은 2014년 대비 14.5% 증가해서 999백만 달러이고, 2015년 수입액은 2014년 대비 19.6% 증가해서 817백만 달러인데, 더 적은 수치의 증가율이 더 크다면 전년에는 그 차이가 더 컸을 것이다. 따라서 2014년 수출액이 수입액보다 더 크다.

③ (○) <표 1>에서 수출액 비율과 수입액 비율이 같은 것을 찾으면 3.2%가 있다.(수출 10위, 수입 9위)

이때 수출액의 3.2%는 64억 달러이고, 수입액의 3.2%는 70억 달러이다. 따라서 수입액이 수출액보다 더 많으므로 '갑'국 무역수지는 적자이다.

④ (✕) <보고서>를 보면 농수산물은 총 수출액의 6.3%, 총 수입액의 12.5%를 차지한다. 총 수입액이 총 수출액보다 크므로 비율을 따져보았을 때 농수산물 수입액이 농수산물 수출액의 2배를 초과한다. 그런데 '갑'국의 대 '을'국 농수산물 수출은 861백만 달러, 수입액은 1,375백만 달러로, 수입액이 수출의 2배에 미치지 못한다.

따라서 '갑'국의 농수산물 수출액에서 '을'국 농수산물 수출액이 차지하는 비율은, '갑'국 농수산물 수입액에서 '을'국 농수산물 수입액이 차지하는 비율보다 클 것이다.

$$\frac{861백 만 달러}{총 수출액의 6.3\%} > \frac{1,375백 만 달러}{총 수입액의 12.5\%}$$

⑤ (○) 2015년 '갑'국의 총 수출액에서 전자제품은 29.9%, 총 수입액에서는 23.7%를 차지한다.

국가명	수출액	'갑'국의 총 수출액에 대한 비율	총 수출액
일본	180	9.0	$\frac{180}{0.09} = 2,000$

국가명	수입액	'갑'국의 총 수출액에 대한 비율	총 수입액
미국	178	8.1	$\frac{178}{0.081} ≒ 2,198$

전자제품 수출액은 2,000×0.299 = 598억 달러, 전자제품 수입액은 2,197×0.237 ≒ 521억 달러이므로 맞는 설명이다.

82

|정답| ④

|해설| 조건의 내용을 정리하면 아래 표와 같다.

유형	기관수	공공데이터 자체활용만 25%	2차 고객기관 공공데이터 제공 50%	개인고객 공공데이터 제공 60%
1차 고객 기관	600	150	300	360

유형	기관수	공공데이터 자체활용만 30%		개인고객 공공데이터 제공 70%
2차 고객 기관	300	90		210

ㄱ. (○) 개인고객에게 공공데이터를 제공하는 기관의 수는 1차 고객기관이 360개로 2차 고객기관 210개보다 많다.

ㄴ. (○) 공공데이터를 자체활용만 하는 기관의 수는 1차 고객기관이 150개로 2차 고객기관 90개보다 많다.

ㄷ. (○) 총 600개의 1차 고객기관에서 공공데이터를 자체활용만 하는 기관수 150개를 빼면 450개의 기관이 남는다. 이 중에서 2차 고객기관에게 공공데이터를 제공하는 기관수 300개를 빼면 150개가 남는다. 이 150개 1차 고객기관은 개인고객에게만 공공데이터를 제공하는 것을 알 수 있다. $\frac{150}{600} \times 100 = 25\%$이다.

ㄹ. (✕) 1차 고객기관 중 2차 고객기관에게만 공공데이터를 제공하는 기관의 수를 구해 보면, 1차 고객기관수(600개) − 자체활용만 하는 기관수(150개) − 개인고객에게 공공데이터 제공 기관수(360개) = 90개이다.

ㄷ에서 1차 고객기관 중 개인고객에게만 공공데이터를 제공하는 기관수는 150개라는 것을 구했다. 150과 90을 비교하면 $\frac{150}{90} ≒ 1.67$이므로 약 67% 많음을 알 수 있다.

83

|정답| ②

|해설| 첫 번째 항목을 보면, 2013년 투신자살이 27건으로 전체의 90%이므로 전체인 100%는 30건임을 알 수 있다. 이 30건이 전년 대비 4건 증가한 것이므로 (가)에 들어갈 수치는 26이다. ④와 ⑤는 소거한다.

구분		연도	2012	2013	전년 대비 증감
철도 사고	철도 교통 사고	열차사고	0	0	0
		철도교통 사상사고	(가) = 26건	(30)	+4

두 번째 항목을 위해 2013년 피해자 수를 확인해 보자. <표 2>를 보면 2013년 전체 피해자 수는 8명인데, 사망 1명, 경상 4명이다. 따라서 중상 (다)는 3명이다.

구분	피해자 유형별 사고 건수			피해정도별 피해자 수		
연도	승객	비승객 일반인	직원	사망	중상	경상
2012	( )	( )	( )	1	4	4
2013	(0)	(0)	8	1	(다)=3	4

<표 2> 2013년 피해자 유형에서 직원이 8명인데, 피해자 유형은 전부 직원이므로 2013년 피해자 수는 8명이다. <표 1>에서 보면 2013년 철도 안전 사상사고 피해자 수 전년 대비 증감이 −1이므로 2012년 피해자 수 (나)는 9명이다. ③을 소거한다. 이에 따라 정답은 ②이다.
<표 1>에서 2013년 운행장애는 모두 3건이므로, 세 번째 항목을 통해 2013년에는 '규정위반', '급전장애'. '신호장애', '차량고장'은 발생하지 않았음을 알 수 있다. 따라서 '차량탈선'이 1건이므로 기타 (마)에 들어갈 수는 2이다. 신호장애 전년 대비 증감이 −1이므로 2012년 신호장애 (라)는 1건이다.

사고 원인 연도	차량 탈선	규정 위반	급전 장애	신호 장애	차량 고장	기타
2012	(0)	(1)	(1)	(라)=1	2	(0)
2013	1	(0)	(0)	(0)	(0)	(마)=2
전년 대비 증감	+1	−1	−1	−1	−2	+2

84

|정답| ⑤

|해설| ① (×) 2012년 여성의 흡연율은 7.9%로, 7.9×6 = 약 48%이므로 남성 흡연율 43.7%는 6배 이하이다.
② (×) <표 2>의 2012년을 보면, 최상 40.8%, 상 38.6%로 소득수준이 높은 계층이 흡연률이 높다.
③ (×) 소득수준과 여성 흡연자 수에 대한 정보는 알 수 없다.
④ (×) 2008년 금연계획률 = 56.9%, 2009년 금연계획률 = 18.2+39.2 = 57.4%로 2009년 금연계획률은 전년 대비 증가하였다.

⑤ (○) 2011년 장기 금연계획률 : 56.3 − 20.2 = 36.1%
2008년 단기 금연계획률 : 56.9 − 39.2 = 17.7%
36.1%는 17.7%의 두 배 이상이다.

85

|정답| ①

|해설| ㄱ. (○) 온실가스 배출량 상위 2개 업체는 A, B업체이다.

구분	배출량			
업체	2015년	2016년	2017년	3년 평균 (2015 ~ 2017년)
A	1,021	990	929	980
B	590	535	531	552
전체	3,138	2,864	(2,749)	2,917

2015년 A+B업체 = (1021 +590) > 1,600 > $\frac{3,138}{2}$

2016년 A+B업체 = (990 +535) > 1,500 > $\frac{2,864}{2}$

2017년 A+B업체 = (929 +531) > 1,400 > $\frac{2,740}{2}$

A, B업체의 배출량 합이 3년 모두 전체의 50% 이상을 차지한다.
ㄴ. (○) 2017년의 A ~ J업체의 온실가스 배출량은 2,749천tCO₂eq.이다. 3,138 → 2,864 → 2,749로 매년 감소하였다.
ㄷ. (×) 온실가스 배출 효율성 = $\frac{3년 평균 철강 생산량}{3년 평균 온실가스 배출량}$ 이다.
제시된 그래프의 가로축은 철강생산량, 세로축은 온실가스 배출량을 나타낸다. 따라서 원점에서 기울기가 가장 큰 것이 효율성이 가장 낮고, 기울기가 가장 작은 것이 효율성이 가장 크다. 따라서 J가 효율성이 가장 좋고, A가 효율성이 가장 나쁘다.

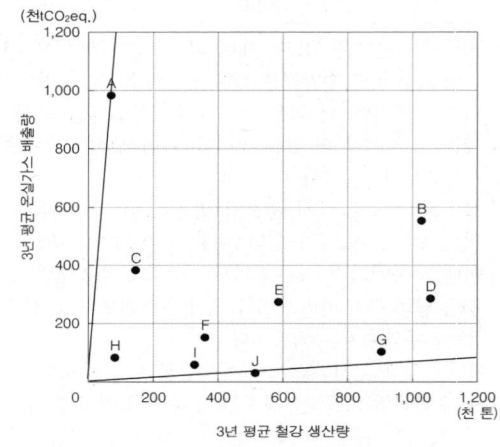

ㄹ. (×) 수치가 제시된 업체들의 배출량은 매년 감소함을 알 수 있다. 2016년 D업체의 배출량을 구하여 빈칸을 채워 보자.
3년 평균×3 = 284×3 = 900 − 16×3 = 852,
852 − (356 +260) = 236이므로 빈칸에 들어갈 수는 236이다. 따라서 D업체의 배출량은 356 → 236 → 260으로 매년 감소하지 않는다.

86

|정답| ④

|해설| ㉠ (○) 단순비교 문제이다. A, B, C가 상위 3개 업체로 순위 변화가 없다.

㉡ (×) $\dfrac{\text{온실가스 배출량}}{\text{철강 생산량}}$ =철강 1톤을 생산하는 데 배출한 온실가스 양이다.

그런데 세로축을 보면 D업체와 E업체의 온실가스 배출량은 비슷하지만, 가로축을 보면 D업체가 E업체보다 철강 생산량이 훨씬 많다. 즉, D업체가 같은 온실가스배출량으로 E업체보다 더 많은 철강을 생산했으므로, 똑같이 철강 1톤을 생산할 때는 D업체가 E업체보다 온실가스를 덜 배출할 것이다. 따라서 D업체가 온실가스를 50% 이상 더 배출한다는 말은 옳지 않다.

㉢ (○) <분배규칙>을 보면 분모는 업체별로 모두 같기 때문에 직전 3년 평균 온실가스 배출량이 많은 업체일수록 더 많은 온실가스 배출권을 할당받게 된다. B업체는 C업체보다 3년 평균 배출량이 많으므로 더 많은 온실가스 배출권을 할당받게 된다.

㉣ (○) G업체 3년 평균배출량은 101이다.

G업체 2018년 온실가스 배출권 = $2,600 \times \dfrac{101}{2,917}$

$= \dfrac{2,600}{2,917} \times 101 = 90.02 < 96$이므로 2018년의 G업체 예상 배출량 96은 G업체 온실가스 배출권보다 많다.

87

|정답| ⑤

|해설| ㄱ. (×) 학생 1인당 연간 사교육비 = $\dfrac{\text{사교육비}}{\text{전체 학생 수}}$

그래프에서 사교육비 감소율이 학생수 감소율보다 높은 연도를 찾는다. 2012년의 사교육비는 20.1조 원에서 19.0조 원으로 전년 대비 5% 이상 감소하였다. 2011년 학생 수 699만 명에서 5% 감소하면 약 665만 명인데 2012년 학생 수는 672만 명이므로 2012년 학생 수는 전년 대비 5% 미만 감소하였다. 따라서 2012년에는 학생 1인당 사교육비가 2011년 대비 감소하였다.

ㄴ. (×) 초등학교 연간 사교육비의 전년 대비 차이가 작은 연도를 찾는다.

연도 학교급	2012	2013	증감률
초등학교	77,554	77,375	$\dfrac{-179}{77,554} \times 100$
고등학교	51,679	50,754	$\dfrac{-925}{51,679} \times 100$

$\dfrac{-925}{51,679}$ 가 $\dfrac{-179}{77,554}$ 보다 분모는 작은데 분자의 절댓값이 크다. 따라서 2013년에는 고등학교 연간 사교육비의 증감률이 초등학교 연간 사교육비의 증감률보다 크다.

ㄷ. (○)

연도 학교급	2010	2011	2012	2013	2014
초등학교	24.5	24.1	21.9	23.2	23.2
증감액		− 0.4	− 2.2	+1.3	0
중학교	25.5	26.2	27.6	26.7	27.0
증감액		+0.7	+1.4	− 1.1	+1.3

2012년에 초등학교, 중학교 월평균 사교육비 증감액이 가장 큰 것을 알 수 있다.

ㄹ. (○) <표 3>을 보면 알 수 있다.

88

|정답| ③

|해설| 문제의 주어진 공식을 이용해서 풀이를 해본다.

사교육 참여율(%) = $\dfrac{\text{(학교급별)사교육 참여 학생수}}{\text{(학교급별)전체 학생수}} \times 100$

을 ㉠이라 하고,

학생 1인당 월평균 사교육비(만원/인)

= $\dfrac{\text{(학교급별)연간 사교육비}}{\text{(학교급별)전체 학생수}} \div 12(개월)$을 ㉡이라 하자.

㉠과 ㉡ 두 식의 분모가 '(학교급별) 전체 학생수'로 같으므로, ㉡ ÷ ㉠을 하면 분모가 약분이 된다. 따라서 다음과 같은 공식이 된다.

㉡ ÷ ㉠ = $\dfrac{\text{학생 1인당 월평균 사교육비(만원/인)}}{\text{사교육 참여율(%)}}$

= $\dfrac{\text{(학교급별)연간 사교육비} \div 12(개월)}{\text{(학교급별)사교육 참여 학생수}}$ 이고, 이를 ㉢이라 하자.

문제에서 언급한 사교육 참여학생 1인당 월평균 사교육비

= $\dfrac{\text{(학교급별)월평균 사교육비}}{\text{(학교급별)사교육 참여 학생수}}$ = ㉢이므로, ㉡ ÷ ㉠으로 이 값을 구할 수 있다.

연도 학교급	2014 학교급별 학생 1인당 월평균 사교육비 (만 원)	2014 학교급별 사교육 참여율(%)	사교육 참여학생 1인당 월평균 사교육비
초등학교	23.2	81.1	$\dfrac{232,000원}{0.811}$ ≒ 286,067원
중학교	27.0	69.1	$\dfrac{270,000원}{0.691}$ ≒ 390,738원
고등학교	23.0	49.5	$\dfrac{230,000원}{0.495}$ ≒ 464,646원

이를 <표 4>의 비중을 반영하여 계산하면 아래와 같다.

과목\학교급	A	B	C	기타
초등학교	25%	30%	40%	5%
초등학교 사교육비	71,517원	85,820원	114,427원	14,303원
중학교	15%	40%	40%	5%
중학교 사교육비	58,611원	156,295원	156,295원	19,537원
고등학교	15%	40%	35%	10%
고등학교 사교육비	69,697원	185,858원	162,626원	46,465원

A과목은 초등학교, B과목과 C과목은 고등학교에서 학생 1인당 월평균 사교육비가 가장 높다.

※ 숫자를 간단하게 정리하여 풀이하기

2014년 학교급별 사교육 참여율은 초등학교 0.811, 중학교 0.691, 고등학교 0.495이므로 0.8, 0.7, 0.5로 간단히 정리한다. 2014년 학생 1인당 월평균 사교육비는 초등학교 23.2, 중학교 27, 고등학교 23만 원이다. 이를 각각 0.8, 0.7, 0.5로 나눈다. 즉 각각 1.2, 1.4, 2를 곱하는 것으로 생각하면, 초등학교 28, 중학교 38, 고등학교 46으로 간단히 정리된다.
A과목: 초등학교 25%, 중학교 15%, 고등학교 15% → 초등학교 7, 고등학교 6.9
초등학교가 더 크지만 차이가 작으므로 보류한다.
B과목: 중학교 40%, 고등학교 40%이고 고등학교가 1인당 사교육비가 더 크므로 고등학교의 월평균 사교육비도 더 크다. ①, ②, ⑤를 소거한다.
C과목: 중학교와 고등학교가 계산이 필요한데, 선택지에 중학교가 없다. 초등학교는 계산할 필요 없이 고등학교보다 작다. 따라서 정답은 ③이다.

89

|정답| ④

|해설| ㄱ. (○) <표 1>에 따르면 2017년 사업가 5,000명 중에서 2018년에 피고용자가 된 인원은 20%로 1,000명이다. 또한 <표 2>의 각주 3에 따라 각 고용형태 변화유형 내에서 2017년 소득분위별 인원은 동일하므로 <표 2>의 Ⅱ에서 2017년 각 분위별 인원은 $\frac{1,000}{5} = 200$명씩 존재한다.

2017년 1분위의 70%, 2분위의 25%, 3분위의 5%, 4분위의 5%가 2018년에 1분위가 되었다.
따라서 $200 \times 0.7 + 200 \times 0.25 + 200 \times 0.05 + 200 \times 0.05 = 140 + 50 + 10 + 10 = 210$명이 2018년에 소득 1분위에 속한다.
ㄴ. (×)

구분		2018년		합계
		사업가	피고용자	
2017년	사업가 5,000명	80% 4,000명	20% 1,000명	100%
	피고용자 5,000명	30% 1,500명	70% 3,500명	100%
	합계	5,500명	4,500명	

2017년 사업가 5,000명 중에서 2018년에 사업가인 사람은 80%로 4,000명, 2017년 피고용자 5,000명 중에서 2018년에 사업가가 된 사람은 30%로 1,500명으로, 4,000+1,500 = 5,500명이다.
ㄷ. (○) <표 1>에 따라 2017년 피고용자 5,000명 중에서 2018년에 사업가가 된 사람은 30%로 1,500명이다. <표 2>의 Ⅳ에서 2017년 각 분위 인원은 300명씩이다. 2분위에서 2018년 3, 4, 5분위로 높아진 사람은 20+5+5 = 30%로 300×0.3 = 90명이다.
ㄹ. (○) <표 1>을 보면 2018년은 2017년에 비해서 사업가가 늘어나고 피고용자가 줄어들었다.(사업가 5,500명, 피고용자 4,500명) 같은 추세가 2019년에도 이어진다면 2018년에 비해서 피고용자가 감소할 것이다.

90

|정답| ⑤

|해설| ㄱ. (○) <표 2>의 Ⅰ, Ⅱ에서 1분위 항목을 살펴보면 다음과 같다.
Ⅰ. 사업가(2017년) → 사업가(2018년)

2018년\2017년	1분위	2분위	3분위	4분위	5분위
1분위	40.0	35.0	10.0	10.0	5.0

Ⅱ. 사업가(2017년) → 피고용자(2018년)

2018년\2017년	1분위	2분위	3분위	4분위	5분위
1분위	70.0	30.0	0.0	0.0	0.0

Ⅰ에서 2017년 1분위 중 2018년 소득분위가 1분위보다 높아진 경우는 60%이다.
Ⅱ에서 2017년 1분위 중 2018년 소득분위가 1분위보다 높아진 경우는 30%이다.
따라서, 사업가 → 사업가 유형이 더 높다.
ㄴ. (○) <표 2>의 Ⅳ, Ⅲ에서 3분위 항목을 살펴보면 다음과 같다.
Ⅳ. 피고용자(2017년) → 사업가(2018년)

2018년\2017년	1분위	2분위	3분위	4분위	5분위
3분위	5.0	20.0	50.0	20.0	5.0

Ⅲ. 피고용자(2017년) → 피고용자(2018년)

2018년\2017년	1분위	2분위	3분위	4분위	5분위
3분위	5.0	20.0	60.0	15.0	0.0

소득 3분위이면서 2018년 소득분위가 2017년 소득분위보다 높아진 사람의 비율은 Ⅳ에서 25%, Ⅲ에서 15%이므로 피고용자 → 사업가 유형이 더 높다.
ㄷ. (×) 각 표의 대각선을 모두 더하면 된다.
Ⅰ = 40+55+45+45+80
Ⅱ = 70+55+50+50+75
Ⅲ = 85+65+60+65+75
Ⅳ = 50+60+50+50+60
피고용자 → 피고용자 유형이 소득분위가 변동되지 않은 사람의 비율이 가장 높은 유형임을 알 수 있다.

ㄹ. (○) 2018년 5분위의 세로축을 모두 더한 값이 가장 큰
유형을 찾는다.
I = 5+5+10+25+80
II = 5+15+75
III = 15+75
IV = 5+5+20+60
사업가 → 사업가 유형이 소득 5분위인 사람의 비율이 가
장 높은 유형임을 알 수 있다.

자료
해석
끝.

정답 및 해설

초판인쇄 | 2024. 3. 15. **초판발행** | 2024. 3. 20.

편저자 | 박성현 **발행인** | 박 용 **발행처** | (주)박문각출판

등록 | 2015년 4월 29일 제2015-000104호

주소 | 06654 서울시 서초구 효령로 283 서경 B/D 4층

팩스 | (02)584-2927 **전화** | 교재 주문·내용 문의 (02)6466-7202

저자와의
협의하에
인지생략

ISBN 979-11-6987-898-2

NCS
PSAT
필수교재

이론부터 문제까지, 자료해석의 끝을 보다

자료
해석
끝.

2023 고객선호브랜드지수 1위
교육서비스 부문

2022 한국 브랜드 만족지수 1위
교육(교육서비스)부문 1위

2021 대한민국 소비자 선호도 1위
교육부문 1위 선정

2020 한국 산업의 1등
브랜드 대상 수상

2019 한국 우수브랜드평가대상
교육브랜드 부문 수상

브랜드스타 BSTI
브랜드 가치평가 1위

www.pmg.co.kr
교재관련 문의 02-6466-7202
온라인강의 문의 02-6466-7201

13320

9 791169 878982
ISBN 979-11-6987-898-2

이론부터 문제까지, 자료해석의 끝을 보다

자료해석 끝